21 世纪交通版高等学校教学辅导用书

桥梁计算示例丛书

# 钢管混凝土拱桥

孙　潮　陈友杰　主编
　　　　陈宝春　主审

人民交通出版社股份有限公司
China Communications Press Co.,Ltd.

## 内 容 提 要

本书为《桥梁工程》教材的配套教学参考书,由 8 个比较典型的钢管混凝土拱桥计算示例组成,均按国家标准《钢管混凝土拱桥技术规范》(GB 50923—2013)编写。在结构体系方面,示例包括 5 种主要的结构体系:有推力上承式拱、有推力中承式拱、部分推力中承式(飞鸟式)拱、无推力拱梁组合结构(下承式)和部分推力下承式刚架系杆拱。在主拱肋截面形式方面,示例包括了单圆管、哑铃形和四肢桁式 3 种最常用的形式。

本书可供高等院校土木工程专业,道路桥梁与渡河工程专业师生以及与桥梁工程有关的技术人员参考使用。

**图书在版编目(CIP)数据**

钢管混凝土拱桥 / 孙潮,陈友杰主编. —北京:
人民交通出版社股份有限公司,2015
(桥梁计算示例丛书)
21 世纪交通版高等学校教学辅导用书
ISBN 978-7-114-12396-2

Ⅰ.①钢… Ⅱ.①孙… ②陈… Ⅲ.①钢管混凝土拱桥-高等学校-教学参考资料 Ⅳ.①U448.22

中国版本图书馆 CIP 数据核字(2015)第 161069 号

桥梁计算示例丛书
| | |
|---|---|
| 书　　名: | **钢管混凝土拱桥** |
| 著 作 者: | 孙　潮　陈友杰 |
| 责任编辑: | 曲　乐　李　喆 |
| 出版发行: | 人民交通出版社股份有限公司 |
| 地　　址: | (100011)北京市朝阳区安定门外外馆斜街 3 号 |
| 网　　址: | http://www.ccpress.com.cn |
| 销售电话: | (010)59757973 |
| 总 经 销: | 人民交通出版社股份有限公司发行部 |
| 经　　销: | 各地新华书店 |
| 印　　刷: | 北京盈盛恒通印刷有限公司 |
| 开　　本: | 787×1092　1/16 |
| 印　　张: | 14.75 |
| 字　　数: | 350 千 |
| 版　　次: | 2015 年 7 月　第 1 版 |
| 印　　次: | 2015 年 7 月　第 1 次印刷 |
| 书　　号: | ISBN 978-7-114-12396-2 |
| 定　　价: | 32.00 元 |

(有印刷、装订质量问题的图书由本公司负责调换)

# 前　言

钢管混凝土拱桥是我国自1990年以来发展应用很快的一种桥型。随着研究的不断深入和应用数量的不断增加，设计理论体系已基本形成，工程实践经验极为丰富。在此基础上，国家标准《钢管混凝土拱桥技术规范》(GB 50923—2013)已于2013年11月1日由住房和城乡建设部(〔2013〕第210号公告)批准，由住房和城乡建设部和国家质量监督检验检疫总局联合发布，并于2014年6月1日起在全国实施。

钢管混凝土拱桥已成为我国桥梁工程课程介绍的重要内容之一，同时也是桥梁工程本科生毕业设计的主要桥型之一。然而，目前桥梁工程毕业设计中缺乏一本针对钢管混凝土拱桥的计算算例。本书可作为桥梁工程教材的配套教学参考书，供相关专业师生课程学习、毕业设计等参考，也可供相关工程技术人员工程应用参考。读者在阅读应用本书时，可配合阅读人民交通出版社出版的《钢管混凝土拱桥》(第三版)和中国建筑工业出版社出版的《钢管混凝土拱桥设计计算方法与应用》。

本书从实际工程出发，选取实际工程的各种不同类型的桥例，尽可能使其具有代表性。钢管混凝土拱肋截面主要有单圆管、哑铃形和桁式，结构形式主要有上承式有推力拱、中承式有推力拱、中承式刚架系杆拱、下承式刚架系杆拱和下承式拱梁组合。本书的算例包含了以上三种主要截面形式和主要结构形式。所选算例虽然均为作者参与设计、复核、科研等实际桥梁，但当时许多桥梁的设计荷载参照的是《公路桥涵设计通用规范》(JTJ 021—1989)，本书在编写时参照了《公路桥涵设计通用规范》(JTG D60—2004)。

书中除注明具体规范名外，《规范》均指国家标准《钢管混凝土拱桥技术规范》(GB 50923—2013)。该规范适用于我国城市桥梁与公路桥梁中钢管混凝土拱桥的设计、施工与养护。规范主要针对的是钢管混凝土拱桥中的钢管混凝土拱肋等特殊结构，本书算例的计算内容仅限于《钢管混凝土拱桥技术规范》(GB 50923—2013)规定的计算内容。其他结构，如桥面系、墩台与基础结构、钢筋混凝土结构、预应力混凝土结构、圬工结构的设计计算与验算，未包含在算例之内，应按照公路或城市桥梁的相应的设计规范要求进行计算，如《公路圬工桥涵设计规范》(JTG D61—2005)、《公路钢筋混凝土及预应力混凝土桥涵设计规范》(JTG D62—2004)和《公路桥涵地基与基础设计规范》(JTG D63—2007)等。算例中，引用《规范》中的计算公式时，均采用了《规范》中的公式号，以便查找。

本书由福州大学孙潮、陈友杰主编，陈宝春主审。硕士生叶智威、凌伟、陈津凯、胡灿、聂尚杰、王锋、蓝文亮参与了算例的具体计算。

编　者
2015年2月4日

# 目 录

## 示例一 钢管混凝土单圆管中承式拱桥

一、设计基本资料 ················································································ 1
  （一）工程概述 ················································································ 1
  （二）技术标准 ················································································ 1
  （三）主要材料 ················································································ 2
二、结构内力计算 ················································································ 2
  （一）有限元计算模型 ······································································ 2
  （二）拱肋截面参数和其他计算参数 ···················································· 3
  （三）作用及作用组合 ······································································ 4
  （四）内力计算结果 ········································································· 4
三、拱肋强度计算 ················································································ 7
  （一）《规范》验算要求 ···································································· 7
  （二）拱脚截面 ··············································································· 7
  （三）$L/4$ 截面 ············································································· 8
  （四）拱顶截面 ··············································································· 9
四、拱肋面内稳定承载力计算 ································································ 9
  （一）《规范》验算要求 ···································································· 9
  （二）稳定系数 ··············································································· 10
  （三）偏心折减系数 ········································································· 10
  （四）混凝土徐变折减系数 ································································ 10
  （五）初应力度影响系数 ··································································· 11
  （六）稳定承载力 ············································································ 12
五、主拱空间弹性稳定计算 ··································································· 12
六、正常使用极限状态计算 ··································································· 13
  （一）桥面挠度 ··············································································· 13
  （二）钢管应力 ··············································································· 13
七、主拱施工阶段计算 ········································································· 14
  （一）《规范》验算要求 ···································································· 14
  （二）施工阶段一 ············································································ 15
  （三）施工阶段二 ············································································ 15
  （四）施工阶段三 ············································································ 16
八、吊杆计算 ······················································································ 17

# 示例二　钢管混凝土提篮拱人行桥

- 一、设计基本资料 ······ 19
  - (一)工程概述 ······ 19
  - (二)技术标准 ······ 20
  - (三)主要材料 ······ 21
- 二、结构内力计算 ······ 21
  - (一)有限元计算模型 ······ 21
  - (二)拱肋截面参数和其他计算参数 ······ 21
  - (三)作用及作用组合 ······ 24
  - (四)内力计算结果 ······ 24
- 三、拱肋强度计算 ······ 26
  - (一)《规范》验算要求 ······ 26
  - (二)弦管强度验算 ······ 28
  - (三)整体截面强度验算 ······ 31
- 四、拱肋面内稳定承载力计算 ······ 35
  - (一)《规范》验算要求 ······ 35
  - (二)稳定系数 ······ 35
  - (三)偏心率折减系数 ······ 36
  - (四)混凝土徐变折减系数 ······ 37
  - (五)初应力度影响系数 ······ 37
  - (六)稳定承载力 ······ 38
- 五、主拱空间弹性稳定分析 ······ 39
- 六、正常使用极限状态计算 ······ 39
  - (一)桥面挠度 ······ 39
  - (二)钢管应力 ······ 40
- 七、主拱施工阶段计算 ······ 41
  - (一)《规范》验算要求 ······ 41
  - (二)施工阶段一 ······ 41
  - (三)施工阶段二 ······ 42
- 八、吊杆计算 ······ 42

# 示例三　钢管混凝土哑铃形下承式刚架系杆拱桥

- 一、设计基本资料 ······ 45
  - (一)工程概述 ······ 45
  - (二)技术标准 ······ 46
  - (三)主要材料 ······ 46
- 二、结构内力计算 ······ 47

（一）有限元计算模型 ……………………………………………………… 47
　　（二）拱肋截面参数和其他计算参数 ……………………………………… 47
　　（三）设计荷载及荷载组合 ………………………………………………… 49
　　（四）中拱拱肋内力计算结果 ……………………………………………… 49
三、拱肋强度计算 ………………………………………………………………… 52
　　（一）《规范》验算要求 …………………………………………………… 52
　　（二）弦管强度验算 ………………………………………………………… 54
　　（三）整体截面强度验算 …………………………………………………… 56
四、拱肋面内稳定承载力计算 …………………………………………………… 59
　　（一）《规范》验算要求 …………………………………………………… 59
　　（二）稳定系数 ……………………………………………………………… 60
　　（三）偏心率折减系数 ……………………………………………………… 60
　　（四）混凝土徐变折减系数 ………………………………………………… 61
　　（五）初应力度影响系数 …………………………………………………… 62
　　（六）稳定承载力 …………………………………………………………… 63
五、主拱空间弹性稳定计算 ……………………………………………………… 63
六、正常使用极限状态计算 ……………………………………………………… 64
　　（一）桥面挠度 ……………………………………………………………… 64
　　（二）持久状况下钢管应力验算 …………………………………………… 64
七、主拱施工阶段计算 …………………………………………………………… 65
　　（一）《规范》验算要求 …………………………………………………… 65
　　（二）施工阶段一 …………………………………………………………… 65
　　（三）施工阶段二 …………………………………………………………… 66
八、其他计算 ……………………………………………………………………… 66
　　（一）吊杆 …………………………………………………………………… 66
　　（二）系杆 …………………………………………………………………… 68

# 示例四　钢管混凝土哑铃形拱梁组合桥

一、设计基本资料 ………………………………………………………………… 69
　　（一）工程概述 ……………………………………………………………… 69
　　（二）技术标准 ……………………………………………………………… 70
　　（三）主要材料 ……………………………………………………………… 70
二、结构内力计算 ………………………………………………………………… 70
　　（一）有限元计算模型 ……………………………………………………… 70
　　（二）拱肋截面参数和其他计算参数 ……………………………………… 71
　　（三）设计荷载及荷载组合 ………………………………………………… 73
　　（四）内力计算结果 ………………………………………………………… 73
三、拱肋强度计算 ………………………………………………………………… 75

(一)《规范》验算要求 · 75
(二)弦管强度验算 · 77
(三)整体截面强度验算 · 80

四、拱肋面内稳定承载力计算 · 84
(一)《规范》验算要求 · 84
(二)稳定系数 · 84
(三)偏心率折减系数 · 85
(四)混凝土徐变折减系数 · 85
(五)初应力度影响系数 · 86
(六)稳定承载力 · 87

五、主拱空间弹性稳定计算 · 87

六、正常使用极限状态计算 · 88
(一)桥面挠度 · 88
(二)持久状况下钢管应力验算 · 88

七、主拱施工阶段计算 · 90
(一)《规范》验算要求 · 90
(二)第一个施工阶段 · 90
(三)第三个施工阶段 · 90

八、其他计算 · 91
(一)吊杆 · 91
(二)系梁 · 92

## 示例五　钢管混凝土桁肋中承式拱桥

一、设计基本资料 · 93
(一)工程概述 · 93
(二)技术标准 · 94
(三)主要材料 · 94

二、结构内力计算 · 94
(一)有限元计算模型 · 94
(二)拱肋截面参数和其他计算参数 · 94
(三)设计荷载及荷载组合 · 96
(四)内力计算结果 · 97

三、拱肋强度计算 · 102
(一)《规范》验算要求 · 102
(二)弦管强度验算 · 103
(三)腹杆强度和稳定验算 · 105
(四)整体截面强度验算 · 107

四、拱肋面内稳定承载力计算 · 110

(一)《规范》验算要求 …… 110
(二)稳定系数 …… 110
(三)偏心率折减系数 …… 112
(四)混凝土徐变折减系数 …… 112
(五)初应力度影响系数 …… 113
(六)稳定承载力 …… 114
五、主拱空间弹性稳定计算 …… 115
六、正常使用极限状态计算 …… 116
(一)桥面挠度 …… 116
(二)持久状况下钢管应力验算 …… 116
七、主拱施工阶段计算 …… 117
(一)《规范》验算要求 …… 117
(二)施工阶段一 …… 118
(三)施工阶段二 …… 118
八、吊杆计算 …… 119

# 示例六 钢管混凝土中承式刚架系杆拱桥(飞鸟拱)

一、设计基本资料 …… 122
(一)工程概况 …… 122
(二)技术标准 …… 123
(三)主要材料 …… 123
二、结构内力计算 …… 124
(一)有限元计算模型 …… 124
(二)拱肋截面参数及其他计算参数 …… 124
(三)设计荷载及荷载组合 …… 127
(四)内力计算结果 …… 128
三、拱肋强度计算 …… 136
(一)《规范》验算要求 …… 136
(二)弦管强度验算 …… 137
(三)腹杆强度和稳定验算 …… 144
(四)整体截面强度验算 …… 146
四、拱肋面内稳定承载力计算 …… 150
(一)《规范》验算要求 …… 150
(二)稳定系数 …… 151
(三)偏心折减系数 …… 152
(四)混凝土徐变折减系数 …… 153
(五)初应力度影响系数 …… 154
(六)稳定承载力 …… 155

五、主拱空间弹性稳定计算 ·········································································· 155
六、正常使用极限状态计算 ·········································································· 156
  （一）桥面挠度 ······················································································ 156
  （二）持久状况下钢管应力验算 ······························································ 156
七、主拱施工阶段计算 ················································································ 157
  （一）《规范》验算要求 ·········································································· 157
  （二）施工阶段一 ··················································································· 158
  （三）施工阶段二 ··················································································· 158
八、其他计算 ······························································································ 159
  （一）吊杆 ····························································································· 159
  （二）系杆 ····························································································· 160

# 示例七　钢管混凝土桁肋下承式刚架系杆拱桥

一、设计基本资料 ······················································································ 162
  （一）工程概述 ······················································································ 162
  （二）技术标准 ······················································································ 163
  （三）主要材料 ······················································································ 164
二、结构内力计算 ······················································································ 164
  （一）有限元计算模型 ············································································ 164
  （二）拱肋截面参数和其他计算参数 ······················································ 164
  （三）设计荷载及荷载组合 ···································································· 166
  （四）内力计算结果 ··············································································· 166
三、拱肋强度计算 ······················································································ 172
  （一）《规范》验算要求 ·········································································· 172
  （二）弦管强度验算 ··············································································· 173
  （三）腹杆强度和稳定验算 ···································································· 176
  （四）整体截面强度验算 ········································································ 177
四、拱肋面内稳定承载力计算 ···································································· 180
  （一）《规范》验算要求 ·········································································· 180
  （二）稳定系数 ······················································································ 180
  （三）偏心率折减系数 ············································································ 182
  （四）混凝土徐变折减系数 ···································································· 183
  （五）初应力度影响系数 ········································································ 184
  （六）稳定承载力 ··················································································· 185
五、主拱空间弹性稳定计算 ·········································································· 185
六、正常使用极限状态计算 ·········································································· 186
  （一）桥面挠度 ······················································································ 186
  （二）持久状况下钢管应力验算 ······························································ 186
七、主拱施工阶段计算 ················································································ 187

（一）《规范》验算要求 ............................................................ 187
　　（二）施工阶段一 .................................................................... 188
　　（三）施工阶段二 .................................................................... 188
八、其他计算 ................................................................................ 189
　　（一）吊杆 ............................................................................. 189
　　（二）系杆 ............................................................................. 191

# 示例八　钢管混凝土桁肋上承式拱桥

一、设计基本资料 ........................................................................ 193
　　（一）工程概述 ...................................................................... 193
　　（二）技术标准 ...................................................................... 193
　　（三）主要材料 ...................................................................... 195
二、结构内力计算 ........................................................................ 196
　　（一）有限元计算模型 ........................................................... 196
　　（二）拱肋截面参数和其他计算参数 ..................................... 196
　　（三）设计荷载及荷载组合 .................................................... 200
　　（四）内力计算结果 ............................................................... 201
三、拱肋强度计算 ........................................................................ 204
　　（一）《规范》验算要求 ........................................................ 204
　　（二）弦管强度验算 ............................................................... 205
　　（三）腹杆强度和稳定验算 .................................................... 211
　　（四）整体截面强度验算 ........................................................ 212
四、拱肋面内稳定承载力计算 ...................................................... 215
　　（一）《规范》验算要求 ........................................................ 215
　　（二）稳定系数 ...................................................................... 216
　　（三）偏心率折减系数 ........................................................... 217
　　（四）混凝土徐变折减系数 .................................................... 218
　　（五）初应力度影响系数 ........................................................ 218
　　（六）稳定承载力 .................................................................. 219
五、主拱空间弹性稳定计算 ......................................................... 220
六、正常使用极限状态计算 ......................................................... 220
　　（一）桥面挠度 ...................................................................... 220
　　（二）持久状况下钢管应力验算 ............................................. 220
七、主拱施工阶段计算 ................................................................ 222
　　（一）《规范》验算要求 ........................................................ 222
　　（二）施工阶段一 .................................................................. 222
　　（三）施工阶段二 .................................................................. 223

参考文献 ..................................................................................... 224

# 示例一 钢管混凝土单圆管中承式拱桥

## 一、设计基本资料

### (一)工程概述

示例一为一座单孔净跨径46m、净矢跨比1/3的中承式钢管混凝土拱桥。其拱轴线为二次抛物线,拱肋断面由 $\phi 800mm \times 14mm$ 钢管内灌 C30 混凝土组成。桥面以下采用 $\phi 600mm \times 8mm$ 的下横撑和斜撑,桥面上采用 $\phi 700mm \times 10mm$ 的上横撑形成整体。吊杆由 109 根 $\phi 5mm$ 高强钢丝组成,采用 PE 防护,其间距为 4.0m。桥面系采用整体现浇钢筋混凝土结构。1/2半平面图见图 1-1,立面图见图 1-2,1/2 Ⅰ-Ⅰ和 1/2 Ⅱ-Ⅱ见图 1-3。

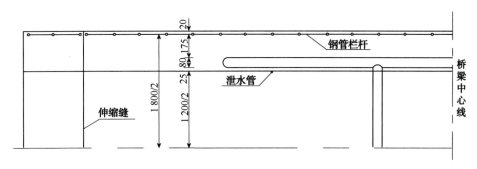

图 1-1 1/2 半平面图(尺寸单位:cm)

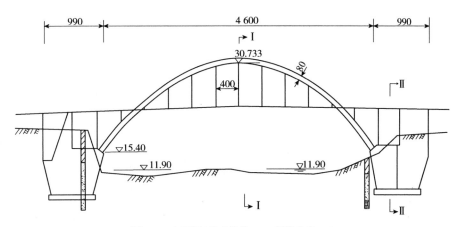

图 1-2 立面图(尺寸单位:cm;高程单位:m)

### (二)技术标准

(1)设计荷载:汽—20级,挂—100,人群荷载为 $3.5kN/m^2$。

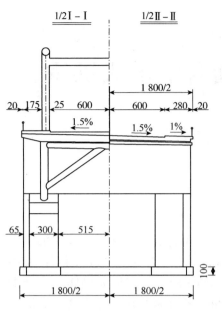

图 1-3　1/2Ⅰ-Ⅰ和 1/2Ⅱ-Ⅱ图(尺寸单位:cm)

(2)桥面宽:净—12+2×0.25(防护栏)+2×0.8(拱肋)+2×1.75(人行道)+2×0.2(栏杆)=18(m)。

(3)桥面坡:双面坡 1.5%。

(4)设计洪水频率:百年一遇。

(三)主要材料

(1)拱肋及横撑:拱肋采用钢管混凝土,其钢管采用 $\phi 800mm \times 14mm$,Q235(A3)钢,$f_s=190MPa$,弹性模量 $E_s=2.06\times 10^5 MPa$,重度 $\gamma_s=78.5kN/m^3$。拱肋内灌 C30 混凝土,$f_{cd}=14.3MPa$,弹性模量 $E_c=3\times 10^4 MPa$,重度 $\gamma_c=25kN/m^3$。上横撑为 $\phi 700mm \times 10mm$ 空钢管,下横撑和斜撑为 $\phi 600mm \times 8mm$ 空钢管。

(2)吊杆:采用 $\phi 5mm$ 高强钢丝,$R_y^b=1670MPa$。

(3)桥面系:横梁、加劲纵梁、桥面板均采用 C30 混凝土。

## 二、结构内力计算

### (一)有限元计算模型

采用 Midas 建立三维杆系计算模型,如图 1-4 所示。全桥除吊杆采用桁架单元外,其余均采用梁单元建模,桥面采用梁格系进行模拟。钢管混凝土拱肋采用组合截面进行模拟。边界条件中,拱脚、边立柱端铰接,下端固结,两桥面端部只有竖向支承。模型共有 515 个节点,994 个单元。

该 Midas 模型的施工分为三阶段:

(1)安装拱肋空钢管。

(2)泵送法灌注钢管内混凝土。

(3)施工吊杆、立柱及桥面系。

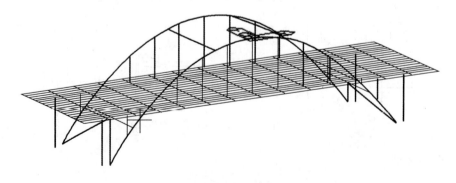

图 1-4　示例一的有限元模型

**(二)拱肋截面参数和其他计算参数**

1.拱肋截面的几何性质计算

(1)钢管的截面面积 $A_s$ 和惯性矩 $I_s$

$$A_s = \frac{\pi}{4} \times (0.80^2 - 0.772^2) = 0.034\ 57 (\mathrm{m}^2)$$

$$I_s = \frac{\pi}{64} (0.80^4 - 0.772^4) = 0.002\ 67 (\mathrm{m}^4)$$

(2)混凝土的截面面积 $A_c$ 和惯性矩 $I_c$

$$A_c = \frac{\pi}{4} \times 0.772^2 = 0.468\ 1 (\mathrm{m}^2)$$

$$I_c = \frac{\pi}{64} \times 0.772^4 = 0.017\ 4 (\mathrm{m}^4)$$

(3)钢管混凝土的抗压刚度和抗弯刚度

按照《规范》第4.3.4条,拱肋截面整体轴压设计刚度与抗弯设计刚度计算如下:

$$\begin{aligned}(EA)_{sc} &= E_s A_{s1} + E_c A_{c1} \\ &= 2.06 \times 10^{11} \times 0.034\ 57 + 3.00 \times 10^{10} \times 0.468\ 1 \\ &= 2.116 \times 10^{10} (\mathrm{N})\end{aligned}$$

$$\begin{aligned}(EI)_{sc} &= E_s I_{s1} + 0.6 E_c I_{c1} \\ &= 2.06 \times 10^{11} \times 0.002\ 67 + 0.6 \times 3.00 \times 10^{10} \times 0.017\ 4 \\ &= 8.632 \times 10^{8} (\mathrm{N \cdot m^2})\end{aligned}$$

2.拱肋冲击系数的计算

按照《规范》第4.2.2条,拱肋冲击系数按下式计算:

$$\mu_0 = 0.057\ 36 f_0 + 0.074\ 8 \qquad (4.2.2\text{-}1)$$

式中:$f_0$——钢管混凝土拱桥的一阶竖向频率。

由有限元模型计算得到示例一的一阶竖向振动频率 $f_0 = 1.619 \mathrm{Hz}$,故冲击系数为 $\mu_0 = 0.057\ 36 \times 1.619 + 0.074\ 8 = 0.168$。

3.计算合龙温度

按照《规范》第4.2.3条规定,拱肋计算合龙温度 $T$ 可按下式计算:

$$T = T_{28} + \frac{D - 0.85}{0.2} + T_0 \qquad (4.2.3\text{-}2)$$

示例一拱桥于1998年7月建成,为夏季合龙,其管内混凝土强度等级为C30,所以其附加升温值 $T_0$ 取 5℃-1℃ = 4℃;当地7月平均气温为29.1℃;钢管外径为0.8m。则拱肋计算合龙温度 $T$ 为:

$$T = T_{28} + \frac{D - 0.85}{0.2} + T_0 = 29.1 + \frac{0.8 - 0.85}{0.2} + 4 = 32.85 (℃)$$

最高与最低有效温度可取当地最高与最低气温,最低有效温度取0℃,最高有效温度取43.2℃。

由上,示例一的计算合龙温度为32.85℃,升温温差为(43.2-32.85) = 10.35(℃),降温温差为32.85℃。

4.混凝土徐变系数的计算

《规范》第6.0.3条规定:钢管混凝土结构或构件变形计算中,混凝土徐变系数在无可靠实测资料时,可按现行行业标准《公路钢筋混凝土及预应力混凝土桥涵设计规范》(JTG D62—2004)的规定计算。

由于徐变系数为徐变变形 $\varepsilon_{cr}$ 与弹性变形 $\varepsilon_{el}$ 的比值,即 $\varphi = \varepsilon_{cr}/\varepsilon_{el}$,因此由徐变系数可求得徐变变形,进而应用于预拱度等的计算中。

(三)作用及作用组合

作用类型:包括结构自重、活载、温度荷载和混凝土的收缩徐变等。结构自重包括结构一期恒载、二期恒载,其中二期恒载考虑桥面铺装、人行道、防撞栏杆以及桥面其他附属设施。活载为公路—Ⅱ级,人群活载为 $3.5kN/m^2$。对于温度荷载及混凝土的徐变、收缩的计算参数见前文"拱肋截面参数和其他计算参数"一节。

作用组合:根据《公路桥涵设计通用规范》(JTG D60—2004)等规范规定,针对拱肋及其他主要结构主要考虑以下几种作用组合。

组合Ⅰ:1.2自重+1.4汽车荷载(含汽车冲击力)+0.8×1.4人群荷载;

组合Ⅱ:1.2自重+1.4汽车荷载(含汽车冲击力)+1.0收缩+1.0徐变+0.7×1.4(均匀降温+人群荷载);

组合Ⅲ:1.2自重+1.4汽车荷载(含汽车冲击力)+1.0收缩+1.0徐变+0.7×1.4(均匀升温+人群荷载);

组合Ⅳ:1.0自重+1.0汽车荷载(不含汽车冲击力)+1.0人群荷载;

组合Ⅴ:1.0自重+1.0汽车荷载(不含汽车冲击力)+1.0收缩+1.0徐变+1.0均匀降温+1.0人群荷载;

组合Ⅵ:1.0自重+1.0汽车荷载(不含汽车冲击力)+1.0收缩+1.0徐变+1.0均匀升温+1.0人群荷载。

其中,验算结构在承载能力极限状态下的受力情况为组合Ⅰ、Ⅱ、Ⅲ,验算结构在正常使用极限状态下的受力情况为组合Ⅳ、Ⅴ、Ⅵ。组合Ⅳ、Ⅴ、Ⅵ按《公路桥涵设计通用规范》(JTG D60—2004)第4.1.8条考虑标准组合,各作用效应的分项系数及组合系数均取为1.0。

(四)内力计算结果

内力计算结果见表1-1~表1-3,表中的轴力拉为正,压为负,弯矩顺时针为正,逆时针为负。弯矩单位:kN·m,轴力和剪力单位:kN。

单项荷载内力(汽车荷载不计冲击系数)　　　　表1-1

| 内力汇总 | 拱　顶 | | | $L/4$ 截面 | | | 拱　脚 | | |
|---|---|---|---|---|---|---|---|---|---|
| | $M$ | $V$ | $N$ | $M$ | $V$ | $N$ | $M$ | $V$ | $N$ |
| 恒载 | 135 | 183 | -2 099 | 34 | 106 | -2 434 | -215 | -1 | -3 480 |
| 汽($M_{max}$) | 187 | 45 | -265 | 202 | 22 | -177 | 546 | 139 | -125 |
| 汽($M_{min}$) | -95 | 12 | -223 | -143 | 17 | -301 | -628 | -150 | -409 |
| 汽($N_{max}$) | 16 | -3 | 30 | -4 | -4 | 33 | 189 | 55 | 137 |

续上表

| 内力汇总 | 拱 顶 | | | L/4 截面 | | | 拱 脚 | | |
|---|---|---|---|---|---|---|---|---|---|
| | $M$ | $V$ | $N$ | $M$ | $V$ | $N$ | $M$ | $V$ | $N$ |
| 汽($N_{min}$) | 137 | 58 | -372 | -109 | 10 | -450 | -119 | -3 | -657 |
| 人群($M_{max}$) | 29 | 8 | -62 | 32 | 3 | -48 | 112 | 29 | -77 |
| 人群($M_{min}$) | -19 | 4 | -55 | -30 | 4 | -87 | -118 | -26 | -113 |
| 人群($N_{max}$) | 1 | 0 | 2 | 0 | 0 | 2 | 10 | 3 | 7 |
| 人群($N_{min}$) | 9 | 12 | -119 | 2 | 7 | -137 | -15 | 0 | -197 |
| 温度上升 | -32 | 2 | -29 | -7 | 2 | -31 | -27 | -16 | -73 |
| 温度下降 | 102 | -7 | 91 | 23 | -16 | 98 | 86 | 51 | 230 |
| 混凝土收缩 | 8 | -1 | 15 | -3 | -2 | 17 | 138 | 46 | 111 |
| 混凝土徐变 | -2 | 1 | -14 | 6 | 1 | -16 | -16 | -7 | -40 |

注：表中汽为汽车荷载，人群为人群荷载。

**承载能力极限状态内力**   表1-2

| 荷载组合 | 内力汇总 | 拱 顶 | | | L/4 截面 | | | 拱 脚 | | |
|---|---|---|---|---|---|---|---|---|---|---|
| | | $M$ | $V$ | $N$ | $M$ | $V$ | $N$ | $M$ | $V$ | $N$ |
| 组合Ⅰ | 恒+汽($M_{max}$)+人($M_{max}$) | 456 | 292 | -2 959 | 359 | 161 | -3 222 | 632 | 226 | -4 437 |
| | 恒+汽($M_{min}$)+人($M_{min}$) | 8 | 241 | -2 893 | -193 | 155 | -3 440 | -1 269 | -240 | -4 875 |
| | 恒+汽($N_{max}$)+人($N_{max}$) | 186 | 215 | -2 475 | 35 | 122 | -2 872 | 18 | 79 | -3 976 |
| | 恒+汽($N_{min}$)+人($N_{min}$) | 364 | 314 | -3 173 | -110 | 149 | -3 704 | -441 | -5 | -5 316 |
| 组合Ⅱ | 恒+汽($M_{max}$)+人($M_{max}$)+温降+混凝土收缩+混凝土徐变 | **602** | 294 | **-2 923** | **428** | 149 | **-3 352** | 951 | 343 | -4 159 |
| | 恒+汽($M_{min}$)+人($M_{min}$)+温降+混凝土收缩+混凝土徐变 | 94 | 236 | -2 847 | -197 | 142 | -3 593 | -1 194 | -183 | -4 659 |
| | 恒+汽($N_{max}$)+人($N_{max}$)+温降+混凝土收缩+混凝土徐变 | 295 | 208 | -2 378 | 60 | 104 | -2 960 | 267 | 181 | -3 649 |
| | 恒+汽($N_{min}$)+人($N_{min}$)+温降+混凝土收缩+混凝土徐变 | 501 | 319 | -3 154 | **-110** | 134 | **-3 886** | -261 | 83 | -5 147 |
| 组合Ⅲ | 恒+汽($M_{max}$)+人($M_{max}$)+温升+混凝土收缩+混凝土徐变 | 470 | 304 | -3 041 | 399 | 168 | -3 287 | 841 | 277 | -4 456 |
| | 恒+汽($M_{min}$)+人($M_{min}$)+温升+混凝土收缩+混凝土徐变 | -37 | 245 | -2 964 | -226 | 160 | -3 528 | **-1 306** | -248 | **-4 956** |
| | 恒+汽($N_{max}$)+人($N_{max}$)+温升+混凝土收缩+混凝土徐变 | 164 | 216 | -2 495 | 30 | 121 | -2 894 | 157 | 115 | -3 946 |
| | 恒+汽($N_{min}$)+人($N_{min}$)+温升+混凝土收缩+混凝土徐变 | **369** | 329 | **-3 270** | -139 | 152 | -3 821 | **-372** | 17 | **-5 443** |

注：1.表中恒为恒载，汽为汽车荷载，人为人群荷载，温升为温度上升，温降为温度下降。
2.表中加粗和加下划线的数值为控制设计的内力值。

正常使用极限状态内力 表 1-3

| 荷载组合 | 内力汇总 | 拱顶 M | 拱顶 V | 拱顶 N | L/4 截面 M | L/4 截面 V | L/4 截面 N | 拱脚 M | 拱脚 V | 拱脚 N |
|---|---|---|---|---|---|---|---|---|---|---|
| 组合Ⅳ | 恒+汽($M_{max}$)+人($M_{max}$) | 351 | 236 | -2 426 | 268 | 131 | -2 659 | 443 | 167 | -3 682 |
| | 恒+汽($M_{min}$)+人($M_{min}$) | 21 | 199 | -2 377 | -139 | 127 | -2 822 | **-961** | -177 | **-4 002** |
| | 恒+汽($N_{max}$)+人($N_{max}$) | 152 | 180 | -2 067 | 30 | 102 | -2 399 | -16 | 57 | -3 336 |
| | 恒+汽($N_{min}$)+人($N_{min}$) | 281 | 253 | -2 590 | -73 | 123 | -3 021 | -349 | -4 | -4 334 |
| 组合Ⅴ | 恒+汽($M_{max}$)+人($M_{max}$)+温降+混凝土收缩+混凝土徐变 | **459** | 229 | **-2 334** | **294** | 114 | **-2 756** | 651 | 257 | -3 381 |
| | 恒+汽($M_{min}$)+人($M_{min}$)+温降+混凝土收缩+混凝土徐变 | 129 | -191 | 2 239 | -66 | -105 | 2 657 | -545 | 43 | 3 501 |
| | 恒+汽($N_{max}$)+人($N_{max}$)+温降+混凝土收缩+混凝土徐变 | 260 | 173 | -1 975 | 56 | 85 | -2 496 | 192 | 147 | -3 035 |
| | 恒+汽($N_{min}$)+人($N_{min}$)+温降+混凝土收缩+混凝土徐变 | 389 | 246 | -2 498 | **-47** | 106 | **-3 118** | -141 | 86 | -4 033 |
| 组合Ⅵ | 恒+汽($M_{max}$)+人($M_{max}$)+温升+混凝土收缩+混凝土徐变 | 325 | 238 | -2 454 | 264 | 132 | -2 689 | 538 | 190 | -3 684 |
| | 恒+汽($M_{min}$)+人($M_{min}$)+温升+混凝土收缩+混凝土徐变 | -5 | 201 | -2 405 | -143 | 128 | -2 852 | -866 | -154 | -4 004 |
| | 恒+汽($N_{max}$)+人($N_{max}$)+温升+混凝土收缩+混凝土徐变 | 126 | 182 | -2 095 | 26 | 103 | -2 429 | 79 | 80 | -3 338 |
| | 恒+汽($N_{min}$)+人($N_{min}$)+温升+混凝土收缩+混凝土徐变 | **255** | 255 | **-2 618** | -77 | 124 | -3 051 | **-254** | 19 | **-4 336** |

注:同表 1-2。

由以上内力计算表格可知,恒载作用下拱肋内力为:

(1)拱脚截面:$N=3\,480$kN,$M=-215$kN·m。

(2)$L/4$ 截面:$N=2\,434$kN,$M=34$kN·m。

(3)拱顶处:$N=2\,099$kN,$M=135$kN·m。

承载能力极限状态最不利内力组合为:

(1)拱脚截面:$M_{max}=-1\,306$kN·m,对应的轴力 $N=-4\,956$kN;$N_{max}=-5\,443$kN,对应的弯矩 $M=-372$kN·m。

(2)$L/4$ 截面:$M_{max}=428$kN·m,对应的轴力 $N=-3\,352$kN;$N_{max}=-3\,886$kN,对应的弯矩 $M=-110$kN·m。

(3)拱顶截面:$M_{max}=602$kN·m,对应的轴力 $N=-2\,923$kN;$N_{max}=-3\,270$kN,对应的弯矩 $M=369$kN·m。

正常使用极限状态最不利内力组合为:

(1)拱脚截面:$M_{max}=-961$kN·m,对应的轴力 $N=-4\,002$kN;$N_{max}=-4\,336$kN,对应的弯矩 $M=-254$kN·m。

(2)$L/4$ 截面:$M_{max}=294$kN·m,对应的轴力 $N=-2\,756$kN;$N_{max}=-3\,118$kN,对应的弯矩

$M = -47 \text{kN} \cdot \text{m}$。

（3）拱顶截面：$M_{max} = 459 \text{kN} \cdot \text{m}$，对应的轴力 $N = -2\,334 \text{kN}$；$N_{max} = -2\,618 \text{kN}$，对应的弯矩 $M = 255 \text{kN} \cdot \text{m}$。

## 三、拱肋强度计算

### （一）《规范》验算要求

《规范》第5.2.4条规定，钢管混凝土单圆管偏心受压构件强度承载力应满足：

$$\gamma_0 N_s \leqslant N_{01} \quad (5.2.4\text{-}1)$$

$$N_{01} = \varphi_e N_0 \quad (5.2.4\text{-}2)$$

式中：$N_0$——钢管混凝土单圆管截面轴心受压承载力设计值 $N_0 = k_3(1.14 + 1.02\xi_0)(1 + \rho_c)f_{cd}A_c$，其具体计算及参数含义见《规范》第5.2.2条；同时，《规范》第5.2.3条：考虑脱黏影响时，钢管混凝土轴心受压截面承载力按下式修正计算：$N_0^t = K_t N_0$。其中：$N_0^t$ 为考虑脱黏影响的钢管混凝土截面轴心受压承载力，$K_t$ 为钢管混凝土脱黏折减系数（拱顶截面取0.90，拱跨 $L/4$ 截面取0.95，拱脚截面取1.0，中间各截面的系数取值可用线性插值法确定）；

$\varphi_e$——偏心率折减系数，按第5.2.5条规定取值，具体计算规定如下：

当 $\dfrac{e_0}{r_c} \leqslant 1.55$ 时：

$$\varphi_e = \dfrac{1}{1 + 1.85\dfrac{e_0}{r_c}} \quad (5.2.5\text{-}1)$$

当 $\dfrac{e_0}{r_c} > 1.55$ 时：

$$\varphi_e = \dfrac{1}{2.50\dfrac{e_0}{r_c}} \quad (5.2.5\text{-}2)$$

$e_0$——截面偏心距（mm）；

$r_c$——钢管内混凝土横截面的半径（mm）。

### （二）拱脚截面

对于拱脚截面的弯矩最大时的作用组合为：$M_{max} = -1\,306 \text{kN} \cdot \text{m}$，$N = -4\,956 \text{kN}$，则拱脚截面的验算如下：

$$\xi_0 = \dfrac{f_s A_s}{f_{cd} A_c} = \dfrac{190 \times 0.034\,57}{14.30 \times 0.468\,1} = 0.981$$

$$\rho_c = \dfrac{A_s}{A_c} = \dfrac{0.034\,57}{0.468\,1} = 0.074$$

$$N_0 = k_3 \cdot (1.14 + 1.02\xi_0) \cdot (1 + \rho_c) \cdot f_{cd} A_c$$

$$= 1.0 \times (1.14 + 1.02 \times 0.981) \times (1 + 0.074) \times 14.30 \times 0.468\,1 \times 10^3 = 15\,389(\text{kN})$$

$$e_0 = \frac{M}{N} = \frac{1\,306}{4\,956} = 0.264$$

$$\frac{e_0}{r_c} = \frac{0.264}{0.386} = 0.683 \leqslant 1.55$$

则

$$\varphi_e = \frac{1}{1 + 1.85\frac{e_0}{r_c}} = \frac{1}{1 + 1.85 \times 0.683} = 0.442$$

$\varphi_e K_t N_0 = 0.442 \times 1.0 \times 15\,389 = 6\,802(\text{kN}) > \gamma_0 N_s = 1.0 \times 4\,956 = 4\,956(\text{kN})$

对于拱脚截面的轴力最大时的作用组合为：$N_{max} = -5\,443\text{kN}$，$M = -372\text{kN}\cdot\text{m}$，则拱脚截面的验算如下：

$$e_0 = \frac{M}{N} = \frac{372}{5\,443} = 0.068$$

$$\frac{e_0}{r_c} = \frac{0.068}{0.386} = 0.176 \leqslant 1.55$$

则

$$\varphi_e = \frac{1}{1 + 1.85\frac{e_0}{r_c}} = 0.754$$

$\varphi_e K_t N_0 = 0.754 \times 1.0 \times 15\,389 = 11\,603(\text{kN}) > \gamma_0 N_s = 1.0 \times 5\,443 = 5\,443(\text{kN})$

因此，拱脚截面构件强度承载力满足《规范》要求。

(三) $L/4$ 截面

对于 $L/4$ 截面的弯矩最大时的作用组合为：$M_{max} = 428\text{kN}\cdot\text{m}$，$N = -3\,352\text{kN}$，则 $L/4$ 截面的验算如下：

$$e_0 = \frac{M}{N} = \frac{428}{3\,352} = 0.128$$

$$\frac{e_0}{r_c} = \frac{0.128}{0.386} = 0.332$$

$$\varphi_e = \frac{1}{1 + 1.85\frac{e_0}{r_c}} = \frac{1}{1} + 1.85 \times 0.332 = 0.62$$

$\varphi_e K_t N_0 = 0.62 \times 0.95 \times 15\,389 = 9\,064(\text{kN}) > \gamma_0 N_s = 1.0 \times 3\,352 = 3\,352(\text{kN})$

对于 $L/4$ 截面的轴力最大时的作用组合为：$N_{max} = -3\,886\text{kN}$，$M = -110\text{kN}\cdot\text{m}$，则 $L/4$ 截面的验算如下：

$$e_0 = \frac{M}{N} = \frac{110}{3\,886} = 0.028$$

$$\frac{e_0}{r_c} = \frac{0.028}{0.386} = 0.073$$

$$\varphi_e = \cfrac{1}{1 + 1.85 \cfrac{e_0}{r_c}} = \cfrac{1}{1} + 1.85 \times 0.073 = 0.881$$

$\varphi_e K_t N_0 = 0.881 \times 0.95 \times 15\,389 = 12\,880(kN) > \gamma_0 N_s = 1.0 \times 3\,886 = 3\,886(kN)$

因此，$L/4$ 截面构件强度承载力满足《规范》要求。

**（四）拱顶截面**

对于拱顶截面的弯矩最大时的作用组合为：$M_{max} = 602 kN \cdot m$，$N = -2\,923 kN$，则拱顶截面的验算如下：

$$e_0 = \cfrac{M}{N} = \cfrac{602}{2\,923} = 0.206$$

$$\cfrac{e_0}{r_c} = \cfrac{0.206}{0.386} = 0.534$$

$$\varphi_e = \cfrac{1}{1 + 1.85 \cfrac{e_0}{r_c}} = \cfrac{1}{1 + 1.85 \times 0.534} = 0.503$$

$\varphi_e K_t N_0 = 0.503 \times 0.90 \times 15\,389 = 6\,967(kN) > \gamma_0 N_s = 1.0 \times 2\,923 = 2\,923(kN)$

对于拱顶截面的轴力最大时的作用组合为：$N_{max} = -3\,270 kN$，$M = 369 kN \cdot m$，则拱顶截面的验算如下：

$$e_0 = \cfrac{M}{N} = \cfrac{369}{3\,270} = 0.113$$

$$\cfrac{e_0}{r_c} = \cfrac{0.113}{0.386} = 0.292$$

$$\varphi_e = \cfrac{1}{1 + 1.85 \cfrac{e_0}{r_c}} = 0.649$$

$\varphi_e K_t N_0 = 0.649 \times 0.90 \times 15\,389 = 8\,993(kN) > \gamma_0 N_s = 1.0 \times 3\,173 = 3\,173(kN)$

因此，拱顶截面构件强度承载力满足《规范》要求。

## 四、拱肋面内稳定承载力计算

**（一）《规范》验算要求**

根据《规范》第5.3.2条，钢管混凝土拱肋的面内整体稳定极限承载力可将其等效成梁柱进行验算。将单圆管拱肋等效成单圆管构件。等效梁柱的计算长度可按《规范》表5.3.2的规定计算，无铰拱等效梁柱的计算长度为 $0.36 S_g$（$S_g$ 为拱的弧长），等效梁柱的两端作用力可取拱的 $L/4$（或 $3L/4$）截面处的弯矩与轴力。

根据《规范》第5.3.3条，钢管混凝土单圆管偏心受压构件稳定承载力设计值 $N_{02}$ 应按下列公式计算：

$$\gamma_0 N_s \leqslant N_{02} \tag{5.3.3-1}$$

$$N_{02} = \varphi\varphi_e N_0 \tag{5.3.3-2}$$

式中：$N_{02}$——钢管混凝土单圆管偏心受压构件稳定承载力设计值；

$\varphi$——稳定系数，按本规范第5.3.5条的规定计算；

$\varphi_e$——偏心率折减系数，按本规范第5.2.5条的规定计算。

本示例由于结构对称性，$L/4$ 截面与 $3L/4$ 截面的最不利内力相等，因此结构整体验算时只需验算 $L/4$ 截面的最不利内力。对于 $L/4$ 截面，考虑弯矩最大组合（$M_{max}=428\text{kN}\cdot\text{m}$，$N=-3352\text{kN}$）和轴力最大组合（$N_{max}=-3886\text{kN}$，$M=-110\text{kN}\cdot\text{m}$）。

**(二) 稳定系数**

根据《规范》第5.3.5条，稳定系数 $\varphi$ 应按下列公式计算：

$\lambda_n \leq 1.5$ 时

$$\varphi = 0.658^{\lambda_n^2} \tag{5.3.5-1}$$

$\lambda_n > 1.5$ 时

$$\varphi = \frac{0.877}{\lambda_n^2} \tag{5.3.5-2}$$

按《规范》第5.3.6条规定，单圆管柱的相对长细比为：

$$\lambda_n = \frac{\lambda}{\pi}\sqrt{\frac{f_y A_s + f_{ck} A_c + A_c \sqrt{\rho_c f_y f_{ck}}}{E_s A_s + E_c A_c}} \tag{5.3.6}$$

单圆管构件的名义长细比 $\lambda$，按式（5.3.7）计算：

$$\lambda = \frac{4L_0}{D} \tag{5.3.7}$$

求得：$\lambda = \dfrac{4L_0}{D} = 4 \times 0.36 \times \dfrac{58.81}{0.8} = 105.858$，$\lambda_n = 1.187 < 1.5$。

由于 $\lambda_n < 1.5$，得到稳定系数 $\varphi = 0.658^{\lambda_n^2} = 0.658^{1.187^2} = 0.554$。

**(三) 偏心折减系数**

按照《规范》第5.2.5条，钢管混凝土单圆管的偏心率折减系数 $\varphi_e$ 按式（5.2.5）计算。

由前文"$L/4$ 截面"一节可得：

对于弯矩最大组合

$$\varphi_e = \frac{1}{1 + 1.85\dfrac{e_0}{r_c}} = 0.62$$

对于轴力最大组合

$$\varphi_e = \frac{1}{1 + 1.85\dfrac{e_0}{r_c}} = 0.881$$

**(四) 混凝土徐变折减系数**

《规范》第5.3.11条规定：对于钢管混凝土轴压构件和偏心率 $\rho \leq 0.3$ 的偏压构件，其承受永久荷载引起的轴压力占全部轴压力的30%及以上时,在计算稳定极限承载力时截面轴心受压承载力 $N_0$ 值应乘以混凝土徐变折减系数 $K_C$。

钢管混凝土单圆管截面回转半径:

$$i = \sqrt{\frac{E_{sc}I_{sc}}{E_{sc}A_{sc}}} = \sqrt{\frac{1.072 \times 10^9}{2.116 \times 10^{10}}} = 0.225$$

截面计算半径:

$$r = 2i - t = 2 \times 0.225 - 0.014 = 0.436$$

对于弯矩最大组合($M_{max} = 428 kN \cdot m, N = -3352 kN$):

$$e_0 = \frac{M}{N} = 0.128$$

$$\rho = \frac{e_0}{r} = \frac{0.128}{0.436} = 0.294 < 0.3$$

永久荷载引起的轴压力占全部轴压力的比例为:

$$\frac{N_{永久}}{N} = \frac{2434}{3352} = 0.726$$

查《规范》中表5.3.11可得(其中 $\lambda = 105.858$),混凝土徐变折减系数 $K_C$ 为 0.75。

对于轴力最大组合($N_{max} = 3886 kN, M = -110 kN \cdot m$):

$$e_0 = \frac{M}{N} = 0.028$$

$$\rho = \frac{e_0}{r} = \frac{0.028}{0.436} = 0.064 < 0.3$$

永久荷载引起的轴压力占全部轴压力的比例为: $\frac{N_{永久}}{N} = \frac{2434}{3886} = 0.626$。

查《规范》中表5.3.11可得,混凝土徐变折减系数 $K_C$ 为 0.769。

**(五) 初应力度影响系数**

《规范》第5.3.12条规定:钢管混凝土拱肋稳定极限承载力计算中,考虑初应力影响时,按式(5.2.2-2)计算的截面轴心受压承载力 $N_0$ 应乘以按式(5.3.12)计算得出的初应力度影响系数 $K_p$:

$$K_p = 1 - 0.24am\beta \quad (5.3.12\text{-}1)$$

$$a = \frac{\lambda}{80} \quad (5.3.12\text{-}2)$$

$$\beta = \frac{\sigma_0}{f_y} \quad (5.3.12\text{-}3)$$

$$m = 0.2\rho + 0.98 \quad (5.3.12\text{-}4)$$

式中: $K_p$——考虑初应力度对钢管混凝土承载力的折减系数;

$a$——考虑长细比影响的系数;

$m$——考虑偏心率影响的系数;

$\beta$——钢管初应力度;

$\lambda$——构件的名义长细比,按《规范》第5.3.7~5.3.10条的规定计算;

$\sigma_0$——钢管初应力,在截面上不均匀时,取截面平均应力;
$f_y$——钢管强度标准值,取值应符合《规范》表3.1.3的规定;
$\rho$——构件偏心率,按《规范》式(5.3.11-1)计算。

对于架设拱肋并浇筑混凝土施工阶段得到 $L/4$ 截面的内力为:$M_0 = 102 \text{kN} \cdot \text{m}$,$N_0 = 510 \text{kN}$。

有

$$\sigma_0 = \frac{N_0}{A} = \frac{510}{0.034\ 57} = 14\ 753 (\text{kN/m}^2) = 14.75 \text{MPa}$$

$$\beta = \frac{\sigma_0}{f_y} = \frac{14.75}{235} = 0.063$$

$$a = \frac{\lambda}{80} = \frac{105.858}{80} = 1.323$$

对于弯矩最大组合($M_{\max} = 428 \text{kN} \cdot \text{m}, N = -3\ 352 \text{kN}$):

$$e_0 = \frac{M}{N} = 0.128$$

$$\rho = \frac{e_0}{r} = \frac{0.128}{0.436} = 0.294$$

$$m = 0.2\rho + 0.98 = 0.2 \times 0.294 + 0.98 = 1.039$$

$$K_p = 1 - 0.24 \cdot a \cdot m \cdot \beta = 1 - 0.24 \times 1.323 \times 1.039 \times 0.063 = 0.979$$

对于轴力最大组合($N_{\max} = -3\ 886 \text{kN}, M = -110 \text{kN} \cdot \text{m}$):

$$e_0 = \frac{M}{N} = 0.028$$

$$\rho = \frac{e_0}{r} = \frac{0.028}{0.436} = 0.064$$

$$m = 0.2\rho + 0.98 = 0.2 \times 0.064 + 0.98 = 0.992\ 8$$

$$K_p = 1 - 0.24 \cdot a \cdot m \cdot \beta = 1 - 0.24 \times 1.323 \times 0.992\ 8 \times 0.148 = 0.953$$

**(六)稳定承载力**

由前文"《规范》验算要求"可知,钢管混凝土单圆管偏心受压构件稳定承载力 $N_{02}$ 应按下式计算:$\gamma_0 N_s \leq N_{02}$,其中 $N_{02} = \varphi \varphi_e N_0$。

对于弯矩最大组合($M_{\max} = 428 \text{kN} \cdot \text{m}, N = -3\ 352 \text{kN}$):

$$\varphi \varphi_e K_c K_p N_0 = 0.554 \times 0.620 \times 0.75 \times 0.951 \times (15\ 389 \times 0.95)$$
$$= 3\ 581 (\text{kN}) > \gamma_0 N_s = 1.0 \times 3\ 352 = 3\ 352 (\text{kN})$$

对于轴力最大组合($N_{\max} = -3\ 886 \text{kN}, M = -110 \text{kN} \cdot \text{m}$):

$$\varphi \varphi_e K_c K_p N_0 = 0.554 \times 0.881 \times 0.769 \times 0.953 \times (15\ 389 \times 0.95)$$
$$= 5\ 229 (\text{kN}) > \gamma_0 N_s = 1.0 \times 3\ 886 = 3\ 886 (\text{kN})$$

故稳定承载力满足要求。

## 五、主拱空间弹性稳定计算

《规范》第5.3.1条:钢管混凝土拱桥应进行空间稳定性计算,弹性失稳特征值应不小于

4.0。计算时拱肋截面整体轴压刚度和弯曲刚度按4.3.4条的规定取值,具体见前文"拱肋截面参数和其他计算参数"。

由拱脚水平推力影响线(图1-5)可得,按照纵桥向全跨满载,横桥向布置两车道(偏载)布载时,可得到拱脚水平推力最大。用Midas软件进行屈曲分析,得到一阶失稳特征值为13.18>4,因此空间弹性稳定分析满足要求,屈曲模态如图1-6所示。

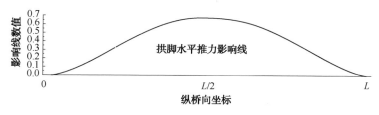

图1-5 示例一拱脚水平推力影响线

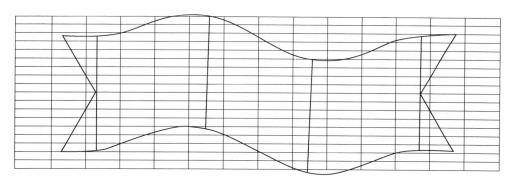

图1-6 示例一一阶屈曲模态

## 六、正常使用极限状态计算

### (一)桥面挠度

《规范》第6.0.4条规定:钢管混凝土拱桥按短期效应组合消除结构自重产生的长期挠度后,桥面在一个桥跨范围内的正负挠度绝对值之和不应大于计算跨径的1/1 000。

本例的短期效应组合具体见前文"作用及作用组合"一节中的组合Ⅳ、Ⅴ、Ⅵ(其中各荷载分项频遇值系数分别取汽车荷载0.7,人群荷载1.0,温度变化1.0)。消除结构自重产生的长期挠度后,桥面的正挠度组合最大值为0.008 34 m,负挠度组合最小值为-0.006 84,如图1-7所示。所以桥面在一个桥跨范围内的正负挠度绝对值之和为$f$ = 0.008 34+0.006 84 = 0.015 18(m)<$L$/1 000 = 0.046(m),所以,桥面挠度满足规范要求。

### (二)钢管应力

《规范》第6.0.5条:持久状况下钢管混凝土拱肋的钢管应力不宜大于$0.8f_y$($f_y$为钢材强度标准值)。钢管应力应包括各个施工阶段的累计应力、二期恒载引起的应力、温度应力以及车辆荷载、混凝土收缩、徐变等引起的应力,具体作用组合见前文"作用及作用组合"一节中的组合Ⅳ、Ⅴ、Ⅵ。

经组合计算最不利截面为拱脚截面,提取出其中的内力:

$M_{\max}=-961\text{kN}\cdot\text{m}$,对应的轴力 $N=-4\,002\text{kN}$;
$N_{\max}=-4\,336\text{kN}$,对应的弯矩 $M=-254\text{kN}\cdot\text{m}$。

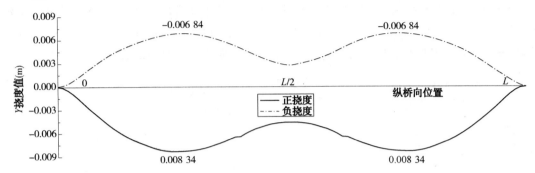

图 1-7 示例一桥面挠度最大及最小值

将轴力和弯矩分别按照轴压和抗弯刚度进行分配,求得钢管最外缘应力。

对于弯矩最大组合 ($M_{\max}=-961\text{kN}\cdot\text{m}$, $N=-4\,002\text{kN}$)

钢管受到的轴力:

$$N_{钢}=\frac{E_sA_s}{E_cA_c+E_sA_s}N=\frac{2.06\times10^5\times0.034\,57}{3.00\times10^4\times0.468\,1+2.06\times10^5\times0.034\,57}\times4\,002=1\,347(\text{kN})$$

钢管受到的弯矩:

$$M_{钢}=\frac{E_sI_s}{E_cI_c+E_sI_s}M=\frac{2.06\times10^5\times0.002\,67}{2.06\times10^5\times0.002\,67+3.00\times10^4\times0.017\,4}\times961=493(\text{kN}\cdot\text{m})$$

则有:

$$\sigma_{钢}=\frac{N_{钢}}{A_s}+\frac{M_{钢}}{I_s}\cdot\frac{1}{2}D=\frac{1\,347}{0.034\,57}+\frac{493}{0.002\,67}\times0.5\times0.8=113(\text{MPa})$$

对于轴力最大组合 ($N_{\max}=-4\,336\text{kN}$, $M=-254\text{kN}\cdot\text{m}$)

钢管受到的轴力:

$$N_{钢}=\frac{E_sA_s}{E_cA_c+E_sA_s}N=\frac{2.06\times10^5\times0.034\,57}{3.00\times10^4\times0.468\,1+2.06\times10^5\times0.034\,57}\times4\,336=1\,460(\text{kN})$$

钢管受到的弯矩:

$$M_{钢}=\frac{E_sI_s}{E_cI_c+E_sI_s}M=\frac{2.06\times10^5\times0.002\,67}{2.06\times10^5\times0.002\,67+3.00\times10^4\times0.017\,4}\times349=130(\text{kN}\cdot\text{m})$$

则有:

$$\sigma_{钢}=\frac{N_{钢}}{A_s}+\frac{M_{钢}}{I_s}\cdot\frac{1}{2}D=\left(\frac{1\,460}{0.034\,57}+\frac{130}{0.002\,67}\times0.5\times0.8\right)\times10^{-3}=61.7(\text{MPa})$$

钢管最大应力均小于 $0.8f_y=0.8\times235=188\text{MPa}$,故持久状况下钢管混凝土拱肋的钢管应力验算满足要求。

## 七、主拱施工阶段计算

### (一)《规范》验算要求

《规范》第4.1.7条规定,钢管混凝土拱桥设计时应对主要施工阶段进行计算。施工阶段

的计算应包括下列内容:

(1)拱肋构件的运输、安装过程中的应力、变形和稳定计算。

(2)与拱肋形成有关的附属结构的计算。

(3)拱肋形成过程中自身的应力、变形和稳定计算。

(4)成桥过程中桥梁结构的应力、变形和稳定计算。

《规范》第4.1.8条规定,施工计算中,应计入施工中可能出现的实际荷载,包括架设机具和材料、施工人群、桥面堆载以及风力、温度变化影响力和其他施工临时荷载。施工阶段结构弹性稳定特征值不应小于4.0。

《规范》第4.1.5条规定,钢管混凝土拱桥中钢结构和钢构件之间的连接,包括施工阶段管内混凝土达到设计强度前的钢管拱结构,其承载力、变形和稳定性能均应按桥梁钢结构进行设计与计算,并应符合国家现行有关标准的规定。

### (二)施工阶段一

阶段一为拱肋钢管安装。

1.应力验算

最不利截面为拱脚截面,其内力为 $N=-113\text{kN}$, $M=-92\text{kN·m}$,验算钢管应力如下:

$$\sigma_0 = \frac{N_0}{A} + \frac{M_0}{W} = \frac{113}{0.034\ 57} + \frac{92}{5.095 \times 10^{-3}} = 21\ 326(\text{kN/m}^2) = 21.326(\text{MPa}) \leq f = 215\text{MPa}$$

应力验算满足要求。

2.稳定验算

用 Midas 软件进行屈曲分析,得到一阶失稳特征值为 159>4.0,因此空间弹性稳定分析满足要求,屈曲模态如图 1-8 所示。

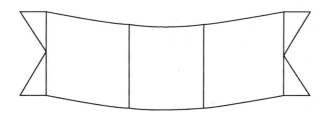

图 1-8 施工阶段一的一阶屈曲模态

### (三)施工阶段二

阶段二为灌注钢管内混凝土。

1.应力验算

最不利截面为拱脚截面,其内力为 $N=-1\ 817\text{kN}$, $M=-171\text{kN·m}$,此时混凝土还未形成强度,验算钢管应力如下:

$$\sigma_0 = \frac{N_0}{A} + \frac{M_0}{W} = \frac{1\ 817}{0.034\ 57} + \frac{171}{5.095 \times 10^{-3}} = 86\ 122(\text{kN/m}^2) = 86.12(\text{MPa}) \leq f = 215\text{MPa}$$

应力验算满足要求。

2.稳定验算

用 Midas 软件进行屈曲分析,得到一阶失稳特征值为57.74>4.0,因此空间弹性稳定分析满足要求,屈曲模态如图 1-9 所示。

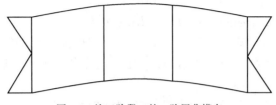

图 1-9　施工阶段二的一阶屈曲模态

### (四)施工阶段三

施工阶段三为施工吊杆、立柱及桥面系。

1.应力验算

最不利截面为拱脚截面,其内力为 $N=-3\,480\text{kN}$, $M=-215\text{kN}\cdot\text{m}$。

将轴力和弯矩分别按照轴压和抗弯刚度进行分配,求得钢管最外缘应力。

钢管受到的轴力:

$$N_{\text{钢}} = \frac{E_s A_s}{E_c A_c + E_s A_s} N = \frac{2.06 \times 10^5 \times 0.034\,57}{3.00 \times 10^4 \times 0.468\,1 + 2.06 \times 10^5 \times 0.034\,57} \times 3\,480 = 1\,170(\text{kN})$$

钢管受到的弯矩:

$$M_{\text{钢}} = \frac{E_s I_s}{E_c I_c + E_s I_s} M = \frac{2.06 \times 10^5 \times 0.002\,67}{2.06 \times 10^5 \times 0.002\,67 + 3.00 \times 10^4 \times 0.017\,4} \times 215 = 110(\text{kN}\cdot\text{m})$$

则有:

$$\sigma_{\text{钢}} = \frac{N_{\text{钢}}}{A_s} + \frac{M_{\text{钢}}}{I_s} \cdot \frac{1}{2}D = \frac{1\,170}{0.034\,57} + \frac{110}{0.002\,67} \times 0.5 \times 0.8 = 50(\text{MPa}) < f = 215\text{MPa}$$

应力验算满足要求。

2.稳定验算

《规范》第5.3.1条规定钢管混凝土拱桥进行空间稳定性计算时,拱肋截面整体压缩设计刚度和弯曲设计刚度应按《规范》第4.3.3条的规定计算。用 Midas 软件进行屈曲分析,得到一阶失稳特征值为17.68>4.0,因此空间弹性稳定分析满足要求。屈曲模态如图1-10所示。

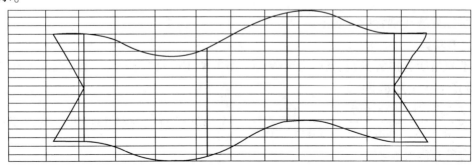

图 1-10　施工阶段三的一阶屈曲模态

## 八、吊杆计算

进行示例一的吊杆验算时,其上部结构恒载计算包括横梁、桥面板、人行道、行车道板、栏杆、桥面铺装等构件。桥面构件中除了横梁的自重按集中力分别作用在两侧吊杆处,其他自重都是按均布荷载分配到两侧吊杆。

横梁立面和横断面图如图 1-11 所示。整跨横梁自重:$P = (0.9 \times 2 + 7 \times 1.2) \times 0.5 \times 25 \times 2 = 255(\text{kN})$。

图 1-11 横梁立面图和横断面图(尺寸单位:cm)

桥面各个构件自重产生的均布荷载计算如下。

栏杆自重:$P_1 = 2.5 \text{kN/m}$;
桥面板自重:$P_2 = 0.2 \times 12 \times 4 \times 25 \div 18 = 13.33(\text{kN/m})$;
加劲纵梁自重:$P_3 = 0.4 \times 1 \times 2 \times 4 \times 25 \div 18 = 4.45(\text{kN/m})$;
人行道板自重:$P_4 = 0.2 \times 6 \times 4 \times 25 \div 18 = 6.67(\text{kN/m})$;
桥面铺装自重:$P_5 = 0.1 \times 12 \times 4 \times 23 \div 18 = 6.13(\text{kN/m})$;
桥面各个构件自重合计:$\sum_{i=1}^{5} P_i = 33.08 \text{kN/m}$;
恒载产生的均布荷载:$g = 256 \div 18 + 33.08 = 47.30(\text{kN/m})$;
恒载产生的吊杆内力:$R_1 = gL/2 = 47.3 \times 18/2 = 425.7(\text{kN})$。
活载纵桥向布置如图 1-12 所示。
活载纵桥向分布计算:$P_q = 140 \times 1.0 + 140 \times 0.65 = 231(\text{kN})$。

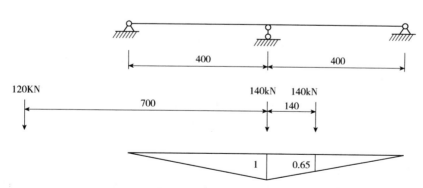

图 1-12 活载纵桥向布置图(尺寸单位:cm)

活载横桥向布置如图 1-13 所示。
活载横向分布系数计算如下:
布满 2 列车时,

$$m_{cq} = \frac{1}{2}\sum \eta_q$$

$$= \frac{1}{2} \times (0.913\,5 + 0.778\,2 + 0.680\,5 + 0.545\,1) = 1.459$$

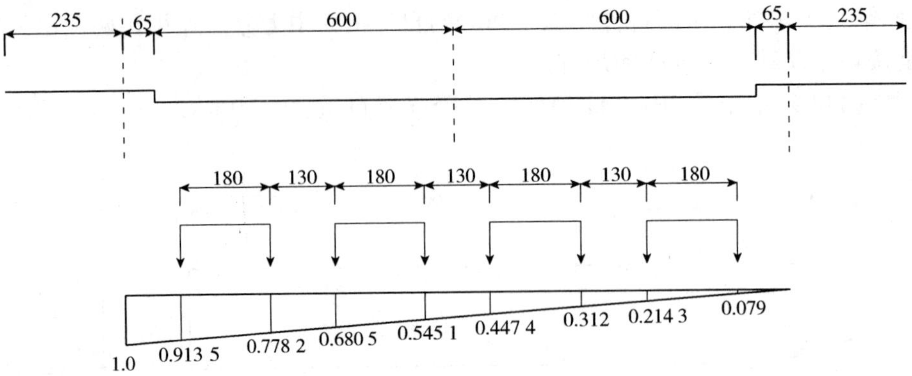

图 1-13 荷载横向分布图(尺寸单位:cm)

布满 3 列车时，

$$m_{cq} = \frac{1}{2}\sum \eta_q \times 0.78$$

$$= \frac{1}{2} \times (0.913\,5 + 0.778\,2 + 0.680\,5 + 0.545\,1 + 0.447\,4 + 0.312) \times 0.78$$

$$= 1.434$$

布满 4 列车时，

$$m_{cq} = \frac{1}{2}\sum \eta_q \times 0.67$$

$$= \frac{1}{2} \times (0.913\,5 + 0.778\,2 + 0.680\,5 + 0.545\,1 + 0.447\,4 +$$

$$0.312 + 0.214\,3 + 0.079) \times 0.67$$

$$= 1.330$$

所以，取 $m_{cq} = 1.459$。

车辆分配给吊杆的内力 $R_2:R_2 = 1.3 \times 1.459 \times 231 \div 2 = 219.7(kN)$；

人群分配给吊杆的内力 $R_3:R_3 = 1.06 \times 3.5 \times 4 \times 1.75 = 25.97(kN)$；

故吊杆的设计内力 $R:R = R_1 + R_2 + R_3 = 671.37(kN)$。

按《规范》5.4.2 条规定，吊索的应力应满足下式要求：

$$\sigma \leqslant 0.33 f_{tpk} \tag{5.4.2}$$

式中：$\sigma$——吊索的应力($N/mm^2$)；

$f_{tpk}$——吊索的抗拉强度标准值($N/mm^2$)。

本桥吊杆采用 109 根 $\phi 5mm$ 高强钢丝，$f_{tpk} = 1\,670 MPa$，$0.33 f_{tpk} = 557 MPa$。单根吊杆的最大内力为 671.37kN，$109\phi 5mm$ 高强钢丝的面积为 $21.40cm^2$，则吊杆应力 $\sigma = 671.37 \times 10^{-3}/0.002\,14 = 314(MPa) < 0.33 f_{tpk} = 557 MPa$。

故吊杆验算满足《规范》要求。

# 示例二 钢管混凝土提篮拱人行桥

## 一、设计基本资料

### (一)工程概述

示例二为一座钢管混凝土人行桥,横向布置形式为内倾式提篮拱。设计汽车荷载为汽—10,人群荷载为4.5kN/m²;设计洪水频率50年一遇。全桥总长102.8m,主拱净跨径为100m,净矢跨比为1/5。桥面宽度5.5m,2片拱肋,拱肋为哑铃形断面。该桥总体布置如图2-1所示。

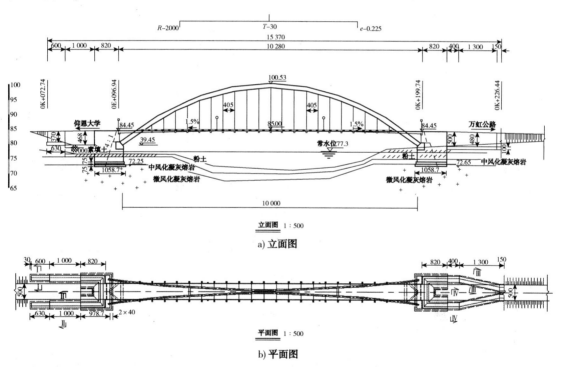

图2-1 示例二桥型总体布置图(尺寸单位:cm;高程单位:m)

上部构造为钢管混凝土提篮拱结构,内倾角度为10°,拱肋采用由两根圆钢管混凝土(拱脚段为φ500mm×10mm,拱顶段为φ500mm×8mm)组成的哑铃形断面(分段图如图2-2所示,截面图如图2-3所示),管内浇筑C40混凝土,两管之间用钢腹板和加劲构造连接成整体,腹腔内除靠拱脚部分充填混凝土外,其余部分不充填混凝土,采用H型钢进行加劲,拱肋构造如图2-3所示。主拱肋的横撑由两根φ500mm×8mm的钢管和钢腹板组成。边拱的横撑由两根φ500mm×8mm的钢管和钢腹板组成。

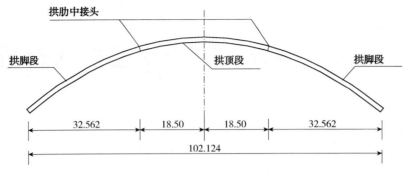

图 2-2 拱肋截面分段示意图(尺寸单位:m)

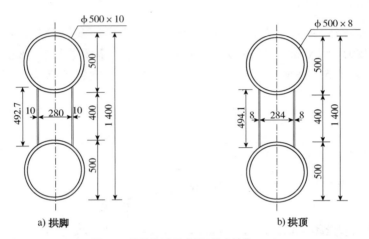

图 2-3 拱肋构造示意图(尺寸单位:mm)

吊杆间距为4.05m,吊杆横梁为钢筋混凝土矩形梁,桥面板为钢筋混凝土肋板式预制结构,湿接缝连接,桥面铺装为10cm厚的钢筋混凝土,如图 2-4 所示。

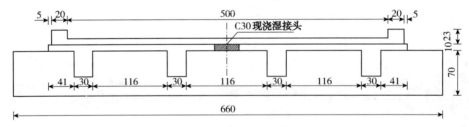

图 2-4 横断面构造图(尺寸单位:cm)

桥台采用重力式 U 形桥台,基础为刚性扩大基础。根据工程勘察单位提供的地质钻探资料,并经计算得,基底应嵌入微风化凝灰熔岩至少0.5m以上。

**(二)技术标准**

(1)设计荷载:汽—10(本文验算荷载取公路—Ⅱ级),人群荷载为4.5kN/m²。

(2)桥面净空:净—5+2×0.2m。

(3)桥面纵坡:双向1.5%。

(4)设计洪水频率:50 年一遇,桥下不通航。

### (三)主要材料

(1)拱肋及横撑:拱肋采用为钢管混凝土,其钢管采用(拱脚段为 $\phi500\text{mm}\times10\text{mm}$,拱顶段为 $\phi500\text{mm}\times8\text{mm}$)Q345c 钢(16Mn 钢),$f_s = 275\text{MPa}$,弹性模量 $E_s = 2.06\times10^5\text{MPa}$,重度 $\rho_s = 78.5\text{kN/m}^3$。拱肋内灌注 C40 混凝土,$f_{cd} = 19.1\text{MPa}$,弹性模量 $E_c = 3.25\times10^4\text{MPa}$,重度 $\rho_c = 25\text{kN/m}^3$。主拱肋的横撑由两根 $\phi500\text{mm}\times8\text{mm}$ 的钢管和钢腹板组成,均为 Q345c 钢(16Mn 钢),其余钢板均用 Q235(A3)钢。

(2)吊杆:采用 $\phi5\text{mm}$ 高强钢丝,$R_y^b = 1\,670\text{MPa}$。

(3)桥面系:桥面板预制块、横梁采用 C25 混凝土,底横系梁、桥面板湿接头、桥面铺装采用 C30 混凝土。

## 二、结构内力计算

### (一)有限元计算模型

采用 Midas 建立三维杆系计算模型,如图 2-5 所示。在计算模型中,采用梁单元模拟拱肋、纵梁结构,桁架单元模拟吊杆。边界条件中,拱脚固结,桥面两端部约束竖向、横桥向位移和仅对桥面一端约束纵桥向位移,模型共有 278 个节点,499 个单元。

图 2-5 示例二的 Midas 模型

该 Midas 模型的施工分为两阶段:

(1)浇筑承台、主墩、拱座混凝土、吊装拱肋至合龙并压主管内混凝土,安装吊杆,吊装混凝土横梁。

(2)施工桥面铺装及附属设施。

### (二)拱肋截面参数和其他计算参数

1.拱肋截面几何性质计算

(1)钢管的截面面积 $A_s$ 及惯性矩 $I_s$

①拱顶段

单管的钢管面积和抗弯惯性矩:

$$A_s = \frac{\pi}{4}\times(0.5^2 - 0.484^2) = 0.012\,4\,(\text{m}^2)$$

$$I_s = \frac{\pi}{64}\times(0.5^4 - 0.484^4) = 0.374\times10^{-3}\,(\text{m}^4)$$

哑铃形拱肋截面的钢管面积和抗弯惯性矩：

$$A_{s1} = \frac{\pi}{4} \times (0.5^2 - 0.484^2) \times 2 + 0.494\,1 \times 0.008 \times 2 = 0.032\,6(\text{m}^2)$$

$$I_{s1} = \left[\frac{\pi}{64} \times (0.5^4 - 0.484^4) + 0.012\,4 \times 0.45^2\right] \times 2 + 2 \times \frac{1}{12} \times 0.008 \times 0.494\,1^3$$
$$= 0.005\,92(\text{m}^4)$$

②拱脚段

单管的钢管面积和抗弯惯性矩：

$$A_s = \frac{\pi}{4} \times (0.5^2 - 0.48^2) = 0.015\,4(\text{m}^2)$$

$$I_s = \frac{\pi}{64} \times (0.5^4 - 0.48^4) = 4.622 \times 10^{-4}(\text{m}^4)$$

哑铃形拱肋截面的钢管面积和抗弯惯性矩：

$$A_{s1} = \frac{\pi}{4} \times (0.5^2 - 0.48^2) \times 2 + 0.492\,7 \times 0.01 \times 2 = 0.040\,65(\text{m}^2)$$

$$I_{s1} = \left[\frac{\pi}{64} \times (0.5^4 - 0.48^4) + 0.015\,4 \times 0.45^2\right] \times 2 + 2 \times \frac{1}{12} \times 0.01 \times 0.492\,7^3$$
$$= 0.007\,36(\text{m}^4)$$

（2）混凝土的截面面积 $A_c$ 及惯性矩 $I_c$。

①拱顶段

单管的混凝土面积和抗弯惯性矩：

$$A_c = \frac{\pi}{4} \times 0.484^2 = 0.184(\text{m}^2)$$

$$I_c = \frac{\pi}{64} \times 0.484^4 = 0.002\,69(\text{m}^4)$$

哑铃形拱肋截面的混凝土管面积和抗弯惯性矩：

$$A_{c1} = \frac{\pi}{4} \times 0.484^2 \times 2 = 0.368(\text{m}^2)$$

$$I_{c1} = \left(\frac{\pi}{64} \times 0.484^4 + 0.184 \times 0.45^2\right) \times 2 = 0.079\,9(\text{m}^4)$$

②拱脚段

单管的混凝土面积和抗弯惯性矩：

$$A_c = \frac{\pi}{4} \times 0.48^2 = 0.181(\text{m}^2)$$

$$I_c = \frac{\pi}{64} \times 0.48^4 = 0.002\,61(\text{m}^4)$$

哑铃形拱肋截面的混凝土管面积和抗弯惯性矩：

$$A_{c1} = \frac{\pi}{4} \times 0.48^2 \times 2 = 0.362(\text{m}^2)$$

$$I_{c1} = \left(\frac{\pi}{64} \times 0.48^4 + 0.181 \times 0.45^2\right) \times 2 = 0.078\,5(\text{m}^4)$$

(3)钢管混凝土的组合轴压刚度和抗弯刚度

《规范》第4.3.4条规定:钢管混凝土拱肋截面整体轴压设计刚度$(EA)_{sc}$与弯曲设计刚度$(EI)_{sc}$按下列公式计算:

$$(EA)_{sc} = E_s A_{s1} + E_c A_{c1} \quad (4.3.4\text{-}1)$$

$$(EI)_{sc} = E_s I_{s1} + 0.6 E_c I_{c1} \quad (4.3.4\text{-}2)$$

①拱顶段

$$\begin{aligned}(EA)_{sc} &= E_s A_{s1} + E_c A_{c1} \\ &= 2.06 \times 10^5 \times 0.032\,6 + 3.25 \times 10^4 \times 0.368 \\ &= 1.867\,56 \times 10^4 (\text{MPa} \cdot \text{m}^2)\end{aligned}$$

$$\begin{aligned}(EI)_{sc} &= E_s I_{s1} + 0.6 E_c I_{c1} \\ &= 2.06 \times 10^5 \times 0.005\,92 + 0.6 \times 3.25 \times 10^4 \times 0.079\,9 \\ &= 2.777\,57 \times 10^3 (\text{MPa} \cdot \text{m}^4)\end{aligned}$$

②拱脚段

$$\begin{aligned}(EA)_{sc} &= E_s A_{s1} + E_c A_{c1} \\ &= 2.06 \times 10^5 \times 0.040\,65 + 3.25 \times 10^4 \times 0.362 \\ &= 2.014 \times 10^4 (\text{MPa} \cdot \text{m}^2)\end{aligned}$$

$$\begin{aligned}(EI)_{sc} &= E_s I_{s1} + 0.6 E_c I_{c1} \\ &= 2.06 \times 10^5 \times 0.007\,36 + 0.6 \times 3.25 \times 10^4 \times 0.078\,5 \\ &= 3.047 \times 10^3 (\text{MPa} \cdot \text{m}^4)\end{aligned}$$

2.拱肋冲击系数计算

按照《规范》第4.2.2条,按下式计算:

$$\mu_0 = 0.057\,36 f_0 + 0.074\,8 \quad (4.2.2\text{-}1)$$

式中:$f_0$——钢管混凝土拱桥的一阶竖向频率(Hz)。

在无精确计算值时,跨径80~300m的钢管混凝土拱桥一阶竖向频率$f_0$可按下式估算:

$$f_0 = \frac{133}{L} \quad (4.2.2\text{-}2)$$

式中:$L$——钢管混凝土拱桥计算跨径(m)。

根据 Midas 模型计算可得一阶竖向频率:$f_0=0.858\,907$Hz,故冲击系数为:$\mu_0 = 0.057\,36 \times 0.858\,907 + 0.074\,8 = 0.124\,1$。

3.计算合龙温度

按照《规范》第4.2.3条规定,按下式计算:

$$T = T_{28} + \frac{D - 0.85}{0.2} + T_0 \quad (4.2.3\text{-}2)$$

式中:$T_{28}$——钢管内混凝土浇筑后28d内的平均气温(℃);

$D$——钢管外径(m),当$D$小于0.85时取0.85;

$T_0$——考虑管内混凝土水化热作用的附加升温值,为3.0~5.0℃,冬季取小值,夏季取大值,混凝土强度等级低于C40时,在此基础上减去1.0℃。

假设示例二拱肋混凝土浇筑在6月份,其后28d的平均气温为25.1℃,考虑管内混凝土水化热作用的附加升温值为5℃,则合龙温度为29.85℃。最低有效温度取当地最低温

1.5℃,最高有效温度取当地极值高温40.6℃。所以结构整体升温10.75℃,降温28.35℃。

4.混凝土徐变系数的计算

《规范》第6.0.3条规定：钢管混凝土结构或构件变形计算中,混凝土徐变系数在无可靠实测资料时可按现行行业标准《公路钢筋混凝土及预应力混凝土桥涵设计规范》(JTG D62—2004)的规定计算。

由于徐变系数为徐变变形$\varepsilon_{cr}$与弹性变形$\varepsilon_{el}$的比值,即$\varphi=\varepsilon_{cr}/\varepsilon_{el}$,因此由徐变系数可求得徐变变形,进而应用于预拱度等的计算中。

### (三)作用及作用组合

设计荷载包括自重、活载、温度荷载和混凝土的收缩徐变等。自重为结构一期恒载、二期恒载,其中二期恒载考虑桥面铺装、人行道、防撞栏杆以及桥面其他附属设施。活载为公路—Ⅰ级,单车道,人群荷载为4.5kN/m²。对于温度荷载及混凝土的徐变、收缩的计算参数见本节"拱肋截面参数和其他计算参数"。

作用组合：根据《公路桥涵设计通用规范》(JTG D60—2004)等规范规定,针对拱肋及其他主要结构主要考虑以下几种作用组合。

组合Ⅰ：1.2自重+1.4汽车荷载+0.8×1.4人群荷载;

组合Ⅱ：1.2自重+1.4汽车荷载(含汽车冲击力)+1.0收缩+1.0徐变+0.7×1.4(均匀升温+人群荷载);

组合Ⅲ：1.2自重+1.4汽车荷载(含汽车冲击力)+1.0收缩+1.0徐变+0.7×1.4(均匀降温+人群荷载);

组合Ⅳ：1.0自重+1.0汽车荷载+1.0人群荷载;

组合Ⅴ：1.0自重+1.0汽车荷载(不含汽车冲击力)+1.0收缩+1.0徐变+1.0均匀升温+1.0人群荷载;

组合Ⅵ：1.0自重+1.0汽车荷载(不含汽车冲击力)+1.0收缩+1.0徐变+1.0均匀降温+1.0人群荷载。

其中,验算结构在承载能力极限状态下的受力情况为组合Ⅰ、Ⅱ、Ⅲ,验算结构在正常使用极限状态下的受力情况为组合Ⅳ、Ⅴ、Ⅵ。组合Ⅳ、Ⅴ、Ⅵ按《公路桥涵设计通用规范》(JTG D60—2004)第4.1.8条考虑标准组合,各作用效应的分项系数及组合系数均取为1.0。

### (四)内力计算结果

内力计算结果见表2-1~表2-3,表中的轴力拉为正,压为负,弯矩顺时针为正,逆时针为负,轴力和剪力单位：kN,弯矩单位：kN·m。

单项荷载拱肋各截面内力(汽车荷载不计冲击系数)   表2-1

| 内力汇总 | 拱 顶 | | | L/4 截面 | | | 拱 脚 | | |
|---|---|---|---|---|---|---|---|---|---|
| | $M$ | $Q$ | $N$ | $M$ | $Q$ | $N$ | $M$ | $Q$ | $N$ |
| 恒载 | 438 | 36 | -2 110 | -225 | 64 | -2 412 | 143 | -63 | -2 763 |
| 汽车荷载($M_{max}$) | 623 | 29 | -273 | 1 014 | 31 | -216 | 1 343 | -125 | -303 |
| 汽车荷载($M_{min}$) | -325 | -15 | -229 | -729 | -12 | -333 | -1 543 | 135 | -261 |
| 汽车荷载($N_{max}$) | 0 | 0 | 0 | 0 | 0 | 0 | 0 | 0 | 0 |

续上表

| 内力汇总 | 拱 顶 | | | L/4 截面 | | | 拱 脚 | | |
|---|---|---|---|---|---|---|---|---|---|
| | M | Q | N | M | Q | N | M | Q | N |
| 汽车荷载($N_{min}$) | 226 | -58 | -419 | -150 | 31 | -472 | 113 | -50 | -499 |
| 人群荷载($M_{max}$) | 159 | 4 | -101 | 298 | 10 | -83 | 563 | -51 | -145 |
| 人群荷载($M_{min}$) | -141 | -1 | -102 | -302 | -2 | -154 | -534 | 36 | -118 |
| 人群荷载($N_{max}$) | 0 | 0 | 0 | 0 | 0 | 0 | 0 | 0 | 0 |
| 人群荷载($N_{min}$) | 16 | 3 | -213 | -4 | -1 | -237 | 29 | -15 | -263 |
| 温度上升 | -69 | 2 | -16 | -26 | -5 | -14 | 107 | -3 | -33 |
| 温度下降 | 182 | -5 | 43 | 68 | 14 | 39 | -281 | 7 | 87 |
| 混凝土收缩 | -137 | 5 | -50 | -31 | -13 | -15 | 96 | 14 | 367 |
| 混凝土徐变 | 28 | 2 | 10 | 5 | 3 | 1 | -5 | -8 | -291 |

**承载能力极限状态拱肋各截面组合内力**   表 2-2

| 荷载组合 | | 拱 顶 | | | L/4 截面 | | | 拱 脚 | | |
|---|---|---|---|---|---|---|---|---|---|---|
| | | M | Q | N | M | Q | N | M | Q | N |
| 组合Ⅰ | $M_{max}$ | 1 576 | 88 | -3 027 | 1 483 | 131 | -3 290 | 2 682 | -308 | -3 902 |
| | $M_{min}$ | -87 | 21 | -2 967 | -1 629 | 58 | -3 533 | -2 587 | 154 | -3 813 |
| | $N_{max}$ | 526 | 43 | -2 532 | -270 | 77 | -2 894 | 172 | -76 | -3 316 |
| | $N_{min}$ | 860 | -35 | -3 357 | -484 | 119 | -3 821 | 362 | -162 | -4 309 |
| 组合Ⅱ | $M_{max}$ | 1 485 | 102 | -3 116 | 1 566 | 120 | -3 343 | **3 033** | -319 | **-3 891** |
| | $M_{min}$ | -301 | 28 | -3 048 | **-1 765** | 41 | **-3 597** | -2 584 | 175 | -3 798 |
| | $N_{max}$ | 349 | 52 | -2 588 | -321 | 62 | -2 922 | 367 | -73 | -3 272 |
| | $N_{min}$ | **720** | -36 | **-3 456** | **-561** | 110 | **-3 897** | **574** | -166 | **-4 315** |
| 组合Ⅲ | $M_{max}$ | **1 731** | 95 | **-3 058** | 1 658 | 139 | -3 291 | 2 652 | -309 | -3 773 |
| | $M_{min}$ | -55 | 21 | -2 990 | -1 673 | 60 | -3 545 | -2 964 | 185 | -3 681 |
| | $N_{max}$ | 595 | 45 | -2 530 | -229 | 81 | -2 870 | -13 | -63 | -3 154 |
| | $N_{min}$ | 966 | -43 | -3 398 | -469 | 128 | -3 845 | 193 | -156 | -4 197 |

注：表中加粗和加下划线的数值为控制设计的内力值。

**正常使用极限状态拱肋各截面组合内力**   表 2-3

| 荷载组合 | | 拱 顶 | | | L/4 截 面 | | | 拱 脚 | | |
|---|---|---|---|---|---|---|---|---|---|---|
| | | M | Q | N | M | Q | N | M | Q | N |
| 组合Ⅳ | $M_{max}$ | 1 220 | 69 | -2 484 | 1 087 | 105 | -2 711 | 2 049 | -239 | -3 211 |
| | $M_{min}$ | -28 | 20 | -2 441 | **-1 256** | 50 | **-2 899** | -1 934 | 108 | -3 142 |
| | $N_{max}$ | 438 | 36 | -2 110 | -225 | 64 | -2 412 | 143 | -63 | -2 763 |
| | $N_{min}$ | 680 | -19 | -2 742 | -379 | 94 | -3 121 | **285** | -128 | **-3 525** |
| 组合Ⅴ | $M_{max}$ | 1 042 | 78 | -2 540 | 1 035 | 90 | -2 739 | **2 247** | -236 | **-3 168** |
| | $M_{min}$ | 182 | 17 | -2 388 | -1 183 | 67 | -2 859 | -2 220 | 107 | -3 346 |
| | $N_{max}$ | 260 | 45 | -2 166 | -277 | 49 | -2 440 | 341 | -60 | -2 720 |
| | $N_{min}$ | **502** | -10 | **-2 798** | **-431** | 79 | **-3 149** | 483 | -125 | -3 482 |

续上表

| 荷载组合 | | 拱 顶 | | | L/4 截面 | | | 拱 脚 | | |
|---|---|---|---|---|---|---|---|---|---|---|
| | | $M$ | $Q$ | $N$ | $M$ | $Q$ | $N$ | $M$ | $Q$ | $N$ |
| 组合Ⅵ | $M_{max}$ | **1 293** | 71 | **−2 481** | 1 129 | 109 | −2 686 | 1 859 | −226 | −3 048 |
| | $M_{min}$ | 45 | 22 | −2 438 | −1 214 | 54 | −2 874 | −2 124 | 121 | −2 979 |
| | $N_{max}$ | 511 | 38 | −2 107 | −183 | 68 | −2 387 | −47 | −50 | −2 600 |
| | $N_{min}$ | 753 | −17 | −2 739 | −337 | 98 | −3 096 | 95 | −115 | −3 362 |

注:同表2-2。

由以上内力计算表格可知,恒载作用下拱肋内力为:

(1)拱脚截面:$N=-2\,763\,\mathrm{kN}$,$M=143\,\mathrm{kN\cdot m}$,$Q=-63\,\mathrm{kN}$。

(2)$L/4$ 截面:$N=-2\,412\,\mathrm{kN}$,$M=-225\,\mathrm{kN\cdot m}$,$Q=64\,\mathrm{kN}$。

(3)拱顶处:$N=-2\,110\,\mathrm{kN}$,$M=438\,\mathrm{kN\cdot m}$,$Q=36\,\mathrm{kN}$。

承载能力极限状态最不利内力组合为:

(1)拱脚截面:$M_{max}=3\,033\,\mathrm{kN\cdot m}$,对应的轴力 $N=-3\,891\,\mathrm{kN}$;$N_{max}=-4\,315\,\mathrm{kN}$,对应的弯矩 $M=574\,\mathrm{kN\cdot m}$。

(2)$L/4$ 截面:$M_{max}=-1\,765\,\mathrm{kN\cdot m}$,对应的轴力 $N=-3\,597\,\mathrm{kN}$;$N_{max}=-3\,891\,\mathrm{kN}$,对应的弯矩 $M=-561\,\mathrm{kN\cdot m}$。

(3)拱顶截面:$M_{max}=1\,731\,\mathrm{kN\cdot m}$,对应的轴力 $N=-3\,058\,\mathrm{kN}$;$N_{max}=-3\,456\,\mathrm{kN}$,对应的弯矩 $M=720\,\mathrm{kN\cdot m}$。

正常使用极限状态最不利内力组合为:

(1)拱脚截面:$M_{max}=2\,247\,\mathrm{kN\cdot m}$,对应的轴力 $N=-3\,168\,\mathrm{kN}$;$N_{max}=-3\,525\,\mathrm{kN}$,对应的弯矩 $M=285\,\mathrm{kN\cdot m}$。

(2)$L/4$ 截面:$M_{max}=-1\,256\,\mathrm{kN\cdot m}$,对应的轴力 $N=-2\,899\,\mathrm{kN}$;$N_{max}=-3\,149\,\mathrm{kN}$,对应的弯矩 $M=-431\,\mathrm{kN\cdot m}$。

(3)拱顶截面:$M_{max}=1\,293\,\mathrm{kN\cdot m}$,对应的轴力 $N=-2\,481\,\mathrm{kN}$;$N_{max}=-2\,798\,\mathrm{kN}$,对应的弯矩 $M=502\,\mathrm{kN\cdot m}$。

### 三、拱肋强度计算

#### (一)《规范》验算要求

《规范》第5.2.7条规定:钢管混凝土哑铃形构件和格构柱偏心抗压强度验算时,轴向压力组合设计值 $N_s$ 应取截面轴向力最大设计值和对应于截面弯矩最大设计值的轴力值,并应按下列公式计算:

$$\gamma_0 N_s \leq N_{D1} \qquad (5.2.7\text{-}1)$$
$$N_{D1} = \varphi_e N_D \qquad (5.2.7\text{-}2)$$

式中:$\varphi_e$——偏心率折减系数,哑铃形构件按《规范》第5.2.8条的规定计算,格构柱按《规范》第5.2.9条的规定计算。本示例为钢管混凝土哑铃形构件,则其偏心率折减系数 $\varphi_e$ 应按《规范》第5.2.8条的规定计算,具体如下:

当 $\dfrac{e_0}{2i} \leqslant 0.85$ 时

$$\varphi_e = \dfrac{1}{1 + 2.82 \dfrac{e_0}{2i}} \quad (5.2.8\text{-}1)$$

当 $\dfrac{e_0}{2i} > 0.85$ 时

$$\varphi_e = \dfrac{0.25}{\dfrac{e_0}{2i}} \quad (5.2.8\text{-}2)$$

$e_0$——哑铃形构件截面的偏心距(mm);

$N_D$——钢管混凝土哑铃形和格构柱构件截面轴心受压承载力,应按《规范》第5.2.6条计算,具体如下:

$$N_D = \Sigma(N_0^i + N_f^i) \quad (5.2.6\text{-}2)$$
$$N_f^i = A_{fs} f_s \quad (5.2.6\text{-}3)$$

$N_0^i$——拱肋截面各肢钢管混凝土截面轴心受压承载力,按本规范式(5.2.2-2)计算(见前文"《规范》验算要求");

$N_f^i$——与钢管混凝土主肢共同承担荷载的连接钢板的极限承载力;

$A_{fs}$——连接钢板的截面面积。

以上对钢管混凝土哑铃形构件偏心抗压强度进行验算时,截面的内力可采用《规范》第5.2.1条规定,采用弹性理论计算。对组成哑铃形或桁肋的钢管混凝土单圆管构件,其内力可由有限元计算结果或截面内力分配计算确定。当采用截面内力分配计算哑铃形截面各肢的内力且上下两肢相同时(图2-6),各肢的内力可按下列公式计算:

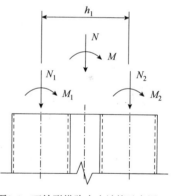

图2-6 哑铃形拱肋内力计算示意图

$$M_1 = M_2 = \eta_1 M \quad (5.2.1\text{-}1)$$

$$N_1 = \left[\dfrac{1}{2} + \dfrac{(1-2\eta_1)}{h_1}\dfrac{M}{N}\right]N, \; N_2 = \left[\dfrac{1}{2} - \dfrac{(1-2\eta_1)}{h_1}\dfrac{M}{N}\right]N \quad (5.2.1\text{-}2)$$

$$\eta_1 = \dfrac{1}{2 + 0.5 h_1^2 \chi} \quad (5.2.1\text{-}3)$$

$$\chi = \dfrac{(EA)_{sc2}}{(EI)_{sc2}} \quad (5.2.1\text{-}4)$$

$$(EI)_{sc2} = E_s I_s + E_c I_c \quad (5.2.1\text{-}5)$$

式中:$N$、$M$——截面轴向力设计值(N)和弯矩设计值(N·mm);

$M_1$、$M_2$——分配到两个肢管上的弯矩值(N·mm);

$N_1$、$N_2$——分配到两个肢管上的轴向力值(N);

$\eta_1$——单肢钢管混凝土和整个构件截面抗弯刚度之比;

$h_1$——哑铃形截面受弯面内两肢中心距离(mm);

$\chi$——计算系数;

$I_c$——混凝土截面惯性矩($mm^4$);

$I_s$——钢管截面惯性矩($mm^4$);

$(EA)_{sc2}$——单肢钢管混凝土毛截面压缩刚度(N),按本规范式(4.3.3-1)计算;

$(EI)_{sc2}$——单肢钢管混凝土毛截面弯曲刚度(N·$mm^2$)。

### (二)弦管强度验算

**1.拱脚截面**

由于有限元建模时将哑铃形截面当作一个梁单元考虑,所以采用《规范》第5.2.1条进行内力分配,获得组成哑铃形的钢管混凝土单圆管构件的内力(这里偏安全地忽略拱肋缀板的承载力)。

计算系数:

$$\chi = \frac{(EA)_{sc2}}{(EI)_{sc2}} = \frac{2.06 \times 10^5 \times 0.015\,4 + 3.25 \times 10^4 \times 0.181}{2.06 \times 10^5 \times 0.000\,462\,2 + 3.25 \times 10^4 \times 0.002\,61} = 50.3$$

单肢钢管混凝土和整个构件截面抗弯刚度之比:

$$\eta_1 = \frac{1}{2 + 0.5 h_1^2 \chi} = \frac{1}{2 + 0.5 \times 0.9^2 \times 50.3} = 0.044\,7$$

因此,根据下面的公式可以得到分配到两个肢上的弯矩和轴力设计值。

对于弯矩最大组合($M_{max} = 3\,033$ kN·m,$N = -3\,891$ kN):

$$M_1 = M_2 = 0.044\,7 M = 135.6 (\text{kN} \cdot \text{m})$$

$$N_1 = \left[\frac{1}{2} + \frac{(1 - 2\eta_1)}{h_1}\frac{M}{N}\right] = \left(\frac{1}{2} + \frac{1 - 0.089\,4}{0.9} \times \frac{3\,033}{3\,891}\right) \times 3\,891 = 5\,014 (\text{kN})$$

$$N_2 = \left[\frac{1}{2} - \frac{(1 - 2\eta_1)}{h_1}\frac{M}{N}\right] = \left(\frac{1}{2} - \frac{1 - 0.089\,4}{0.9} \times \frac{3\,033}{3\,891}\right) \times 3\,891 = -1\,124 (\text{kN})$$

对于轴力最大组合($N_{max} = -4\,315$ kN,$M = 574$ kN·m):

$$M_1 = M_2 = 0.044\,7 M = 0.044\,7 \times 574 = 25.6 (\text{kN} \cdot \text{m})$$

$$N_1 = \left[\frac{1}{2} + \frac{(1 - 2\eta_1)}{h_1}\frac{M}{N}\right] = \left(\frac{1}{2} + \frac{1 - 0.089\,4}{0.9} \times \frac{574}{4\,315}\right) \times 4\,315 = 2\,738 (\text{kN})$$

$$N_2 = \left[\frac{1}{2} - \frac{(1 - 2\eta_1)}{h_2}\frac{M}{N}\right] = \left(\frac{1}{2} - \frac{1 - 0.089\,4}{0.9} \times \frac{574}{4\,315}\right) \times 4\,315 = 1\,577 (\text{kN})$$

对于弯矩最大组合,内力较大的一肢($M_1 = 135.6$ kN·m,$N_1 = 5\,014$ kN):

$$\rho_c = \frac{A_s}{A_c} = \frac{0.015\,4}{0.181} = 0.085\,1$$

$$\xi_0 = \frac{A_s f_s}{A_c f_{cd}} = \frac{0.015\,4 \times 275}{0.181 \times 19.1} = 1.225$$

$$N_0 = k_3 \cdot (1.14 + 1.02\xi_0) \cdot (1 + \rho_c) \cdot f_{cd} A_c$$
$$= 1.0 \times (1.14 + 1.02 \times 1.225)(1 + 0.085\,1) \times 19.1 \times 0.181 \times 10^3$$
$$= 8\,964 (\text{kN})$$

$$e_0 = \frac{M_1}{N_1} = \frac{135.6}{5\,014} = 0.027$$

$$\frac{e_0}{r_c} = \frac{0.027}{0.24} = 0.1125$$

$$\varphi_e = \frac{1}{1 + 1.85\frac{e_0}{r_c}} = \frac{1}{1 + 1.85 \times 0.1125} = 0.828$$

$$\varphi_e K_t N_0 = 0.828 \times 1 \times 8964 = 7422(\text{kN}) > \gamma_0 N_s = 1.0 \times 5014 = 5014(\text{kN})$$

对于轴力最大组合,内力较大的一肢($M_1 = 25.6\text{kN}\cdot\text{m}, N_1 = 2738\text{kN}$):

$$e_0 = \frac{M_1}{N_1} = \frac{25.6}{2738} = 0.0093$$

$$\frac{e_0}{r_c} = \frac{0.0093}{0.24} = 0.0388$$

$$\varphi_e = \frac{1}{1 + 1.85\frac{e_0}{r_c}} = \frac{1}{1 + 1.85 \times 0.0388} = 0.933$$

$$\varphi_e K_t N_0 = 0.933 \times 1 \times 8964 = 8363(\text{kN}) > \gamma_0 N_s = 1.0 \times 2783 = 2783(\text{kN})$$

因此,拱脚截面构件强度承载力满足要求。

2. $L/4$ 截面

由于有限元建模时将哑铃形截面当作一个梁单元考虑,所以采用《规范》第5.2.1条进行内力分配,获得组成哑铃形的钢管混凝土单圆管构件的内力(这里偏安全地忽略拱肋缀板的承载力)。

计算系数

$$\chi = \frac{(EA)_{sc2}}{(EI)_{sc2}} = \frac{2.06 \times 10^5 \times 0.0124 + 3.25 \times 10^4 \times 0.184}{2.06 \times 10^5 \times 0.000374 + 3.25 \times 10^4 \times 0.00269} = 51.9$$

单肢钢管混凝土和整个构件截面抗弯刚度之比:

$$\eta_1 = \frac{1}{2 + 0.5 h_1^2 \chi} = \frac{1}{2 + 0.5 \times 0.9^2 \times 51.9} = 0.0434$$

对于 $L/4$ 截面的弯矩最大组合($M_{\max} = -1765\text{kN}\cdot\text{m}, N = -3597\text{kN}$),分配到两个肢上的弯矩和轴力设计值:

$$M_1 = M_2 = 0.0434 M = 0.0434 \times (-1765) = -76.6(\text{kN}\cdot\text{m})$$

$$N_1 = \left[\frac{1}{2} + \frac{(1 - 2\eta_1)}{h_1}\frac{M}{N}\right] = \left(\frac{1}{2} + \frac{1 - 0.0868}{0.9} \times \frac{1765}{3597}\right) \times 3597 = 3589(\text{kN})$$

$$N_2 = \left[\frac{1}{2} - \frac{(1 - 2\eta_1)}{h_1}\frac{M}{N}\right] = \left(\frac{1}{2} - \frac{1 - 0.0868}{0.9} \times \frac{1765}{3597}\right) \times 3597 = 7.6(\text{kN})$$

对于 $L/4$ 截面的轴力最大组合($N_{\max} = -3891\text{kN}, M = -561\text{kN}\cdot\text{m}$),分配到两个肢上的弯矩和轴力设计值:

$$M_1 = M_2 = 0.0434 M = 0.0434 \times 561 = 24.3(\text{kN}\cdot\text{m})$$

$$N_1 = \left[\frac{1}{2} + \frac{(1 - 2\eta_1)}{h_1}\frac{M}{N}\right] = \left(\frac{1}{2} + \frac{1 - 0.0868}{0.9} \times \frac{561}{3891}\right) \times 3891 = 2515(\text{kN})$$

$$N_2 = \left[\frac{1}{2} - \frac{(1 - 2\eta_1)}{h_1}\frac{M}{N}\right] = \left(\frac{1}{2} - \frac{1 - 0.0868}{0.9} \times \frac{561}{3891}\right) \times 3891 = 1376(\text{kN})$$

对于弯矩最大组合,内力较大的一肢($M_1 = -76.6 \text{kN} \cdot \text{m}, N_1 = 3\,589\text{kN}$):

$$e_0 = \frac{M_1}{N_1} = \frac{76.6}{3\,589} = 0.021$$

$$\frac{e_0}{r_c} = \frac{0.021}{0.24} = 0.087\,5$$

$$\varphi_e = \frac{1}{1 + 1.85 \dfrac{e_0}{r_c}} = \frac{1}{1 + 1.85 \times 0.087\,5} = 0.86$$

$\varphi_e K_t N_0 = 0.86 \times 0.95 \times 8\,964 = 7\,324(\text{kN}) > \gamma_0 N_s = 1.0 \times 3\,589 = 3\,589(\text{kN})$

对于轴力最大组合,内力较大的一肢($M_1 = 24.3 \text{kN} \cdot \text{m}, N_1 = 2\,515\text{kN}$):

$$e_0 = \frac{M_1}{N_1} = \frac{24.3}{2\,515} = 0.009\,7$$

$$\frac{e_0}{r_c} = \frac{0.009\,7}{0.24} = 0.040$$

$$\varphi_e = \frac{1}{1 + 1.85 \dfrac{e_0}{r_c}} = \frac{1}{1 + 1.85 \times 0.040} = 0.931$$

$\varphi_e K_t N_0 = 0.931 \times 0.95 \times 8\,964 = 7\,928(\text{kN}) > \gamma_0 N_s = 1.0 \times 2\,515 = 2\,515(\text{kN})$

因此,$L/4$ 截面构件强度承载力满足要求。

3.拱顶截面

计算系数:

$$\chi = \frac{(EA)_{sc2}}{(EI)_{sc2}} = \frac{2.06 \times 10^5 \times 0.012\,4 + 3.25 \times 10^4 \times 0.184}{2.06 \times 10^5 \times 0.000\,374 + 3.25 \times 10^4 \times 0.002\,69} = 51.9$$

单肢钢管混凝土和整个构件截面抗弯刚度之比:

$$\eta_1 = \frac{1}{2 + 0.5 h_1^2 \chi} = \frac{1}{2 + 0.5 \times 0.9^2 \times 51.9} = 0.043\,4$$

对于拱顶截面的弯矩最大组合($M_{\max} = 1\,731 \text{kN} \cdot \text{m}$,对应的轴力 $N = -3\,058\text{kN}$),分配到两个肢上的弯矩和轴力设计值:

$$M_1 = M_2 = 0.043\,4 M = 0.043\,4 \times 1\,731 = 75.1(\text{kN} \cdot \text{m})$$

$$N_1 = \left[\frac{1}{2} + \frac{(1-2\eta_1)}{h_1} \frac{M}{N}\right] = \left(\frac{1}{2} + \frac{1 - 0.086\,8}{0.9} \times \frac{1\,731}{3\,058}\right) \times 3\,058 = 3\,285(\text{kN})$$

$$N_2 = \left[\frac{1}{2} - \frac{(1-2\eta_1)}{h_1} \frac{M}{N}\right] = \left(\frac{1}{2} - \frac{1 - 0.086\,8}{0.9} \times \frac{1\,731}{3\,058}\right) \times 3\,058 = -227(\text{kN})$$

对于拱顶截面的轴力最大组合($N_{\max} = -3\,456\text{kN}$,对应的弯矩 $M = 720 \text{kN} \cdot \text{m}$),分配到两个肢上的弯矩和轴力设计值:

$$M_1 = M_2 = 0.043\,4 M = 0.043\,4 \times 720 = 31.2(\text{kN} \cdot \text{m})$$

$$N_1 = \left[\frac{1}{2} + \frac{(1-2\eta_1)}{h_1} \frac{M}{N}\right] = \left(\frac{1}{2} + \frac{1 - 0.086\,8}{0.9} \times \frac{720}{3\,456}\right) \times 3\,456 = 2\,459(\text{kN})$$

$$N_2 = \left[\frac{1}{2} + \frac{(1-2\eta_1)}{h_1} \frac{M}{N}\right] = \left(\frac{1}{2} - \frac{1 - 0.086\,8}{0.9} \times \frac{720}{3\,456}\right) \times 3\,456 = 997(\text{kN})$$

对于弯矩最大组合,内力较大的一肢($M_1 = 75.1\text{kN} \cdot \text{m}, N_1 = 3\,285\text{kN}$):

$$\rho_c = \frac{A_s}{A_c} = \frac{0.012\,4}{0.184} = 0.067\,4$$

$$\xi_0 = \frac{A_s f_s}{A_c f_{cd}} = \frac{0.012\,365 \times 275}{0.184 \times 19.1} = 0.968$$

$$\begin{aligned}N_0 &= k_3 \cdot (1.14 + 1.02\xi_0) \cdot (1 + \rho_c) \cdot f_{cd} A_c \\ &= 1.0 \times (1.14 + 1.02 \times 0.968)(1 + 0.067\,4) \times 19.1 \times 0.181 \times 10^3 \\ &= 7\,980 (\text{kN})\end{aligned}$$

$$e_0 = \frac{M_1}{N_1} = \frac{75.1}{3\,285} = 0.023$$

$$\frac{e_0}{r_c} = \frac{0.023}{0.242} = 0.095$$

$$\varphi_e = \frac{1}{1 + 1.85 \dfrac{e_0}{r_c}} = \frac{1}{1 + 1.85 \times 0.095} = 0.851$$

$$\varphi_e K_t N_0 = 0.851 \times 0.9 \times 7\,980 = 6\,112(\text{kN}) > \gamma_0 N_s = 1.0 \times 3\,285 = 3\,285(\text{kN})$$

对于轴力最大组合,内力较大的一肢($M_1 = 31.2\text{kN} \cdot \text{m}, N_1 = 2\,459\text{kN}$):

$$e_0 = \frac{M_1}{N_1} = \frac{31.2}{2\,459} = 0.012\,7$$

$$\frac{e_0}{r_c} = \frac{0.012\,7}{0.242} = 0.052\,5$$

$$\varphi_e = \frac{1}{1 + 1.85 \dfrac{e_0}{r_c}} = \frac{1}{1 + 1.85 \times 0.052\,5} = 0.911$$

$$\varphi_e K_t N_0 = 0.911 \times 0.9 \times 7\,980 = 6\,542(\text{kN}) > \gamma_0 N_s = 1.0 \times 2\,459 = 2\,459(\text{kN})$$

因此,拱顶截面构件强度承载力满足要求。

### (三) 整体截面强度验算

**1. 拱脚截面**

对于拱脚截面,按照弯矩最大组合($M_{max} = 3\,033\text{kN} \cdot \text{m}, N = 3\,891\text{kN}$)和轴力最大组合($N_{max} = 4\,315\text{kN}, M = 574\text{kN} \cdot \text{m}$)两种工况进行验算。

$$\xi_0 = \frac{A_s f_s}{A_c f_{cd}} = \frac{0.015\,4 \times 275}{0.181 \times 19.1} = 1.225$$

$$\rho_c = \frac{A_{s1}}{A_{c1}} = \frac{0.040\,65}{0.362} = 0.112$$

$$\begin{aligned}N_0 &= k_3 \cdot (1.14 + 1.02\xi_0) \cdot (1 + \rho_c) \cdot f_{cd} A_c \\ &= 1.0 \times (1.14 + 1.02 \times 1.225)(1 + 0.112) \times 19.1 \times 0.181 \times 10^3 \\ &= 9\,189(\text{kN})\end{aligned}$$

则

$$N_0' = K_t N_0 = 1 \times 9\,189 = 9\,189(kN)$$

则钢管混凝土哑铃形截面轴心抗压强度设计值 $N_D$：

$$N_f^i = A_{fs} f_s = 0.004\,927 \times 2 \times 275 \times 10^3 = 2\,710(kN)$$

$$N_D = \sum(N_0^i + N_f^i) = 2 \times 9\,189 + 0.004\,927 \times 2 \times 275 \times 10^3 = 21\,087(kN)$$

按照《规范》第5.2.9条规定，钢管混凝土哑铃形构件的偏心率折减系数 $\varphi_e$ 计算如下。

按照《规范》第4.3.4条规定，钢管混凝土拱肋截面回转半径 $i$ 宜按下列公式计算：

$$i = \sqrt{\frac{(EI)_{sc1}}{(EA)_{sc1}}} \tag{4.3.4-1}$$

$$(EI)_{sc1} = E_s I_{s1} + E_c I_{c1}$$

式中：$i$ ——截面回转半径（mm）；

$(EA)_{sc1}$ ——钢管混凝土毛截面压缩刚度（N）；

$(EI)_{sc1}$ ——钢管混凝土毛截面弯曲刚度（N·mm²）。

$$\begin{aligned}(EA)_{sc1} &= E_s A_{s1} + E_c A_{c1} \\ &= 2.06 \times 10^5 \times 0.040\,65 + 3.25 \times 10^4 \times 0.362 \\ &= 20\,140(MPa \cdot m^2)\end{aligned}$$

$$\begin{aligned}(EI)_{sc1} &= E_s I_{s1} + E_c I_{c1} \\ &= 2.06 \times 10^5 \times 0.007\,36 + 3.25 \times 10^4 \times 0.078\,5 \\ &= 4\,067(MPa \cdot m^4)\end{aligned}$$

钢管混凝土哑铃形截面回转半径：

$$i = \sqrt{\frac{(EI)_{sc1}}{(EA)_{sc1}}} = \sqrt{\frac{4\,067}{20\,140}} = 0.449(m)$$

对于弯矩最大组合（$M_{max} = 3\,033 kN \cdot m, N = 3\,891 kN$）：

$$e_0 = \frac{M}{N} = \frac{3\,033}{3\,891} = 0.779$$

$$\frac{e_0}{2i} = \frac{0.779}{2 \times 0.449} = 0.867 > 0.85$$

$$\varphi_e = \frac{0.25}{\frac{e_0}{2i}} = \frac{0.25}{0.867} = 0.288$$

$$\varphi_e N_D = 0.288 \times 21\,087 = 6\,073(kN) > \gamma_0 N_s = 1.1 \times 3\,891 = 4\,280(kN)$$

对于轴力最大组合（$N_{max} = 4\,315 kN, M = 574 kN \cdot m$）：

$$e_0 = \frac{M}{N} = \frac{574}{4\,315} = 0.133$$

$$\frac{e_0}{2i} = \frac{0.133}{2 \times 0.449} = 0.148 < 0.85$$

$$\varphi_e = \frac{1}{1 + 2.82 \frac{e_0}{2i}} = \frac{1}{1 + 2.82 \times 0.148} = 0.706$$

$$\varphi_e N_D = 0.706 \times 21\,087 = 14\,887(kN) > \gamma_0 N_s = 1.1 \times 4\,315 = 4\,747(kN)$$

故拱脚截面的强度承载力满足要求。

2. $L/4$ 截面

对于 $L/4$ 截面，按照弯矩最大组合（$M_{max}=1\,765$kN·m，$N=3\,597$kN）和轴力最大组合（$N_{max}=3\,891$kN，$M=561$kN·m）两种工况进行验算。

$$\xi_0 = \frac{A_s f_s}{A_c f_{cd}} = \frac{0.012\,4 \times 275}{0.184 \times 19.1} = 0.970$$

$$\rho_c = \frac{A_{s1}}{A_{c1}} = \frac{0.032\,6}{0.368} = 0.088\,6$$

$$\begin{aligned}N_0 &= k_3 \cdot (1.14 + 1.02\xi_0) \cdot (1 + \rho_c) \cdot f_{cd} A_c \\ &= 1.0 \times (1.14 + 1.02 \times 0.970)(1 + 0.088\,6) \times 19.1 \times 0.184 \times 10^3 \\ &= 8\,147(\text{kN})\end{aligned}$$

则

$$N_0' = K_t N_0 = 0.95 \times 8\,147 = 7\,740(\text{kN})$$

则钢管混凝土哑铃形截面轴心抗压强度设计值 $N_D$：

$$N_f^i = A_{fs} f_s = 0.003\,953 \times 2 \times 275 \times 10^3 = 2\,174(\text{kN})$$

$$N_D = \sum(N_0' + N_f^i) = 2 \times 7\,740 + 0.003\,953 \times 2 \times 275 \times 10^3 = 17\,654(\text{kN})$$

按照《规范》第5.2.9条规定，钢管混凝土哑铃形构件的偏心率折减系数 $\varphi_e$ 计算如下。

按照《规范》第4.3.4条规定，钢管混凝土拱肋截面回转半径 $i$ 宜按下列公式计算：

$$i = \sqrt{\frac{(EI)_{sc1}}{(EA)_{sc1}}} \tag{4.3.4-1}$$

$(EI)_{sc1} = E_s I_{s1} + E_c I_{c1}$

$$\begin{aligned}(EA)_{sc1} &= E_s A_{s1} + E_c A_{c1} \\ &= 2.06 \times 10^5 \times 0.032\,6 + 3.25 \times 10^4 \times 0.368 \\ &= 18\,676 \times 10^4 (\text{MPa} \cdot \text{m}^2)\end{aligned}$$

$$\begin{aligned}(EI)_{sc1} &= E_s I_{s1} + E_c I_{c1} \\ &= 2.06 \times 10^5 \times 0.005\,92 + 3.25 \times 10^4 \times 0.079\,9 \\ &= 3\,816(\text{MPa} \cdot \text{m}^4)\end{aligned}$$

钢管混凝土哑铃形截面回转半径：

$$i = \sqrt{\frac{(EI)_{sc1}}{(EA)_{sc1}}} = \sqrt{\frac{3\,816}{18\,676}} = 0.452(\text{m})$$

对于弯矩最大组合（$M_{max}=1\,765$kN·m，$N=3\,597$kN）：

$$e_0 = \frac{M}{N} = \frac{1\,765}{3\,597} = 0.491$$

$$\frac{e_0}{2i} = \frac{0.491}{2 \times 0.452} = 0.543 < 0.85$$

$$\varphi_e = \frac{1}{1 + 2.82 \frac{e_0}{2i}} = \frac{1}{1 + 2.82 \times 0.543} = 0.395$$

$$\varphi_e N_D = 0.395 \times 17\,654 = 6\,973(\text{kN}) > \gamma_0 N_s = 1.1 \times 3\,597 = 3\,957(\text{kN})$$

对于轴力最大组合（$N_{max}=3\,891$kN，$M=561$kN·m）：

$$e_0 = \frac{M}{N} = \frac{561}{3\,891} = 0.144$$

$$\frac{e_0}{2i} = \frac{0.144}{2 \times 0.452} = 0.159 < 0.85$$

$$\varphi_e = \frac{1}{1 + 2.82 \dfrac{e_0}{2i}} = \frac{1}{1 + 2.82 \times 0.159} = 0.690$$

$$\varphi_e N_D = 0.690 \times 17\,654 = 12\,181(\text{kN}) > \gamma_0 N_s = 1.1 \times 3\,891 = 4\,280(\text{kN})$$

故 $L/4$ 截面的强度承载力满足要求。

3. 拱顶截面

对于拱顶截面，按照弯矩最大组合（$M_{max}=1\,731$kN·m，$N=3\,058$kN）和轴力最大组合（$N_{max}=3\,456$kN，$M=720$kN·m）两种工况进行验算。

$$\xi_0 = \frac{A_s f_s}{A_c f_{cd}} = \frac{0.012\,4 \times 275}{0.184 \times 19.1} = 0.970$$

$$\rho_c = \frac{A_{s1}}{A_{c1}} = \frac{0.032\,6}{0.368} = 0.088\,6$$

$$\begin{aligned}
N_0 &= k_3 \cdot (1.14 + 1.02\xi_0) \cdot (1 + \rho_c) \cdot f_{cd} A_c \\
&= 1.0 \times (1.14 + 1.02 \times 0.970)(1 + 0.088\,6) \times 19.1 \times 0.184 \times 10^3 \\
&= 8\,147(\text{kN})
\end{aligned}$$

则

$$N_0' = K_t N_0 = 0.9 \times 8\,147 = 7\,332(\text{kN})$$

则钢管混凝土哑铃形截面轴心抗压强度设计值 $N_D$：

$$N_f^i = A_{fs} f_s = 0.003\,953 \times 2 \times 275 \times 10^3 = 2\,174(\text{kN})$$

$$N_D = \sum(N_0' + N_f^i) = 2 \times 7\,332 + 0.003\,953 \times 2 \times 275 \times 10^3 = 16\,838(\text{kN})$$

按照《规范》第5.2.9条规定，钢管混凝土哑铃形构件的偏心率折减系数 $\varphi_e$ 计算如下。

按照《规范》第4.3.4条规定，钢管混凝土拱肋截面回转半径 $i$ 宜按下列公式计算：

$$i = \sqrt{\frac{(EI)_{sc1}}{(EA)_{sc1}}} \tag{4.3.4-1}$$

$$(EI)_{sc1} = E_s I_{s1} + E_c I_{c1}$$

$$\begin{aligned}
(EA)_{sc} &= E_s A_{s1} + E_c A_{c1} \\
&= 2.06 \times 10^5 \times 0.032\,6 + 3.25 \times 10^4 \times 0.368 \\
&= 18\,676 \times 10^4 (\text{MPa} \cdot \text{m}^2)
\end{aligned}$$

$$\begin{aligned}
(EI)_{sc} &= E_s I_{s1} + E_c I_{c1} \\
&= 2.06 \times 10^5 \times 0.005\,92 + 3.25 \times 10^4 \times 0.079\,9 \\
&= 3\,816 (\text{MPa} \cdot \text{m}^4)
\end{aligned}$$

钢管混凝土哑铃形截面回转半径：

$$i = \sqrt{\frac{(EI)_{sc1}}{(EA)_{sc1}}} = \sqrt{\frac{3\,816}{18\,676}} = 0.452(\text{m})$$

对于弯矩最大组合（$M_{max}=1\,731\text{kN}\cdot\text{m}, N=3\,058\text{kN}$）：

$$e_0 = \frac{M}{N} = \frac{1\,731}{3\,058} = 0.566$$

$$\frac{e_0}{2i} = \frac{0.566}{2\times 0.452} = 0.626 < 0.85$$

$$\varphi_e = \frac{1}{1+2.82\dfrac{e_0}{2i}} = \frac{1}{1+2.82\times 0.626} = 0.362$$

$$\varphi_e N_D = 0.362\times 16\,838 = 6\,095(\text{kN}) > \gamma_0 N_s = 1.1\times 3\,058 = 3\,364(\text{kN})$$

对于轴力最大组合（$N_{max}=3\,456\text{kN}, M=720\text{kN}\cdot\text{m}$）：

$$e_0 = \frac{M}{N} = \frac{720}{3\,456} = 0.208$$

$$\frac{e_0}{2i} = \frac{0.208}{2\times 0.452} = 0.230 < 0.85$$

$$\varphi_e = \frac{1}{1+2.82\dfrac{e_0}{2i}} = \frac{1}{1+2.82\times 0.230} = 0.607$$

$$\varphi_e N_D = 0.607\times 16\,838 = 10\,221(\text{kN}) > \gamma_0 N_s = 1.1\times 3\,456 = 3\,802(\text{kN})$$

故拱顶截面的强度承载力满足要求。

## 四、拱肋面内稳定承载力计算

### （一）《规范》验算要求

根据《规范》第5.3.2条,钢管混凝土拱肋的面内整体稳定极限承载力可将其等效成梁柱进行验算。将单圆管拱肋等效成单圆管构件。等效梁柱的计算长度可按《规范》表5.3.2的规定计算,无铰拱等效梁柱的计算长度为$0.36S_g$（$S_g$为拱的弧长）,等效梁柱的两端作用力为拱的$L/4$（或$3L/4$）截面处的弯矩与轴力。

根据《规范》第5.3.4条,钢管混凝土哑铃形构件和格构柱偏心受压稳定承载力设计值$N_{D1}$应按下列公式计算：

$$\gamma_0 N_s \leqslant N_{D1} \tag{5.3.4-1}$$

$$N_{D1} = \varphi\varphi_e N_D \tag{5.3.4-2}$$

式中：$N_{D1}$——钢管混凝土哑铃形构件和格构柱偏心受压稳定承载力设计值（N）；

$\varphi_e$——偏心率折减系数（见前文"《规范》验算要求"）。

由于结构对称性,$L/4$截面与$3L/4$截面的最不利内力相等,因此结构整体验算时只需验算$L/4$截面的最不利内力。对于$L/4$截面,考虑弯矩最大组合（$M_{max}=-1\,765\text{kN}\cdot\text{m}, N=-3\,597\text{kN}$）和轴力最大组合（$N_{max}=-3\,891\text{kN}, M=-561\text{kN}\cdot\text{m}$）。

### （二）稳定系数

根据《规范》第5.3.5条:稳定系数$\varphi$应按下列公式计算：

$\lambda_n \leq 1.5$ 时

$$\varphi = 0.658^{\lambda_n^2} \tag{5.3.5-1}$$

$\lambda_n > 1.5$ 时

$$\varphi = \frac{0.877}{\lambda_n^2} \tag{5.3.5-2}$$

式中：$\lambda_n$——相对长细比,按《规范》公式(5.3.6)计算,具体计算如下：

单圆管和哑铃形柱时

$$\lambda_n = \frac{\lambda}{\pi}\sqrt{\frac{f_y A_s + f_{ck} A_c + A_c\sqrt{\rho_c f_y f_{ck}}}{E_s A_s + E_c A_c}} \tag{5.3.6-1}$$

格构柱时

$$\lambda_n = \frac{\lambda^*}{\pi}\sqrt{\frac{f_y A_s + f_{ck} A_c + A_c\sqrt{\rho_c f_y f_{ck}}}{E_s A_s + E_c A_c}} \tag{5.3.6-2}$$

$\lambda$——钢管混凝土单圆管、哑铃形柱的名义长细比,分别按《规范》第5.3.7和5.3.8条的规定计算；

$\lambda^*$——钢管混凝土格构柱的换算长细比,按规范第5.3.10条的规定计算。

因为 $L/4$ 截面与拱顶段截面相同,则其哑铃形截面回转半径为：

$$i = \sqrt{\frac{(EI)_{sc1}}{(EA)_{sc1}}} = \sqrt{\frac{3\,816}{18\,676}} = 0.452\,(\text{m})$$

取 $L_0 = 0.36S$,拱肋弧长 $S = 114.95$m,哑铃形柱的名义长细比：

$$\lambda = \frac{L_0}{i} = \frac{0.36 \times 114.95}{0.452} = 91.3$$

则得相对长细比：

$$\lambda_n = \frac{\lambda}{\pi}\sqrt{\frac{f_y A_s + f_{ck} A_c + A_c\sqrt{\rho_c f_y f_{ck}}}{E_s A_s + E_c A_c}}$$

$$= \frac{91.3}{\pi}\sqrt{\frac{345 \times 0.012\,4 + 26.8 \times 0.184 + 0.184\sqrt{0.088\,6 \times 345 \times 26.8}}{2.06 \times 10^5 \times 0.012\,4 + 3.25 \times 10^4 \times 0.184}} = 1.196$$

由于 $\lambda_n < 1.5$,得到稳定系数 $\varphi = 0.658^{\lambda_n^2} = 0.658^{1.20^2} = 0.550$。

**(三)偏心率折减系数**

根据《规范》第5.2.8条规定,钢管混凝土哑铃形构件的偏心率折减系数 $\varphi_e$ 应按式(5.2.8-1)和式(5.2.8-2)计算,具体见前文"整体截面强度验算"一节。

对于弯矩最大组合($M_{max} = -1\,765$kN·m,$N = -3\,597$kN)：

$$e_0 = \frac{M}{N} = \frac{1\,765}{3\,597} = 0.49$$

$$\frac{e_0}{2i} = \frac{0.49}{2 \times 0.452} = 0.542 < 0.85$$

$$\varphi_e = \frac{1}{1 + 2.82\dfrac{e_0}{2i}} = \frac{1}{1 + 2.82 \times 0.542} = 0.396$$

对于轴力最大组合($N_{max}=-3\,891\text{kN}, M=-561\text{kN}\cdot\text{m}$)：

$$e_0 = \frac{M}{N} = \frac{561}{3\,891} = 0.144$$

$$\frac{e_0}{2i} = \frac{0.144}{2 \times 0.452} = 0.159 < 0.85$$

$$\varphi_e = \frac{1}{1+2.82\dfrac{e_0}{2i}} = \frac{1}{1+2.82 \times 0.159} = 0.690$$

**（四）混凝土徐变折减系数**

《规范》第5.3.11条规定，对于钢管混凝土轴压构件和偏心率$\rho \leqslant 0.3$的偏压构件，其承受永久荷载引起的轴压力占全部轴压力的30%及以上时，在计算稳定极限承载力时截面轴心受压承载力$N_0$值应乘以混凝土徐变折减系数$K_C$。

钢管混凝土哑铃形截面回转半径：

$$i = \sqrt{\frac{(EI)_{sc1}}{(EA)_{sc1}}} = \sqrt{\frac{3\,816}{18\,676}} = 0.452(\text{m})$$

截面计算半径：

$$r = 2i - t = 2 \times 0.452 - 0.01 = 0.894(\text{m})$$

哑铃形柱的长细比：

$$\lambda = \frac{L_0}{i} = \frac{0.36 \times 114.95}{0.452} = 91.3$$

对于拱肋的$L/4$截面处，其所承受永久荷载引起的内力$N'=2\,412\text{kN}$。
对于弯矩最大组合($M_{max}=-1\,765\text{kN}\cdot\text{m}, N=-3\,597\text{kN}$)：

$$e_0 = \frac{M}{N} = \frac{1\,765}{3\,597} = 0.49$$

$$\rho = \frac{e_0}{r} = \frac{0.49}{0.894} = 0.548 > 0.3$$

所以不计$K_C$的影响。
对于轴力最大组合($N_{max}=-3\,891\text{kN}, M=-561\text{kN}\cdot\text{m}$)：

$$e_0 = \frac{M}{N} = \frac{561}{3\,891} = 0.144$$

$$\rho = \frac{e_0}{r} = \frac{0.144}{0.894} = 0.16 < 0.3$$

永久荷载引起的轴压力占全部轴压力的比例为：$N'/N = 2\,412/3\,891 = 0.620$，查《规范》中表5.3.11可得，混凝土徐变折减系数$K_C$为0.77。

**（五）初应力度影响系数**

《规范》第5.3.12条规定，钢管混凝土拱肋稳定极限承载力计算中，考虑初应力影响时，截面轴心受压承载力$N_0$值[按式(5.2.2-2)计算]应乘以按式(5.3.12)计算得出的初应力度影响系数：

$$K_p = 1 - 0.24am\beta \tag{5.3.12-1}$$

$$a = \frac{\lambda}{80} \tag{5.3.12-2}$$

$$\beta = \frac{\sigma_0}{f_y} \tag{5.3.12-3}$$

$$m = 0.2\rho + 0.98 \tag{5.3.12-4}$$

式中：$K_p$——考虑初应力度对钢管混凝土承载力的折减系数；

$a$——考虑长细比影响的系数；

$m$——考虑偏心率影响的系数；

$\beta$——钢管初应力度；

$\lambda$——构件的名义长细比，按《规范》第5.3.7~5.3.10条的规定计算；

$\sigma_0$——钢管初应力，在截面上不均匀时，取截面平均应力；

$f_y$——钢管强度标准值，取值应符合《规范》表3.1.3的规定；

$\rho$——构件偏心率，按《规范》中式(5.3.11-1)计算。

灌注混凝土开始阶段(混凝土不具备强度，力由钢管全部承担)，其 $L/4$ 截面的内力：$N = -2\,412$ kN，弯矩 $M = -225$ kN·m。

$$\sigma_0 = \frac{N}{A} = \frac{2\,412}{0.041} \times 10^{-3} = 58.68(\text{MPa})$$

$$\beta = \frac{\sigma_0}{f_y} = \frac{58.8}{345} = 0.17$$

$$\alpha = \frac{\lambda}{80} = \frac{91.3}{80} = 1.14$$

$$e_0 = \frac{M}{N} = \frac{225}{2\,412} = 0.093\,3$$

$$\rho = \frac{e_0}{r} = \frac{0.093\,3}{0.894} = 0.104$$

$$m = 0.2\rho + 0.98 = 0.2 \times 0.104 + 0.98 = 1.000\,8$$

则

$$K_p = 1 - 0.24\alpha m\beta = 1 - 0.24 \times 1.14 \times 1.000\,8 \times 0.17 = 0.953$$

(六) 稳定承载力

由"《规范》验算要求"一节可知，钢管混凝土哑铃形构件稳定承载力 $N_{D1}$ 应按下式计算：$\gamma_0 N_s \leqslant N_{D1}$，其中 $N_{D1} = \varphi\varphi_e N_D$。

则对于本例钢管混凝土哑铃形截面有：

$$N_f^i = A_{fs} f_s = 0.003\,953 \times 2 \times 275 \times 10^3 = 2\,174(\text{kN})$$

$$\xi_0 = \frac{A_s f_s}{A_c f_{cd}} = \frac{0.012\,4 \times 275}{0.184 \times 19.1} = 0.970$$

$$\rho_c = \frac{A_{s1}}{A_{c1}} = \frac{0.032\,6}{0.368} = 0.088\,6$$

$$N_0 = k_3 \cdot (1.14 + 1.02\xi_0) \cdot (1 + \rho_c) \cdot f_{cd} A_c$$
$$= 1.0 \times (1.14 + 1.02 \times 0.970)(1 + 0.088\,6) \times 19.1 \times 0.184 \times 10^3$$
$$= 8\,147(kN)$$

对于 $L/4$ 截面的弯矩最大组合($M_{max} = 1\,765$ kN·m,$N = 3\,597$ kN):
$$N_0' = K_t K_c K_p N_0 = 0.95 \times 1 \times 0.953 \times 8\,147 = 7\,376(kN)$$

则钢管混凝土哑铃形截面轴心抗压强度设计值 $N_D$:
$$N_D = \sum(N_0^i + N_f^i) = 2 \times 7\,376 + 0.003\,953 \times 2 \times 275 \times 10^3 = 16\,926(kN)$$

对于 $L/4$ 截面的轴力最大组合($N_{max} = 3\,891$ kN,$M = 561$ kN·m):
$$N_0' = K_t K_c K_p N_0 = 0.95 \times 0.77 \times 0.953 \times 8\,147 = 5\,680(kN)$$

则钢管混凝土哑铃形截面轴心抗压强度设计值 $N_D$:
$$N_D = \sum(N_0^i + N_f^i) = 2 \times 5\,680 + 0.003\,953 \times 2 \times 275 \times 10^3 = 13\,534(kN)$$

对于 $L/4$ 截面的弯矩最大组合($M_{max} = 1\,765$ kN·m,$N = 3\,597$ kN):
$$\varphi\varphi_e \cdot N_D = 0.550 \times 0.396 \times 16\,926 = 3\,686(kN) > \gamma_0 N_s = 1.0 \times 3\,597 = 3\,597(kN)$$
故稳定承载力满足要求。

对于 $L/4$ 截面的轴力最大组合($N_{max} = 3\,891$ kN,$M = 561$ kN·m):
$$\varphi\varphi_e \cdot N_D = 0.550 \times 0.690 \times 13\,534 = 5\,136(kN) > \gamma_0 N_s = 1.0 \times 3\,891 = 3\,891(kN)$$
故稳定承载力满足要求。

### 五、主拱空间弹性稳定分析

《规范》第5.3.1条:钢管混凝土拱桥应进行空间稳定性计算,弹性失稳特征值应不小于4.0。计算时拱肋截面整体轴压刚度和弯曲刚度按《规范》第4.3.3条的规定取值,具体见前文"拱肋截面参数和其他计算参数"一节。按拱脚水平推力影响线(图2-7)布载,纵桥向全跨满载时拱脚水平推力最大。用 Midas 软件进行屈曲分析,得到一阶失稳(面外对称失稳)特征值为7.432>4,因此空间弹性稳定分析满足要求,屈曲模态如图2-8所示。

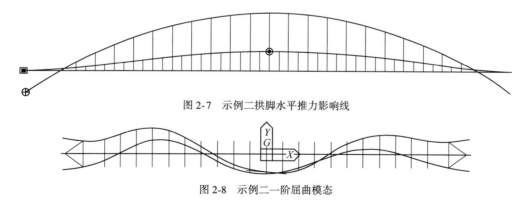

图2-7 示例二拱脚水平推力影响线

图2-8 示例二一阶屈曲模态

### 六、正常使用极限状态计算

#### (一)桥面挠度

《规范》第6.0.4条规定,钢管混凝土拱桥按短期效应组合消除结构自重产生的长期挠度后,桥面在一个桥跨范围内的正负挠度绝对值之和最大值不应大于计算跨径的 1/1 000。

本例的短期效应组合具体见前文"作用及作用组合"一节中的组合Ⅳ、Ⅴ、Ⅵ(其中各荷载分项频遇值系数分别取为汽车荷载0.7,人群荷载1.0,温度变化1.0)。消除结构自重产生的长期挠度后,桥面的正挠度组合最大值为0.040 79m,负挠度组合最小值为-0.046 09m,如图 2-9 所示。可以得到一个桥跨范围内最大最小位移绝对值之和为 0.086 88 m<$L$/1 000 = 102.124/1 000 = 0.102 124(m),满足规范要求。

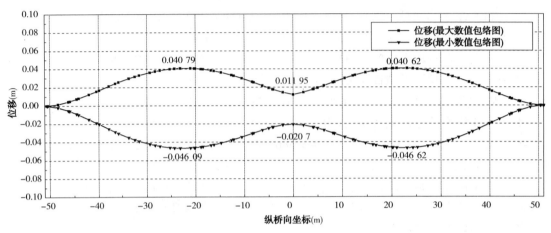

图 2-9 扣除自重后荷载短期效应组合下的桥面位移包络图

**(二)钢管应力**

《规范》第6.0.5条:持久状况下钢管混凝土拱肋的钢管应力不宜大于 $0.8f_y$($f_y$ 为钢材强度标准值)。钢管应力应包括各个施工阶段的累计应力、二期恒载引起的应力、温度应力以及车辆荷载、混凝土收缩及徐变等引起的应力,具体作用组合见前文"作用及作用组合"一节中的组合Ⅳ、Ⅴ、Ⅵ。

在正常使用极限状况下最不利截面为拱脚截面,其内力为:

$M_{max}$ = 2 247kN·m,对应的轴力 $N$ = -3 168kN;$N_{max}$ = -3 525kN,对应的弯矩 $M$ = 285kN·m。

将轴力和弯矩分别按照轴压刚度和抗弯刚度进行分配,求得钢管最外缘应力。

对于弯矩最大组合($M_{max}$ = 2 247kN·m,$N$ = -3 168kN):

钢管受到的轴力

$$N_1 = \frac{E_s A_s}{E_c A_c + E_s A_s} \cdot N = \frac{2.06 \times 10^5 \times 0.015\ 4}{3.25 \times 10^4 \times 0.181 + 2.06 \times 10^5 \times 0.015\ 4} \times 3\ 168 = 1\ 110(\text{kN})$$

钢管受到的弯矩

$$M_1 = \frac{E_s I_s}{E_c I_c + E_s I_s} \cdot M = \frac{2.06 \times 10^5 \times 0.000\ 462\ 2}{3.25 \times 10^4 \times 0.002\ 61 + 2.06 \times 10^5 \times 0.000\ 462\ 2} \times 2\ 247 = 1\ 188(\text{kN})$$

则有:

$$\sigma_1 = \frac{N_1}{A_{s1}} + \frac{M_1}{I_{s2}} \cdot \frac{1}{2}H = \left(\frac{1\ 110}{0.030\ 8} + \frac{1\ 188}{0.007\ 16 \times 10^{12}} \times 0.7\right) \times 10^{-3} = 152.2(\text{MPa})$$

对于轴力最大组合($N_{max}$ = -3 525kN,$M$ = 285kN·m):

钢管受到的轴力

$$N_1 = \frac{E_s A_s}{E_c A_c + E_s A_s} \cdot N = \frac{2.06 \times 10^5 \times 0.015\ 4}{3.25 \times 10^4 \times 0.181 + 2.06 \times 10^5 \times 0.015\ 4} \times 3\ 525 = 1\ 235(\text{kN})$$

钢管受到的弯矩

$$M_1 = \frac{E_s I_s}{E_c I_c + E_s I_s} \cdot M = \frac{2.06 \times 10^5 \times 0.000\ 462\ 2}{3.25 \times 10^4 \times 0.002\ 61 + 2.06 \times 10^5 \times 0.000\ 462\ 2} \times 285 = 99.8(\text{kN})$$

则有:

$$\sigma_1 = \frac{N_1}{A_{s1}} + \frac{M_1}{I_{s2}} \cdot \frac{1}{2}H = \left(\frac{1\ 235}{0.030\ 8} + \frac{99.8}{0.007\ 16} \times 0.7\right) \times 10^{-3} = 49.9(\text{MPa})$$

钢管最大应力均小于 $0.8f_y = 0.8 \times 345 = 276(\text{MPa})$,故持久状况下钢管混凝土拱肋的钢管应力验算满足要求。

## 七、主拱施工阶段计算

### (一)《规范》验算要求

《规范》第11.1.2条规定,施工方案设计中应验算吊装过程拱肋构件、安装过程中拱肋及其临时辅助设施组成的结构在各种工况下的强度、变形和稳定性。拱肋架设过程的受力计算可采用弹性理论。稳定计算时,弹性稳定特征值不应小于4.0。

《规范》第4.1.5条规定:钢管混凝土拱桥中钢结构和钢构件之间的连接,包括施工阶段管内混凝土达到设计强度前的钢管拱结构,其承载力、变形和稳定性能均应按桥梁钢结构进行设计与计算,并应符合国家现行有关标准的规定。

### (二)施工阶段一

施工阶段一为浇筑承台、主墩、拱座混凝土、吊装拱肋至合龙,并灌注管内混凝土,安装吊杆,架设桥面板。其内力为: $N = -2\ 412\text{kN}$,弯矩 $M = -225\text{kN} \cdot \text{m}$。

1.应力验算

由于该阶段混凝土还未形成强度,因此只计算钢管截面刚度。钢管最大应力计算如下:

$$\sigma_0 = \frac{N}{A_{s1}} + \frac{M}{I_{s1}} \times \frac{h}{2} = \frac{-2\ 412 \times 10^3}{0.040\ 65} + \frac{-225 \times 10^3}{0.007\ 36} \times \frac{1.4}{2}$$

$$= -80.74 \times 10^6(\text{Pa}) = -80.74(\text{MPa})$$

钢管最大应力小于 $f_s = 275\text{MPa}$,钢管应力验算满足要求。

2.稳定验算

该施工阶段下其特征值为15.55>4.0,因此空间性稳定分析满足要求。屈曲模态如图2-10所示。

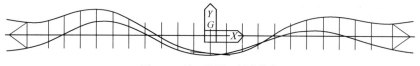

图2-10 施工阶段一屈曲模态

## (三)施工阶段二

### 1.应力验算

施工阶段二为施工桥面铺装及附属设施,其内力:$N=-2799\text{kN}$,弯矩 $M=-232\text{kN}\cdot\text{m}$。将轴力和弯矩分别按照轴压刚度和抗弯刚度进行分配,求得钢管最外缘应力。

钢管受到的轴力:

$$N_1 = \frac{E_s A_s}{E_c A_c + E_s A_s} \cdot N = \frac{2.06 \times 10^5 \times 0.0154}{3.25 \times 10^4 \times 0.181 + 2.06 \times 10^5 \times 0.0154} \times 2799$$
$$= 979.4(\text{kN})$$

钢管受到的弯矩:

$$M_1 = \frac{E_s I_s}{E_c I_c + E_s I_s} \cdot M = \frac{2.06 \times 10^5 \times 0.0036254}{3.25 \times 10^4 \times 0.08203 + 2.06 \times 10^5 \times 0.0036254} \times 232$$
$$= 122.7(\text{kN}\cdot\text{m})$$

则有:

$$\sigma_1 = \frac{N_1}{A_{s1}} + \frac{M_1}{I_{s2}} \cdot \frac{1}{2}H = \left(\frac{979.4}{0.0308} + \frac{122.7}{0.00716} \times 0.7\right) \times 10^{-3} = 43.8(\text{MPa})$$

钢管最大应力小于$0.8f_y = 0.8 \times 345 = 276(\text{MPa})$,钢管应力验算满足要求。

### 2.稳定验算

《规范》第5.3.1条规定钢管混凝土拱桥进行空间稳定性计算时拱肋截面整体压缩设计刚度和弯曲设计刚度应按《规范》第4.3.3条的规定计算。用 Midas 软件进行屈曲分析,得到该施工阶段下其特征值为15.36>4.0,因此空间弹性稳定分析满足要求。屈曲模态如图2-11所示。

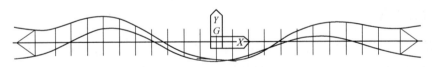

图2-11 施工阶段二屈曲模态

## 八、吊杆计算

在吊杆计算中,上部结构恒载包括横梁、桥面板、人行道、行车道板、栏杆、桥面铺装等构件。桥面构件中除了横梁的自重按集中力分别作用在两侧吊杆处外,其他自重都是按均布荷载分配到两侧吊杆。

横梁自重:$P = (91.3+402.5+23.3+63.8) \times 9.806 \times 10^{-3} + 25 \times 3.8 = 100.7(\text{kN})$。

桥面各个构件自重纵桥向产生的均布荷载如下。

栏杆自重:$P_1 = 3.86\text{kN/m}$;

桥面铺装自重:$P_2 = 10.5\text{kN/m}$;

桥面板自重:$P_3 = 29.16\text{kN/m}$。

桥面各个构件自重合计:

$$g = \sum_{i=1}^{3} P_i = 3.86 + 10.5 + 29.16 = 43.54(\text{kN/m})$$

纵桥向吊杆间距 $L=4.05\mathrm{m}$，恒载产生的吊杆内力 $R_1$：

$$R_1 = \frac{gL + P}{2\cos 10°} = 140.7\mathrm{kN}（吊杆倾斜10°）$$

吊杆内力计算时，活载纵桥向布置如图2-12所示。

活载纵桥向分布计算：

$$P_q = 140 + 140 × 0.654 = 231.6(\mathrm{kN})$$

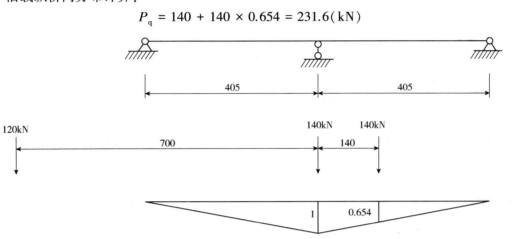

图2-12 活载顺桥向布置图（尺寸单位：cm）

活载横桥向布置如图2-13所示。

由于桥梁为学校内部的人行桥，所以考虑一个车道，布满1列车时：

$$m_{cq} = \frac{1}{2}\sum\eta = \frac{1}{2}(0.841 + 0.539) = 0.69$$

所以，取 $m_{cq}=0.69$。

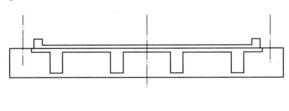

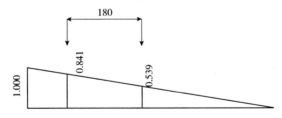

图2-13 荷载横向分布系数图（尺寸单位：cm）

吊杆计算中汽车冲击系数按《公路桥涵设计通用规范》(JTG D60—2004)第4.3.2条6款规定取1.3。

考虑纵横向分布后，计算得活载分配到吊杆上的内力如下。

(1)考虑冲击系数后，车辆分配到吊杆的内力：

$$R_2 = \frac{1.3×0.69×231.6}{\cos 10°} = 211.0(\mathrm{kN})$$

(2)考虑人行道在路两边各0.75m,则人群的横向分布系数为$m_r=1$;人群分配到吊杆的内力:

$$R_3 = \frac{4.5 \times 4.05 \times 1.5}{\cos 10°} = 27.8 (\text{kN})$$

故吊杆的设计内力$R$:

$$R = R_1 + R_2 + R_3 = 140.7 + 211.0 + 27.8 = 379.5 (\text{kN})$$

按《规范》第5.4.2条规定,吊索的应力应满足下式要求:

$$\sigma \leq 0.33 f_{tpk} \tag{5.4.2}$$

式中:$\sigma$——吊索的应力(MPa);

$f_{tpk}$——吊索的抗拉强度标准值(MPa)。

本桥吊索的强度为$f_{tpk}=1\,670$MPa,则吊索应力容许值为$0.33 f_{tpk}=551$MPa。

单根吊杆的最大内力为379.5kN,9φ5mm高强钢丝的面积为$1\,590$mm²,则吊杆应力$\sigma=239$MPa,小于$0.33f_{pk}$,故吊杆满足要求。

# 示例三 钢管混凝土哑铃形下承式刚架系杆拱桥

## 一、设计基本资料

### (一)工程概述

示例三为钢管混凝土下承式刚架系杆拱桥。全桥总长 233m,主桥为三跨,跨径组合为 51m+75m+51m。桥面宽度 18m,2 片拱肋,拱肋为哑铃形断面。示例三的总体布置如图 3-1 所示。

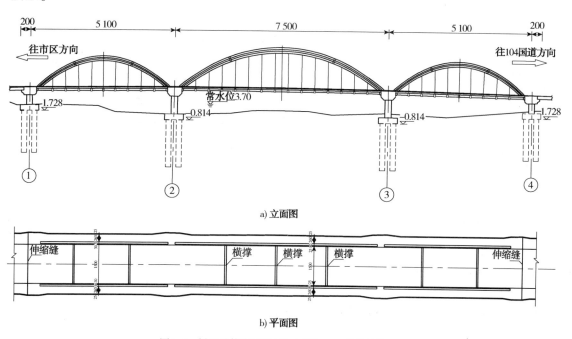

图 3-1 桥型总体布置图(尺寸单位:cm;高程单位:m)

主、边拱跨净跨径分别为 70m 和 51m,净矢跨比均为 1/5。拱肋分别采用由两根 $\phi 800mm \times 12mm$(主拱)和 $\phi 700mm \times 12mm$(边拱)的圆钢管混凝土组成的哑铃形断面,管内浇筑 C40 混凝土,两管之间用钢腹板和加劲构造连接成整体,腹腔内除靠拱脚部分充填混凝土外,其余部分不充填混凝土,采用 H 型钢进行加劲,拱肋构造如图 3-2 所示。主拱肋的横撑由两根 $\phi 600mm \times 8mm$ 的圆钢管和钢腹板组成。边拱的横撑由两根 $\phi 500mm \times 8mm$ 的圆钢管和钢腹板组成。

吊杆横梁为钢筋混凝土工字梁,如图 3-3 所示。桥面板为钢筋混凝土肋板式预制结构,湿接缝连接。桥面铺装为 10cm 厚的钢筋混凝土。为加强桥面系的整体性,系杆处设加劲纵梁。

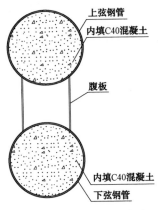

图 3-2 拱肋构造示意图

每肋拱脚间张拉无黏结钢绞线作为预应力系杆,以承担恒载作用下的拱脚水平推力。中拱每根系杆采用 8 束 $10\phi^j15.2mm(7\phi^j5mm)$ 的无黏结低松弛钢绞线。边拱每根系杆采用 2 束 $10\phi^j15.2mm(7\phi^j5mm)$ 及 2 束 $12\phi^j15.2mm(7\phi^j5mm)$ 无黏结低松弛钢绞线,$R_y^b = 1860 MPa$。锚具为 OVmXG15-10 及 OVmXG15-12。

中拱吊杆间距为 4.66m,边拱吊杆间距为 4.60m。吊杆为 $61\phi7mm$ 的高强低松弛平行镀锌钢丝,$R_y^b = 1670MPa$,冷铸墩头锚 OVmDS(k)7-55。

桥墩采用钢筋混凝土柱和帽梁组成的门式框架,支承于钢筋混凝土承台和 4 根 $\phi1800mm$ 的钻孔灌注桩基础之上。中拱的墩柱直径为 $\phi2200mm$,边拱的墩柱直径为 $\phi2000mm$。帽梁成 π 形构造,两端设有牛腿架设边跨的空心板和主跨的桥面板。

桥台采用重力式台,明挖扩大基础。

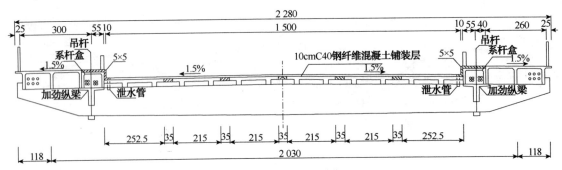

图 3-3 横梁构造图(尺寸单位:cm)

### (二) 技术标准

(1) 设计荷载:城—B 级。
(2) 桥面宽:净—15+人行道 2×3.0m。
(3) 桥面纵坡:桥台至边跨跨中纵坡为 2%,竖曲线半径为 10 200m,两边拱跨中之间纵坡为 1.5%,竖曲线半径为 2 500m,桥面横坡 1.5%。
(4) 设计洪水频率:50 年一遇,桥下不通航。
(5) 地震烈度:6 级地震设防。

### (三) 主要材料

(1) 拱肋为钢管混凝土。主跨钢管采用 Q345c 钢(16Mn 钢)钢板卷制而成,$f_s = 275MPa$,弹性模量 $E_s = 2.06 \times 10^5 MPa$,重度 $\rho_s = 78.5 kN/m^3$。内灌 C40 混凝土,$f_{cd} = 18.4 MPa$,弹性模量 $E_c = 3.25 \times 10^4 MPa$,重度 $\rho_{con} = 25 kN/m^3$。

(2) 主跨每根系杆采用 8 束预应力钢束,每束钢束由 10 根 $7\phi5mm$ 钢绞线组成。采用的高强度低松弛 7 丝捻制的预应力钢绞线,公称直径为 15.20mm,公称面积 140mm²,标准强度 $f_{pk} = 1860MPa$,弹性模量 $E_P = 1.95 \times 10^5 MPa$,1 000h 后应力松弛率不大于 2.5%。锚具为

OVmXG15-12。

(3) 吊杆为 55φ7mm 的高强低松弛平行镀锌钢丝,$R_y^b = 1\,670$MPa。

(4) 桥墩桥台钻孔灌注桩、帽梁、人行道预制板等均采用 C25 混凝土。系杆盒采用 C20 混凝土。主跨横梁、桥墩柱、墩帽、桥面板、纵梁采用 C30 混凝土。桥面板接缝和铰缝采用 C35 混凝土。主跨管内混凝土采用 C40 混凝土。边跨 15m 预应力空心板、铰缝均采用 C40 混凝土。现浇桥面铺装,桥面连续采用 C40 钢纤维混凝土,桥面铺装钢纤维含量为 70kg/m³,桥面连续钢纤维含量为 90kg/m³。

## 二、结构内力计算

### (一) 有限元计算模型

采用 Midas 建立三维杆系计算模型,如图 3-4 所示。在计算模型中,采用梁单元模拟拱肋、纵梁结构,桁架单元模拟吊杆和系杆,桩底固结。模型共有 1 645 个节点,1 631 个单元。

图 3-4 示例三的 Midas 模型

根据施工图将该桥划分为两个施工阶段:

(1) CS1——浇筑承台、主墩、拱座混凝土、吊装拱肋至合龙并压住管内混凝土,安装系杆,第一次张拉系杆。

(2) CS2——安装吊杆,吊装混凝土横梁,施工桥面铺装及附属设施,第二次张拉系杆。

### (二) 拱肋截面参数和其他计算参数

中拱拱肋截面的尺寸大小如图 3-5 所示。

1. 中拱拱肋截面几何性质

(1) 钢管的截面面积 $A_s$ 及惯性矩 $I_s$:

① 单管的钢管面积和抗弯惯性矩:

$$A_s = \frac{\pi}{4} \times (0.80^2 - 0.78^2) = 0.024\,8\,(\text{m}^2)$$

$$I_s = \frac{\pi}{64} \times (0.80^4 - 0.78^4) = 1.936 \times 10^{-3}\,(\text{m}^4)$$

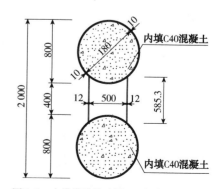

图 3-5 中拱拱肋构造图(尺寸单位:mm)

②哑铃形拱肋截面的钢管面积和抗弯惯性矩：

$$A_{s1} = \left[\frac{\pi}{4} \times (0.80^2 - 0.78^2)\right] \times 2 + 0.585 \times 0.012 \times 2$$
$$= 0.063\ 7(\text{m}^2)$$

$$I_{s1} = \left[\frac{\pi}{64} \times (0.80^4 - 0.78^4) + 0.6^2 \times 0.024\ 8\right] \times 2 + 2 \times \frac{1}{12} \times 0.012 \times 0.585^3 = 0.022\ 1(\text{m}^4)$$

(2) 混凝土的截面面积 $A_c$ 及惯性矩 $I_c$

①单管的混凝土面积和抗弯惯性矩：

$$A_c^{单圆管} = \frac{\pi}{4} \times 0.78^2 = 0.478(\text{m}^2)$$

$$I_c^{单圆管} = \frac{\pi}{64} \times 0.78^4 = 1.817 \times 10^{-2}(\text{m}^4)$$

②哑铃形拱肋截面的混凝土管面积和抗弯惯性矩：

$$A_c^{哑铃形} = \left(\frac{\pi}{4} \times 0.78^2\right) \times 2 = 0.956(\text{m}^2)$$

$$I_c^{哑铃形} = \left(\frac{\pi}{64} \times 0.78^2 + 0.6^2 \times 0.478\right) \times 2 = 0.38(\text{m}^4)$$

(3) 钢管混凝土的组合轴压刚度和抗弯刚度

按《规范》第4.3.3条计算拱肋截面整体轴压设计刚度 $(EA)_{sc}$ 与抗弯设计刚度 $(EI)_{sc}$。

$$(EA)_{sc} = E_s A_{s1} + E_c A_{c1}$$
$$= 2.06 \times 10^5 \times 0.063\ 7 + 1.0 \times 3.25 \times 10^4 \times 0.956$$
$$= 41\ 287.6(\text{MPa} \cdot \text{m}^2)$$

$$(EI)_{sc} = E_s I_{s1} + 0.6 E_c I_{c1}$$
$$= 2.06 \times 10^5 \times 0.022\ 1 + 0.6 \times 3.25 \times 10^4 \times 0.381$$
$$= 11\ 899.7(\text{MPa} \cdot \text{m}^4)$$

2. 中拱拱肋冲击系数的计算

按照《规范》第4.2.2条，冲击系数按下式计算：

$$\mu_0 = 0.057\ 36 f_0 + 0.074\ 8 \tag{4.2.2}$$

式中：$f_0$——钢管混凝土拱桥的一阶竖向频率。

根据模型计算得到例二的一阶竖向反对称振动频率 $f_0 = 1.883\text{Hz}$，故冲击系数为 $\mu_0 = 0.057\ 36 \times 1.188\ 3 + 0.074\ 8 = 0.183$。

3. 合龙温度的计算

按照《规范》第4.2.3条规定，合龙温度按下式计算：

$$T = T_{28} + \frac{D - 0.85}{0.2} + T_0 \tag{4.2.3-2}$$

假设大桥拱肋混凝土浇筑在六月份，其后28d的平均气温为25.1℃，考虑管内混凝土水化热作用的附加升温值为5℃，则合龙温度为29.85℃。最低有效温度取当地最低气温-5℃，最高有效温度取当地最高气温41℃。

4. 混凝土徐变系数的计算

《规范》第6.0.3条规定：钢管混凝土结构或构件变形计算中，混凝土徐变系数在无可靠实测资料时可按现行行业标准《公路钢筋混凝土及预应力混凝土桥涵设计规范》（JTG D62—2004）的规定计算。

由于徐变系数为徐变变形 $\varepsilon_{cr}$ 与弹性变形 $\varepsilon_{el}$ 的比值，即 $\varphi=\varepsilon_{cr}/\varepsilon_{el}$，因此由徐变系数可求得徐变变形，进而应用于预拱度等的计算中。

**（三）设计荷载及荷载组合**

设计荷载包括自重、活载、温度荷载和混凝土的收缩、徐变等。自重为结构自重、二期恒载。其中二期恒载考虑桥面铺装、人行道、防撞栏杆以及桥面其他附属设施。活载为城市—B级，双向四车道，人群荷载为 $3kN/m^2$。对于温度荷载，计算温度为29.85℃，混凝土结构升温10.75℃，混凝土结构降温28.35℃。对于混凝土的徐变、收缩，按《公路钢筋混凝土及预应力混凝土桥涵设计规范》（JTG D62—2004）的规定计算徐变，按《公路桥涵设计通用规范》（JTG D60—2004）的规定计算收缩。

根据《公路桥涵设计通用规范》（JTG D60—2004）的规定，针对中拱拱肋主要考虑以下几种荷载组合。

组合Ⅰ：1.2自重+1.4汽车荷载+0.8×1.4人群荷载；

组合Ⅱ：1.2自重+1.4汽车荷载（含汽车冲击力）+1.0收缩+1.0徐变+0.7×1.4（均匀降温+人群荷载）；

组合Ⅲ：1.2自重+1.4汽车荷载（含汽车冲击力）+1.0收缩+1.0徐变+0.7×1.4（均匀升温+人群荷载）；

组合Ⅳ：1.0自重+1.0汽车荷载+1.0人群荷载；

组合Ⅴ：1.0自重+1.0汽车荷载（不含汽车冲击力）+1.0收缩+1.0徐变+1.0均匀降温+1.0人群荷载；

组合Ⅵ：1.0自重+1.0汽车荷载（不含汽车冲击力）+1.0收缩+1.0徐变+1.0均匀降温+1.0人群荷载。

其中，验算结构在承载能力极限状态下的受力情况为组合Ⅰ、Ⅱ、Ⅲ，验算结构在正常使用极限状态下的受力情况为组合Ⅳ、Ⅴ、Ⅵ。组合Ⅳ、Ⅴ、Ⅵ按《公路桥涵设计通用规范》（JTG D60—2004）第4.1.8条考虑标准组合，各作用效应的分项系数及组合系数均取为1.0。

**（四）中拱拱肋内力计算结果**

中拱拱肋内力计算结果见表3-1~表3-3，表中的轴力压为正，弯矩顺时针为正，逆时针为负，轴力和剪力单位：kN，弯矩单位：kN·m。在表3-1中给出在各个荷载工况下的拱肋内力，表中汽车荷载未计入冲击系数。

单项荷载拱肋各截面内力（汽车荷载不计冲击系数） 表3-1

| 内力汇总 | 拱顶 | | | L/4 截面 | | | 拱脚 | | |
|---|---|---|---|---|---|---|---|---|---|
| | M | V | N | M | V | N | M | V | N |
| 恒载 | 281.13 | 49.95 | 5 125.88 | 103.14 | −100.02 | 5 551.04 | −720.28 | −55.95 | 6 474.74 |
| 汽车荷载（$M_{max}$） | 730.66 | 11.60 | 708.59 | 1 085.28 | −84.50 | 549.52 | 751.00 | 232.21 | 606.09 |

续上表

| 内力汇总 | 拱 顶 | | | L/4 截面 | | | 拱 脚 | | |
|---|---|---|---|---|---|---|---|---|---|
| | M | V | N | M | V | N | M | V | N |
| 汽车荷载 ($M_{min}$) | -415.04 | 39.83 | 449.78 | -800.12 | 17.36 | -14.01 | -1 059.99 | -279.27 | 763.22 |
| 汽车荷载 ($N_{max}$) | 527.85 | 14.38 | 951.79 | -182.78 | -58.86 | 1 041.93 | -268.20 | 36.20 | 1 142.16 |
| 汽车荷载 ($N_{min}$) | 15.73 | -0.56 | -6.47 | 2.97 | -1.36 | -6.40 | -25.26 | -4.09 | -5.04 |
| 人群荷载 ($M_{max}$) | 246.71 | 2.37 | 232.23 | 372.34 | -13.65 | 176.77 | 367.4 | 97.64 | 276.51 |
| 人群荷载 ($M_{min}$) | -218.56 | -4.54 | 222.16 | -363.91 | 0.63 | 316.95 | -440.44 | -109.54 | 302.71 |
| 人群荷载 ($N_{max}$) | 4.38 | 5.93 | 502.31 | 0.92 | -12.74 | 545.14 | -13.38 | -6.43 | 635.38 |
| 人群荷载 ($N_{min}$) | -1.12 | 0.07 | 47.93 | 7.51 | 0.08 | 51.42 | -59.66 | -0.05 | 56.16 |
| 温度上升 | -81.45 | -0.65 | 22.56 | -34.7 | 4.71 | 22.4 | 120.64 | 15.64 | 16.46 |
| 温度下降 | 214.15 | -0.65 | -59.5 | 91.5 | -12.43 | -59.07 | -318.14 | -41.24 | -43.41 |
| 混凝土 收缩、徐变 | 112.85 | 1.38 | -33.56 | 54.65 | -1.05 | -23.62 | -132.28 | -8.28 | -20.51 |

将计算得到各单项荷载进行荷载组合,并考虑汽车荷载的冲击系数后得到各截面极限承载力荷载组合结果,如表 3-2 所示。

承载能力极限状态拱肋各截面组合内力　　　　　　表 3-2

| 荷载组合 | 内力汇总 | 拱 顶 | | | L/4 截面 | | | 拱 脚 | | |
|---|---|---|---|---|---|---|---|---|---|---|
| | | M | V | N | M | V | N | M | V | N |
| 组合 I | 恒+汽($M_{max}$)+人($M_{max}$) | 1 735 | 80 | 7 498 | 2 206 | -265 | 7 702 | 699 | 399 | 9 009 |
| | 恒+汽($M_{min}$)+人($M_{min}$) | -544 | 116 | 7 090 | -1 512 | -93 | 6 995 | -2 984 | -618 | 9 280 |
| | 恒+汽($N_{max}$)+人($N_{max}$) | **1 152** | **89** | **8 174** | **-155** | **-225** | **8 870** | **-1 290** | **-19** | **10 233** |
| | 恒+汽($N_{min}$)+人($N_{min}$) | 360 | 59 | 6 195 | 137 | -122 | 6 709 | -970 | -73 | 7 825 |
| 组合 II | 恒+汽($M_{max}$)+温升+人群+收缩+徐变 | 1 636 | 80 | 7 484 | 2 124 | -259 | 7 696 | 744 | 399 | 8 984 |
| | 恒+汽($M_{min}$)+温升+人群+收缩+徐变 | -578 | 116 | 7 077 | -1 491 | -89 | 6 969 | -2 826 | -588 | 9 251 |
| | 恒+汽($N_{max}$)+温升+人群+收缩+徐变 | 1 087 | 88 | 8 122 | -186 | -219 | 8 813 | -1 193 | -3 | 10 158 |
| | 恒+汽($N_{min}$)+温升+人群+收缩+徐变 | 296 | 59 | 6 207 | 106 | -118 | 6 720 | -865 | -59 | 7 830 |

续上表

| 荷载组合 | 内力汇总 | 拱顶 M | 拱顶 V | 拱顶 N | L/4截面 M | L/4截面 V | L/4截面 N | 拱脚 M | 拱脚 V | 拱脚 N |
|---|---|---|---|---|---|---|---|---|---|---|
| 组合Ⅲ | 恒+汽($M_{max}$)+温降+人群+收缩+徐变 | **1 925** | **80** | **7 404** | 2 247 | −276 | 7 616 | 314 | 344 | 8 925 |
| | 恒+汽($M_{min}$)+温降+人群+收缩+徐变 | −289 | 116 | 6 997 | −1 367 | −105 | 6 889 | **−3 256** | **−644** | **9 191** |
| | 恒+汽($N_{max}$)+温降+人群+收缩+徐变 | 1 377 | 88 | 8 042 | −62 | −235 | 8 733 | −1 623 | −59 | 10 099 |
| | 恒+汽($N_{min}$)+温降+人群+收缩+徐变 | 586 | 59 | 6 126 | 229 | −135 | 6 640 | −1 295 | −115 | 7 771 |

注：1. 表中恒为恒载；汽为汽车荷载；人为人群荷载；收缩、徐变均指混凝土的收缩和徐变；温升为温度上升；温降为温度下降。
2. 表中加粗和加下划线的数值为控制设计的内力值。

将计算得到的各单项荷载进行荷载组合，并且不考虑汽车荷载的冲击系数后得到的各截面正常使用极限状况组合结果，如表3-3所示。

正常使用极限状态拱肋各截面组合内力    表3-3

| 荷载组合 | 内力汇总 | 拱顶 M | 拱顶 V | 拱顶 N | L/4截面 M | L/4截面 V | L/4截面 N | 拱脚 M | 拱脚 V | 拱脚 N |
|---|---|---|---|---|---|---|---|---|---|---|
| 组合Ⅳ | 恒+汽($M_{max}$)+人($M_{max}$) | 1 329 | 65 | 6 135 | 1 665 | −206 | 6 330 | 470 | 296 | 7 416 |
| | 恒+汽($M_{min}$)+人($M_{min}$) | −392 | 89 | 5 841 | −1 138 | −80 | 5 853 | −2 322 | −472 | 7 614 |
| | 恒+汽($N_{max}$)+人($N_{max}$) | **864** | **72** | **6 671** | −96 | −177 | 7 238 | **−1 028** | **−23** | **8 362** |
| | 恒+汽($N_{min}$)+人($N_{min}$) | 297 | 49 | 5 167 | 114 | −101 | 5 595 | −808 | −60 | 6 525 |
| 组合Ⅴ | 恒+汽($M_{max}$)+温升+人群+收缩+徐变 | 1 262 | 65 | 6 154 | 1 634 | −202 | 6 349 | 569 | 311 | 7 429 |
| | 恒+汽($M_{min}$)+温升+人群+收缩+徐变 | −458 | 89 | 5 860 | −1 168 | −76 | 5 872 | −2 224 | −457 | 7 627 |
| | 恒+汽($N_{max}$)+温升+人群+收缩+徐变 | 798 | 71 | 6 690 | **−127** | **−173** | **7 257** | −929 | −8 | 8 375 |
| | 恒+汽($N_{min}$)+温升+人群+收缩+徐变 | 231 | 49 | 5 186 | 83 | −97 | 5 614 | −709 | −46 | 6 539 |
| 组合Ⅵ | 恒+汽($M_{max}$)+温降+人群+收缩+徐变 | **1 558** | **65** | **6 072** | 1 760 | −219 | 6 268 | 130 | 254 | 7 369 |
| | 恒+汽($M_{min}$)+温降+人群+收缩+徐变 | −163 | 89 | 5 778 | −1 042 | −93 | 5 790 | **−2 663** | **−514** | **7 568** |
| | 恒+汽($N_{max}$)+温降+人群+收缩+徐变 | 1 093 | 71 | 6 608 | −1 | −190 | 7 176 | −1 368 | −65 | 8 316 |
| | 恒+汽($N_{min}$)+温降+人群+收缩+徐变 | 527 | 49 | 5 104 | 209 | −114 | 5 533 | −1 148 | −102 | 6 479 |

注：同表3-2。

计算可得,恒载作用下拱肋内力为:
(1)拱脚截面:$N=6\,475$kN,$M=-720$kN·m,$V=56$kN。
(2)$L/4$截面:$N=5\,551$kN,$M=103$kN·m,$V=-100$kN。
(3)拱顶处:$N=5\,126$kN,$M=281$kN·m,$V=-50$kN。

承载能力极限状态最不利内力组合为:
(1)拱脚截面:$M_{max}=-3\,256$kN·m,对应的轴力$N=9\,191$kN;$N_{max}=10\,233$kN,对应的弯矩$M=-1\,290$kN·m。
(2)$L/4$截面:$M_{max}=2\,247$kN·m,对应的轴力$N=7\,616$kN;$N_{max}=8\,870$kN,对应的弯矩$M=-155$kN·m。
(3)拱顶截面:$M_{max}=1\,925$kN·m,对应的轴力$N=7\,404$kN;$N_{max}=8\,174$kN,对应的弯矩$M=1\,152$kN·m。

正常使用极限状态最不利内力组合为:
(1)拱脚截面:$M_{max}=-2\,663$kN·m,对应的轴力$N=7\,568$kN;$N_{max}=8\,362$kN,对应的弯矩$M=-1\,028$kN·m。
(2)$L/4$截面:$M_{max}=1\,760$kN·m,对应的轴力$N=6\,268$kN;$N_{max}=7\,257$kN,对应的弯矩$M=-127$kN·m。
(3)拱顶截面:$M_{max}=1\,558$kN·m,对应的轴力$N=6\,072$kN;$N_{max}=6\,671$kN,对应的弯矩$M=864$kN·m。

## 三、拱肋强度计算

### (一)《规范》验算要求

**1.组成构件强度验算要求**

《规范》第5.1.4条规定:钢管混凝土拱肋强度计算应为拱肋各组成构件,稳定计算应包括各组成构件与拱肋整体。

《规范》第5.1.4条条文说明规定:对于哑铃形与桁式拱肋,组成构件指钢管混凝土弦杆及其连接构件,整体结构是由这些构件组成的一个结构整体视为一根杆件。

《规范》第5.2.1条规定:拱肋强度计算时,截面的内力可采用弹性理论计算。对组成哑铃形或桁肋的钢管混凝土单圆管构件,其内力可由有限元计算结果或截面内力分配计算确定。当采用截面内力分配计算哑铃形截面各肢的内力且上下两肢相同时(图3-6),各肢的内力可按下列公式计算:

$$M_1 = M_2 = \eta_1 M \quad (5.2.1\text{-}1)$$

$$N_1 = \left[\frac{1}{2} + \frac{(1-2\eta_1)}{h_1}\frac{M}{N}\right]N,\ N_2 = \left[\frac{1}{2} - \frac{(1-2\eta_1)}{h_1}\frac{M}{N}\right]N \quad (5.2.1\text{-}2)$$

$$\eta_1 = \frac{1}{2+0.5h_1^2\chi} \quad (5.2.1\text{-}3)$$

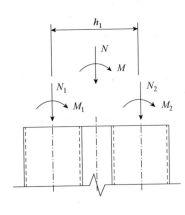

图3-6 哑铃形拱肋内力计算示意图

$$\chi = \frac{(EA)_{sc2}}{(EI)_{sc2}} \tag{5.2.1-4}$$

$$(EI)_{sc2} = E_s I_s + E_c I_c \tag{5.2.1-5}$$

式中：$N$、$M$——截面轴向力设计值(N)和弯矩设计值(N·mm)；

$M_1$、$M_2$——分配到两个肢管上的弯矩值(N·mm)；

$N_1$、$N_2$——分配到两个肢管上的轴向力值(N)；

$\eta_1$——单肢钢管混凝土和整个构件截面抗弯刚度之比；

$h_1$——哑铃形截面受弯面内两肢中心距离(mm)；

$\chi$——计算系数；

$I_c$——混凝土截面惯性矩($mm^4$)；

$I_s$——钢管截面惯性矩($mm^4$)；

$(EA)_{sc2}$——单肢钢管混凝土毛截面压缩刚度(N·$mm^2$)，按《规范》式(4.3.3-1)计算；

$(EI)_{sc2}$——单肢钢管混凝土毛截面弯曲刚度(N·$mm^2$)。

2. 整体截面强度验算要求

《规范》第5.2.7条规定：钢管混凝土哑铃形构件和格构柱偏心抗压强度验算时，轴向压力组合设计值 $N_s$ 应取截面轴向力最大设计值和对应于截面弯矩最大设计值的轴力值，并应按下列公式计算：

$$\gamma_0 N_s \leq N_{D1} \tag{5.2.7-1}$$

$$N_{D1} = \varphi_e N_D \tag{5.2.7-2}$$

式中：$\varphi_e$——偏心率折减系数，哑铃形构件按本规范第5.2.8条的规定计算。《规范》第5.2.8条规定：钢管混凝土哑铃形构件的偏心率折减系数 $\varphi_e$ 应按下列公式计算：

当 $\dfrac{e_0}{2i} \leq 0.85$ 时：

$$\varphi_e = \frac{1}{1 + 2.82 \dfrac{e_0}{2i}} \tag{5.2.8-1}$$

当 $\dfrac{e_0}{2i} > 0.85$ 时：

$$\varphi_e = \frac{0.25}{\dfrac{e_0}{2i}} \tag{5.2.8-2}$$

$e_0$——哑铃形构件截面的偏心距(mm)；

$N_D$——钢管混凝土哑铃形和格构柱构件截面轴心受压承载力，应按《规范》5.2.6条计算，具体如下：

$$N_D = \Sigma(N_0^i + N_f^i) \tag{5.2.6-2}$$

$$N_f^i = A_{fs} f_s \tag{5.2.6-3}$$

$N_0^i$——拱肋截面各肢钢管混凝土截面轴心受压承载力，按《规范》式(5.2.2-2)计算；

$N_f^i$——与钢管混凝土主肢共同承担荷载的连接钢板的极限承载力；

$A_{fs}$——连接钢板的截面面积。

**(二)弦管强度验算**

1.拱脚截面

由于有限元建模时将哑铃形截面当作一个梁单元考虑,所以采用《规范》第5.2.1条进行内力分配,获得组成哑铃形的钢管混凝土单圆管构件的内力。

计算系数:

$$\chi = \frac{E_s A_s + E_c A_c}{E_s I_s + E_c I_c} = \frac{2.06 \times 10^5 \times 24\ 819 \times 10^{-6} + 3.25 \times 10^4 \times 477\ 836 \times 10^{-6}}{2.06 \times 10^5 \times 0.001\ 936\ 47 + 3.25 \times 10^4 \times 0.018\ 169\ 7} = 20.863$$

单肢钢管混凝土和整个构件截面抗弯刚度之比:

$$\eta_1 = \frac{1}{2 + 0.5 h_2^2 \chi} = \frac{1}{2 + 0.5 \times 1.2^2 \times 20.863} = 0.058\ 75$$

因此,根据下面的公式可以得到分配到两个肢上的弯矩和轴力设计值:

$$M_1 = M_2 = \eta_1 M \quad (5.2.1\text{-}1)$$

$$N_1 = \left[ \frac{1}{2} + \frac{(1 - 2\eta_1)}{h_2} \frac{M}{N} \right] N, \quad N_2 = \left[ \frac{1}{2} - \frac{(1 - 2\eta_1)}{h_2} \frac{M}{N} \right] N \quad (5.2.1\text{-}2)$$

对于弯矩最大组合($M_{max} = -3\ 256$ kN·m, $N = 9\ 191$ kN):

$$M_1 = M_2 = 0.058\ 75 \times (-3\ 256) = -191.3(\text{kN·m})$$

$$N_1 = \left( \frac{1}{2} + 0.735 \times \frac{3\ 256}{9\ 191} \right) \times 9\ 191 = 6\ 989(\text{kN})$$

$$N_2 = \left( \frac{1}{2} - 0.735 \times \frac{3\ 256}{9\ 191} \right) \times 9\ 191 = 2\ 202(\text{kN})$$

对于轴力最大组合($N_{max} = 10\ 233$ kN, $M = -1\ 290$ kN·m):

$$M_1 = M_2 = 0.058\ 75 \times (-1\ 290) = -75.8(\text{kN·m})$$

$$N_1 = \left( \frac{1}{2} + 0.735 \times \frac{1\ 290}{10\ 233} \right) \times 10\ 233 = 6\ 064.7(\text{kN})$$

$$N_2 = \left( \frac{1}{2} - 0.735 \times \frac{1\ 290}{10\ 233} \right) \times 10\ 233 = 4\ 168.4(\text{kN})$$

对于弯矩最大组合的一肢($M_1 = -191$ kN·m, $N_1 = 6\ 989$ kN):

$$\xi_0 = \frac{A_s f_s}{A_a f_{cd}} = \frac{24\ 800 \times 10^{-6} \times 275}{478\ 000 \times 10^{-6} \times 18.4} = 0.775$$

$$\rho_c = \frac{A_s}{A_c} = \frac{24\ 819 \times 10^{-6}}{477\ 836 \times 10^{-6}} = 0.051\ 9$$

$$N_0 = k_3 (1.14 + 1.02 \xi_0) \cdot (1 + \rho_c) \cdot f_{cd} A_c$$
$$= 1.0 \times (1.14 + 1.02 \times 0.775) \cdot (1 + 0.051\ 9) \times 18.4 \times 478\ 000$$
$$= 1.786 \times 10^4 (\text{kN})$$

$$e_0 = \frac{M}{N} = \frac{191.3}{6\ 989} = 0.027$$

$$\frac{e_0}{r_c} = \frac{0.027}{0.39} = 0.070$$

$$\varphi_e = \frac{1}{1 + 1.85 \dfrac{e_0}{r_c}} = \frac{1}{1 + 1.85 \times 0.070} = 0.885$$

$$\varphi_e K_t N_0 = 0.885 \times 1.0 \times 1.786 \times 10^4 = 1.581 \times 10^4 (\text{kN}) > \gamma_0 N_s = 1.0 \times 6\,989 = 6\,989(\text{kN})$$

对于弯矩最大组合的另一肢($M_2 = -191\text{kN} \cdot \text{m}, N_2 = 2\,202\text{kN}$):

$$e_0 = \frac{M}{N} = \frac{191.3}{2\,202} = 0.087$$

$$\frac{e_0}{r_c} = \frac{0.087}{0.39} = 0.223$$

$$\varphi_e = \frac{1}{1 + 1.85 \dfrac{e_0}{r_c}} = \frac{1}{1 + 1.85 \times 0.223} = 0.708$$

$$\varphi_e K_t N_0 = 0.708 \times 1.0 \times 1.786 \times 10^4 = 1.264 \times 10^4 (\text{kN}) > \gamma_0 N_s = 1.0 \times 2\,202 = 2\,202(\text{kN})$$

因此,拱脚截面构件强度承载力满足要求。

2. $L/4$ 截面

对于 $L/4$ 截面的弯矩最大组合($M_{\max} = 2\,247\text{kN} \cdot \text{m}, N = 7\,616\text{kN}$),分配到两个肢上的弯矩和轴力设计值:

$$M_1 = M_2 = 0.058\,75 \times 2\,247 = 132(\text{kN} \cdot \text{m})$$

$$N_1 = \left(\frac{1}{2} + 0.735 \times \frac{2\,247}{7\,616}\right) \times 7\,616 = 5\,459(\text{kN})$$

$$N_2 = \left(\frac{1}{2} - 0.735 \times \frac{2\,247}{7\,616}\right) \times 7\,616 = 2\,156(\text{kN})$$

对于 $L/4$ 截面的轴力最大组合($N_{\max} = 8\,870\text{kN}, M = -155\text{kN} \cdot \text{m}$),分配到两个肢上的弯矩和轴力设计值:

$$M_1 = M_2 = 0.058\,75 \times (-155) = -9(\text{kN} \cdot \text{m})$$

$$N_1 = \left(\frac{1}{2} + 0.735 \times \frac{155}{8\,870}\right) \times 8\,870 = 4\,548(\text{kN})$$

$$N_2 = \left(\frac{1}{2} - 0.735 \times \frac{155}{8\,870}\right) \times 8\,870 = 4\,321(\text{kN})$$

对于弯矩最大组合的一肢($M_1 = -132\text{kN} \cdot \text{m}, N_1 = 5\,459\text{kN}$):

$$e_0 = \frac{M_1}{N_1} = \frac{132}{5\,459} = 0.024$$

$$\frac{e_0}{r_c} = \frac{0.024}{0.39} = 0.062$$

$$\varphi_e = \frac{1}{1 + 1.85 \dfrac{e_0}{r_c}} = \frac{1}{1 + 1.85 \times 0.062} = 0.897$$

$$\varphi_e K_t N_0 = 0.897 \times 0.95 \times 1.786 \times 10^4 = 1.522 \times 10^4 (\text{kN}) > \gamma_0 N_s = 1.0 \times 5\,459 = 5\,494(\text{kN})$$

对于弯矩最大组合的另一肢($M_2 = -132\text{kN} \cdot \text{m}, N_2 = 2\,156\text{kN}$):

$$e_0 = \frac{M_2}{N_2} = \frac{132}{2\,156} = 0.061$$

$$\frac{e_0}{r_c} = \frac{0.061}{0.39} = 0.157$$

$$\varphi_e = \frac{1}{1+1.85\dfrac{e_0}{r_c}} = \frac{1}{1+1.85 \times 0.157} = 0.775$$

$\varphi_e K_t N_0 = 0.775 \times 0.95 \times 1.786 \times 10^4 = 1.315 \times 10^4 (\text{kN}) > \gamma_0 N_s = 1.0 \times 2156 = 2156 (\text{kN})$

因此，$L/4$ 截面构件强度承载力满足要求。

3.拱顶截面

对于拱顶截面的弯矩最大组合（$M_{max} = 1925$ kN·m，对应的轴力 $N = 7404$ kN），分配到两个肢上的弯矩和轴力设计值：

$$M_1 = M_2 = 0.05875 \times 1925 = 113(\text{kN}\cdot\text{m})$$

$$N_1 = \left(\frac{1}{2} + 0.735 \times \frac{1925}{7404}\right) \times 7404 = 5116(\text{kN})$$

$$N_2 = \left(\frac{1}{2} - 0.735 \times \frac{1925}{7404}\right) \times 7404 = 2287(\text{kN})$$

对于拱顶截面的轴力最大组合（$N_{max} = 8174$ kN，对应的弯矩 $M = 1152$ kN·m），分配到两个肢上的弯矩和轴力设计值：

$$M_1 = M_2 = 0.05875 \times 1152 = 67(\text{kN}\cdot\text{m})$$

$$N_1 = \left(\frac{1}{2} + 0.735 \times \frac{1152}{8174}\right) \times 8174 = 4933.7(\text{kN})$$

$$N_2 = \left(\frac{1}{2} - 0.735 \times \frac{1152}{8174}\right) \times 8174 = 3240.3(\text{kN})$$

对于弯矩最大组合的一肢（$M_1 = 113$ kN·m，$N_1 = 5116$ kN）：

$$e_0 = \frac{M_1}{N_1} = \frac{113}{5116} = 0.022$$

$$\frac{e_0}{r_c} = \frac{0.022}{0.39} = 0.056$$

$$\varphi_e = \frac{1}{1+1.85\dfrac{e_0}{r_c}} = \frac{1}{1+1.85 \times 0.056} = 0.961$$

$\varphi_e K_t N_0 = 0.961 \times 0.90 \times 1.786 \times 10^4 = 1.545 \times 10^4 (\text{kN}) > \gamma_0 N_s = 1.0 \times 5116 = 5116 (\text{kN})$

对于弯矩最大组合的另一肢（$M_2 = 113$ kN·m，$N_2 = 2287$ kN）：

$$e_0 = \frac{M_2}{N_2} = \frac{113}{2287} = 0.049$$

$$\frac{e_0}{r_c} = \frac{0.049}{0.39} = 0.127$$

$$\varphi_e = \frac{1}{1+1.85\dfrac{e_0}{r_c}} = \frac{1}{1+1.85 \times 0.0127} = 0.810$$

$\varphi_e K_t N_0 = 0.810 \times 0.90 \times 1.786 \times 10^4 = 1.302 \times 10^4 (\text{kN}) > \gamma_0 N_s = 1.0 \times 2287 = 2287 (\text{kN})$

因此，拱顶截面构件强度承载力满足要求。

(三) 整体截面强度验算

1.拱脚截面

对于拱脚截面，按照弯矩最大组合（$M_{max} = -3256$ kN·m，$N = 9191$ kN）和轴力最大组合

($N_{max} = 10\,233$ kN, $M = -1\,290$ kN·m)两种工况进行验算。

$$\xi_0 = \frac{A_s f_s}{A_c f_{cd}} = \frac{0.024\,8 \times 275}{0.478 \times 18.4} = 0.775$$

$$\rho = \frac{A_s}{A_c} = \frac{0.063\,7}{0.956} = 0.066\,6$$

$$N_0 = k_3(1.14 + 1.02\xi_0) \cdot (1 + \rho_c) \cdot f_{cd} A_c$$
$$= 1.0 \times (1.14 + 1.02 \times 0.775) \cdot (1 + 0.066\,6) \times 18.4 \times 10^3 \times 0.478$$
$$= 1.811 \times 10^4 \text{(kN)}$$

则
$$N_0' = K_t N_0 = 1.0 \times 1.811 \times 10^4 = 1.811 \times 10^4 \text{(kN)}$$

则钢管混凝土哑铃形截面轴心抗压强度设计值 $N_D$：

$$N_f^i = A_{fs} f_s = 7\,026 \times 10^{-6} \times 2 \times 275 \times 10^3 = 3.864 \times 10^3 \text{(kN)}$$

$$N_D = \Sigma(N_0^i + N_f^i) = (1.811 \times 2 + 0.386) \times 10^4 = 3.958 \times 10^4 \text{(kN)}$$

按照《规范》第5.2.9条规定，钢管混凝土哑铃形构件的偏心率折减系数 $\varphi_e$ 计算如下。

钢管混凝土哑铃形截面回转半径：

$$i = \sqrt{\frac{E_{sc} I_{sc}}{E_{sc} A_{sc}}} = \sqrt{\frac{2.06 \times 10^5 \times 0.022\,1 + 3.25 \times 10^4 \times 0.381}{41\,287.6}} = 0.929\text{(m)}$$

对于弯矩最大组合($M_{max} = -3\,256$ kN·m, $N = 9\,191$ kN)：

$$e_0 = \frac{M}{N} = \frac{3\,256}{9\,191} = 0.354$$

$$\frac{e_0}{2i} = \frac{0.354}{2 \times 0.929} = 0.189 < 0.85$$

$$\varphi_e = \frac{1}{1 + 2.82 \frac{e_0}{2i}} = \frac{1}{1 + 2.82 \times 0.189} = 0.652$$

$$\varphi_e N_D = 0.652 \times 3.958 \times 10^4 = 2.581 \times 10^4 \text{(kN)} > \gamma_0 N_s = 1.0 \times 9\,191 = 9\,191 \text{(kN)}$$

C 对于轴力最大组合($N_{max} = 10\,233$ kN, $M = -1\,290$ kN·m)：

$$e_0 = \frac{M}{N} = \frac{1\,290}{10\,233} = 0.126$$

$$\frac{e_0}{2i} = \frac{0.126}{2 \times 0.929} = 0.068 < 0.85$$

$$\varphi_e = \frac{1}{1 + 2.82 \frac{e_0}{2i}} = \frac{1}{1 + 2.82 \times 0.068} = 0.839$$

$$\varphi_e N_D = 0.839 \times 3.958 \times 10^4 = 3.321 \times 10^4 \text{(kN)} > \gamma_0 N_s = 1.0 \times 10\,233 = 10\,233 \text{(kN)}$$

故拱脚截面的强度承载力满足要求。

2. $L/4$ 截面

对于 $L/4$ 截面，按照弯矩最大组合($M_{max} = 2\,247$ kN·m, $N = 7\,616$ kN)和轴力最大组合 ($N_{max} = 8\,870$ kN, $M = -155$ kN·m)两种工况进行验算。

$$\xi_0 = \frac{A_s f_s}{A_c f_{cd}} = \frac{0.024\,8 \times 275}{0.478 \times 18.4} = 0.775$$

$$\rho = \frac{A_s}{A_c} = \frac{0.063\ 7}{0.956} = 0.066\ 6$$

$$\begin{aligned}N_0 &= k_3(1.14+1.02\xi_0) \cdot (1+\rho_c) \cdot f_{cd}A_c \\ &= 1.0 \times (1.14+1.02 \times 0.775) \cdot (1+0.066\ 6) \times 18.4 \times 10^3 \times 0.478 \\ &= 1.811 \times 10^4 (\text{kN})\end{aligned}$$

则
$$N'_0 = K_t N_0 = 0.95 \times 1.811 \times 10^4 = 1.720 \times 10^4 (\text{kN})$$

则钢管混凝土哑铃形截面轴心抗压强度设计值 $N_D$：

$$N_f^i = A_{fs}f_s = 7\ 026 \times 10^{-6} \times 2 \times 275 \times 10^3 = 3.864 \times 10^3 (\text{kN})$$

$$N_D = \sum(N_0^i + N_f^i) = (1.720 \times 2 + 0.386) \times 10^4 = 3.827 \times 10^4 (\text{kN})$$

按照《规范》第5.2.9条规定，钢管混凝土哑铃形构件的偏心率折减系数 $\varphi_e$ 计算如下：

钢管混凝土哑铃形截面回转半径：

$$i = \sqrt{\frac{E_{sc}I_{sc}}{E_{sc}A_{sc}}} = \sqrt{\frac{2.06 \times 10^5 \times 0.022\ 1 + 3.25 \times 10^4 \times 0.381}{41\ 287.6}} = 0.929(\text{m})$$

对于弯矩最大组合（$M_{max} = 2\ 247\text{kN} \cdot \text{m}, N = 7\ 616\text{kN}$）：

$$e_0 = \frac{M}{N} = \frac{2\ 247}{7\ 616} = 0.295$$

$$\frac{e_0}{2i} = \frac{0.295}{2 \times 0.929} = 0.159 < 0.85$$

$$\varphi_e = \frac{1}{1+2.82\dfrac{e_0}{2i}} = \frac{1}{1+2.82 \times 0.159} = 0.691$$

$$\varphi_e N_D = 0.691 \times 3.827 \times 10^4 = 2.937 \times 10^4 (\text{kN}) > \gamma_0 N_s = 1.0 \times 7\ 616 = 7\ 616(\text{kN})$$

对于轴力最大组合（$N_{max} = 8\ 870\text{kN}, M = -155\text{kN} \cdot \text{m}$）：

$$e_0 = \frac{M}{N} = \frac{155}{8\ 870} = 0.017$$

$$\frac{e_0}{2i} = \frac{0.017}{2 \times 0.929} = 0.009 < 0.85$$

$$\varphi_e = \frac{1}{1+2.82\dfrac{e_0}{2i}} = \frac{1}{1+2.82 \times 0.009} = 0.974$$

$$\varphi_e N_D = 0.974 \times 3.827 \times 10^4 = 3.728 \times 10^4 (\text{kN}) > \gamma_0 N_s = 1.0 \times 8\ 870 = 8\ 870(\text{kN})$$

故拱脚截面的强度承载力满足要求。

3.拱顶截面

对于拱顶截面，按照弯矩最大组合（$M_{max} = 1\ 925\text{kN} \cdot \text{m}, N = 7\ 404\text{kN}$）和轴力最大组合（$N_{max} = 8\ 174\ \text{kN}, M = 1\ 152\text{kN} \cdot \text{m}$）两种工况进行验算。

$$\xi_0 = \frac{A_s f_s}{A_c f_{cd}} = \frac{0.024\ 8 \times 275}{0.478 \times 18.4} = 0.775$$

$$\rho = \frac{A_s}{A_c} = \frac{0.063\ 7}{0.956} = 0.066\ 6$$

$$N_0 = k_3(1.14 + 1.02\xi_0) \cdot (1 + \rho_c) \cdot f_{cd}A_c$$
$$= 1.0 \times (1.14 + 1.02 \times 0.775) \cdot (1 + 0.066\ 6) \times 18.4 \times 10^3 \times 0.478$$
$$= 1.811 \times 10^4 (\text{kN})$$

则
$$N'_0 = K_t N_0 = 0.90 \times 1.811 \times 10^4 = 1.630 \times 10^4 (\text{kN})$$

则钢管混凝土哑铃形截面轴心抗压强度设计值 $N_D$：
$$N_f^i = A_{fs}f_s = 7\ 026 \times 10^{-6} \times 2 \times 275 \times 10^3 = 3.864 \times 10^3 (\text{kN})$$
$$N_D = \Sigma(N_0^i + N_f^i) = (1.630 \times 2 + 0.386) \times 10^4 = 3.646 \times 10^4 (\text{kN})$$

按照《规范》第5.2.9条规定，钢管混凝土哑铃形构件的偏心率折减系数 $\varphi_e$ 计算如下。
钢管混凝土哑铃形截面回转半径：
$$i = \sqrt{\frac{E_{sc}I_{sc}}{E_{sc}A_{sc}}} = \sqrt{\frac{2.06 \times 10^5 \times 0.022\ 1 + 3.25 \times 10^4 \times 0.381}{41\ 287.6}} = 0.929(\text{m})$$

对于弯矩最大组合（$M_{max} = 1\ 925\text{kN} \cdot \text{m}, N = 7\ 404\text{kN}$）：
$$e_0 = \frac{M}{N} = \frac{1\ 925}{7\ 404} = 0.260$$

$$\frac{e_0}{2i} = \frac{0.260}{2 \times 0.929} = 0.140 < 0.85$$

$$\varphi_e = \frac{1}{1 + 2.82 \frac{e_0}{2i}} = \frac{1}{1 + 2.82 \times 0.140} = 0.717$$

$\varphi_e N_D = 0.717 \times 3.646 \times 10^4 = 2.614 \times 10^4 (\text{kN}) > \gamma_0 N_s = 1.0 \times 7\ 404 = 7\ 404(\text{kN})$

对于轴力最大组合（$N_{max} = 8\ 174\ \text{kN}, M = 1\ 152\text{kN} \cdot \text{m}$）：
$$e_0 = \frac{M}{N} = \frac{1\ 152}{8\ 174} = 0.141$$

$$\frac{e_0}{2i} = \frac{0.141}{2 \times 0.929} = 0.076 < 0.85$$

$$\varphi_e = \frac{1}{1 + 2.82 \frac{e_0}{2i}} = \frac{1}{1 + 2.82 \times 0.076} = 0.824$$

$\varphi_e N_D = 0.824 \times 3.646 \times 10^4 = 3.003 \times 10^4 (\text{kN}) > \gamma_0 N_s = 1.0 \times 8\ 174 = 8\ 174(\text{kN})$

故拱脚截面的强度承载力满足要求。

## 四、拱肋面内稳定承载力计算

### (一)《规范》验算要求

根据《规范》第5.3.2条规定，钢管混凝土拱肋的面内整体稳定极限承载力可将其等效成梁柱进行验算，等效梁柱的计算长度采用无铰拱的 $0.36S$，等效梁柱的两端作用力为拱的 $L/4$（或 $3L/4$）截面处的弯矩与轴力。

根据《规范》第5.3.4条,钢管混凝土哑铃形构件和格构柱偏心受压稳定承载力设计值 $N_{D2}$ 应按下列公式计算:

$$\gamma_0 N_s \leqslant N_{D2} \tag{5.3.4-1}$$

$$N_{D2} = \varphi \varphi_e N_D \tag{5.3.4-2}$$

式中:$N_{D2}$——钢管混凝土哑铃形构件和格构柱偏心受压稳定承载力设计值(N);

$\varphi_e$——偏心率折减系数,哑铃形构件按本规范第5.2.8条的规定计算,见前文"《规范》验算要求";

$\varphi$——稳定系数(见后文"稳定系数")。

由于结构对称性,$L/4$ 截面与 $3L/4$ 截面的最不利内力相等,因此结构整体验算时只需验算 $L/4$ 截面的最不利内力。对于 $L/4$ 截面,考虑弯矩最大组合($M_{max} = 2247 \text{kN·m}, N = 7671 \text{kN}$)和轴力最大组合($N_{max} = 8870 \text{kN}, M = -155 \text{kN·m}$)。

**(二)稳定系数**

《规范》第5.3.5条:稳定系数 $\varphi$ 应按下列公式计算:

$\lambda_n \leqslant 1.5$ 时

$$\varphi = 0.658^{\lambda_n^2} \tag{5.3.5-1}$$

$\lambda_n > 1.5$ 时

$$\varphi = \frac{0.877}{\lambda_n^2} \tag{5.3.5-2}$$

按第5.3.6条规定,相对长细比为

$$\lambda_n = \frac{\lambda}{\pi} \sqrt{\frac{f_y A_s + f_{ck} A_c + A_c \sqrt{\rho_c f_y f_{ck}}}{E_s A_s + E_c A_c}} \tag{5.3.6-1}$$

哑铃形柱的名义长细比 $\lambda$,按式(5.3.8)计算

$$\lambda = \frac{l_0}{i} \tag{5.3.8}$$

钢管混凝土哑铃形截面回转半径

$$i = \sqrt{\frac{E_{sc} I_{sc}}{E_{sc} A_{sc}}} = \sqrt{\frac{2.06 \times 10^5 \times 0.0221 + 3.25 \times 10^4 \times 0.381}{41287.6}} = 0.929 (\text{m})$$

拱肋弧长

$$S = 76.933 \text{m}$$

哑铃形柱的名义长细比

$$\lambda = \frac{L_0}{i} = \frac{0.36 \times 76.933}{0.929} = 29.813$$

则其相对长细比为

$$\lambda_n = \frac{29.813}{\pi} \sqrt{\frac{345 \times 49637 + 26.8 \times 1005309 + 1005309 \sqrt{0.0494 \times 345 \times 26.8}}{2.06 \times 10^5 \times 49637 + 3.25 \times 10^4 \times 1005309}} = 0.539$$

由于 $\lambda_n < 1.5$,得到稳定系数 $\varphi_1 = 0.658^{\lambda_n^2} = 0.658^{0.539^2} = 0.886$。

**(三)偏心率折减系数**

按照《规范》第5.2.8条规定,钢管混凝土哑铃形构件的偏心率折减系数 $\varphi_e$ 应按式

(5.2.9-1)和式(5.2.9-2)计算,具体见前文"《规范》验算要求"式(5.2.8-2)。

对于弯矩最大组合($M_{max}=2247\text{kN}\cdot\text{m}, N=7671\text{kN}$):

$$e_0 = \frac{M}{N} = \frac{2247}{7671} = 0.293$$

$$\frac{e_0}{2i} = \frac{0.293}{2 \times 0.6396} = 0.229 < 0.85$$

$$\varphi_e = \frac{1}{1 + 2.82 \dfrac{e_0}{2i}} = \frac{1}{1 + 2.82 \times 0.229} = 0.608$$

对于轴力最大组合($N_{max}=8870\text{kN}, M=-155\text{kN}\cdot\text{m}$):

$$e_0 = \frac{M}{N} = \frac{155}{8870} = 0.017$$

$$\frac{e_0}{2i} = \frac{0.017}{2 \times 0.6396} = 0.013 < 0.85$$

$$\varphi_e = \frac{1}{1 + 2.82 \dfrac{e_0}{2i}} = \frac{1}{1 + 2.82 \times 0.013} = 0.964$$

**(四)混凝土徐变折减系数**

《规范》第5.3.11条规定:对于钢管混凝土轴压构件和偏心率$\rho \leq 0.3$的偏压构件,其承受永久荷载引起的轴压力占全部轴压力的30%及以上时,在计算稳定极限承载力时,截面轴心受压承载力$N_0$值应乘以混凝土徐变折减系数$K_c$。

钢管混凝土单圆管截面回转半径:

$$i = \sqrt{\frac{E_{sc}I_{sc}}{E_{sc}A_{sc}}} = \sqrt{\frac{2.06 \times 10^5 \times 0.0221 + 3.25 \times 10^4 \times 0.381}{41287.6}} = 0.929(\text{m})$$

截面计算半径:

$$r = 2i - t = 2 \times 0.929 - 0.01 = 1.848$$

哑铃形柱的名义长细比:

$$\lambda = \frac{L_0}{i} = \frac{0.36 \times 76.933}{0.929} = 29.813$$

对于$L/4$截面处,钢管混凝土哑铃形偏压构件,其承受永久荷载引起的内力$N_{永久} = 5551\text{kN}$。

对于弯矩最大组合($M_{max}=2247\text{kN}\cdot\text{m}, N=7671\text{kN}$):

$$e_0 = \frac{M}{N} = 0.293$$

$$\rho = \frac{e_0}{r} = \frac{0.293}{1.848} = 0.159 < 0.3$$

永久荷载引起的轴压力占全部轴压力的比例为:

$$\frac{N_{永久_1}}{N} = \frac{5551}{7671} = 0.724$$

查《规范》中表5.3.11可得,混凝土徐变折减系数 $K_c$ 为0.8。

对于轴力最大组合($N_{max}=8\,870$kN,$M=-155$kN·m):

$$e_0 = \frac{M}{N} = 0.017$$

$$\rho = \frac{e_0}{r} = \frac{0.017}{1.848} = 0.009 < 0.3$$

永久荷载引起的轴压力占全部轴压力的比例为:

$$\frac{N_{永久1}}{N} = \frac{5\,551}{8\,870} = 0.626$$

查《规范》中表5.3.11可得,混凝土徐变折减系数 $K_c$ 为0.819。

**(五) 初应力度影响系数**

《规范》第5.3.12条规定:钢管混凝土拱稳定承载力计算中,考虑初应力影响时,按式(5.2.2-2)计算的截面轴心受压承载力设计值 $N_0$ 应乘以初应力度影响系数 $K_p$。

$$K_p = 1 - 0.24am\beta \tag{5.3.12-1}$$

$$a = \frac{\lambda}{80} \tag{5.3.12-2}$$

$$\beta = \frac{\sigma_0}{f_y} \tag{5.3.12-3}$$

$$m = 0.2\rho + 0.98 \tag{5.3.12-4}$$

式中:$K_p$——初应力度对钢管混凝土承载力的折减系数;

  $a$——考虑长细比影响的系数;

  $m$——考虑偏心率影响的系数;

  $\beta$——钢管初应力度;

  $\lambda$——构件的长细比,按《规范》第5.3.7~5.3.10条的规定计算;

  $\sigma_0$——钢管初应力,在截面上不均匀时,取截面取平均应力;

  $f_y$——钢管强度标准值,取值应符合按《规范》表3.1.3的规定;

  $\rho$——构件偏心率,按《规范》中式(5.3.11-1)计算。

对于架设拱肋并浇筑混凝土施工阶段得到 $L/4$ 截面的内力为:$M=27.21$kN·m,$N=1\,576$kN。

$$\sigma_0 = \frac{N}{A} = \frac{1\,576 \times 10^3}{49\,637} = 31.751\,(\text{MPa})$$

$$\beta = \frac{\sigma_0}{f_y} = \frac{31.751}{345} = 0.092$$

$$a = \frac{\lambda}{80} = \frac{43.30}{80} = 0.54$$

对于 $L/4$ 截面的弯矩最大组合($M_{max}=2\,247$kN·m,$N=7\,671$kN):

$$e_0 = \frac{M}{N} = 0.293$$

$$\rho = \frac{e_0}{i} = \frac{0.293}{0.929} = 0.315$$

$$m = 0.2\rho + 0.98 = 0.2 \times 0.315 + 0.98 = 1.043$$
$$K_p = 1 - 0.24 \cdot a \cdot m \cdot \beta = 1 - 0.24 \times 0.54 \times 1.043 \times 0.096 = 0.987$$

对于 $L/4$ 截面的轴力最大组合($N_{max} = 8\,870\text{kN}, M = -155\text{kN} \cdot \text{m}$):

$$e_0 = \frac{M}{N} = 0.017$$

$$\rho = \frac{e_0}{i} = \frac{0.017\,5}{0.929} = 0.019$$

$$m = 0.2\rho + 0.98 = 0.2 \times 0.019 + 0.98 = 0.985$$

$$K_p = 1 - 0.24 \cdot a \cdot m \cdot \beta = 1 - 0.24 \times 0.54 \times 0.985 \times 0.096 = 0.988$$

### (六)稳定承载力

对于本示例的钢管混凝土哑铃形截面而言:

$$N_f^i = A_{fs}f_s = 7\,026 \times 10^{-6} \times 2 \times 275 \times 10^3 = 3.864 \times 10^3 (\text{kN})$$

对于 $L/4$ 截面的弯矩最大组合($M_{max} = 2\,247\text{kN} \cdot \text{m}, N = 7\,671\text{kN}$):

$$N_D = \sum (N_0^i + N_f^i) = (0.95 \times 1.811 \times 2 + 0.386) \times 10^4 = 3.827 \times 10^4 (\text{kN})$$

$$\varphi_1 \cdot \varphi_e \cdot k_c \cdot k_p \cdot \beta \cdot N_D = 0.886 \times 0.608 \times 0.8 \times 0.987 \times 3.827 \times 10^4 = 1.628 \times 10^4 (\text{kN})$$
$$> \gamma_0 N_S = 1.0 \times 7\,671 = 7\,671 (\text{kN})$$

故稳定承载力满足要求。

对于 $L/4$ 截面的轴力最大组合($N_{max} = 8\,870\text{kN}, M = -155\text{kN} \cdot \text{m}$):

$$\varphi_1 \cdot \varphi_e \cdot k_c \cdot k_p \cdot \beta \cdot N_D = 0.886 \times 0.968 \times 0.819 \times 0.998 \times 3.827 \times 10^4 = 2.683 \times 10^4 (\text{kN})$$
$$> \gamma_0 N_S = 1.0 \times 8\,870 = 8\,870 (\text{kN})$$

故稳定承载力满足要求。

## 五、主拱空间弹性稳定计算

《规范》第5.3.1条规定,钢管混凝土拱桥应进行空间稳定性计算,弹性稳定特征值应不小于4.0。计算时拱肋截面整体轴压设计刚度和抗弯设计刚度应按《规范》第4.3.3条的规定取值,具体见本示例"结构内力计算"中"拱肋截面参数和其他计算参数"一节。

按拱脚水平推力影响线(图3-7)布载,纵桥向全跨满载时拱脚水平推力最大。用Midas软件进行屈曲分析,得到一阶失稳特征值为4.637>4,因此空间弹性稳定分析满足要求。屈曲模态如图3-8所示。

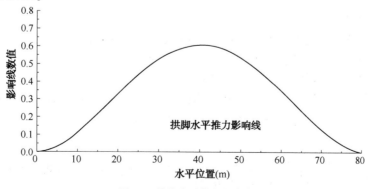

图3-7 拱脚水平推力影响线

图 3-8 示例三一阶屈曲模态

## 六、正常使用极限状态计算

### (一)桥面挠度

《规范》第6.0.4条规定,钢管混凝土拱桥按短期效应组合消除结构自重产生的长期挠度后,桥面在一个桥跨范围内的正负挠度绝对值之和最大值不应大于计算跨径的1/1 000。

在短期效应组合作用下,正挠度为0.013m,负挠度为0.053m(在活载作用下,$L/4$ 处桥面的挠度最大)。如图 3-9 所示。对正负挠度绝对值求和得0.066m,小于限值 $l/1\ 000 = 80/1\ 000 = 0.080$m,满足要求。

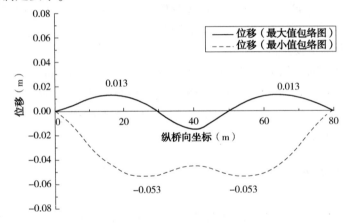

图 3-9 示例三挠度包络图

### (二)持久状况下钢管应力验算

《规范》第6.0.5条规定:持久状况下钢管混凝土拱肋的钢管应力不宜大于 $0.8f_y$。钢管应力应包括各个施工阶段的累计应力、二期恒载引起的应力、温度应力以及车辆荷载、混凝土收缩、徐变等引起的应力。

在正常使用极限状况下最不利截面为拱脚截面,提取出其中的内力:

$M_{max} = -2\ 663$kN·m,对应的轴力 $N = 7\ 568$kN;

$N_{max} = 8\ 362$kN,对应的弯矩 $M = -1\ 028$kN·m。

将轴力和弯矩分别按照轴压刚度和抗弯刚度进行分配,求得钢管最外缘应力。

对于弯矩最大组合($M_{max} = -2\ 663$kN·m,$N = 7\ 568$kN):

钢管受到的轴力

$$N_{钢} = \frac{E_s A_s}{E_c A_c + E_s A_s} N = \frac{1.023}{1.023 + 3.267} \times 7\ 568 = 0.238 \times 7\ 568 = 1\ 805(\text{kN})$$

钢管受到的弯矩

$$M_{钢} = \frac{E_s I_s}{E_c I_c + E_s I_s} M = \frac{4.479}{4.479 + 13.069} \times 2\,663 = 0.255 \times 2\,663 = 679(\text{kN} \cdot \text{m})$$

则有

$$\sigma_{钢} = \frac{N_{钢}}{A_s} + \frac{M_{钢}}{I_s} \cdot \frac{1}{2} h_2 = \frac{679 \times 10^3}{0.021\,742\,319 \times 10^6} + \frac{1\,805 \times 10^3}{49\,637} = 67.6(\text{MPa})$$

对于轴力最大组合($N_{\max} = 8\,362$ kN,$M = -1\,028$ kN·m):

钢管受到的轴力

$$N_{钢} = \frac{E_s A_s}{E_c A_c + E_s A_s} N = \frac{1.023}{1.023 + 3.267} \times 8\,362 = 0.238 \times 8\,362 = 1\,990(\text{kN})$$

钢管受到的弯矩:

$$M_{钢} = \frac{E_s I_s}{E_c I_c + E_s I_s} M = \frac{4.479}{4.479 + 13.069} \times 1\,028 = 0.255 \times 1\,028 = 262(\text{kN} \cdot \text{m})$$

则有

$$\sigma_{钢} = \frac{N_{钢}}{I_s} \cdot \frac{1}{2} h_2 + \frac{N_{钢}}{A_s} \cdot \frac{262 \times 10^3}{0.021\,742\,319 \times 10^6} + \frac{1\,990 \times 10^3}{49\,637} = 50.3(\text{MPa})$$

钢管最大应力均小于 $0.8 f_y = 0.8 \times 345 = 276$(MPa),故持久状况下钢管混凝土拱肋的钢管应力验算满足要求。

### 七、主拱施工阶段计算

#### (一)《规范》验算要求

《规范》第4.1.7条规定,钢管混凝土拱桥设计时应对主要施工阶段进行计算。施工阶段的计算应包括下列内容:

(1)拱肋构件的运输、安装过程中的应力、变形和稳定计算。

(2)与拱肋形成有关的附属结构的计算。

(3)拱肋形成过程中自身的应力、变形和稳定计算。

(4)成桥过程中桥梁结构的应力、变形和稳定计算。

《规范》第4.1.8条规定,施工计算中,应计入施工中可能出现的实际荷载,包括架设机具和材料、施工人群、桥面堆载以及风力、温度变化影响力和其他施工临时荷载。施工阶段结构弹性稳定特征值不应小于4.0。

《规范》第4.1.5条规定,钢管混凝土拱桥中钢结构和钢构件之间的连接,包括施工阶段管内混凝土达到设计强度前的钢管拱结构,其承载力、变形和稳定性能均应按桥梁钢结构进行设计与计算,并应符合国家现行有关标准的规定。

#### (二)施工阶段一

施工阶段一为浇筑承台、主墩、拱座混凝土、吊装拱肋至合龙并灌注管内混凝土,安装系杆,第一次张拉系杆。提取出其中的内力:$N = 1\,576$ kN,弯矩 $M = 27.21$ kN·m。

此时,最不利工况为混凝土还未形成强度,由钢管承受荷载。

1.应力验算

$$\sigma_0 = \frac{M}{W} + \frac{N}{A} = \frac{27.21 \times 10^3}{0.021\,742\,319 \times 10^6} + \frac{1\,576 \times 10^3}{49\,637} = 1.251 + 31.751 = 33.002(\text{MPa})$$

钢管最大应力小于 $f_s = 275\text{MPa}$,钢管应力验算满足要求。

2.稳定验算

该施工阶段下其特征值为15.359>4.0。屈曲模态如图3-10所示。

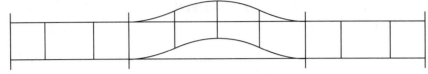

图3-10 施工阶段一屈曲模态

### (三)施工阶段二

1.应力验算

施工阶段二为安装吊杆,吊装混凝土横梁,施工桥面铺装及附属设施,第二次张拉系杆。提取出其中的内力:$N = 6\,553\text{kN}$,弯矩 $M = 211.12\text{kN} \cdot \text{m}$。

将轴力和弯矩分别按照轴压刚度和抗弯刚度进行分配,求得钢管最外缘应力。

钢管受到的轴力:

$$N_{\text{钢}} = \frac{E_s A_s}{E_c A_c + E_s A_s} N = \frac{1.023}{1.023 + 3.267} \times 6\,553 = 0.238 \times 6\,553 = 1\,559(\text{kN})$$

钢管受到的弯矩:

$$M_{\text{钢}} = \frac{E_s I_s}{E_c I_c + E_s I_s} M = \frac{4.479}{4.479 + 13.069} \times 211.12 = 0.255 \times 211.12 = 53.8(\text{kN} \cdot \text{m})$$

则有:

$$\sigma_{\text{钢}} = \frac{N_{\text{钢}}}{I_s} \cdot \frac{1}{2} h_2 + \frac{N_{\text{钢}}}{A_s} = \frac{53.8 \times 10^3}{0.021\,742\,319 \times 10^6} + \frac{1\,559 \times 10^3}{49\,637} = 33.9(\text{MPa})$$

钢管最大应力小于 $f_s = 275\text{MPa}$,钢管应力验算满足要求。

2.稳定验算

该施工阶段下其特征值为7.152>4.0。屈曲模态如图3-11所示。

图3-11 施工阶段二屈曲模态

## 八、其他计算

### (一)吊杆

桥面系自重和活载由桥面板按杠杆原理分配到横梁,再由横梁按杠杆法分配至吊杆。横梁设计时采用的是变截面的形式。为了简便计算,将横梁的自重看成是均匀分布的。横

梁的长度取 $L=22.8\text{m}$。

横梁自重：
$$P = (0.542\ 5 \times 15.2 + 1.087\ 5 \times 2.2 + 0.280\ 5 \times 5.52) \times 25 = 304.8(\text{kN})$$

单跨加劲纵梁自重：$G = 32.7\text{kN}$。

桥面各个构件自重横桥向产生的均布荷载如下。

栏杆自重：$P_1 = 2.5\text{kN/m}$；

人行道板自重：$P_2 = 11.8\text{kN/m}$；

系杆盒自重：$P_3 = 8.4\text{kN/m}$；

桥面铺装自重：$P_4 = 0.75 \times 1 \times 25 = 18.8\text{kN/m}$。

桥面各个构件自重合计：
$$\sum_{i=1}^{4} P_i = 41.5\text{kN/m}$$

恒载自重产生的均布荷载：
$$g = \frac{304.8}{22.8} + 41.5 = 54.8(\text{kN/m})$$

恒载产生的吊杆内力 $R_1$：
$$R_1 = \frac{gL}{2} = \frac{54.8 \times 22.8}{2} = 626(\text{kN})$$

吊杆内力计算时，活载纵桥向布置如图3-12所示。

活载纵桥向分布计算：
$$P_q = 140 \times 0.72 + 140 \times 1 = 240.8(\text{kN})$$
$$P_r = 3 \times 5 = 15(\text{kN/m})$$

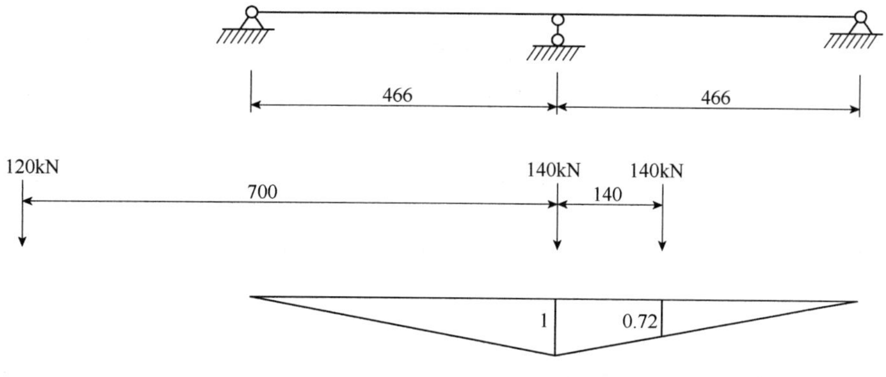

图3-12 活载纵桥向布置图（尺寸单位：cm）

活载横桥向布置如图3-13所示。

布满3列车时：
$$m_{cq} = \frac{1}{2}\sum_i \eta_q = \frac{1}{2}(0.936 + 0.825 + 0.745 + 0.635 + 0.555 + 0.445) \times 0.78 = 1.550$$

所以，取 $m_{cq} = 1.550$。

人群荷载的横向分布系数为1。

考虑纵横向分布及《公路桥涵设计通用规范》(JTG D60—2004)第4.3.2条6款的规定，吊杆计算中车辆荷载需计冲击系数1.3，计算得活载分配到吊杆上得内力为：

车辆分配到吊杆的内力：

$$R_2 = 1.550 \times 1.3 \times 240.8 = 485(\text{kN})$$

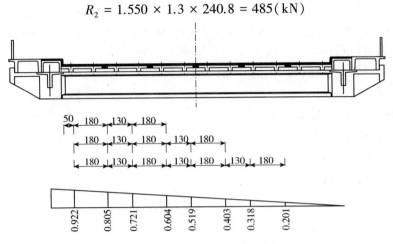

图 3-13　荷载横向分布系数图(尺寸单位:cm)

人群分配到吊杆的内力：

$$R_3 = 4.66 \times 15 = 70(\text{kN})$$

故吊杆的设计内力 $R$：

$$R = R_1 + R_2 + R_3 = 626 + 485 + 70 = 1\,181(\text{kN})$$

按《规范》第5.4.2条规定，吊索的应力应满足下式要求：

$$\sigma \leqslant 0.33 f_{\text{tpk}} \tag{5.4.2}$$

式中：$\sigma$——吊索的应力(MPa)；

$f_{\text{tpk}}$——吊索的抗拉强度标准值(MPa)。

本桥吊杆 $f_{\text{tpk}} = 1\,670\text{MPa}$，$0.33 f_{\text{tpk}} = 551\text{MPa}$。

单根吊杆的最大内力为 $1\,181\text{kN}$，$61\phi7\text{mm}$ 高强钢丝的面积为 $2.348 \times 10^{-3}\text{m}^2$，则吊杆应力 $\sigma = 503\text{MPa}$，小于 $0.33 f_{\text{tpk}}$，故吊杆满足要求。

(二) 系杆

根据《规范》第5.4.3条，系杆索的应力应满足下式要求：

$$\sigma \leqslant 0.5 f_{\text{tpk}} \tag{5.4.3}$$

式中：$\sigma$——系杆索的应力(MPa)；

$f_{\text{tpk}}$——系杆索的抗拉强度标准值(MPa)。

每根系杆采用无黏结高强低松弛钢绞线，钢绞线的标准强度 $f_{\text{tpk}} = 1\,860\text{MPa}$，$0.5 f_{\text{tpk}} = 930\text{MPa}$。

根据《公路桥涵设计通用规范》(JTG D60—2004)第4.3.2条6款的规定，系杆计算中车辆荷载需计冲击系数1.3，由有限元计算得系杆最大内力为 $3\,090\text{kN}$。每根系杆选用8根预应力钢束，每根钢束由10根 $7\phi5\text{mm}$ 钢绞线组成，则系杆的平均应力为：$\sigma = \dfrac{N}{A} = \dfrac{3\,090 \times 10^3}{10\,995} = 281(\text{MPa}) < 0.5 f_{\text{tpk}} = 930(\text{MPa})$，故系杆满足要求。

# 示例四 钢管混凝土哑铃形拱梁组合桥

## 一、设计基本资料

### (一)工程概述

示例四为钢管混凝土哑铃形拱梁组合桥,主桥共八跨,上部结构为上下行分离式的两座桥。每跨两墩中心距100m,计算跨度95.5m,主拱矢跨比1/4.5。拱轴线采用悬链线,拱轴系数$m=1.347$。每幅桥单跨由两片拱肋,每片由2根$\phi 1000mm \times 16mm$钢管和16mm厚的钢腹板组成高2.4m的哑铃形断面。拱肋上、下钢管内浇筑C50混凝土;拱脚到第一根吊杆间的腹腔内浇筑C50混凝土,其余部分腹腔内不填充混凝土。上部结构的一般构造如图4-1所示。

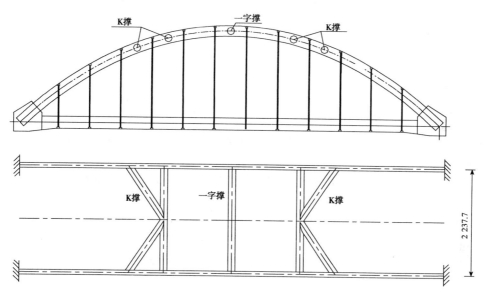

图4-1 示例四上部结构一般构造图(尺寸单位:mm)

预应力混凝土端横梁位于墩顶,连同拱肋预埋段和系梁拱脚实心段采用支架现浇。端横梁为C50混凝土箱梁,高3.22m,宽2.9m,上、下底板厚30cm,左、右壁厚25cm。箱顶两侧设牛腿与桥面板连接,横桥向设置两道横隔板。

系梁采用预应力混凝土箱梁,梁宽2.0m,高2.75m,上、下翼缘宽2.0m,厚30cm,两肋宽25cm,肋间净距90cm,采用C50混凝土。系梁采用少支架方法安装,一根系梁横桥向分为两片工字形梁,顺桥向再分为四段预制吊装(另有靠拱脚的两段为现浇),现浇纵横向湿接头形成整体,并在吊杆与系梁连接处设置横隔板。

吊杆采用91根$\phi 7mm$镀锌高强钢丝,双层PE保护,采用OVM冷铸镦头锚。吊杆纵桥向间距7.1m。系梁采用预应力混凝土箱梁，配置16根$\phi$15.24-16预应力钢绞线，采用OVM15-16夹片锚。

中横梁采用预应力工字形组合梁，梁高2.2m，配5束$\phi$15.24-9预应力钢绞线，采用OVM15-9夹片锚。桥面板为普通钢筋混凝土π形板。端横梁采用预应力箱梁，梁宽2.9m，高3.22m，配8束$\phi$15.24-9钢绞线，采用OVM15-9夹片锚。拱脚固结点为三向预应力的混凝土结构，并配有劲性钢骨架。

支座为1 750t盆式橡胶支座。一端为固定支座，另一端为滑动支座。每两跨的固定支座放在同一个墩上，在该处桥面连续（两跨一联）。每两跨的滑动支座放置另一个墩上，在该处设XFⅡ-160型伸缩装置。

### (二) 技术标准

示例四的主要设计技术指标如下：
(1) 计算行车速度：120km/h。
(2) 桥梁设计荷载：汽车—超20级，挂车—120。
(3) 桥梁净宽：净—2×19.484m。
(4) 墙式护栏宽度：0.383m。
(5) 设计洪水频率：1/300（按1/1 000校核）。
(6) 地震基本烈度：7度。
(7) 通航标准：Ⅳ级航道（通航净高8m，净宽50m）。
(8) 桥面横坡：2.0%。

### (三) 主要材料

(1) 拱肋为钢管混凝土。主跨钢管采用Q345c钢（16Mn钢），$f_s=275$MPa，弹性模量$E_s=2.06\times10^5$MPa，重度$\rho_s=78.5$kN/m³。内灌C50混凝土，$f_{cd}=23.1$MPa，弹性模量$E_c=3.45\times10^4$MPa，重度$\gamma_c=25$kN/m³。

(2) 主跨系杆采用预应力混凝土箱梁，梁宽2.0m，高2.75m，配置16根$\phi$15.24-15预应力钢绞线，采用OVM15-15夹片锚。

(3) 吊杆采用91根$\phi$7mm的镀锌高强钢丝，双PE保护，采用OVM冷铸镦头锚，吊点中心距7.1m。

(4) 桥面板采用C30混凝土。桥面铺装采用9cm沥青混凝土及8cm水泥混凝土组成。

## 二、结构内力计算

### (一) 有限元计算模型

采用Midas建立三维杆系计算模型，如图4-2所示。在计算模型中，采用梁单元模拟拱肋、纵梁结构，桁架单元模拟吊杆和系杆。左拱脚约束竖向、横桥向和纵桥向位移，右拱脚约束竖向和横桥向位移，模型共有1 645个节点，1 631个单元。

根据施工图将该桥划分为3个施工阶段：
(1) CS1——架设钢管拱肋，灌注管内混凝土。

(2)CS2——添加吊杆、横梁。

(3)CS3——添加行车道板及桥面铺装、防撞栏等附属设施。

**(二)拱肋截面参数和其他计算参数**

拱肋截面的尺寸大小如图4-3所示。

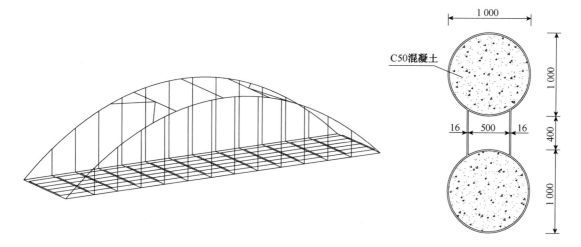

图4-2 示例四的Midas模型　　图4-3 哑铃截面构造图

（尺寸单位:mm）

1.拱肋截面几何性质计算

(1)钢管的截面面积$A_s$、惯性矩$I_s$。

单管的钢管面积和抗弯惯性矩：

$$A_s = \frac{\pi}{4} \times (1^2 - 0.968^2) = 0.0495(m^2)$$

$$I_s = \frac{\pi}{64} \times (1^4 - 0.968^4) = 5.988 \times 10^{-3}(m^4)$$

哑铃形拱肋截面的钢管面积和抗弯惯性矩：

$$A_{s1} = \left[\frac{\pi}{4} \times (1^2 - 0.968^2)\right] \times 2 + 0.534 \times 0.016 \times 2 = 0.116(m^2)$$

$$I_{s1} = \left[\frac{\pi}{64} \times (1^4 - 0.968^4) + 0.7^2 \times 0.0495\right] \times 2 + 2 \times \frac{1}{12} \times 0.016 \times 0.534^3$$

$$= 0.0609(m^4)$$

(2)混凝土的截面面积$A_c$和惯性矩$I_c$。

单管的混凝土面积和抗弯惯性矩：

$$A_c = \frac{\pi}{4} \times 0.968^2 = 0.736(m^2)$$

$$I_c = \frac{\pi}{64} \times 0.968^4 = 4.310 \times 10^{-2}(m^4)$$

哑铃形拱肋拱脚截面的混凝土管面积和抗弯惯性矩(拱脚处)：

$$A_{c1} = 1.710 m^2$$

$$I_{c1} = 0.812 \text{m}^4$$

哑铃形拱肋拱顶截面的混凝土管面积和抗弯惯性矩(拱顶处):

$$A_{c1} = 2 \times \frac{\pi}{4} \times 0.968^2 = 1.472(\text{m}^2)$$

$$I_{c1} = 2 \times \frac{\pi}{64} \times 0.968^4 + 2 \times 0.736 \times 0.7^2 = 0.807(\text{m}^4)$$

含钢率

$$\delta = \frac{A_{s1}}{A_{c1}} = \frac{0.116}{1.472} = 0.079$$

(3)钢管混凝土的组合轴压刚度和抗弯刚度。

按《规范》表4.3.3计算拱肋截面整体轴压设计刚度$(EA)_{sc}$与抗弯设计刚度$(EI)_{sc}$。

在拱脚处:

$$(EA)_{sc} = E_s A_{s1} + E_c A_{c1}$$
$$= 2.06 \times 10^5 \times 0.116 + 3.45 \times 10^4 \times 1.710 = 82\,891(\text{MPa} \cdot \text{m}^2)$$

$$(EI)_{sc} = E_s I_{s1} + 0.6 E_c I_{c1}$$
$$= 2.06 \times 10^5 \times 0.060\,9 + 0.6 \times 3.45 \times 10^4 \times 0.812 = 29\,354(\text{MPa} \cdot \text{m}^4)$$

在拱顶处:

$$(EA)_{sc} = E_s A_{s1} + E_c A_{c1}$$
$$= 2.06 \times 10^5 \times 0.116 + 3.45 \times 10^4 \times 1.472 = 74\,680(\text{MPa} \cdot \text{m}^2)$$

$$(EI)_{sc} = E_s I_{s1} + 0.6 E_c I_{c1}$$
$$= 2.06 \times 10^5 \times 0.060\,9 + 0.6 \times 3.45 \times 10^4 \times 0.807 = 29\,250(\text{MPa} \cdot \text{m}^4)$$

2.拱肋冲击系数的计算

按照《规范》第4.2.2条规定,钢管混凝土拱肋冲击系数应按下式计算:

$$\mu_0 = 0.057\,36 f_0 + 0.074\,8 \quad (4.2.2\text{-}1)$$

式中:$f_0$——钢管混凝土拱桥的一阶竖向频率。

根据模型计算得到黄河二桥一阶竖向频率$f_0 = \frac{133}{L} = \frac{133}{95.5} = 1.393\text{Hz}$,故冲击系数为$\mu_0 = 0.057\,36 \times 1.393 + 0.074\,8 = 0.155$。

3.计算合龙温度

按照《规范》第4.2.3条规定,钢管混凝土拱肋计算合龙温度应按下式计算:

$$T = T_{28} + \frac{D - 0.85}{0.2} + T_0 \quad (4.2.3\text{-}2)$$

由桥位处的年平均气温为14.4℃,年极端最高气温42.3℃,年极端最低气温-17.9℃,合龙温度$T = 14.4 + \frac{1 - 0.85}{0.2} + 4 = 19.15(℃)$,则升温值为42.3-19.15=23.15(℃),降温值为19.15+17.9=37.05(℃)。

4.混凝土徐变系数的计算

《规范》第6.0.3条规定:钢管混凝土结构或构件变形计算中,混凝土徐变系数在无可靠实测资料时可按现行行业标准《公路钢筋混凝土及预应力混凝土桥涵设计规范》(JTG D62—2004)的规定计算。

由于徐变系数为徐变变形 $\varepsilon_{cr}$ 与弹性变形 $\varepsilon_{el}$ 的比值,即 $\varphi = \varepsilon_{cr}/\varepsilon_{el}$,因此由徐变系数可求得徐变变形,进而应用于预拱度等的计算中。

**(三) 设计荷载及荷载组合**

设计荷载包括自重、活载、温度荷载和混凝土的收缩徐变。自重为结构自重、二期恒载。其中二期恒载考虑桥面铺装、防撞栏杆以及桥面其他附属设施。对于温度荷载,计算温度为 19.15℃,混凝土结构升温 13.15℃,混凝土结构降温 37.05℃。对于混凝土的徐变、收缩,按《规范》附录 A 的规定计算徐变系数,按《公路桥涵设计通用规范》(JTG D60—2004) 的规定计算收缩。

根据《公路桥梁设计通用规范》(JTG D60—2004) 的规定,针对拱肋主要考虑以下几种荷载组合。

组合Ⅰ:1.2自重+1.4汽车荷载+0.8×1.4人群荷载;

组合Ⅱ:1.2自重+1.4汽车荷载(含汽车冲击力)+1.0收缩+1.0徐变+0.7×1.4(均匀降温+人群荷载);

组合Ⅲ:1.2自重+1.4汽车荷载(含汽车冲击力)+1.0收缩+1.0徐变+0.7×1.4(均匀升温+人群荷载);

组合Ⅳ:1.0自重+1.0汽车荷载+1.0人群荷载;

组合Ⅴ:1.0自重+1.0汽车荷载(不含汽车冲击力)+1.0收缩+1.0徐变+1.0均匀降温+1.0人群荷载;

组合Ⅵ:1.0自重+1.0汽车荷载(不含汽车冲击力)+1.0收缩+1.0徐变+1.0均匀升温+1.0人群荷载。

其中,验算结构在承载能力极限状态下的受力情况为组合Ⅰ、Ⅱ、Ⅲ,验算结构在正常使用极限状态下的应力为组合Ⅳ、Ⅴ、Ⅵ。组合Ⅳ、Ⅴ、Ⅵ按《公路桥涵设计通用规范》(JTG D60—2004) 第4.1.8条考虑标准组合,各作用效应的分项系数及组合系数均取为1.0。

**(四) 内力计算结果**

内力计算结果见表 4-1~表 4-3,表中的轴力拉为正,压为负,弯矩顺时针为正,逆时针为负,轴力和剪力单位:kN,弯矩单位:kN·m。在表 4-1 中给出在各个荷载工况下的拱肋内力图,表中汽车荷载未计入冲击系数。

**单项荷载拱肋各截面内力**(汽车荷载不计冲击系数) 表 4-1

| 内力汇总 | 拱脚截面 | | | L/4 截面 | | | 拱顶截面 | | |
|---|---|---|---|---|---|---|---|---|---|
| | $N$ | $V$ | $M$ | $N$ | $V$ | $M$ | $N$ | $V$ | $M$ |
| 恒载 | **−12 019** | 976 | **7 190** | −10 240 | 147 | **−138** | **−9 461** | 29 | **1 208** |
| 车辆荷载($N_{max}$) | 1 | 0 | −1 | 1 | 0 | 1 | 1 | 0 | 0 |
| 车辆荷载($N_{min}$) | −1 880 | 254 | 1 488 | −1 667 | 13 | −138 | −1 534 | −6 | 613 |
| 车辆荷载($M_{max}$) | −1 704 | 226 | 1 612 | −830 | 73 | 1 781 | −1 136 | 21 | 844 |
| 车辆荷载($M_{min}$) | 1 | 0 | −1 | −1 088 | 18 | −1 591 | −668 | −33 | −453 |
| 温度下降 | −31 | −17 | −262 | −11 | 2 | −6 | −11 | 0 | −41 |
| 温度上升 | 19 | 11 | 164 | 7 | −1 | 4 | 7 | 0 | 26 |
| 混凝土收缩徐变 | −200 | −85 | −1 725 | −87 | 4 | 75 | −82 | 0 | −55 |

将计算得到各单项荷载进行荷载组合,并考虑汽车荷载的冲击系数后得到各截面极限承载力荷载组合结果如表4-2所示。

承载能力极限状态拱肋各截面组合内力　　　　　　　　表4-2

| 内力汇总 | 拱脚截面 | | L/4截面 | | 拱顶截面 | |
| --- | --- | --- | --- | --- | --- | --- |
| | N | M | N | M | N | M |
| 恒载+汽($N_{max}$) | −14 421 | 8 626 | −12 286 | −164 | −11 352 | 1 450 |
| 恒载+汽($M_{max}$) | **−17 178** | **11 235** | −13 630 | 2 714 | **−13 190** | **2 814** |
| 恒载+汽($N_{min}$) | −17 463 | 11 034 | −14 984 | −389 | −13 834 | 2 441 |
| 恒载+汽($M_{min}$) | −14 421 | 8 626 | −14 047 | −2 738 | −12 433 | 717 |
| 恒载+汽($N_{max}$)+温降+混凝土收缩+徐变 | −14 652 | 6 639 | −12 384 | −95 | −11 445 | 1 354 |
| 恒载+汽($M_{max}$)+温降+混凝土收缩+徐变 | −17 409 | 9 248 | −13 728 | 2 783 | −13 283 | 2 718 |
| 恒载+汽($N_{min}$)+温降+混凝土收缩+徐变 | **−17 694** | **9 047** | **−15 082** | **−320** | **−13 927** | **2 345** |
| 恒载+汽($M_{min}$)+温降+混凝土收缩+徐变 | −14 652 | 6 639 | −14 145 | −2 669 | −12 526 | 621 |
| 恒载+汽($N_{max}$)+温升+混凝土收缩+徐变 | −14 602 | 7 065 | −12 366 | −85 | −11 427 | 1 421 |
| 恒载+汽($M_{max}$)+温升+混凝土收缩+徐变 | −17 359 | 9 674 | **−13 710** | **2 793** | −13 265 | 2 785 |
| 恒载+汽($N_{min}$)+温升+混凝土收缩+徐变 | −17 644 | 9 473 | −15 064 | −310 | −13 909 | 2 412 |
| 恒载+汽($M_{min}$)+温升+混凝土收缩+徐变 | −14 602 | 7 065 | −14 127 | −2 659 | −12 508 | 688 |

注:1.表中汽为汽车荷载,温升为温度上升,温降为温度下降。
　　2.表中加粗和加下划线的数值为控制设计的内力值。

将计算得到的各单项荷载进行荷载组合,并且不考虑汽车荷载的冲击系数后得到的各截面正常使用极限状况组合结果如表4-3所示。

正常使用极限状态拱肋各截面组合内力　　　　　　　　表4-3

| 内力汇总 | 拱脚截面 | | L/4截面 | | 拱顶截面 | |
| --- | --- | --- | --- | --- | --- | --- |
| | N | M | N | M | N | M |
| 恒载+汽($N_{max}$) | −12 018 | 7 189 | −10 239 | −137 | −9 460 | 1 208 |
| 恒载+汽($M_{max}$) | **−13 723** | **8 802** | −11 070 | 1 643 | **−10 597** | **2 052** |
| 恒载+汽($N_{min}$) | −13 899 | 8 678 | −11 907 | −276 | −10 995 | 1 821 |
| 恒载+汽($M_{min}$) | −12 018 | 7 189 | **−11 328** | **−1 729** | −10 129 | 755 |
| 恒载+汽($N_{max}$)+温降+混凝土收缩徐变 | −12 249 | 5 202 | −10 337 | −68 | −9 553 | 1 112 |
| 恒载+汽($M_{max}$)+温降+混凝土收缩徐变 | −13 954 | 6 815 | −11 168 | 1 712 | −10 690 | 1 956 |
| 恒载+汽($N_{min}$)+温降+混凝土收缩徐变 | **−14 130** | **6 691** | **−12 005** | **−207** | **−11 088** | **1 725** |
| 恒载+汽($M_{min}$)+温降+混凝土收缩徐变 | −12 249 | 5 202 | −11 426 | −1 660 | −10 222 | 659 |
| 恒载+汽($N_{max}$)+温升+混凝土收缩徐变 | −12 199 | 5 628 | −10 319 | −58 | −9 535 | 1 179 |
| 恒载+汽($M_{max}$)+温升+混凝土收缩徐变 | −13 904 | 7 241 | −11 150 | 1 722 | −10 672 | 2 023 |
| 恒载+汽($N_{min}$)+温升+混凝土收缩徐变 | −14 080 | 7 117 | −11 987 | −197 | −11 070 | 1 792 |
| 恒载+汽($M_{min}$)+温升+混凝土收缩徐变 | −12 199 | 5 628 | −11 408 | −1 650 | −10 204 | 726 |

注:同表4-2。

正常使用极限状态下,拱肋各控制截面处的位移如表4-4所示。

**正常使用极限状态下各控制截面处的位移** 表4-4

| 截面位置 | 位移(m) | 截面位置 | 位移(m) |
|---|---|---|---|
| $L/4$ | -0.030 | $3L/4$ | -0.030 |
| 拱顶 | -0.035 | | |

计算可得,恒载作用下拱肋内力为:
(1) 拱脚截面:$N=-12\,019$kN,$M=7\,190$kN·m。
(2) $L/4$截面:$N=-10\,240$kN,$M=-138$kN·m。
(3) 拱顶处:$N=-9\,461$kN,$M=1\,208$kN·m。

承载能力极限状态最不利内力组合为:
(1) 拱脚截面:$M_{max}=11\,235$kN·m,对应的轴力$N=-17\,178$kN;$N_{max}=-17\,694$kN,对应的弯矩$M=9\,047$kN·m。
(2) $L/4$截面:$M_{max}=2\,793$kN·m,对应的轴力$N=-13\,710$kN;$N_{max}=-15\,082$kN,对应的弯矩$M=-320$kN·m。
(3) 拱顶截面:$M_{max}=2\,814$kN·m,对应的轴力$N=-13\,190$kN;$N_{max}=-13\,927$kN,对应的弯矩$M=2\,345$kN·m。

正常使用极限状态最不利内力组合为:
(1) 拱脚截面:$M_{max}=8\,802$kN·m,对应的轴力$N=-13\,723$kN;$N_{max}=-14\,130$kN,对应的弯矩$M=6\,691$kN·m。
(2) $L/4$截面:$M_{max}=-1\,729$kN·m,对应的轴力$N=-11\,328$kN;$N_{max}=-12\,005$kN,对应的弯矩$M=-207$kN·m。
(3) 拱顶截面:$M_{max}=2\,052$kN·m,对应的轴力$N=-10\,597$kN;$N_{max}=-11\,088$kN,对应的弯矩$M=1\,725$kN·m。

## 三、拱肋强度计算

### (一)《规范》验算要求

**1.组成构件强度验算要求**

《规范》第5.1.4条规定,钢管混凝土拱肋强度计算应为拱肋各组成构件,稳定计算应包括各组成构件与拱肋整体。对桁式拱肋的钢管混凝土弦管,当单肢一个节间的长细比$\lambda_1 \leqslant 10$时,承载力计算可仅进行强度计算,并应符合本规范第5.2.2~5.2.5条的规定;当$\lambda_1>10$时,承载力计算应进行稳定计算,并应符合本规范第5.3.3条的规定。$\lambda_1$的计算应符合本规范式(5.3.9-3)~式(5.3.9-5)的规定。

《规范》第5.1.4条条文说明,对于哑铃形与桁式拱肋,组成构件指钢管混凝土弦杆及其连接构件,整体结构是由这些构件组成的一个结构整体视为一根杆件。

《规范》第5.2.1条规定,拱肋强度计算时,截面的内力可采用弹性理论计算。对组成哑铃形或桁肋的钢管混凝土单圆管构件,其内力可由有限元计算结果或截面内力分配计算确定。当采用截面内力分配计算哑铃形截面各肢的内力且上下两肢相同时(图4-4),各肢的内力可按下列公式计算：

$$M_1 = M_2 = \eta_1 M \quad (5.2.1\text{-}1)$$

$$N_1 = \left[\frac{1}{2} + \frac{(1-2\eta_1)}{h_1}\frac{M}{N}\right]N, \quad N_2 = \left[\frac{1}{2} - \frac{(1-2\eta_1)}{h_1}\frac{M}{N}\right]N \quad (5.2.1\text{-}2)$$

$$\eta_1 = \frac{1}{2 + 0.5 h_1^2 \chi} \quad (5.2.1\text{-}3)$$

$$\chi = \frac{(EA)_{sc2}}{(EI)_{sc2}} \quad (5.2.1\text{-}4)$$

$$(EI)_{sc2} = E_s I_s + E_c I_c \quad (5.2.1\text{-}5)$$

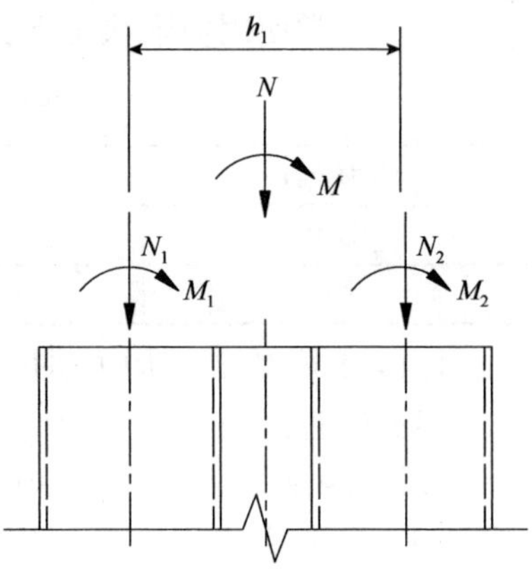

图 4-4 哑铃形拱肋内力计算示意图

式中：$N$、$M$——截面轴向力设计值(N)和弯矩设计值(N·mm)；

$M_1$、$M_2$——分配到两个肢管上的弯矩值(N·mm)；

$N_1$、$N_2$——分配到两个肢管上的轴向力值(N)；

$\eta_1$——单肢钢管混凝土和整个构件截面抗弯刚度之比；

$h_1$——哑铃形截面受弯面内两肢中心距离(mm)；

$\chi$——计算系数；

$I_c$——混凝土截面惯性矩(mm⁴)；

$I_s$——钢管截面惯性矩(mm⁴)；

$(EA)_{sc2}$——单肢钢管混凝土毛截面压缩刚度(N)，按本规范中式(4.3.3-1)计算；

$(EI)_{sc2}$——单肢钢管混凝土毛截面弯曲刚度(N·mm²)。

2.整体截面强度验算要求

《规范》第5.2.7 条规定,钢管混凝土哑铃形构件和格构柱偏心抗压强度验算时,轴向压力组合设计值 $N_s$ 应取截面轴向力最大设计值和对应于截面弯矩最大设计值的轴力值,并应按下列公式计算：

$$\gamma_0 N_s \leqslant N_{D1} \quad (5.2.7\text{-}1)$$

$$N_{D1} = \varphi_e N_D \quad (5.2.7\text{-}2)$$

式中：$\varphi_e$——偏心率折减系数,哑铃形构件按本规范第5.2.8条的规定计算。《规范》第5.2.8条规定,钢管混凝土哑铃形构件的偏心率折减系数 $\varphi_e$ 应按下列公式计算：

当 $\dfrac{e_0}{2i} \leqslant 0.85$ 时

$$\varphi_e = \frac{1}{1 + 2.82 \dfrac{e_0}{2i}} \quad (5.2.8\text{-}1)$$

当 $\dfrac{e_0}{2i} > 0.85$ 时

$$\varphi_e = \frac{0.25}{\dfrac{e_0}{2i}} \quad (5.2.8\text{-}2)$$

$e_0$——哑铃形构件截面的偏心距(mm)；

$N_D$——钢管混凝土哑铃形和格构柱构件截面轴心受压承载力,应按《规范》第5.2.6条计算,具体如下:

$$N_D = \sum(N_0^i + N_f^i) \quad (5.2.6\text{-}2)$$

$$N_f^i = A_{fs}f_s \quad (5.2.6\text{-}3)$$

$N_0^i$——拱肋截面各肢钢管混凝土截面轴心受压承载力,按本规范中式(5.2.2-2)计算;
$N_f^i$——与钢管混凝土主肢共同承担荷载的连接钢板的极限承载力;
$A_{fs}$——连接钢板的截面面积。

## (二)弦管强度验算

### 1.拱脚截面

由于有限元建模时将哑铃形截面当作一个梁单元考虑,所以根据《规范》第5.2.1条进行内力分配,获得组成哑铃形的钢管混凝土单圆管构件的内力。

计算系数:

$$\chi = \frac{E_s A_s + E_c A_c}{E_s I_s + E_c I_c} = \frac{2.06 \times 10^5 \times 0.0495 + 3.45 \times 10^4 \times 0.736}{2.06 \times 10^5 \times 5.988 \times 10^{-3} + 3.45 \times 10^4 \times 0.0431} = 13.082$$

单肢钢管混凝土和整个构件截面抗弯刚度之比:

$$\eta_1 = \frac{1}{2 + 0.5 h_2^2 \chi} = \frac{1}{2 + 0.5 \times 1.4^2 \times 13.082} = 0.0675$$

因此,根据下面的公式可以得到分配到两个肢上的弯矩和轴力设计值:

$$M_1 = M_2 = \eta_1 M \quad (5.2.1\text{-}1)$$

$$N_1 = \left[\frac{1}{2} + \frac{(1-2\eta_1)}{h_2}\frac{M}{N}\right]N, \quad N_2 = \left[\frac{1}{2} - \frac{(1-2\eta_1)}{h_2}\frac{M}{N}\right]N \quad (5.2.1\text{-}2)$$

对于弯矩最大组合($M_{max} = 11\,235\text{kN}\cdot\text{m}, N = 17\,178\text{kN}$),

$$M_1 = M_2 = 0.0675 \times 11\,235 = 758(\text{kN}\cdot\text{m})$$

$$N_1 = \left(\frac{1}{2} + \frac{1 - 2 \times 0.0675}{1.4} \times \frac{11\,235}{17\,178}\right) \times 17\,178 = 15\,531(\text{kN})$$

$$N_1 = \left(\frac{1}{2} - \frac{1 - 2 \times 0.0675}{1.4} \times \frac{11\,235}{17\,178}\right) \times 17\,178 = 1\,647(\text{kN})$$

对于轴力最大组合($N_{max} = 17\,694\text{kN}, M = 9\,047\text{kN}\cdot\text{m}$):

$$M_1 = M_2 = 0.0675 \times 9\,047 = 611(\text{kN}\cdot\text{m})$$

$$N_1 = \left(\frac{1}{2} + \frac{1 - 2 \times 0.0675}{1.4} \times \frac{9\,047}{17\,694}\right) \times 17\,694 = 14\,437(\text{kN})$$

$$N_1 = \left(\frac{1}{2} - \frac{1 - 2 \times 0.0675}{1.4} \times \frac{9\,047}{17\,694}\right) \times 17\,694 = 3\,257(\text{kN})$$

$$\xi_0 = \frac{A_s f_s}{A_c f_{cd}} = \frac{0.0495 \times 275}{0.736 \times 23.1} = 0.801$$

$$\rho = \frac{A_s}{A_c} = \frac{0.0495}{0.736} = 0.0673$$

$$N_0 = k_3(1.14 + 1.02\xi_0)(1 + \rho_c)f_{cd}A_c$$
$$= 1.0 \times (1.14 + 1.02 \times 0.801) \times (1 + 0.0673) \times 23.1 \times 10^3 \times 0.736 = 35\,512(\text{kN})$$

对于弯矩最大组合的一肢：

$$e_0 = \frac{M}{N} = \frac{758}{15\ 531} = 0.049$$

$$\frac{e_0}{r_c} = \frac{0.049}{0.484} = 0.101$$

$$\varphi_e = \frac{1}{1 + 1.85 \frac{e_0}{r_c}} = \frac{1}{1 + 1.85 \times 0.101} = 0.843$$

$\varphi_e K_t N_0 = 0.843 \times 1.0 \times 35\ 512 = 29\ 937(\text{kN}) > \gamma_0 N_s = 1.1 \times 15\ 531 = 17\ 084(\text{kN})$

因此，拱脚截面构件强度承载力满足要求。

对于轴力最大组合的一肢：

$$e_0 = \frac{M}{N} = \frac{611}{14\ 437} = 0.042$$

$$\frac{e_0}{r_c} = \frac{0.042}{0.484} = 0.087$$

$$\varphi_e = \frac{1}{1 + 1.85 \frac{e_0}{r_c}} = \frac{1}{1 + 1.85 \times 0.087} = 0.861$$

$\varphi_e K_t N_0 = 0.861 \times 1.0 \times 35\ 512 = 30\ 576(\text{kN}) > \gamma_0 N_s = 1.1 \times 14\ 437 = 15\ 881(\text{kN})$

验算通过。

2. $L/4$ 截面

对于弯矩最大组合（$M_{\max} = 2\ 793\text{kN} \cdot \text{m}, N = 13\ 710\text{kN}$）：

$$M_1 = M_2 = 0.067\ 5 \times 2\ 793 = 189(\text{kN} \cdot \text{m})$$

$$N_1 = \left(\frac{1}{2} + \frac{1 - 2 \times 0.067\ 5}{1.4} \times \frac{2\ 793}{13\ 710}\right) \times 13\ 710 = 8\ 581(\text{kN})$$

$$N_1 = \left(\frac{1}{2} - \frac{1 - 2 \times 0.067\ 5}{1.4} \times \frac{2\ 793}{13\ 710}\right) \times 13\ 710 = 5\ 129(\text{kN})$$

对于轴力最大组合（$N_{\max} = 15\ 082\text{kN}, M = 320\text{kN} \cdot \text{m}$）：

$$M_1 = M_2 = 0.067\ 5 \times 320 = 22(\text{kN} \cdot \text{m})$$

$$N_1 = \left(\frac{1}{2} + \frac{1 - 2 \times 0.067\ 5}{1.4} \times \frac{320}{15\ 082}\right) \times 15\ 082 = 7\ 739(\text{kN})$$

$$N_1 = \left(\frac{1}{2} - \frac{1 - 2 \times 0.067\ 5}{1.4} \times \frac{320}{15\ 082}\right) \times 15\ 082 = 7\ 343(\text{kN})$$

$$\xi_0 = \frac{A_s f_s}{A_a f_{cd}} = \frac{0.049\ 5 \times 275}{0.736 \times 23.1} = 0.801$$

$$\rho = \frac{A_s}{A_c} = \frac{0.049\ 5}{0.736} = 0.067\ 3$$

$N_0 = k_3(1.14 + 1.02\xi_0)(1 + \rho_c)f_{cd}A_c$

$= 1.0 \times (1.14 + 1.02 \times 0.801) \times (1 + 0.067\ 3) \times 23.1 \times 10^3 \times 0.736 = 35\ 512(\text{kN})$

对于弯矩最大组合的一肢：

$$e_0 = \frac{M}{N} = \frac{189}{8\ 581} = 0.022$$

$$\frac{e_0}{r_c} = \frac{0.022}{0.484} = 0.045$$

$$\varphi_e = \frac{1}{1 + 1.85 \frac{e_0}{r_c}} = \frac{1}{1 + 1.85 \times 0.045} = 0.923$$

$\varphi_e K_t N_0 = 0.923 \times 0.95 \times 35\ 512 = 31\ 139 (\text{kN}) > \gamma_0 N_s = 1.1 \times 8\ 581 = 9\ 439(\text{kN})$
验算通过。

对于轴力最大组合的一肢：

$$e_0 = \frac{M}{N} = \frac{22}{7\ 739} = 0.003$$

$$\frac{e_0}{r_c} = \frac{0.003}{0.484} = 0.006$$

$$\varphi_e = \frac{1}{1 + 1.85 \frac{e_0}{r_c}} = \frac{1}{1 + 1.85 \times 0.006} = 0.989$$

$\varphi_e K_t N_0 = 0.989 \times 0.95 \times 35\ 512 = 33\ 365 (\text{kN}) > \gamma_0 N_s = 1.1 \times 7\ 739 = 8\ 513(\text{kN})$
验算通过。

3.拱顶截面

对于弯矩最大组合（$M_{\max} = 2\ 814 \text{kN} \cdot \text{m}, N = 13\ 190 \text{kN}$）：

$$M_1 = M_2 = 0.067\ 5 \times (2\ 814) = 190(\text{kN} \cdot \text{m})$$

$$N_1 = \left(\frac{1}{2} + \frac{1 - 2 \times 0.067\ 5}{1.4} \times \frac{2\ 814}{13\ 190}\right) \times 13\ 190 = 8\ 334(\text{kN})$$

$$N_1 = \left(\frac{1}{2} - \frac{1 - 2 \times 0.067\ 5}{1.4} \times \frac{2\ 814}{13\ 190}\right) \times 13\ 190 = 4\ 856(\text{kN})$$

对于轴力最大组合（$N_{\max} = 13\ 927 \text{kN}, M = 2\ 345 \text{kN} \cdot \text{m}$）：

$$M_1 = M_2 = 0.067\ 5 \times 2\ 345 = 158(\text{kN} \cdot \text{m})$$

$$N_1 = \left(\frac{1}{2} + \frac{1 - 2 \times 0.067\ 5}{1.4} \times \frac{2\ 345}{13\ 927}\right) \times 13\ 927 = 8\ 412(\text{kN})$$

$$N_1 = \left(\frac{1}{2} - \frac{1 - 2 \times 0.067\ 5}{1.4} \times \frac{2\ 345}{13\ 927}\right) \times 13\ 927 = 5\ 515(\text{kN})$$

$$\xi_0 = \frac{A_s f_s}{A_c f_{cd}} = \frac{0.049\ 5 \times 275}{0.736 \times 23.1} = 0.801$$

$$\rho = \frac{A_s}{A_c} = \frac{0.049\ 5}{0.736} = 0.067\ 3$$

$$\begin{aligned}
N_0 &= k_3 (1.14 + 1.02 \xi_0)(1 + \rho_c) f_{cd} A_c \\
&= 1.0 \times (1.14 + 1.02 \times 0.801) \times (1 + 0.067\ 3) \times 23.1 \times 10^3 \times 0.736 \\
&= 35\ 512(\text{kN})
\end{aligned}$$

对于弯矩最大组合的一肢：

$$e_0 = \frac{M}{N} = \frac{190}{8\,334} = 0.023$$

$$\frac{e_0}{r_c} = \frac{0.023}{0.484} = 0.048$$

$$\varphi_e = \frac{1}{1 + 1.85 \dfrac{e_0}{r_c}} = \frac{1}{1 + 1.85 \times 0.048} = 0.918$$

$\varphi_e K_t N_0 = 0.918 \times 0.9 \times 35\,512 = 29\,340(\mathrm{kN}) > \gamma_0 N_s = 1.1 \times 8\,412 = 9\,253(\mathrm{kN})$
验算通过。

对于轴力最大组合的一肢：

$$e_0 = \frac{M}{N} = \frac{158}{8\,412} = 0.019$$

$$\frac{e_0}{r_c} = \frac{0.019}{0.484} = 0.039$$

$$\varphi_e = \frac{1}{1 + 1.85 \dfrac{e_0}{r_c}} = \frac{1}{1 + 1.85 \times 0.039} = 0.933$$

$\varphi_e K_t N_0 = 0.933 \times 0.9 \times 35\,512 = 29\,819(\mathrm{kN}) > \gamma_0 N_s = 1.1 \times 8\,457 = 9\,303(\mathrm{kN})$
验算通过。

### (三) 整体截面强度验算

**1.拱脚截面**

对于拱脚截面，按照弯矩最大组合（$M_{\max} = 11\,235\mathrm{kN \cdot m}$，$N = 17\,178\mathrm{kN}$）和轴力最大组合（$N_{\max} = 17\,694\mathrm{kN}$，$M = 9\,047\mathrm{kN \cdot m}$）两种工况进行验算。

$$\xi_0 = \frac{A_s f_s}{A_c f_{cd}} = \frac{0.049\,5 \times 275}{0.736 \times 23.1} = 0.801$$

$$\rho = \frac{A_s}{A_c} = \frac{0.116}{1.710} = 0.067\,8$$

$N_0 = k_3(1.14 + 1.02\xi_0)(1 + \rho_c)f_{cd}A_c$

$= 1.0 \times (1.14 + 1.02 \times 0.801) \times (1 + 0.067\,8) \times 23.1 \times 10^3 \times 0.736 = 35\,529(\mathrm{kN})$

则：

$$N'_0 = K_t N_0 = 1 \times 35\,529 = 35\,529(\mathrm{kN})$$

则钢管混凝土哑铃形截面轴心抗压强度设计值 $N_D$：

$$N_f^i = A_{fs}f_s = 0.008\,54 \times 2 \times 275 \times 10^3 = 4\,697(\mathrm{kN})$$

$$N_D = \sum(N_0^i + N_f^i) = 2 \times 35\,529 + 0.008\,54 \times 2 \times 275 \times 10^3 = 75\,755(\mathrm{kN})$$

按照《规范》第5.2.9条规定，钢管混凝土哑铃形构件的偏心率折减系数 $\varphi_e$ 计算如下。

《规范》第4.3.4条规定，钢管混凝土拱肋截面回转半径 $i$ 宜按下列公式计算：

$$i = \sqrt{\frac{(EI)_{sc1}}{(EA)_{sc1}}} \quad (4.3.4\text{-}1)$$

$$(EI)_{sc1} = E_s I_{s1} + E_c I_{c1}$$

式中：$i$——截面回转半径(mm)；

$(EA)_{sc1}$——钢管混凝土毛截面压缩刚度(N)；

$(EI)_{sc1}$——钢管混凝土毛截面弯曲刚度($N \cdot mm^2$)。

$$\begin{aligned}(EA)_{sc1} &= E_s A_{s1} + E_c A_{c1} \\ &= 2.06 \times 10^5 \times 0.116 + 3.45 \times 10^4 \times 1.710 \\ &= 82\ 891(MPa \cdot m^2)\end{aligned}$$

$$\begin{aligned}(EI)_{sc1} &= E_s I_{s1} + E_c I_{c1} \\ &= 2.06 \times 10^5 \times 0.060\ 9 + 3.45 \times 10^4 \times 0.812 \\ &= 40\ 559(MPa \cdot m^4)\end{aligned}$$

钢管混凝土哑铃形截面回转半径：

$$i = \sqrt{\frac{(EI)_{SC1}}{(EA)_{SC1}}} = \sqrt{\frac{40\ 559}{82\ 891}} = 0.700$$

对于弯矩最大组合($M_{max} = 11\ 235 kN \cdot m, N = 17\ 178 kN$)：

$$e_0 = \frac{M}{N} = \frac{11\ 235}{17\ 178} = 0.654$$

$$\frac{e_0}{2i} = \frac{0.654}{2 \times 0.700} = 0.467 < 0.85$$

$$\varphi_e = \frac{1}{1 + 2.82 \frac{e_0}{2i}} = \frac{1}{1 + 2.82 \times 0.467} = 0.432$$

$$\varphi_e N_D = 0.432 \times 75\ 755 = 32\ 726(kN) > \gamma_0 N_s = 1.1 \times 17\ 178 = 18\ 896(kN)$$

对于轴力最大组合($N_{max} = 17\ 694 kN, M = 9\ 047 kN \cdot m$)：

$$e_0 = \frac{M}{N} = \frac{9\ 047}{17\ 694} = 0.511$$

$$\frac{e_0}{2i} = \frac{0.511}{2 \times 0.700} = 0.365 < 0.85$$

$$\varphi_e = \frac{1}{1 + 2.82 \frac{e_0}{2i}} = \frac{1}{1 + 2.82 \times 0.365} = 0.493$$

$$\varphi_e N_D = 0.493 \times 75\ 755 = 37\ 347(kN) > \gamma_0 N_s = 1.1 \times 17\ 694 = 19\ 463(kN)$$

故拱脚截面的强度承载力满足要求。

2.$L/4$ 截面

对于 $L/4$ 截面，按照弯矩最大组合($M_{max} = 2\ 793 kN \cdot m$, $N = 13\ 710 kN$)和轴力最大组合($N_{max} = 15\ 082 kN$, $M = 320 kN \cdot m$)两种工况进行验算。

$$\xi_0 = \frac{A_s f_s}{A_c f_{cd}} = \frac{0.049\ 5 \times 275}{0.736 \times 23.1} = 0.801$$

$$\rho = \frac{A_s}{A_c} = \frac{0.116}{1.472} = 0.079$$

$$N_0 = k_3(1.14 + 1.02\xi_0)(1 + \rho_c)f_{cd}A_c$$
$$= 1.0 \times (1.14 + 1.02 \times 0.801) \times (1 + 0.079) \times 23.1 \times 10^3 \times 0.736 = 35\,900(\text{kN})$$

则
$$N'_0 = K_t N_0 = 0.95 \times 35\,900 = 34\,105(\text{kN})$$

则钢管混凝土哑铃形截面轴心抗压强度设计值 $N_D$：
$$N_f^i = A_{fs}f_s = 0.008\,54 \times 2 \times 275 \times 10^3 = 4\,697(\text{kN})$$
$$N_D = \Sigma(N_0^i + N_f^i) = 2 \times 34\,105 + 0.008\,54 \times 2 \times 275 \times 10^3 = 72\,907(\text{kN})$$

按照《规范》第5.2.9条规定，钢管混凝土哑铃形构件的偏心率折减系数 $\varphi_e$ 计算如下。
《规范》第4.3.4条规定，钢管混凝土拱肋截面回转半径 $i$ 宜按下列公式计算：

$$i = \sqrt{\frac{(EI)_{sc1}}{(EA)_{sc1}}} \tag{4.3.4-1}$$

$$(EI)_{sc1} = E_s I_{s1} + E_c I_{c1}$$

$$(EA)_{sc1} = E_s A_{s1} + E_c A_{c1}$$
$$= 2.06 \times 10^5 \times 0.116 + 3.45 \times 10^4 \times 1.472 = 74\,680(\text{MPa} \cdot \text{m}^2)$$

$$(EI)_{sc1} = E_s I_{s1} + E_c I_{c1}$$
$$= 2.06 \times 10^5 \times 0.060\,9 + 3.45 \times 10^4 \times 0.807$$
$$= 40\,387(\text{MPa} \cdot \text{m}^4)$$

钢管混凝土哑铃形截面回转半径：
$$i = \sqrt{\frac{(EI)_{sc1}}{(EA)_{sc1}}} = \sqrt{\frac{40\,387}{74\,680}} = 0.735$$

对于弯矩最大组合（$M_{max} = 2\,793 \text{kN} \cdot \text{m}, N = 13\,710 \text{kN}$）：
$$e_0 = \frac{M}{N} = \frac{2\,793}{13\,710} = 0.204$$

$$\frac{e_0}{2i} = \frac{0.204}{2 \times 0.735} = 0.139 < 0.85$$

$$\varphi_e = \frac{1}{1 + 2.82 \frac{e_0}{2i}} = \frac{1}{1 + 2.82 \times 0.139} = 0.718$$

$$\varphi_e N_D = 0.718 \times 72\,907 = 52\,347(\text{kN}) > \gamma_0 N_s = 1.1 \times 13\,710 = 15\,081(\text{kN})$$

对于轴力最大组合（$N_{max} = 15\,082 \text{kN}, M = 320 \text{kN} \cdot \text{m}$）：
$$e_0 = \frac{M}{N} = \frac{320}{15\,082} = 0.021$$

$$\frac{e_0}{2i} = \frac{0.021}{2 \times 0.735} = 0.014 < 0.85$$

$$\varphi_e = \frac{1}{1 + 2.82 \frac{e_0}{2i}} = \frac{1}{1 + 2.82 \times 0.014} = 0.962$$

$$\varphi_e N_D = 0.962 \times 72\,907 = 70\,137(\text{kN}) > \gamma_0 N_s = 1.1 \times 15\,082 = 16\,590(\text{kN})$$

故 $L/4$ 截面的强度承载力满足要求。

3.拱顶截面

对于拱顶截面,按照弯矩最大组合($M_{max} = 2\ 814\text{kN}\cdot\text{m}$,$N = 13\ 190\text{kN}$)和轴力最大组合($N_{max} = 13\ 927\text{kN}$,$M = 2\ 345\text{kN}\cdot\text{m}$)两种工况进行验算。

$$\xi_0 = \frac{A_s f_s}{A_c f_{cd}} = \frac{0.049\ 5 \times 275}{0.736 \times 23.1} = 0.801$$

$$\rho = \frac{A_s}{A_c} = \frac{0.116}{1.472} = 0.079$$

$N_0 = k_3(1.14 + 1.02\xi_0)(1 + \rho_c)f_{cd}A_c$

$\quad = 1.0 \times (1.14 + 1.02 \times 0.801) \times (1 + 0.079) \times 23.1 \times 10^3 \times 0.736 = 35\ 900(\text{kN})$

则

$$N'_0 = K_t N_0 = 0.9 \times 35\ 900 = 32\ 310(\text{kN})$$

则钢管混凝土哑铃形截面轴心抗压强度设计值 $N_D$:

$$N_f^i = A_{fs} f_s = 0.008\ 54 \times 2 \times 275 \times 10^3 = 4\ 697(\text{kN})$$

$$N_D = \sum(N'_0 + N_f^i) = 2 \times 32\ 310 + 0.008\ 54 \times 2 \times 275 \times 10^3 = 69\ 317(\text{kN})$$

按照《规范》第5.2.9条规定,钢管混凝土哑铃形构件的偏心率折减系数 $\varphi_e$ 计算如下。

钢管混凝土哑铃形截面回转半径:

$$i = \sqrt{\frac{(EI)_{sc1}}{(EA)_{sc1}}} = \sqrt{\frac{40\ 387}{74\ 680}} = 0.735$$

对于弯矩最大组合($M_{max} = 2\ 814\text{kN}\cdot\text{m}$,$N = 13\ 190\text{kN}$):

$$e_0 = \frac{M}{N} = \frac{2\ 814}{13\ 190} = 0.213$$

$$\frac{e_0}{2i} = \frac{0.213}{2 \times 0.735} = 0.145 < 0.85$$

$$\varphi_e = \frac{1}{1 + 2.82 \dfrac{e_0}{2i}} = \frac{1}{1 + 2.82 \times 0.145} = 0.710$$

$\varphi_e N_D = 0.710 \times 69\ 317 = 49\ 215(\text{kN}) > \gamma_0 N_s = 1.1 \times 13\ 190 = 14\ 509(\text{kN})$

对于轴力最大组合($N_{max} = 13\ 927\text{kN}$,$M = 2\ 345\text{kN}\cdot\text{m}$):

$$e_0 = \frac{M}{N} = \frac{2\ 345}{13\ 927} = 0.168$$

$$\frac{e_0}{2i} = \frac{0.168}{2 \times 0.735} = 0.114 < 0.85$$

$$\varphi_e = \frac{1}{1 + 2.82 \dfrac{e_0}{2i}} = \frac{1}{1 + 2.82 \times 0.114} = 0.756$$

$\varphi_e N_D = 0.756 \times 69\ 317 = 52\ 403(\text{kN}) > \gamma_0 N_s = 1.1 \times 13\ 927 = 15\ 320(\text{kN})$

故拱顶截面的强度承载力满足要求。

## 四、拱肋面内稳定承载力计算

### (一)《规范》验算要求

根据《规范》第5.3.2条规定,钢管混凝土拱肋的面内整体稳定极限承载力可将其等效成梁柱进行验算,等效梁柱的计算长度采用无铰拱的0.36S,等效梁柱的两端作用力为拱的$L/4$(或$3L/4$)截面处的弯矩与轴力。

根据《规范》第5.3.4条,钢管混凝土哑铃形构件和格构柱偏心受压稳定承载力设计值$N_{D2}$应按下列公式计算:

$$\gamma_0 N_s \leq N_{D2} \tag{5.3.4-1}$$

$$N_{D2} = \varphi \varphi_e N_D \tag{5.3.4-2}$$

式中:$N_{D2}$——钢管混凝土哑铃形构件和格构柱偏心受压稳定承载力设计值(N);

$\varphi_e$——偏心率折减系数,哑铃形构件按本规范第5.2.8条的规定计算,格构柱按本规范第5.2.9条的规定计算,见前文"《规范》验算要求";

$\varphi$——稳定系数(见下文"稳定系数")。

由于结构对称性,$L/4$截面与$3L/4$截面的最不利内力相等,因此结构整体验算时只需验算$L/4$截面的最不利内力,考虑弯矩最大组合($M_{max} = 8\,802$ kN·m,$N = 13\,723$ kN)和最大轴力组合($N_{max} = 14\,130$ kN,$M = 6\,691$ kN·m)。

### (二)稳定系数

《规范》第5.3.5条规定,稳定系数$\varphi$应按下列公式计算:

$\lambda_n \leq 1.5$时

$$\varphi = 0.658^{\lambda_n^2} \tag{5.3.5-1}$$

$\lambda_n > 1.5$时

$$\varphi = \frac{0.877}{\lambda_n^2} \tag{5.3.5-2}$$

式中:$\lambda_n$——相对长细比,按本规范中式(5.3.6)计算。

按第5.3.6条规定,相对长细比为:

$$\lambda_n = \frac{\lambda}{\pi} \sqrt{\frac{f_y A_s + f_{ck} A_c + A_c \sqrt{\rho_c f_y f_{ck}}}{E_s A_s + E_c A_c}} \tag{5.3.6}$$

哑铃形柱的名义长细比$\lambda$,按式(5.3.7-2)计算:

$$\lambda = \frac{L_0}{i} \tag{5.3.7-2}$$

钢管混凝土哑铃形截面回转半径:

$$i = \sqrt{\frac{E_{sc1} I_{sc1}}{E_{sc1} A_{sc1}}} = \sqrt{\frac{40\,387}{74\,680}} = 0.735$$

拱肋弧长$S = 107.08$ m。

哑铃形柱的名义长细比:

$$\lambda = \frac{L_0}{i} = 0.36 \times \frac{107.08}{0.735} = 52.447$$

则其相对长细比为：

$$\lambda_n = \frac{\lambda}{\pi}\sqrt{\frac{f_y A_s + f_{ck} A_c + A_c\sqrt{\rho_c f_y f_{ck}}}{E_s A_s + E_c A_c}}$$

$$= \frac{52.447}{\pi}\sqrt{\frac{345 \times 0.099 + 32.4 \times 1.472 + 1.472 \times \sqrt{0.067\ 3 \times 345 \times 32.4}}{2.06 \times 10^5 \times 0.099 + 3.45 \times 10^4 \times 1.472}}$$

$$= 0.692$$

由于 $\lambda_n < 1.5$，得到稳定系数 $\varphi = 0.658^{\lambda_n^2} = 0.658^{0.692^2} = 0.818$。

**（三）偏心率折减系数**

按照《规范》第5.2.8条规定，钢管混凝土哑铃形构件的偏心率折减系数 $\varphi_e$ 应按式(5.2.9-1)和式(5.2.9-2)计算，具体见前文"《规范》验算要求"。

对于弯矩最大组合（$M_{max} = 2\ 793$ kN·m，$N = 13\ 710$ kN）：

$$e_0 = \frac{M}{N} = \frac{2\ 793}{13\ 710} = 0.204$$

$$\frac{e_0}{2i} = \frac{0.204}{2 \times 0.735} = 0.139 < 0.85$$

$$\varphi_e = \frac{1}{1 + 2.82\frac{e_0}{2i}} = \frac{1}{1 + 2.82 \times 0.139} = 0.718$$

对于轴力最大组合（$N_{max} = 15\ 082$ kN，$M = 320$ kN·m）：

$$e_0 = \frac{M}{N} = \frac{320}{15\ 082} = 0.021$$

$$\frac{e_0}{2i} = \frac{0.021}{2 \times 0.735} = 0.014 < 0.85$$

$$\varphi_e = \frac{1}{1 + 2.82\frac{e_0}{2i}} = \frac{1}{1 + 2.82 \times 0.014} = 0.962$$

**（四）混凝土徐变折减系数**

《规范》第5.3.11条规定，对于钢管混凝土轴压构件和偏心率 $\rho \leq 0.3$ 的偏压构件，其承受永久荷载引起的轴压力占全部轴压力的30%及以上时，在计算稳定极限承载力时截面轴心受压承载力 $N_0$ 值应乘以混凝土徐变折减系数 $K_c$。

钢管混凝土单圆管截面回转半径：

$$i = \sqrt{\frac{(EI)_{sc1}}{(EA)_{sc1}}} = \sqrt{\frac{40\ 387}{74\ 680}} = 0.735$$

截面计算半径：

$$r = 2i - t = 2 \times 0.735 - 0.016 = 1.454\ (\text{m})$$

哑铃形柱的名义长细比：

$$\lambda = \frac{L_0}{i} = 0.36 \times \frac{107.08}{0.735} = 52.447$$

对于 $L/4$ 截面处，钢管混凝土哑铃形偏压构件，其承受永久荷载引起的内力 $N_{永久} = 10\,240\text{kN}$。

对最大弯矩工况：

$$e_0 = \frac{M}{N} = 0.204$$

$$\rho = \frac{e_0}{r} = \frac{0.204}{1.454} = 0.140 < 0.3$$

永久荷载引起的轴压力占全部轴压力的比例为：

$$\frac{N_{永久}}{N} = \frac{10\,240}{13\,710} = 0.747$$

查《规范》表5.3.11可得，混凝土徐变折减系数 $K_c$ 为0.8。

对最大轴力工况：

$$e_0 = \frac{M}{N} = 0.021$$

$$\rho = \frac{e_0}{r} = \frac{0.021}{1.454} = 0.014 < 0.3$$

永久荷载引起的轴压力占全部轴压力的比例为：

$$\frac{N_{永久}}{N} = \frac{10\,240}{15\,082} = 0.679$$

查《规范》表5.3.11可得，混凝土徐变折减系数 $K_c$ 为0.805。

**(五) 初应力度影响系数**

《规范》第5.3.12条规定，钢管混凝土拱肋稳定极限承载力计算中，考虑初应力影响时，截面轴心受压承载力 $N_0$ 值[按式(5.2.2-2)]应乘以按式(5.3.12)计算得出的初应力度影响系数 $k_p$。

对于架设拱肋并浇筑混凝土施工阶段得到 $L/4$ 截面的内力为：$M = 124\text{kN·m}$，$N = 3\,332\text{kN}$。

$$\sigma_0 = \frac{N}{A} = \frac{3\,332}{0.116} = 28.724(\text{MPa})$$

$$\beta = \frac{\sigma_0}{f_y} = \frac{28.724}{345} = 0.083$$

$$a = \frac{\lambda}{\lambda_p} = \frac{52.447}{80} = 0.656$$

对最大弯矩工况：

$$e_0 = \frac{M}{N} = 0.204$$

$$\rho = \frac{e_0}{r} = \frac{0.204}{1.454} = 0.140$$

$$m = 0.2\rho + 0.98 = 0.2 \times 0.140 + 0.98 = 1.008$$

$$K_p = 1 - 0.24 \cdot a \cdot m \cdot \beta = 1 - 0.24 \times 0.656 \times 1.008 \times 0.083 = 0.987$$

对最大轴力工况：

$$e_0 = \frac{M}{N} = 0.021$$

$$\rho = \frac{e_0}{r} = \frac{0.021}{1.454} = 0.014$$

$$m = 0.2\rho + 0.98 = 0.2 \times 0.014 + 0.98 = 0.983$$

$$K_p = 1 - 0.24 \cdot a \cdot m \cdot \beta = 1 - 0.24 \times 0.656 \times 0.983 \times 0.087 = 0.987$$

### (六) 稳定承载力

由前文"《规范》验算要求"，钢管混凝土哑铃形构件稳定承载力 $N_{D1}$ 应按下式计算：$\gamma_0 N_s \le N_{D1}$，其中 $N_{D1} = \varphi \varphi_e N_D$。

则对于本例钢管混凝土哑铃形截面有：

$$N_f^i = A_{fs} f_s = 0.008\,54 \times 2 \times 275 \times 10^3 = 4\,697 (\text{kN})$$

$$\xi_0 = \frac{A_s f_s}{A_c f_{cd}} = \frac{0.049\,5 \times 275}{0.736 \times 23.1} = 0.801$$

$$\rho = \frac{A_s}{A_c} = \frac{0.116}{1.472} = 0.079$$

$$N_0 = k_3 (1.14 + 1.02\xi_0)(1 + \rho_c) f_{cd} A_c$$

$$= 1.0 \times (1.14 + 1.02 \times 0.801) \times (1 + 0.079) \times 23.1 \times 10^3 \times 0.736 = 35\,900 (\text{kN})$$

对最大弯矩工况：

$$N'_0 = K_t K_c K_p N_0 = 0.95 \times 0.8 \times 0.987 \times 35\,900 = 26\,929 (\text{kN})$$

则钢管混凝土哑铃形截面轴心抗压强度设计值 $N_D$：

$$N_D = \Sigma(N_0^i + N_f^i) = 2 \times 26\,929 + 0.008\,54 \times 2 \times 275 \times 10^3 = 58\,555 (\text{kN})$$

对最大轴力工况：

$$N'_0 = K_t K_c K_p N_0 = 0.95 \times 0.805 \times 0.987 \times 35\,900 = 27\,097 (\text{kN})$$

则钢管混凝土哑铃形截面轴心抗压强度设计值 $N_D$：

$$N_D = \Sigma(N_0^i + N_f^i) = 2 \times 27\,097 + 0.008\,54 \times 2 \times 275 \times 10^3 = 58\,891 (\text{kN})$$

对最大弯矩工况：

$$\varphi \varphi_e \cdot N_D = 0.818 \times 0.718 \times 58\,555 = 39\,088 (\text{kN})$$

$$\gamma_0 N_s = 1.1 \times 13\,710 = 15\,081 (\text{kN})$$

显然，$\gamma_0 N_s \le N_{D1}$。

对最大轴力工况：

$$\varphi \varphi_e \cdot N_D = 0.818 \times 0.962 \times 58\,891 = 46\,342 (\text{kN})$$

$$\gamma_0 N_s = 1.1 \times 15\,082 = 16\,590 (\text{kN})$$

显然，$\gamma_0 N_s \le N_{D1}$。

故稳定承载力满足要求。

## 五、主拱空间弹性稳定计算

《规范》第5.3.1条规定，钢管混凝土拱桥应进行空间稳定性计算，弹性稳定特征值应不小于4.0。计算时拱肋截面整体轴压设计刚度和抗弯设计刚度应按《规范》第4.3.3条的规定取值,具体见前文"稳定系数"。

按拱系杆拉力影响线(图4-5)布载,纵桥向全跨满载时系杆拉力最大。用Midas软件进行屈曲分析,得到一阶失稳特征值为8.158>4,因此空间弹性稳定分析满足要求。屈曲模态如图4-6所示。

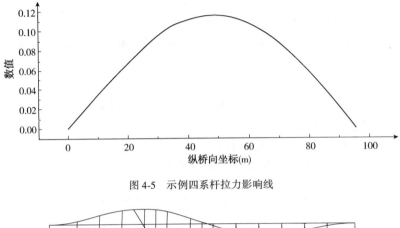

图4-5 示例四系杆拉力影响线

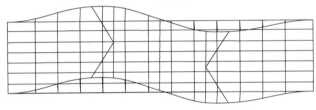

图4-6 示例四一阶屈曲模态

## 六、正常使用极限状态计算

### (一)桥面挠度

《规范》第6.0.4条规定,钢管混凝土拱桥按短期效应组合消除结构自重产生的长期挠度后,桥面在一个桥跨范围内的正负挠度绝对值之和最大值不应大于计算跨径的1/1 000。

本例的短期效应组合具体见示例四"设计荷载及荷载组合"中的组合Ⅳ、Ⅴ、Ⅵ(其中各荷载分项频遇值系数分别取为汽车0.7、人群1.0、温度变化1.0)。消除结构自重产生的长期挠度后,桥面的正挠度组合最大值为0.007 85 m,负挠度组合最小值为-0.013 03,如图4-7所示。可以得到一个桥跨范围内最大最小位移绝对值之和为0.021 m<$L$/1 000 = 0.096 m,满足规范要求。

### (二)持久状况下钢管应力验算

《规范》第6.0.5条规定,持久状况下钢管混凝土拱肋的钢管应力不宜大于0.8$f_y$($f_y$为钢材强度标准值)。钢管应力应包括各个施工阶段的累计应力、二期恒载引起的应力、温度应力以及车辆荷载、混凝土收缩、徐变等引起的应力。

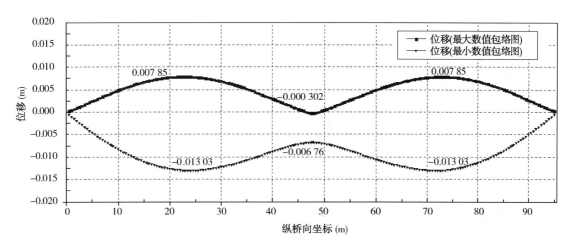

图 4-7 扣除自重后正常使用极限状况下的桥面位移包络图

在正常使用极限状况下最不利截面为拱脚截面,提取出其中的内力:
$M_{max} = 8\,802\,kN\cdot m$,对应的轴力 $N = 13\,723\,kN$;
$N_{max} = 14\,130\,kN$,对应的弯矩 $M = 6\,691\,kN\cdot m$。

将轴力和弯矩分别按照轴压刚度和抗弯刚度进行分配,求得钢管最外缘应力。

对于弯矩最大组合($M_{max} = 8\,802\,kN\cdot m$,$N = 13\,723\,kN$):

钢管受到的轴力

$$N_{钢} = \frac{E_s A_s}{E_c A_c + E_s A_s} N = \frac{10\,279}{10\,279 + 58\,995} \times 13\,723 = 2\,036(kN)$$

钢管受到的弯矩

$$M_{钢} = \frac{E_s I_s}{E_c I_c + E_s I_s} M = \frac{6\,283}{6\,283 + 28\,014} \times 8\,802 = 1\,612(kN\cdot m)$$

则有

$$\sigma_{钢} = \frac{N_{钢}}{A_s} + \frac{M_{钢}}{I_s}\cdot\frac{1}{2}h_2 = \frac{1\,612}{0.060\,9}\times 0.7 + \frac{2\,036}{0.116} = 36(MPa)$$

对于轴力最大组合($N_{max} = 14\,130\,kN$,$M = 6\,691\,kN\cdot m$):

钢管受到的轴力

$$N_{钢} = \frac{E_s A_s}{E_c A_c + E_s A_s} N = \frac{10\,279}{10\,279 + 58\,995} \times 14\,130 = 2\,097(kN)$$

钢管受到的弯矩

$$M_{钢} = \frac{E_s I_s}{E_c I_c + E_s I_s} M = \frac{6\,283}{6\,283 + 28\,014} \times 6\,691 = 1\,226(kN\cdot m)$$

则有

$$\sigma_{钢} = \frac{N_{钢}}{A_s} + \frac{M_{钢}}{I_s}\cdot\frac{1}{2}h_2 = \frac{1\,226}{0.060\,9}\times 0.7 + \frac{2\,097}{0.116} = 32(MPa)$$

钢管最大应力均小于 $0.8f_y = 0.8\times 345 = 276(MPa)$,故持久状况下钢管混凝土拱肋的钢管应力验算满足要求。

## 七、主拱施工阶段计算

### (一)《规范》验算要求

《规范》第4.1.7条规定,钢管混凝土拱桥设计时应对主要施工阶段进行计算。施工阶段的计算应包括下列内容:

(1)拱肋构件的运输、安装过程中的应力、变形和稳定计算。
(2)与拱肋形成有关的附属结构的计算。
(3)拱肋形成过程中自身的应力、变形和稳定计算。
(4)成桥过程中桥梁结构的应力、变形和稳定计算。

《规范》第4.1.8条规定,施工计算中,应计入施工中可能出现的实际荷载,包括架设机具和材料、施工人群、桥面堆载以及风力、温度变化影响力和其他施工临时荷载。施工阶段结构弹性稳定特征值不应小于4.0。

《规范》第4.1.5条规定,钢管混凝土拱桥中钢结构和钢构件之间的连接,包括施工阶段管内混凝土达到设计强度前的钢管拱结构,其承载力、变形和稳定性能均应按桥梁钢结构进行设计与计算,并应符合国家现行有关标准的规定。

### (二)第一个施工阶段

阶段一为架设系梁,钢管拱肋,灌注管内混凝土。

1.应力验算

$N = 6\ 565$ kN,弯矩 $M = 2\ 480$ kN·m。

此时,最不利工况为混凝土还未形成强度,由钢管承受荷载。

$$\sigma_0 = \frac{N}{A} + \frac{M}{W} = \left(\frac{6\ 565}{0.116} + \frac{2\ 480}{0.060\ 9} \times 0.7\right) \times 10^{-3} = 85.10(\text{MPa}) < f_s = 275\text{MPa}$$

验算通过。

2.稳定验算

该施工阶段下其特征值为11.34>4.0,验算通过。屈曲模态如图4-8所示。

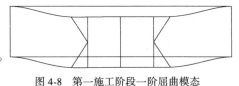

图4-8 第一施工阶段一阶屈曲模态

### (三)第三个施工阶段

由于第三施工阶段在添加了二期恒载后,恒载作用比第二施工阶段大,故对第三施工阶段进行验算。

阶段三为添加行车道板及桥面铺装、防撞栏等附属设施。

1.应力验算

提取出其中的内力:$N = 12\ 019$ kN,弯矩 $M = 7\ 190$ kN·m。

$$M_{\text{钢}} = \frac{E_s I_s}{E_c I_c + E_s I_s} M = \frac{6\ 283}{6\ 283 + 28\ 014} \times 7\ 190 = 1\ 317(\text{kN·m})$$

$$N_{\text{钢}} = \frac{E_s A_s}{E_c A_c + E_s A_s} N = \frac{10\ 279}{10\ 279 + 58\ 995} \times 12\ 019 = 1\ 783(\text{kN})$$

则有

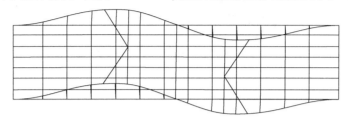

验算通过。

2.稳定验算

该施工阶段下其屈曲特征值为8.158>4.0,验算通过。屈曲模态如图4-9所示。

图4-9 第三施工阶段一阶屈曲模态

## 八、其他计算

### (一) 吊杆

桥面系自重和活载由桥面板按杠杆原理分配到横梁,再由横梁按杠杆法分配至吊杆。

横梁自重:根据图纸中得到的一根横梁的混凝土方量为19m³,则横梁的自重为 $G_1 = 19 \times 25 = 475$ (kN),分配到一根吊杆的拉力为237.5kN。

行车道板自重:根据图纸中得到的一块行车道板的截面面积为0.440m²,有分配到吊杆的行车道板的自重为 $G_2 = 0.440 \times 25 \times 7.1 \times 6 \times 1/2 = 234$ (kN)。

桥面铺装及防撞栏分配到吊杆上的力为 $G_3 = 320.9$ kN。

恒载作用下的吊杆上的内力为 $G_1 = 792.7$ kN。

吊杆内力计算时,活载纵桥向布置如图4-10所示。

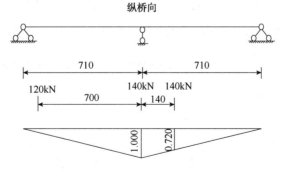

图4-10 活载纵桥向布置图(尺寸单位:cm)

活载纵桥向分布计算:

$$P_q = 140 \times 0.802 + 140 \times 1 + 120 \times 0.014 = 254 (\text{kN})$$

活载横桥向布置如图4-11所示。

布满5列车时:

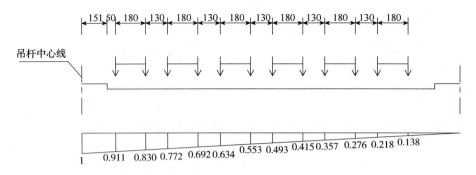

图 4-11 活载横桥向分布图(尺寸单位:cm)

$$m_{cq} = \frac{1}{2}\sum_i \eta_q$$
$$= \frac{1}{2}(0.911 + 0.830 + 0.772 + 0.692 + 0.634 + 0.553 + 0.495 + 0.357 + 0.276 +$$
$$0.218 + 0.138) \times 0.6 = 1.19$$

所以,取 $m_{cq} = 1.19$。

活载分配到吊杆上的拉力为:

$$G_{II} = 1.3 \times 0.5 \times 254 \times 1.19 = 196.5(\text{kN})$$

吊杆内力为:

$$G = G_I + G_{II} = 792.7 + 196.5 = 989(\text{kN})$$

按《规范》第5.4.2条规定,吊索的应力应满足下式要求:

$$\sigma \leqslant 0.33 f_{tpk} \qquad (5.4.2)$$

式中:$\sigma$——吊索的应力(N/mm²);

$f_{tpk}$——吊索的抗拉强度标准值(N/mm²)。

本桥吊杆 $f_{tpk} = 1\,670\text{MPa}$,$0.33 f_{tpk} = 551\text{MPa}$。

本桥吊杆采用91根$\phi$7mm高强钢丝,$f_{tpk} = 1\,670\text{MPa}$,$0.33 f_{tpk} = 551\text{MPa}$。单根吊杆的最大内力为1 086.5kN,91$\phi$7mm高强钢丝的面积为35.20cm²,则吊杆应力

$$\sigma = \frac{989 \times 10^{-3}}{0.003\,5} = 282.6(\text{MPa}) < 0.33 f_{tpk} = 551\text{MPa}$$

故吊杆验算满足《规范》要求。

**(二)系梁**

系梁根据现行行业标准《公路钢筋混凝土及预应力混凝土桥涵设计规范》(JTG D62—2004)按预应力混凝土构件验算,满足要求,限于篇幅,验算过程从略。

# 示例五　钢管混凝土桁肋中承式拱桥

## 一、设计基本资料

### (一) 工程概述

示例五为一净跨径 136m 的钢管混凝土桁肋中承式拱,主拱矢跨比 1/5,拱轴线为悬链线,$m=1.167$,主拱圈采用 4 根 $\phi550\text{mm}\times8\text{mm}$ 钢管、$\phi440\text{mm}\times8\text{mm}$ 上下平联、$\phi219\text{mm}\times8\text{mm}$ 的直腹杆和斜腹杆组成高 3.0m、宽 1.6mm 的桁式主拱肋,钢管内灌注 C40 混凝土。吊杆采用 110 根 $\phi5\text{mm}$ 高强钢丝。桥面系采用工字形钢筋混凝土横梁和 T 形钢筋混凝土预制桥面板(准连续构造),吊杆间距 8.1m。桥面上设置 3 道一字横撑,桥面以下设两道 K 撑,以加强桥梁整体性和稳定性。拱座为分离式钢筋混凝土结构,直接坐落于微风化岩层上。其上的两桥台为砌石桥台。桥梁总体布置见图 5-1。

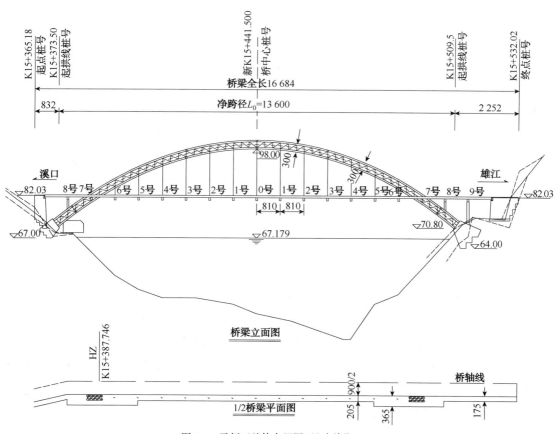

图 5-1　示例五总体布置图(尺寸单位:cm)

### (二)技术标准

(1)设计荷载:汽车—20级,挂—100级,人群荷载3.0kN/m²。
(2)桥面净宽:净9+人行道2×1.75m。
(3)纵坡:桥面纵坡0%。
(4)设计洪水频率:百年一遇。通航标准为内河Ⅳ级航道,通航水位67.179m。
(5)地震烈度:基本烈度6度。

### (三)主要材料

(1)拱肋及横撑:拱肋为钢管混凝土,其钢管[除两拱脚段采用Q345(16Mn)钢,$f_s$=275MPa]采用Q235(A3)钢,$f_s$=190MPa,弹性模量$E_s$=2.06×10⁵MPa,重度$\rho_s$=78.5kN/m³;内灌C40混凝土,$f_{cd}$=19.1MPa,弹性模量$E_c$=3.25×10⁴MPa,重度$\gamma_c$=25kN/m³。拱肋横撑均采用Q235(A3)钢。
(2)吊杆:采用110根φ5mm高强钢丝,$R_y^b$=1 570MPa。
(3)桥面系:横梁采用C30混凝土,T梁桥面板采用C40混凝土。

## 二、结构内力计算

### (一)有限元计算模型

采用Midas建立三维杆系计算模型,如图5-2所示。在计算模型中,采用梁单元模拟拱肋、纵梁结构,桁架单元模拟吊杆和系杆。边界条件中,拱脚固结,桥面两端部约束竖向、横桥向和纵桥向位移,模型共有1 302个节点,2 614个单元。

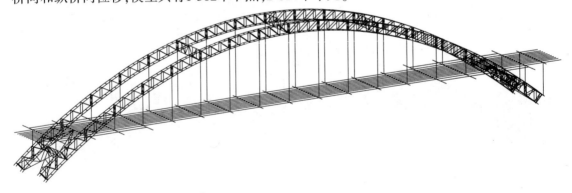

图5-2 示例五的Midas模型

根据施工图将该桥划分为2个施工阶段:
CS1——浇筑拱座混凝土、吊装架设拱肋空钢管,并浇筑管内混凝土。
CS2——在拱肋上安装吊杆和立柱,并逐步施工横梁、纵梁、行车道板、人行道板及其他附属设施。

### (二)拱肋截面参数和其他计算参数

1.拱肋截面几何性质计算

(1)钢管的截面面积 $A_s$、惯性矩 $I_s$。

桁式拱肋截面如图5-3所示。

单管的钢管面积和抗弯惯性矩：

$$A_s = \frac{\pi}{4} \times (0.55^2 - 0.534^2) = 0.013\,6(\text{m}^2)$$

$$I_s = \frac{\pi}{64} \times (0.55^4 - 0.534^4) = 5.003 \times 10^{-4}(\text{m}^4)$$

桁式拱肋截面的钢管面积和抗弯惯性矩：

$$A_{s1} = \frac{\pi}{4} \times (0.55^2 - 0.534^2) \times 4 = 0.054\,5(\text{m}^2)$$

$$I_{s1} = \left[\frac{\pi}{64} \times (0.55^4 - 0.534^4) + 0.013\,6 \times 1.225^2\right] \times 4 = 0.083\,8(\text{m}^4)$$

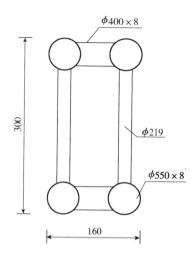

图5-3 拱肋截面(尺寸单位:cm)

(2)混凝土的截面面积 $A_c$ 和惯性矩 $I_c$。

单管的混凝土面积和抗弯惯性矩：

$$A_c = \frac{\pi}{4} \times 0.534^2 = 0.224(\text{m}^2)$$

$$I_c = \frac{\pi}{64} \times 0.534^4 = 3.991 \times 10^{-3}(\text{m}^4)$$

桁式拱肋截面的混凝土管面积和抗弯惯性矩：

$$A_{c1} = \frac{\pi}{4} \times 0.534^2 \times 4 = 0.895\,844(\text{m}^2)$$

$$I_{c1} = \left(\frac{\pi}{64} \times 0.534^4 + \frac{0.895\,844}{4} \times 1.225^2\right) \times 4 = 1.360\,3(\text{m}^4)$$

(3)单根柱肢的组合截面面积和组合截面惯性矩。

$$A_{sc} = A_s + A_c = 0.013\,6 + 0.224 = 0.237\,6(\text{m}^2)$$

$$I_{sc} = \frac{\pi D^4}{64} = \frac{\pi \times 0.55^4}{64} = 4.492 \times 10^{-3}(\text{m}^4)$$

(4)钢管混凝土的组合轴压刚度和抗弯刚度

按《规范》表4.3.3计算拱肋截面整体轴压设计刚度和抗弯设计刚度

$$(EA)_{sc} = E_s A_{s1} + E_c A_{c1}$$

$$= 2.06 \times 10^5 \times 0.054\,5 + 3.25 \times 10^4 \times 0.895\,844 = 40\,342(\text{MPa} \cdot \text{m}^2)$$

$$(EI)_{sc} = E_s I_{s1} + 0.6 E_c I_{c1}$$

$$= 2.06 \times 10^5 \times 0.083\,8 + 0.6 \times 3.25 \times 10^4 \times 1.360\,3 = 43\,789(\text{MPa} \cdot \text{m}^4)$$

2.拱肋冲击系数的计算

按照《规范》4.2.2条,按下式计算：

$$\mu_0 = 0.057\,36 f_0 + 0.074\,8 \quad (4.2.2\text{-}1)$$

式中：$f_0$——钢管混凝土拱桥的一阶竖向频率。

根据有限元模型计算得到,该桥的一阶竖向反对称振动频率 $f_0 = 1.25\,\text{Hz}$,故冲击系数为 $\mu_0 = 0.057\,36 f_0 + 0.074\,8 = 0.057\,36 \times 1.25 + 0.074\,8 = 0.147$。

3.计算合龙温度

按照《规范》4.2.3条规定,按下式计算:

$$T = T_{28} + \frac{D - 0.85}{0.2} + T_0 \tag{4.2.3-2}$$

取混凝土浇筑28d的平均气温为20℃。拱肋合龙季节为秋季,则取管内混凝土水化热作用附加值为4℃,有合龙温度:

$$T = T_{28} + \frac{D - 0.85}{0.2} + T_0 = 20 + \frac{0.55 - 0.85}{0.2} + 4 = 22.5(℃)$$

最高与最低有效温度可取当地最高与最低气温,取最低有效温度为-1℃,最高有效温度为39.7℃。

由上,示例五的计算合龙温度为22.5℃,升温温差(39.7-22.5)=17.2(℃),降温温差23.5℃。

4.混凝土徐变系数的计算

《规范》第6.0.3条规定:钢管混凝土结构或构件变形计算中,混凝土徐变系数在无可靠实测资料时可按现行行业标准《公路钢筋混凝土及预应力混凝土桥涵设计规范》(JTG D62—2004)的规定计算。

由于徐变系数为徐变变形$\varepsilon_{cr}$与弹性变形$\varepsilon_{el}$的比值,即$\varphi = \varepsilon_{cr}/\varepsilon_{el}$,因此由徐变系数可求得徐变变形,进而应用于预拱度等的计算中。

(三)设计荷载及荷载组合

设计荷载包括自重、活载、温度荷载和混凝土的收缩徐变。自重为结构自重、二期恒载。其中二期恒载考虑桥面铺装、人行道、防撞栏杆以及桥面其他附属设施。活载为汽—20级,挂—100,人群荷载$3kN/m^2$。对于温度荷载及混凝土的徐变、收缩的计算参数见前文"拱肋截面参数和其他计算参数"。

根据《公路桥梁设计通用规范》(JTG D60—2004)的规定,针对拱肋主要考虑以下几种荷载组合。

组合Ⅰ:1.2自重+1.4汽车荷载+0.8×1.4人群荷载;

组合Ⅱ:1.2自重+1.4汽车荷载(含汽车冲击力)+1.0收缩+1.0徐变+0.7×1.4(均匀降温+人群荷载);

组合Ⅲ:1.2自重+1.4汽车荷载(含汽车冲击力)+1.0收缩+1.0徐变+0.7×1.4(均匀升温+人群荷载);

组合Ⅳ:1.0自重+1.0汽车荷载+1.0人群荷载;

组合Ⅴ:1.0自重+1.0汽车荷载(不含汽车冲击力)+1.0收缩+1.0徐变+1.0均匀降温+1.0人群荷载。

组合Ⅵ:1.0自重+1.0汽车荷载(不含汽车冲击力)+1.0收缩+1.0徐变+1.0均匀升温+1.0人群荷载。

其中,验算结构在承载能力极限状态下的受力情况为组合Ⅰ、Ⅱ、Ⅲ,验算结构在正常使用极限状态下的应力为组合Ⅳ、Ⅴ、Ⅵ。组合Ⅳ、Ⅴ、Ⅵ按《公路桥涵设计通用规范》(JTG D60—2004)第4.1.8条考虑标准组合,各作用效应的分项系数及组合系数均取为1.0。

**(四)内力计算结果**

内力计算结果见表 5-1~表 5-9,表中的轴力拉为正,压为负,弯矩顺时针为正,逆时针为负,轴力和剪力单位:kN,弯矩单位:kN·m。1 号管为上弦管外侧,2 号管为上弦管内侧,3 号管下弦管外侧,4 号管为下弦管内侧。

单项荷载拱脚截面内力(汽车荷载不计冲击系数)　　表 5-1

| 内力汇总 | 1 号管 | | | 2 号管 | | | 3 号管 | | | 4 号管 | | |
|---|---|---|---|---|---|---|---|---|---|---|---|---|
| | $N$ | $Q$ | $M$ | $N$ | $Q$ | $M$ | $N$ | $Q$ | $M$ | $N$ | $Q$ | $M$ |
| 恒载 | -1 888 | 62 | 57 | -1 899 | 55 | 48 | -2 874 | 217 | 108 | -2 958 | 214 | 99 |
| 汽车荷载($N_{max}$) | 340 | -2 | -25 | 352 | -4 | -28 | 358 | 23 | 36 | 401 | 20 | 28 |
| 汽车荷载($M_{max}$) | -622 | 28 | 49 | -635 | 29 | 49 | -189 | 81 | 66 | -155 | 78 | 64 |
| 汽车荷载($N_{min}$) | -691 | 20 | 42 | -700 | 24 | 46 | -937 | 42 | -1 | -978 | 38 | -7 |
| 汽车荷载($M_{min}$) | 120 | -36 | -61 | 148 | -34 | -59 | -380 | -95 | -90 | -396 | -84 | -83 |
| 温度下降 | 344 | -230 | -164 | 159 | -230 | -163 | -136 | 248 | 142 | -360 | 258 | 144 |
| 温度上升 | -252 | 168 | 120 | -116 | 169 | 119 | 100 | -181 | -104 | 263 | -189 | -105 |
| 混凝土收缩 | 105 | -1 | 1 | 106 | -2 | 0 | -96 | 3 | -1 | -103 | 2 | -1 |
| 混凝土徐变 | -39 | 5 | 5 | -33 | 5 | 4 | 15 | 1 | 5 | 34 | 0 | 4 |
| 人群荷载($N_{max}$) | 46 | -1 | -5 | 45 | -1 | -5 | 51 | 3 | 5 | 59 | 2 | 5 |
| 人群荷载($M_{max}$) | -90 | 6 | 10 | -94 | 5 | 9 | -17 | 15 | 13 | -23 | 13 | 12 |
| 人群荷载($N_{min}$) | -106 | 3 | 7 | -106 | 4 | 7 | -131 | 4 | -1 | -139 | 5 | -1 |
| 人群荷载($M_{min}$) | 29 | -3 | -7 | 33 | -3 | -7 | -63 | -8 | -10 | -58 | -7 | -9 |

单项荷载 $L/4$ 截面内力(汽车荷载不计冲击系数)　　表 5-2

| 内力汇总 | 1 号管 | | | 2 号管 | | | 3 号管 | | | 4 号管 | | |
|---|---|---|---|---|---|---|---|---|---|---|---|---|
| | $N$ | $Q$ | $M$ | $N$ | $Q$ | $M$ | $N$ | $Q$ | $M$ | $N$ | $Q$ | $M$ |
| 恒载 | -2 017 | -20 | -12 | -2 018 | -20 | -12 | -1 847 | -23 | -20 | -1 849 | -23 | -20 |
| 汽车荷载($N_{max}$) | 309 | 0 | -11 | 305 | 0 | -11 | 564 | -15 | 8 | 581 | -15 | 8 |
| 汽车荷载($M_{max}$) | -927 | -13 | 14 | -934 | -13 | 15 | 508 | -1 | 13 | 533 | -1 | 13 |
| 汽车荷载($N_{min}$) | -986 | -13 | 13 | -956 | -12 | 14 | -779 | 0 | -13 | -783 | 0 | -13 |
| 汽车荷载($M_{min}$) | 260 | 0 | -12 | 260 | 0 | -12 | -767 | -1 | -13 | -774 | -1 | -13 |
| 温度下降 | 29 | 0 | 0 | 31 | 0 | 0 | -34 | -1 | -1 | -32 | -1 | -1 |
| 温度上升 | -21 | 0 | 0 | -23 | 0 | 0 | 25 | 0 | 1 | 23 | 0 | 1 |
| 混凝土收缩 | -6 | 0 | 0 | -6 | 0 | 0 | 8 | 0 | 0 | 8 | 0 | 0 |
| 混凝土徐变 | -2 | 2 | 2 | -1 | 2 | 2 | 0 | 3 | 3 | 1 | 3 | 3 |
| 人群荷载($N_{max}$) | 46 | 0 | -2 | 44 | 0 | -2 | 60 | -1 | 1 | 60 | -1 | 1 |
| 人群荷载($M_{max}$) | -96 | -1 | 1 | -97 | -1 | 1 | 56 | 0 | 1 | 56 | -1 | 1 |
| 人群荷载($N_{min}$) | -106 | -1 | 1 | -105 | -1 | 1 | -120 | 0 | -2 | -120 | 0 | -2 |
| 人群荷载($M_{min}$) | 36 | 0 | -2 | 37 | 0 | -2 | -116 | 0 | -2 | -117 | 0 | -2 |

单项荷载拱顶截面内力(汽车荷载不计冲击系数) 表5-3

| 内力汇总 | 1号管 N | 1号管 Q | 1号管 M | 2号管 N | 2号管 Q | 2号管 M | 3号管 N | 3号管 Q | 3号管 M | 4号管 N | 4号管 Q | 4号管 M |
|---|---|---|---|---|---|---|---|---|---|---|---|---|
| 恒载 | -1 940 | 20 | 62 | -1 947 | 20 | 62 | -1 610 | 22 | 62 | -1 612 | 22 | 62 |
| 汽车荷载($N_{max}$) | 154 | 1 | -5 | 154 | 1 | -5 | 371 | 21 | 56 | 388 | 20 | 56 |
| 汽车荷载($M_{max}$) | -828 | 22 | 57 | -781 | 19 | 52 | 282 | 26 | 66 | 249 | 23 | 58 |
| 汽车荷载($N_{min}$) | -854 | 22 | 56 | -862 | 18 | 52 | -492 | 3 | -3 | -488 | 4 | -1 |
| 汽车荷载($M_{min}$) | 97 | 0 | -6 | 4 | -1 | -7 | -291 | -3 | -8 | -163 | -5 | -9 |
| 温度下降 | -181 | -2 | -3 | -184 | -2 | -3 | 207 | -3 | -3 | 206 | -3 | -3 |
| 温度上升 | 133 | 2 | 2 | 134 | 2 | 2 | -152 | 2 | 2 | -151 | 2 | 3 |
| 混凝土收缩 | -41 | 3 | 9 | -41 | 3 | 9 | 65 | 3 | 9 | 65 | 3 | 9 |
| 混凝土徐变 | -1 | 1 | 2 | 2 | 1 | 2 | 4 | 1 | 2 | 7 | 1 | 2 |
| 人群荷载($N_{max}$) | 25 | 0 | -1 | 24 | 0 | -1 | 33 | 1 | 3 | 32 | 1 | 3 |
| 人群荷载($M_{max}$) | -77 | 1 | 4 | -66 | 1 | 4 | 7 | 2 | 4 | -22 | 2 | 4 |
| 人群荷载($N_{min}$) | -90 | 1 | 3 | -90 | 1 | 3 | -78 | 0 | -1 | -77 | 0 | -1 |
| 人群荷载($M_{min}$) | 12 | 0 | -1 | 0 | 0 | -1 | -51 | 0 | -1 | -23 | -1 | -1 |

将计算得到的各单项荷载进行荷载组合,并考虑汽车荷载的冲击系数后得到各截面极限承载力荷载组合结果,如表5-4~表5-6所示。

承载能力极限状态拱脚截面内力组合 表5-4

| 荷载组合 | 内力汇总 | 1号管 N | 1号管 M | 2号管 N | 2号管 M | 3号管 N | 3号管 M | 4号管 N | 4号管 M |
|---|---|---|---|---|---|---|---|---|---|
| 组合Ⅰ | 恒+汽($N_{max}$)+人($N_{max}$) | -1 668 | 23 | -1 663 | 7 | -2 817 | 193 | -2 840 | 169 |
| | 恒+汽($M_{max}$)+人($M_{max}$) | -3 365 | 158 | -3 404 | 146 | -3 771 | 250 | -3 824 | 235 |
| | 恒+汽($N_{min}$)+人($N_{min}$) | -3 494 | 144 | -3 522 | 139 | -5 100 | 127 | -5 276 | 106 |
| | 恒+汽($M_{min}$)+人($M_{min}$) | -2 040 | -37 | -2 004 | -45 | -4 130 | -26 | -4 250 | -25 |
| 组合Ⅱ | 恒+汽($N_{max}$)+人($N_{max}$)+温降+混凝土收缩+徐变 | -1 271 | -131 | -1 441 | -144 | -3 038 | 335 | -3 270 | 313 |
| | 恒+汽($M_{max}$)+人($M_{max}$)+温降+混凝土收缩+徐变 | -2 949 | 2 | -3 162 | -7 | -3 983 | 391 | -4 243 | 377 |
| | 恒+汽($N_{min}$)+人($N_{min}$)+温降+混凝土收缩+徐变 | -3 076 | -12 | -3 278 | -13 | -5 296 | 270 | **-5 678** | **251** |
| | 恒+汽($M_{min}$)+人($M_{min}$)+温降+混凝土收缩+徐变 | -1 282 | -357 | -1 762 | -363 | **-3 943** | **491** | -4 606 | 485 |
| 组合Ⅲ | 恒+汽($N_{max}$)+人($N_{max}$)+温升+混凝土收缩+徐变 | -1 856 | 147 | -1 710 | 132 | -2 807 | 94 | -2 659 | 69 |
| | 恒+汽($M_{max}$)+人($M_{max}$)+温升+混凝土收缩+徐变 | -3 534 | 280 | -3 431 | 270 | -3 752 | 150 | -3 632 | 133 |
| | 恒+汽($N_{min}$)+人($N_{min}$)+温升+混凝土收缩+徐变 | -3 660 | 266 | -3 547 | 263 | -5 065 | 29 | -5 068 | 7 |
| | 恒+汽($M_{min}$)+人($M_{min}$)+温升+混凝土收缩+徐变 | -2 225 | 87 | -2 049 | 81 | -4 104 | -123 | -4 054 | -123 |

注:1.表中恒为恒载,汽为汽车荷载,人为人群荷载,温升为温度上升,温降为温度下降。
2.表中加粗和加下划线的数值为控制设计的内力值。

**承载能力极限状态 L/4 截面内力组合**                                     表 5-5

| 荷载组合 | 内力汇总 | 1号管 N | 1号管 M | 2号管 N | 2号管 M | 3号管 N | 3号管 M | 4号管 N | 4号管 M |
|---|---|---|---|---|---|---|---|---|---|
| 组合Ⅰ | 恒+汽($N_{max}$)+人($N_{max}$) | -1 873 | -34 | -1 883 | -34 | -1 244 | -10 | -1 219 | -10 |
| | 恒+汽($M_{max}$)+人($M_{max}$) | -4 016 | 9 | -4 030 | 11 | -1 338 | -2 | -1 300 | -2 |
| | 恒+汽($N_{min}$)+人($N_{min}$) | -4 122 | 8 | -4 074 | 9 | -3 602 | -47 | -3 611 | -47 |
| | 恒+汽($M_{min}$)+人($M_{min}$) | -1 963 | -36 | -1 963 | -36 | -3 578 | -47 | -3 593 | -47 |
| 组合Ⅱ | 恒+汽($N_{max}$)+人($N_{max}$)+温降+混凝土收缩+徐变 | -1 859 | -32 | -1 865 | -32 | -1 277 | -8 | -1 249 | -8 |
| | 恒+汽($M_{max}$)+人($M_{max}$)+温降+混凝土收缩+徐变 | -3 983 | 11 | -3 993 | 13 | -1 371 | 0 | -1 330 | 0 |
| | 恒+汽($N_{min}$)+人($N_{min}$)+温降+混凝土收缩+徐变 | -4 087 | 9 | -4 036 | 11 | -3 610 | -45 | **-3 616** | **-50** |
| | 恒+汽($M_{min}$)+人($M_{min}$)+温降+混凝土收缩+徐变 | -2 318 | -14 | -2 312 | -14 | -2 410 | -26 | -2 407 | -26 |
| 组合Ⅲ | 恒+汽($N_{max}$)+人($N_{max}$)+温升+混凝土收缩+徐变 | -1 908 | -32 | -1 918 | -32 | -1 219 | -6 | -1 195 | -6 |
| | 恒+汽($M_{max}$)+人($M_{max}$)+温升+混凝土收缩+徐变 | -4 032 | 11 | -4 046 | 13 | -1 313 | 2 | -1 276 | 2 |
| | 恒+汽($N_{min}$)+人($N_{min}$)+温升+混凝土收缩+徐变 | **-4 136** | **9** | -4 089 | 11 | -3 552 | -43 | -3 562 | -43 |
| | 恒+汽($M_{min}$)+人($M_{min}$)+温升+混凝土收缩+徐变 | -1 996 | -34 | -1 997 | -34 | -3 529 | -43 | -3 545 | -43 |

注:同表 5-4。

**承载能力极限状态拱顶截面内力组合**                                     表 5-6

| 荷载组合 | 内力汇总 | 1号管 N | 1号管 M | 2号管 N | 2号管 M | 3号管 N | 3号管 M | 4号管 N | 4号管 M |
|---|---|---|---|---|---|---|---|---|---|
| 组合Ⅰ | 恒+汽($N_{max}$)+人($N_{max}$) | -2 053 | 65 | -2 062 | 65 | -1 299 | 168 | -1 276 | 168 |
| | 恒+汽($M_{max}$)+人($M_{max}$) | -3 744 | 170 | -3 664 | 162 | -1 471 | 185 | -1 559 | 172 |
| | 恒+汽($N_{min}$)+人($N_{min}$) | -3 800 | 168 | -3 821 | 161 | -2 809 | 68 | -2 804 | 72 |
| | 恒+汽($M_{min}$)+人($M_{min}$) | -2 159 | 64 | -2 330 | 62 | -2 456 | 60 | -2 222 | 59 |
| 组合Ⅱ | 恒+汽($N_{max}$)+人($N_{max}$)+温降+混凝土收缩+徐变 | -2 276 | 73 | -2 285 | 73 | -1 032 | 175 | -1 006 | 175 |
| | 恒+汽($M_{max}$)+人($M_{max}$)+温降+混凝土收缩+徐变 | -3 952 | 178 | -3 875 | 170 | -1 200 | 192 | -1 282 | 180 |
| | 恒+汽($N_{min}$)+人($N_{min}$)+温降+混凝土收缩+徐变 | -4 007 | 175 | **-4 028** | **169** | -2 527 | 77 | -2 520 | 80 |
| | 恒+汽($M_{min}$)+人($M_{min}$)+温降+混凝土收缩+徐变 | -2 826 | 77 | -2 851 | 77 | -1 378 | 77 | -1 352 | 77 |
| 组合Ⅲ | 恒+汽($N_{max}$)+人($N_{max}$)+温升+混凝土收缩+徐变 | -1 968 | 78 | -1 973 | 78 | -1 384 | 180 | -1 356 | 181 |
| | 恒+汽($M_{max}$)+人($M_{max}$)+温升+混凝土收缩+徐变 | -3 645 | 183 | -3 563 | 175 | **-1 552** | **197** | -1 632 | 185 |
| | 恒+汽($N_{min}$)+人($N_{min}$)+温升+混凝土收缩+徐变 | -3 699 | 180 | -3 716 | 174 | -2 878 | 82 | -2 869 | 86 |
| | 恒+汽($M_{min}$)+人($M_{min}$)+温升+混凝土收缩+徐变 | -2 072 | 77 | -2 238 | 75 | -2 529 | 74 | -2 295 | 73 |

注:同表 5-4。

将计算得到的各单项荷载进行荷载组合,并且不考虑汽车荷载的冲击系数后得到的各截面正常使用极限状况组合结果,如表 5-7~表 5-9 所示。

**正常使用极限状态拱脚截面内力组合**                                     表 5-7

| 荷载组合 | 内力汇总 | 1号管 N | 1号管 M | 2号管 N | 2号管 M | 3号管 N | 3号管 M | 4号管 N | 4号管 M |
|---|---|---|---|---|---|---|---|---|---|
| 组合Ⅰ | 恒+汽($N_{max}$)+人($N_{max}$) | -1 502 | 27 | -1 502 | 15 | -2 465 | 149 | -2 498 | 132 |
| | 恒+汽($M_{max}$)+人($M_{max}$) | -2 600 | 116 | -2 628 | 106 | -3 080 | 187 | -3 136 | 175 |
| | 恒+汽($N_{min}$)+人($N_{min}$) | -2 685 | 106 | -2 705 | 101 | -3 942 | 106 | -4 075 | 91 |
| | 恒+汽($M_{min}$)+人($M_{min}$) | -1 739 | -11 | -1 718 | -18 | -3 317 | 8 | -3 412 | 7 |

续上表

| 荷载组合 | 内力汇总 | 1号管 N | 1号管 M | 2号管 N | 2号管 M | 3号管 N | 3号管 M | 4号管 N | 4号管 M |
|---|---|---|---|---|---|---|---|---|---|
| 组合Ⅱ | 恒+汽($N_{max}$)+人($N_{max}$)+温降+混凝土收缩+徐变 | -1 092 | -131 | -1 270 | -140 | -2 682 | 295 | -2 927 | 279 |
| | 恒+汽($M_{max}$)+人($M_{max}$)+温降+混凝土收缩+徐变 | -2 190 | -42 | -2 396 | -49 | -3 297 | 333 | -3 565 | 322 |
| | 恒+汽($N_{min}$)+人($N_{min}$)+温降+混凝土收缩+徐变 | -2 275 | -52 | -2 473 | -54 | -4 159 | 252 | **-4 504** | **238** |
| | 恒+汽($M_{min}$)+人($M_{min}$)+温降+混凝土收缩+徐变 | -1 105 | -272 | -1 475 | -277 | **-3 290** | **386** | -3 805 | 381 |
| 组合Ⅲ | 恒+汽($N_{max}$)+人($N_{max}$)+温升+混凝土收缩+徐变 | -1 688 | 153 | -1 545 | 142 | -2 446 | 49 | -2 304 | 30 |
| | 恒+汽($M_{max}$)+人($M_{max}$)+温升+混凝土收缩+徐变 | -2 786 | 242 | -2 671 | 233 | -3 061 | 87 | -2 942 | 73 |
| | 恒+汽($N_{min}$)+人($N_{min}$)+温升+混凝土收缩+徐变 | -2 871 | 232 | -2 748 | 228 | -3 923 | 6 | -3 881 | -11 |
| | 恒+汽($M_{min}$)+人($M_{min}$)+温升+混凝土收缩+徐变 | -1 984 | 109 | -1 822 | 104 | -3 151 | -86 | -3 056 | -89 |

注：同表5-4。

**正常使用极限状态 $L/4$ 截面内力组合**　　表5-8

| 荷载组合 | 内力汇总 | 1号管 N | 1号管 M | 2号管 N | 2号管 M | 3号管 N | 3号管 M | 4号管 N | 4号管 M |
|---|---|---|---|---|---|---|---|---|---|
| 组合Ⅰ | 恒+汽($N_{max}$)+人($N_{max}$) | -1 662 | -25 | -1 669 | -25 | -1 223 | -11 | -1 208 | -11 |
| | 恒+汽($M_{max}$)+人($M_{max}$) | -3 040 | 3 | -3 049 | 4 | -1 283 | -6 | -1 260 | -6 |
| | 恒+汽($N_{min}$)+人($N_{min}$) | -3 109 | 2 | -3 079 | 3 | -2 746 | -35 | -2 752 | -35 |
| | 恒+汽($M_{min}$)+人($M_{min}$) | -1 721 | -26 | -1 721 | -26 | -2 730 | -35 | -2 740 | -35 |
| 组合Ⅱ | 恒+汽($N_{max}$)+人($N_{max}$)+温降+混凝土收缩+徐变 | -1 641 | -23 | -1 645 | -23 | -1 249 | -9 | -1 231 | -9 |
| | 恒+汽($M_{max}$)+人($M_{max}$)+温降+混凝土收缩+徐变 | -3 019 | 5 | -3 025 | 6 | -1 309 | -4 | -1 283 | -4 |
| | 恒+汽($N_{min}$)+人($N_{min}$)+温降+混凝土收缩+徐变 | -3 088 | 4 | -3 055 | 5 | -2 772 | -33 | **-2 775** | **-38** |
| | 恒+汽($M_{min}$)+人($M_{min}$)+温降+混凝土收缩+徐变 | -1 931 | -12 | -1 926 | -12 | -2 023 | -21 | -2 021 | -21 |
| 组合Ⅲ | 恒+汽($N_{max}$)+人($N_{max}$)+温升+混凝土收缩+徐变 | -1 691 | -23 | -1 699 | -23 | -1 190 | -7 | -1 176 | -7 |
| | 恒+汽($M_{max}$)+人($M_{max}$)+温升+混凝土收缩+徐变 | -3 069 | 5 | -3 079 | 6 | -1 250 | -2 | -1 228 | -2 |
| | 恒+汽($N_{min}$)+人($N_{min}$)+温升+混凝土收缩+徐变 | **-3 138** | **4** | -3 109 | 5 | -2 713 | -31 | -2 720 | -31 |
| | 恒+汽($M_{min}$)+人($M_{min}$)+温升+混凝土收缩+徐变 | -1 698 | -26 | -1 701 | -26 | -2 645 | -30 | -2 656 | -30 |

注：同表5-4。

**正常使用极限状态拱顶截面内力组合**　　表5-9

| 荷载组合 | 内力汇总 | 1号管 N | 1号管 M | 2号管 N | 2号管 M | 3号管 N | 3号管 M | 4号管 N | 4号管 M |
|---|---|---|---|---|---|---|---|---|---|
| 组合Ⅰ | 恒+汽($N_{max}$)+人($N_{max}$) | -1 761 | 56 | -1 769 | 56 | -1 206 | 121 | -1 192 | 121 |
| | 恒+汽($M_{max}$)+人($M_{max}$) | -2 845 | 123 | -2 794 | 118 | -1 321 | 132 | -1 385 | 124 |
| | 恒+汽($N_{min}$)+人($N_{min}$) | -2 884 | 121 | -2 899 | 117 | -2 180 | 58 | -2 177 | 60 |
| | 恒+汽($M_{min}$)+人($M_{min}$) | -1 831 | 55 | -1 943 | 54 | -1 952 | 53 | -1 798 | 52 |
| 组合Ⅱ | 恒+汽($N_{max}$)+人($N_{max}$)+温降+混凝土收缩+徐变 | -1 984 | 64 | -1 992 | 64 | -930 | 129 | -914 | 129 |
| | 恒+汽($M_{max}$)+人($M_{max}$)+温降+混凝土收缩+徐变 | -3 068 | 131 | -3 017 | 126 | -1 045 | 140 | -1 107 | 132 |
| | 恒+汽($N_{min}$)+人($N_{min}$)+温降+混凝土收缩+徐变 | -3 107 | 129 | **-3 122** | **125** | -1 904 | 66 | -1 899 | 68 |
| | 恒+汽($M_{min}$)+人($M_{min}$)+温降+混凝土收缩+徐变 | -2 332 | 66 | -2 354 | 66 | -1 178 | 66 | -1 151 | 66 |

续上表

| 荷载组合 | 内力汇总 | 1号管 N | 1号管 M | 2号管 N | 2号管 M | 3号管 N | 3号管 M | 4号管 N | 4号管 M |
|---|---|---|---|---|---|---|---|---|---|
| 组合Ⅲ | 恒+汽($N_{max}$)+人($N_{max}$)+温升+混凝土收缩+徐变 | -1 670 | 69 | -1 674 | 69 | -1 289 | 134 | -1 271 | 135 |
| | 恒+汽($M_{max}$)+人($M_{max}$)+温升+混凝土收缩+徐变 | -2 754 | 136 | -2 699 | 131 | **-1 404** | **145** | -1 464 | 138 |
| | 恒+汽($N_{min}$)+人($N_{min}$)+温升+混凝土收缩+徐变 | -2 793 | 134 | -2 804 | 130 | -2 263 | 71 | -2 256 | 74 |
| | 恒+汽($M_{min}$)+人($M_{min}$)+温升+混凝土收缩+徐变 | -1 674 | 58 | -1 783 | 57 | -2 067 | 60 | -1 910 | 60 |

注:同表5-4。

计算可得,恒载作用下拱肋内力为:

(1)拱脚截面:1号管 $N=-1\,888$kN,$M=57$kN·m;2号管 $N=-1\,899$kN,$M=48$kN·m;3号管 $N=-2\,874$kN,$M=108$kN·m;4号管 $N=-2\,958$kN,$M=99$kN·m。

(2)$L/4$ 截面:1号管 $N=-2\,017$kN,$M=-12$kN·m;2号管 $N=-2\,018$kN,$M=-12$kN·m;3号管 $N=-1\,847$kN,$M=-20$kN·m;4号管 $N=-1\,849$kN,$M=-20$kN·m。

(3)拱顶截面:1号管 $N=-1\,940$kN,$M=62$kN·m;2号管 $N=-1\,947$kN,$M=62$kN·m;3号管 $N=-1\,610$kN,$M=62$kN·m;4号管 $N=-1\,612$kN,$M=62$kN·m。

承载能力极限状态构件验算采用的最不利内力组合为:

(1)拱脚截面:3号管,$M_{max}=491$kN·m,对应的轴力 $N=-3\,943$kN;4号管,$N_{max}=-5\,678$kN,对应的弯矩 $M=251$kN·m。

(2)$L/4$ 截面:4号管,$M_{max}=-50$kN·m,对应的轴力 $N=-3\,616$kN;1号管,$N_{max}=-4\,136$kN,对应的弯矩 $M=9$kN·m。

(3)拱顶截面:3号管,$M_{max}=197$kN·m,对应的轴力 $N=-1\,552$kN;2号管,$N_{max}=-4\,028$kN,对应的弯矩 $M=169$kN·m。

计算承载能力极限状态拱肋整体验算采用的最不利内力组合时,须将各肢内力换算成截面的内力:

$$N_{截面} = N_1 + N_2 + N_3 + N_4$$
$$M_{截面} = M_1 + M_2 + M_3 + M_4 + (N_1 + N_2 - N_3 - N_4)h$$

其中 $N_1$、$N_2$、$N_3$、$N_4$ 为各肢轴力;$M_1$、$M_2$、$M_3$、$M_4$ 为各肢的弯矩。

计算得到承载能力极限状态拱肋整体验算采用的最不利内力组合为:

(1)拱脚截面:最大弯矩组合,$M_{max}=13\,743$kN·m,相应的 $N=-11\,593$kN;最大轴力组合,$N_{max}=-17\,392$kN,相应的 $M=8\,748$kN·m。

(2)$L/4$ 截面:最大弯矩组合,$M_{max}=13\,420$kN·m,相应的 $N=-10\,667$kN;最大轴力组合,$N_{max}=-15\,409$kN,相应的 $M=2\,485$kN·m。

(3)拱顶截面:最大弯矩组合,$M_{max}=12\,375$kN·m,相应的 $N=-10\,309$kN;最大轴力组合,$N_{max}=-13\,234$kN,相应的 $M=4\,451$kN·m。

正常使用极限状态构件验算采用的最不利内力组合为:

(1)拱脚截面:3号管,$M_{max}=386$kN·m,对应的轴力 $N=-3\,290$kN;4号管,$N_{max}=-4\,504$kN,对应的弯矩 $M=238$kN·m。

(2)$L/4$ 截面:4号管,$M_{max}=-38$kN·m,对应的轴力 $N=-2\,775$kN;1号管,$N_{max}=-3\,148$kN,对应的弯矩 $M=4$kN·m。

(3)拱顶截面:3号管,$M_{max} = 145 \text{kN} \cdot \text{m}$,对应的轴力 $N = -1404 \text{kN}$;2号管,$N_{max} = -3122 \text{kN}$,对应的弯矩 $M = 125 \text{kN} \cdot \text{m}$。

## 三、拱肋强度计算

### (一)《规范》验算要求

**1.组成构件强度验算要求**

《规范》第5.1.4条规定,钢管混凝土拱肋强度计算应为拱肋各组成构件,稳定计算应包括各组成构件与拱肋整体。对桁式拱肋的钢管混凝土弦管,当单肢一个节间的长细比 $\lambda_1 \leqslant 10$ 时,承载力计算可仅进行强度计算,并应符合本规范第5.2.2~5.2.5条的规定;当 $\lambda_1 > 10$ 时,承载力计算应进行稳定计算,并应符合本规范第5.3.3条的规定。$\lambda_1$ 的计算应符合本规范公式(5.3.9-3)~式(5.3.9-5)的规定。

《规范》第5.1.4条条文说明,对于哑铃形与桁式拱肋,组成构件指钢管混凝土弦杆及其连接构件,整体结构是由这些构件组成的一个结构整体,视为一根杆件。

**2.整体截面强度验算要求**

《规范》第5.2.7条规定,钢管混凝土哑铃形构件和格构柱偏心抗压强度验算时,轴向压力组合设计值 $N_s$ 应取截面轴向力最大设计值和对应于截面弯矩最大设计值的轴力值,并应按下列公式计算:

$$\gamma_0 N_s \leqslant N_{D1} \quad (5.2.7\text{-}1)$$

$$N_{D1} = \varphi_e N_D \quad (5.2.7\text{-}2)$$

式中:$\varphi_e$——偏心率折减系数,格构柱按本规范第5.2.9条的规定计算。《规范》第5.2.9条规定,钢管混凝土格构柱的偏心率折减系数 $\varphi_e$ 应按下列公式计算:

当 $\dfrac{e_0}{h_1} \leqslant \varepsilon_b$ 时

$$\varphi_e = \frac{1}{1 + \dfrac{2e_0}{h_1}} \quad (5.2.9\text{-}1)$$

当 $\dfrac{e_0}{h_1} > \varepsilon_b$ 时

$$\varphi_e = \frac{\xi_0}{(1 + \sqrt{\xi_0} + \xi_0)\left(\dfrac{2e_0}{h_1} - 1\right)} \quad (5.2.9\text{-}2)$$

$$\varepsilon_b = 0.5 + \frac{\xi_0}{1 + \sqrt{\xi_0}} \quad (5.2.9\text{-}3)$$

$\varepsilon_b$——界限偏心率;
$h_1$——格构柱截面受弯面内两肢中心距离(mm);
$e_0$——格构柱截面的偏心距(mm);
$N_D$——钢管混凝土哑铃形和格构柱构件截面轴心受压承载力,应按《规范》5.2.6条计算,具体如下:

$$N_D = \sum(N_0^i + N_f^i) \tag{5.2.6-2}$$

$$N_f^i = A_{fs} f_s \tag{5.2.6-3}$$

$N_0^i$ ——拱肋截面各肢钢管混凝土截面轴心受压承载力,按本规范式(5.2.2-2)计算;

$N_f^i$ ——与钢管混凝土主肢共同承担荷载的连接钢板的极限承载力;

$A_{fs}$ ——连接钢板的截面面积。

**(二) 弦管强度验算**

1.拱脚截面

对于拱脚截面3号管最大弯矩组合($M_{max} = 491 \text{kN} \cdot \text{m}$,$N = 3\ 943 \text{kN}$):

$$\xi_0 = \frac{A_s f_s}{A_c f_{cd}} = \frac{0.013\ 6 \times 275}{0.224 \times 19.1} = 0.874$$

$$\rho_c = \frac{A_s}{A_c} = \frac{0.013\ 6}{0.224} = 0.060\ 7$$

$$N_0 = k_3(1.14 + 1.02\xi_0)(1 + \rho_c)f_{cd}A_c$$
$$= 1.0 \times (1.14 + 1.02 \times 0.874) \times (1 + 0.060\ 7) \times 19.1 \times 0.224 \times 10^3 = 9\ 219(\text{kN})$$

$$N'_0 = K_t N_0 = 1.0 \times 9\ 219 = 9\ 219(\text{kN})$$

$$\frac{e_0}{r_c} = \frac{491}{3\ 943 \times 0.267} = 0.466 < 1.55$$

$$\varphi_e = \frac{1}{1 + 1.85\dfrac{e_0}{r_c}} = \frac{1}{1 + 1.85 \times 0.466} = 0.537$$

名义长细比为:

$$\lambda_1 = \frac{4l_1}{D} = \frac{4 \times 1.870}{0.55} = 13.6 > 10,\text{故应考虑其稳定计算}。$$

$$\rho_c = \frac{A_s}{A_c} = \frac{0.013\ 6}{0.224} = 0.060\ 7$$

则相对长细比为:

$$\lambda_n = \frac{\lambda_1}{\pi}\sqrt{\frac{f_y A_s + f_{ck} A_c + A_c\sqrt{\rho_c f_y f_{ck}}}{E_s A_s + E_c A_c}}$$

$$= \frac{13.6}{\pi} \times \sqrt{\frac{345 \times 0.013\ 6 + 26.8 \times 0.224 + 0.224\sqrt{0.060\ 7 \times 345 \times 26.8}}{2.06 \times 10^5 \times 0.013\ 6 + 3.25 \times 10^4 \times 0.224}} = 0.173$$

$$\varphi = 0.658^{\lambda_n^2} = 0.658^{0.173^2} = 0.987$$

$$\varphi\varphi_e N'_0 = 0.987 \times 0.537 \times 9\ 219 = 4\ 887(\text{kN}) > \gamma_0 N_s = 3\ 943 \text{kN}$$

对于拱脚截面4号管最大轴力组合($N_{max} = 5\ 678 \text{kN}, M = 251 \text{kN} \cdot \text{m}$):

$$\frac{e_0}{r_c} = \frac{251}{5\ 678 \times 0.267} = 0.166 < 1.55$$

$$\varphi_e = \frac{1}{1 + 1.85 \frac{e_0}{r_c}} = \frac{1}{1 + 1.85 \times 0.166} = 0.765$$

$$\varphi \varphi_e N_0' = 0.987 \times 0.765 \times 9\,219 = 6\,355(\text{kN}) > \gamma_0 N_s = 5\,678\text{kN}$$

因此,拱脚截面构件强度承载力满足要求。

2. $L/4$ 截面

对于 $L/4$ 截面 4 号管最大弯矩组合($M_{max} = 50\text{kN}\cdot\text{m}$, $N = 3\,616\text{kN}$):

$$\xi_0 = \frac{A_s f_s}{A_c f_{cd}} = \frac{0.013\,6 \times 190}{0.224 \times 19.1} = 0.604$$

$$\rho = \frac{A_s}{A_c} = \frac{0.013\,6}{0.224} = 0.060\,7$$

$$N_0 = k_3(1.14 + 1.02\xi_0)(1 + \rho_c)f_{cd}A_c$$
$$= 1.0 \times (1.14 + 1.02 \times 0.604) \times (1 + 0.060\,7) \times 19.1 \times 0.224 \times 10^3 = 7\,969(\text{kN})$$

$$N_0' = K_t N_0 = 0.95 \times 7\,969 = 7\,571(\text{kN})$$

$$\frac{e_0}{r_c} = \frac{50}{3\,616 \times 0.267} = 0.052 < 1.55$$

$$\varphi_e = \frac{1}{1 + 1.85 \frac{e_0}{r_c}} = \frac{1}{1 + 1.85 \times 0.052} = 0.912$$

名义长细比为:

$$\lambda_1 = \frac{4l_1}{D} = \frac{4 \times 2.894}{0.55} = 21 > 10,\text{故应考虑其稳定计算。}$$

则相对长细比为:

$$\lambda_n = \frac{\lambda}{\pi}\sqrt{\frac{f_y A_s + f_{ck}A_c + A_c\sqrt{\rho_c f_y f_{ck}}}{E_s A_s + E_c A_c}}$$

$$= \frac{21}{\pi} \times \sqrt{\frac{235 \times 0.013\,6 + 26.8 \times 0.224 + 0.224\sqrt{0.060\,8 \times 235 \times 26.8}}{2.06 \times 10^5 \times 0.013\,6 + 3.25 \times 10^4 \times 0.224}} = 0.283$$

$$\varphi = 0.658^{\lambda_n^2} = 0.658^{0.283^2} = 0.967$$

$$\varphi \varphi_e N_0' = 0.967 \times 0.912 \times 7\,571 = 6\,677(\text{kN}) > \gamma_0 N_s = 3\,616\text{kN}$$

对 $L/4$ 截面 1 号管最大轴力组合($N_{max} = 4\,136\text{kN}$, $M = 9\text{kN}\cdot\text{m}$):

$$\frac{e_0}{r_c} = \frac{9}{4\,136 \times 0.267} = 0.008\,1 < 1.55$$

$$\varphi_e = \frac{1}{1 + 1.85 \frac{e_0}{r_c}} = \frac{1}{1 + 1.85 \times 0.008\,1} = 0.985$$

$$\varphi \varphi_e N_0' = 0.967 \times 0.985 \times 7\,571 = 7\,212(\text{kN}) > \gamma_0 N_s = 4\,136\text{kN}$$

因此,$L/4$ 截面构件强度承载力满足要求。

3. 拱顶截面

对于拱顶截面 3 号管最大弯矩组合($M_{max} = 197\text{kN}\cdot\text{m}$, $N = 1\,552\text{kN}$):

$$\xi_0 = \frac{A_s f_s}{A_c f_{cd}} = \frac{0.013\ 6 \times 190}{0.224 \times 19.1} = 0.604$$

$$\rho = \frac{A_s}{A_c} = \frac{0.013\ 6}{0.224} = 0.060\ 7$$

$$N_0 = k_3(1.14 + 1.02\xi_0)(1 + \rho_c)f_{cd}A_c$$
$$= 1.0 \times (1.14 + 1.02 \times 0.604) \times (1 + 0.060\ 7) \times 19.1 \times 0.224 \times 10^3 = 7\ 969(\text{kN})$$

$$N_0' = K_t N_0 = 0.9 \times 7\ 969 = 7\ 172(\text{kN})$$

$$\frac{e_0}{r_c} = \frac{197}{1\ 552 \times 0.267} = 0.475 < 1.55$$

$$\varphi_e = \frac{1}{1 + 1.85\dfrac{e_0}{r_c}} = \frac{1}{1 + 1.85 \times 0.475} = 0.532$$

名义长细比为:

$$\lambda_1 = \frac{4l_1}{D} = \frac{4 \times 2.700}{0.55} = 19.6 > 10, \text{故应考虑其稳定计算}。$$

则相对长细比为

$$\lambda_n = \frac{\lambda_1}{\pi}\sqrt{\frac{f_y A_s + f_{ck}A_c + A_c\sqrt{\rho_c f_y f_{ck}}}{E_s A_s + E_c A_c}}$$

$$= \frac{19.6}{\pi} \times \sqrt{\frac{345 \times 0.013\ 6 + 26.8 \times 0.224 + 0.224\sqrt{0.060\ 7 \times 345 \times 26.8}}{2.06 \times 10^5 \times 0.013\ 6 + 3.25 \times 10^4 \times 0.224}} = 0.229$$

$$\varphi = 0.658^{\lambda_n^2} = 0.658^{0.229^2} = 0.978$$

$$\varphi \varphi_e N_0' = 0.978 \times 0.532 \times 7\ 172 = 3\ 732(\text{kN}) > \gamma_0 N_s = 1\ 552\text{kN}$$

对于拱顶截面2号管最大轴力组合($N_{\max} = 4\ 028\text{kN}$, $M = 169\text{kN}\cdot\text{m}$):

$$\frac{e_0}{r_c} = \frac{169}{4\ 028 \times 0.267} = 0.157 < 1.55$$

$$\varphi_e = \frac{1}{1 + 1.85\dfrac{e_0}{r_c}} = \frac{1}{1 + 1.85 \times 0.157} = 0.775$$

$$\varphi \varphi_e N_0' = 0.978 \times 0.775 \times 7\ 172 = 5\ 436(\text{kN}) > \gamma_0 N_s = 4\ 028\text{kN}$$

因此,拱顶截面构件强度承载力满足要求。

### (三) 腹杆强度和稳定验算

《规范》第5.2.10条规定钢管混凝土桁式拱肋腹杆所受轴力设计值$V_1$应取实际轴力或按下式计算结果取较大值:

$$V_1 = \sum_{i=1}^{n}\frac{N_{0i}}{60} \tag{5.2.10}$$

式中: $V_1$——腹杆所受轴力设计值(N);

$n$——桁式拱肋弦杆数;

$N_{0i}$——桁式拱肋第$i$根弦杆轴心抗压强度设计值(N),按本规范式(5.2.2-2)计算。

1. 拱脚截面

$$\xi_0 = \frac{A_s f_s}{A_c f_{cd}} = \frac{0.013\ 6 \times 275}{0.224 \times 19.1} = 0.874$$

$$\rho_c = \frac{A_s}{A_c} = \frac{0.013\ 6}{0.224} = 0.060\ 7$$

$$N_0 = k_3(1.14 + 1.02\xi_0)(1 + \rho_c)f_{cd}A_c$$

$$= 1.0 \times (1.14 + 1.02 \times 0.874) \times (1 + 0.060\ 7) \times 19.1 \times 0.224 \times 10^3 = 9\ 219(\text{kN})$$

《规范》第5.2.10条规定钢管混凝土桁式拱肋腹杆所受轴力设计值 $V_1$ 应取实际轴力或按下式计算结果取较大值。

(1) 钢管混凝土桁式拱肋腹杆所受轴力按下式计算得：

$$V_1 = \sum_{i=1}^{4}\frac{N_{0i}}{60} = \frac{4 \times 9\ 219}{60} = 614.6(\text{kN})$$

因为拱脚截面有两根腹杆，因此单根腹杆所受轴力为614.6/2=307.3(kN)。

(2) 根据有限元分析结果得钢管混凝土桁式拱肋拱脚截面受力最大的一根腹杆所受轴力实际值为：

$$N = 156\text{kN}$$

故可得钢管混凝土桁式拱肋腹杆所受轴力设计值 $V_1 = 307.3\text{kN}$。

根据此轴力值按现行钢结构设计规范进行其强度、刚度和稳定性计算。

2. $L/4$ 截面

$$\xi_0 = \frac{A_s f_s}{A_c f_{cd}} = \frac{0.013\ 6 \times 190}{0.224 \times 19.1} = 0.604$$

$$\rho = \frac{A_s}{A_c} = \frac{0.013\ 6}{0.224} = 0.060\ 7$$

$$N_0 = k_3(1.14 + 1.02\xi_0)(1 + \rho_c)f_{cd}A_c$$

$$= 1.0 \times (1.14 + 1.02 \times 0.604) \times (1 + 0.060\ 7) \times 19.1 \times 0.224 \times 10^3 = 7\ 969(\text{kN})$$

《规范》第5.2.10条规定钢管混凝土桁式拱肋腹杆所受轴力设计值 $V_1$ 应取实际轴力或按下式计算结果取较大值。

(1) 钢管混凝土桁式拱肋腹杆所受轴力按下式计算得：

$$V_1 = \frac{\sum_{i=1}^{4}N_{0i}}{60} = \frac{4 \times 7\ 969}{60} = 531.3(\text{kN})$$

因为 $L/4$ 截面有两根腹杆，因此单根腹杆所受轴力为531.3/2=265.6(kN)。

(2) 根据有限元分析结果得钢管混凝土桁式拱肋 $L/4$ 截面受力最大的一根腹杆所受轴力实际值为：$N = 280\text{kN}$。

故可得钢管混凝土桁式拱肋腹杆所受轴力设计值 $V_1 = 280\text{kN}$。

根据此轴力值按现行钢结构设计规范进行其强度、刚度和稳定性计算。

3. 拱顶截面

$$\xi_0 = \frac{A_s f_s}{A_c f_{cd}} = \frac{0.013\ 6 \times 190}{0.224 \times 19.1} = 0.604$$

$$\rho = \frac{A_s}{A_c} = \frac{0.013\ 6}{0.224} = 0.060\ 7$$

$N_0 = k_3(1.14 + 1.02\xi_0)(1 + \rho_c)f_{cd}A_c$

$\quad = 1.0 \times (1.14 + 1.02 \times 0.604) \times (1 + 0.060\ 7) \times 19.1 \times 0.224 \times 10^3 = 7\ 969(\text{kN})$

《规范》第5.2.10条规定钢管混凝土桁式拱肋腹杆所受轴力设计值 $V_1$ 应取实际轴力或按下式计算结果取较大值。

(1) 钢管混凝土桁式拱肋腹杆所受轴力按下式计算得：

$$V_1 = \frac{\sum_{i=1}^{4} N_{0i}}{60}$$

$$= \frac{4 \times 7\ 969}{60} = 531.3(\text{kN})$$

因为拱顶截面有两根腹杆，因此单根腹杆所受轴力为531.5/2 = 265.6(kN)。

(2) 根据有限元分析结果得钢管混凝土桁式拱肋拱顶截面受力最大的一根腹杆所受轴力实际值为：$N = 257$ kN。

故可得钢管混凝土桁式拱肋腹杆所受轴力设计值 $V_1 = 265.6$ kN。

根据此轴力值按现行钢结构设计规范进行其强度、刚度和稳定性计算。

### (四) 整体截面强度验算

**1. 拱脚截面**

对于拱脚截面，按照弯矩最大组合（$M_{max} = 13\ 743$ kN·m，$N = 11\ 593$ kN）和轴力最大组合（$N_{max} = 17\ 392$ kN，$M = 8\ 748$ kN·m）两种工况进行验算。

$$\xi_0 = \frac{A_s f_s}{A_c f_{cd}} = \frac{0.013\ 6 \times 275}{0.224 \times 19.1} = 0.874$$

$$\rho = \frac{A_s}{A_c} = \frac{0.013\ 6}{0.224} = 0.060\ 7$$

$N_0 = k_3(1.14 + 1.02\xi_0)(1 + \rho_c)f_{cd}A_c$

$\quad = 1.0 \times (1.14 + 1.02 \times 0.874) \times (1 + 0.060\ 7) \times 19.1 \times 0.224 \times 10^3 = 9\ 219(\text{kN})$

则：

$$N'_0 = K_t N_0 = 1.0 \times 9\ 219 = 9\ 219(\text{kN})$$

全截面四肢钢管的轴压短柱承载力为：

$$N_D = \sum(N_0^i + N_f^i) = 4 \times 9\ 219 = 36\ 876(\text{kN})$$

按照《规范》第5.2.9条规定，钢管混凝土格构柱的偏心率折减系数 $\varphi_e$ 计算如下：

界限偏心率：

$$\varepsilon_b = 0.5 + \frac{\xi_0}{1 + \sqrt{\xi_0}} = 0.5 + \frac{0.874}{1 + \sqrt{0.874}} = 0.952$$

对于最大弯矩组合 $\dfrac{e_0}{h} = \dfrac{13\ 743}{11\ 593 \times 2.45} = 0.484 < 0.952$ 有：

$$\varphi_e = \cfrac{1}{1 + 2\cfrac{e_0}{h}} = \cfrac{1}{1 + 2 \times 0.484} = 0.508$$

对于最大轴力组合 $\cfrac{e_0}{h} = \cfrac{8\,748}{17\,392 \times 2.45} = 0.205 < 0.952$,有:

$$\varphi_e = \cfrac{1}{1 + 2\cfrac{e_0}{h}} = \cfrac{1}{1 + 2 \times 0.205} = 0.709$$

对最大弯矩组合($M_{max} = 13\,743\text{kN} \cdot \text{m}$,$N = 12\,424\text{kN}$):
$$\varphi_e N_D = 0.508 \times 36\,876 = 18\,733(\text{kN}) > \gamma_0 N_s = 12\,424\text{kN}$$
对最大轴力组合($N_{max} = 17\,392\text{kN}$,$M = 8\,748\text{kN} \cdot \text{m}$):
$$\varphi_e N_D = 0.709 \times 36\,876 = 26\,145(\text{kN}) > \gamma_0 N_s = 17\,392\text{kN}$$
故拱脚截面的强度承载力满足要求。

2.$L/4$ 截面

对于 $L/4$ 截面,按照弯矩最大组合($M_{max} = 13\,420\text{kN} \cdot \text{m}$,$N = 10\,667\text{kN}$)和轴力最大组合($N_{max} = 15\,409\text{kN}$,$M = 2\,485\text{kN} \cdot \text{m}$)两种工况进行验算。

$$\xi_0 = \cfrac{A_s f_s}{A_c f_{cd}} = \cfrac{0.013\,6 \times 190}{0.224 \times 19.1} = 0.604$$

$$\rho = \cfrac{A_s}{A_c} = \cfrac{0.013\,6}{0.224} = 0.060\,7$$

$N_0 = k_3(1.14 + 1.02\xi_0)(1 + \rho_c)f_{cd}A_c$
$= 1.0 \times (1.14 + 1.02 \times 0.604) \times (1 + 0.060\,7) \times 19.1 \times 0.224 \times 10^3 = 7\,969(\text{kN})$

则
$$N_0' = K_t N_0 = 0.95 \times 7\,969 = 7\,571(\text{kN})$$

全截面四肢钢管的轴压短柱承载力为:
$$N_D = \sum(N_0^i + N_r^i) = 4 \times 7\,571 = 30\,284(\text{kN})$$

按照《规范》第5.2.9条规定,钢管混凝土格构柱的偏心率折减系数 $\varphi_e$ 计算如下:

界限偏心率:
$$\varepsilon_b = 0.5 + \cfrac{\xi_0}{1 + \sqrt{\xi_0}} = 0.5 + \cfrac{0.604}{1 + \sqrt{0.604}} = 0.840$$

对于最大弯矩组合 $\cfrac{e_0}{h} = \cfrac{13\,420}{10\,667 \times 2.45} = 0.514 < 0.840$,有:

$$\varphi_e = \cfrac{1}{1 + 2\cfrac{e_0}{h}} = \cfrac{1}{1 + 2 \times 0.514} = 0.493$$

对于最大轴力组合 $\cfrac{e_0}{h} = \cfrac{2\,485}{15\,409 \times 2.45} = 0.066 < 0.840$,有:

$$\varphi_e = \cfrac{1}{1 + 2\cfrac{e_0}{h}} = \cfrac{1}{1 + 2 \times 0.066} = 0.883$$

对最大弯矩组合（$M_{max} = 13\,420\text{kN}\cdot\text{m}$，$N = 10\,667\text{kN}$）：
$$\varphi_e N_D = 0.493 \times 30\,284 = 14\,930(\text{kN}) > \gamma_0 N_s = 10\,667\text{kN}$$
对最大轴力组合（$N_{max} = 15\,409\text{kN}$，$M = 2\,485\text{kN}\cdot\text{m}$）：
$$\varphi_e N_D = 0.883 \times 30\,284 = 26\,741(\text{kN}) > \gamma_0 N_s = 15\,409\text{kN}$$
故 $L/4$ 截面的强度承载力满足要求。

3. 拱顶截面

对于拱顶截面，按照弯矩最大组合（$M_{max} = 12\,375\text{kN}\cdot\text{m}$，$N = 10\,309\text{kN}$）和轴力最大组合（$N_{max} = 13\,234\text{kN}$，$M = 4\,451\text{kN}\cdot\text{m}$）两种工况进行验算。

$$\xi_0 = \frac{A_s f_s}{A_c f_{cd}} = \frac{0.013\,6 \times 190}{0.224 \times 19.1} = 0.604$$

$$\rho = \frac{A_s}{A_c} = \frac{0.013\,6}{0.224} = 0.060\,7$$

$N_0 = k_3(1.14 + 1.02\xi_0)(1 + \rho_c)f_{cd}A_c$
$= 1.0 \times (1.14 + 1.02 \times 0.604) \times (1 + 0.060\,7) \times 19.1 \times 0.224 \times 10^3 = 7\,969(\text{kN})$

则：
$$N'_0 = K_t N_0 = 0.9 \times 7\,969 = 7\,172(\text{kN})$$

全截面四肢钢管的轴压短柱承载力为：
$$N_D = \sum(N_0^i + N_f^i) = 4 \times 7\,172 = 28\,688(\text{kN})$$

按照《规范》第5.2.9条规定，钢管混凝土格构柱的偏心率折减系数 $\varphi_e$ 计算如下：

界限偏心率：
$$\varepsilon_b = 0.5 + \frac{\xi_0}{1 + \sqrt{\xi_0}} = 0.5 + \frac{0.604}{1 + \sqrt{0.604}} = 0.840$$

对于最大弯矩组合 $\dfrac{e_0}{h} = \dfrac{10\,309}{12\,375 \times 2.45} = 0.340 < 0.840$，有：

$$\varphi_e = \frac{1}{1 + 2\dfrac{e_0}{h}} = \frac{1}{1 + 2 \times 0.340} = 0.595$$

对于最大轴力组合 $\dfrac{e_0}{h} = \dfrac{4\,451}{13\,234 \times 2.45} = 0.137 < 0.840$，有：

$$\varphi_e = \frac{1}{1 + 2\dfrac{e_0}{h}} = \frac{1}{1 + 2 \times 0.137} = 0.785$$

对最大弯矩组合（$M_{max} = 12\,375\text{kN}\cdot\text{m}$，$N = 10\,309\text{kN}$）：
$$\varphi_e N_D = 0.595 \times 28\,688 = 17\,069(\text{kN}) > \gamma_0 N_s = 10\,309\text{kN}$$

对最大轴力组合（$N_{max} = 13\,234\text{kN}$，$M = 4\,451\text{kN}\cdot\text{m}$）：
$$\varphi_e N_D = 0.785 \times 28\,688 = 22\,520(\text{kN}) > \gamma_0 N_s = 13\,234\text{kN}$$

故拱顶截面的强度承载力满足要求。

## 四、拱肋面内稳定承载力计算

### (一)《规范》验算要求

根据《规范》第5.3.2条规定,钢管混凝土拱肋的面内整体稳定极限承载力可将其等效成梁柱进行验算,等效梁柱的计算长度采用无铰拱的$0.36S$,等效梁柱的两端作用力为拱的$L/4$(或$3L/4$)截面处的弯矩与轴力。

根据《规范》第5.3.4条,钢管混凝土哑铃形构件和格构柱偏心受压稳定承载力设计值$N_{D2}$应按下列公式计算:

$$\gamma_0 N_s \leqslant N_{D2} \quad (5.3.4\text{-}1)$$

$$N_{D2} = \varphi \varphi_e N_D \quad (5.3.4\text{-}2)$$

式中:$N_{D2}$——钢管混凝土哑铃形构件和格构柱偏心受压稳定承载力设计值(N);

$\varphi_e$——偏心率折减系数,哑铃形构件按本规范第5.2.8条的规定计算,格构柱按本规范第5.2.9条的规定计算,见前文"《规范》验算要求";

$\varphi$——稳定系数(见后文"稳定系数")。

由于结构对称性,$L/4$截面与$3L/4$截面的最不利内力相等,因此结构整体验算时只需验算$L/4$截面的最不利内力。对于$L/4$截面,考虑对截面弯矩最大内力组合($M_{\max}$ = 13 420kN·m, $N$ = 10 667kN)和轴力最大内力组合($N_{\max}$ = 15 409kN,$M$ = 2 485kN·m)进行两种内力下的结构稳定验算。

### (二)稳定系数

根据《规范》第5.3.5条,稳定系数$\varphi$应按下列公式计算:

$\lambda_n \leqslant 1.5$时

$$\varphi = 0.658^{\lambda_n^2} \quad (5.3.5\text{-}1)$$

$\lambda_n > 1.5$时

$$\varphi = \frac{0.877}{\lambda_n^2} \quad (5.3.5\text{-}2)$$

式中:$\lambda_n$——相对长细比,按《规范》式(5.3.6)计算,格构柱时具体公式计算如下:

$$\lambda_n = \frac{\lambda^*}{\pi} \sqrt{\frac{f_y A_s + f_{ck} A_c + A_c \sqrt{\rho_c f_y f_{ck}}}{E_s A_s + E_c A_c}} \quad (5.3.6\text{-}2)$$

其中,$\lambda^*$为格构柱的换算长细比,按《规范》第5.3.10条计算,具体如下:

$$\lambda^* = K'\lambda_y \text{ 或 } \lambda^* = K'\lambda_x \quad (5.3.10\text{-}1)$$

$$K' = \begin{cases} 1.1K & (K\lambda \leqslant 40) \\ K\sqrt{1 + \dfrac{300}{(K\lambda)^2}} & (K\lambda > 40) \end{cases} \quad (5.3.10\text{-}2)$$

$$K = \sqrt{1 + \mu} \qquad (5.3.10\text{-}3)$$

$$\mu = \begin{cases} \dfrac{(E_s I_s + E_c I_c)}{{l_0}^2 \cdot (E_s A_d)}\left(2.83 + \dfrac{A_d}{A_b}\right) & (\mu \leq 0.5) \\ 0.5 & (\mu > 0.5) \end{cases} \qquad (5.3.10\text{-}4)$$

$K'$——换算长细比修正系数；

$K$——换算长细比系数；

$\mu$——柔度系数；

$A_s$、$A_c$——柱肢钢管横截面总面积和管内混凝土横截面总面积；

$A_d$——一个节间内各斜腹杆面积之和；

$A_b$——一个节间内各平腹杆面积之和；

$\lambda$——钢管混凝土格构柱的名义长细比（$\lambda_x$ 或 $\lambda_y$），按本规范式（5.3.9-1）和式（5.3.9-2）计算；

$l_0$——格构柱柱肢节间距离。

钢管混凝土格构柱对 $x$ 轴长细比 $\lambda_x$ 按式（5.3.9-1）计算：

$$\lambda_x = \dfrac{l_{0x}}{\sqrt{\dfrac{\sum(I_{sc} + b^2 A_{sc})}{\sum A_{sc}}}} \qquad (5.3.9\text{-}1)$$

求得

$$\lambda_x = \dfrac{l_{0x}}{\sqrt{\dfrac{\sum(I_{sc} + b^2 A_{sc})}{\sum A_{sc}}}} = \dfrac{0.36 \times 151.524\,1}{\sqrt{\dfrac{4 \times (4.492 \times 10^{-3} + 1.225^2 \times 0.237\,6)}{4 \times 0.237\,6}}} = 44$$

柱肢换算面积：

$$A = A_s + \dfrac{E_c}{E_s} A_c = 0.054\,5 + \dfrac{3.25 \times 10^4}{2.06 \times 10^5} \times 0.895\,8 = 0.196(\text{m}^2)$$

柔度系数：

$$\mu = \dfrac{E_s I_s + E_c I_c}{l_0^2 \cdot (E_s A_d)}\left(2.83 + \dfrac{A_d}{A_b}\right)$$

$$= \dfrac{2.06 \times 10^5 \times 0.083\,8 + 3.25 \times 10^4 \times 1.360\,3}{54.5^2 \times (2.06 \times 10^6 \times 0.075\,3)} \times \left(2.83 + \dfrac{0.075\,3}{0.075\,3}\right) = 0.000\,5$$

$\mu < 0.5$，故取 $\mu = 0.000\,5$。

换算长细比系数：

$$K = \sqrt{1 + \mu} = \sqrt{1 + 0.000\,5} = 1.000\,2$$

$$K\lambda_x = 1.000\,2 \times 44 = 44.01$$

换算长细比修正系数：

$$K' = K\sqrt{1 + \dfrac{300}{(K\lambda_x)^2}} = 1.000\,2 \times \sqrt{1 + \dfrac{300}{44.01^2}} = 1.075$$

换算长细比：
$$\lambda^* = K'\lambda_x = 1.075 \times 44 = 47.3$$

相对长细比：
$$\lambda_n = \frac{\lambda^*}{\pi}\sqrt{\frac{f_y A_s + f_{ck} A_c + A_c\sqrt{\rho_c f_y f_{ck}}}{E_s A_s + E_c A_c}}$$

$$= \frac{47.3}{\pi}\sqrt{\frac{235 \times 0.054\ 5 + 26.8 \times 0.895\ 8 + 0.895\ 8 \times \sqrt{0.060\ 7 \times 235 \times 26.8}}{2.06 \times 10^5 \times 0.054\ 5 + 3.25 \times 10^4 \times 0.895\ 8}}$$

$$= 0.553$$

由于 $\lambda_n < 1.5$，得到稳定系数 $\varphi = 0.658^{\lambda_n^2} = 0.658^{0.553^2} = 0.880$。

**(三) 偏心率折减系数**

按照《规范》第5.2.9条规定，钢管混凝土格构柱的偏心率折减系数 $\varphi_e$ 应按式(5.2.9-1)和式(5.2.9-2)计算，具体见前文"《规范》验算要求"。

界限偏心率：
$$\varepsilon_b = 0.5 + \frac{\xi_0}{1 + \sqrt{\xi_0}} = 0.5 + \frac{0.604}{1 + \sqrt{0.604}} = 0.840$$

对于最大弯矩组合 $\dfrac{e_0}{h} = \dfrac{13\ 420}{10\ 667 \times 2.45} = 0.514 < 0.840$，则：

$$\varphi_e = \frac{1}{1 + 2\dfrac{e_0}{h}} = \frac{1}{1 + 2 \times 0.514} = 0.493$$

对于最大轴力组合 $\dfrac{e_0}{h} = \dfrac{2\ 485}{15\ 409 \times 2.45} = 0.066 < 0.840$，则：

$$\varphi_e = \frac{1}{1 + 2\dfrac{e_0}{h}} = \frac{1}{1 + 2 \times 0.066} = 0.883$$

**(四) 混凝土徐变折减系数**

《规范》第5.3.11条规定，对于钢管混凝土轴压构件和偏心率 $\rho \leq 0.3$ 的偏压构件，其承受永久荷载引起的轴压力占全部轴压力的30%及以上时，在计算稳定极限承载力时截面轴心受压承载力 $N_0$ 值应乘以混凝土徐变折减系数 $K_C$。

拱肋整体截面的计算参数计算如下：

$$(EA)_{sc1} = E_s A_{s1} + E_c A_{c1}$$
$$= 2.06 \times 10^5 \times 0.054\ 5 + 3.25 \times 10^4 \times 0.895\ 844 = 40\ 342 (\text{MPa} \cdot \text{m}^2)$$

$$(EI)_{sc1} = E_s I_{s1} + E_c I_{c1}$$
$$= 2.06 \times 10^5 \times 0.083\ 8 + 3.25 \times 10^4 \times 1.360\ 3 = 61\ 473 (\text{MPa} \cdot \text{m}^2)$$

截面回转半径：
$$i = \sqrt{\frac{(EI)_{sc}}{(EA)_{sc}}} = \sqrt{\frac{61\ 473}{40\ 342}} = 1.234$$

截面计算半径：
$$r = 2i = 2 \times 1.234 = 2.468$$

对最大弯矩组合（$M_{max} = 13\ 420$kN·m，$N = 10\ 667$kN）：
$$e_0 = \frac{M}{N} = \frac{13\ 420}{10\ 667} = 1.258$$

$$\rho = \frac{e_0}{r} = \frac{1.258}{2.468} = 0.510 > 0.3$$

根据《规范》第5.3.11条规定，不考虑徐变对截面轴心抗压强度的折减，即取 $K_C$ 为1.0。

对最大轴力组合（$N_{max} = 15\ 409$kN，$M = 2\ 485$kN·m）：
$$e_0 = \frac{M}{N} = \frac{2\ 485}{15\ 409} = 0.161$$

$$\rho = \frac{e_0}{r} = \frac{0.161}{2.468} = 0.065 < 0.3$$

永久荷载引起的轴压力占全部轴压力的比例为：
$$\frac{N_{永久}}{N} = \frac{7\ 731}{15\ 409} = 0.502$$

钢管混凝土格构柱对 $X$ 轴长细比 $\lambda_x$ 按式（5.3.9-1）计算：

$$\lambda_x = \frac{l_{0x}}{\sqrt{\frac{\sum(I_{sc} + b^2 A_{sc})}{\sum A_{sc}}}} \tag{5.3.9-1}$$

求得：
$$\lambda_x = \frac{l_{0x}}{\sqrt{\frac{\sum(I_{sc} + b^2 A_{sc})}{\sum A_{sc}}}} = \frac{0.36 \times 151.524\ 1}{\sqrt{\frac{4 \times (4.492 \times 10^{-3} + 1.225^2 \times 0.237\ 6)}{4 \times 0.237\ 6}}} = 44$$

查《规范》中表5.3.11，混凝土徐变折减系数 $K_C$ 为0.85。

（五）初应力度影响系数

《规范》第5.3.12条规定：钢管混凝土拱肋稳定极限承载力计算中，考虑初应力影响时，按式（5.2.2-2）计算的截面轴心受压承载力设计值 $N_0$ 应乘以初应力度影响系数，初应力度影响系数按下列公式计算：

$$K_p = 1 - 0.24am\beta \tag{5.3.12-1}$$

$$a = \frac{\lambda}{80} \tag{5.3.12-2}$$

$$\beta = \frac{\sigma_0}{f_y} \tag{5.3.12-3}$$

$$m = 0.2\rho + 0.98 \tag{5.3.12-4}$$

式中：$K_p$——考虑初应力度对钢管混凝土承载力的折减系数；

　　　$a$——考虑长细比影响的系数；

　　　$m$——考虑偏心率影响的系数；

$\beta$——钢管初应力度;

$\lambda$——构件的名义长细比,按《规范》第5.3.7~5.3.10条的规定计算;

$\sigma_0$——钢管初应力,在截面上不均匀时,取截面平均应力;

$f_y$——钢管强度标准值,取值应符合《规范》表3.1.3的规定;

$\rho$——构件偏心率,按《规范》中式(5.3.11-1)计算。

对于架设拱肋并浇筑混凝土施工阶段得到 $L/4$ 截面的内力为:$N_0 = 570.19$ kN,$M_0 = 3.68$ kN·m。

$$\sigma_0 = \frac{N_0}{A} = \frac{570.19}{0.013\ 6} \times 10^{-3} = 41.93\ (\text{MPa})$$

$$\beta = \frac{\sigma_0}{f_y} = \frac{41.93}{235} = 0.178$$

对最大弯矩组合($M_{max} = 13\ 420$ kN,$N = 10\ 667$ kN·m):

$$a = \frac{\lambda}{80} = \frac{44}{80} = 0.55$$

$$e_0 = \frac{M}{N} = \frac{13\ 420}{10\ 667} = 1.258$$

$$\rho = \frac{e_0}{r} = \frac{1.258}{2.468} = 0.510$$

$$m = 0.2\rho + 0.98 = 0.2 \times 0.510 + 0.98 = 1.082$$

$$k_p(\beta) = 1 - 0.24 a \cdot m \cdot \beta = 1 - 0.24 \times 0.55 \times 1.082 \times 0.178 = 0.975$$

对最大轴力组合($N_{max} = 15\ 409$ kN,$M = 2\ 485$ kN·m):

$$a = \frac{\lambda}{80} = \frac{44}{80} = 0.55$$

$$e_0 = \frac{M}{N} = \frac{2\ 485}{15\ 409} = 0.161$$

$$\rho = \frac{e_0}{r} = \frac{0.161}{2.468} = 0.065$$

$$m = 0.2\rho + 0.98 = 0.2 \times 0.065 + 0.98 = 0.993$$

$$k_p(\beta) = 1 - 0.24 a \cdot m \cdot \beta = 1 - 0.24 \times 0.55 \times 0.993 \times 0.178 = 0.977$$

**(六)稳定承载力**

由前文"《规范》验算要求",钢管混凝土格构柱偏心受压稳定承载力设计值 $N_{D2}$ 应按下列公式计算:$\gamma_0 N_s \leq N_{D2}$,其中 $N_{D2} = \varphi \varphi_e N_D$。

则对于本示例的四肢钢管的钢管混凝土格构柱有:

$$\xi_0 = \frac{A_s f_s}{A_c f_{cd}} = \frac{0.013\ 6 \times 190}{0.224 \times 19.1} = 0.604$$

$$\rho = \frac{A_s}{A_c} = \frac{0.013\ 6}{0.224} = 0.060\ 7$$

$$N_0 = k_3(1.14+1.02\xi_0)(1+\rho_c)f_{cd}A_c$$
$$= 1.0\times(1.14+1.02\times0.604)\times(1+0.060\ 7)\times19.1\times0.224\times10^3 = 7\ 969(kN)$$

对最大弯矩组合($M_{max} = 13\ 420kN\cdot m, N = 10\ 667kN$):
$$N'_0 = K_tK_cK_pN_0 = 0.95\times1.0\times0.975\times7\ 969 = 7\ 381(kN)$$

则钢管混凝土格构柱截面轴心抗压强度设计值 $N_D$:
$$N_D = \sum(N_0^i + N_f^i) = 4\times7\ 381 = 29\ 524(kN)$$

对最大轴力组合($N_{max} = 15\ 409kN, M = 2\ 485kN\cdot m$):
$$N'_0 = K_tK_cK_pN_0 = 0.95\times0.85\times0.977\times7\ 969 = 6\ 287(kN)$$

则钢管混凝土格构柱截面轴心抗压强度设计值 $N_D$:
$$N_D = \sum(N_0^i + N_f^i) = 4\times6\ 287 = 25\ 148(kN)$$

对最大弯矩组合($M_{max} = 13\ 420kN\cdot m, N = 10\ 667kN$),其稳定承载力为:
$$\varphi\varphi_e k_p k_c N_D = 0.880\times0.493\times29\ 524 = 12\ 809(kN) > \gamma_0 N_s = 10\ 667kN$$

对最大轴力组合($N_{max} = 15\ 409kN, M = 2\ 485kN\cdot m$),其稳定承载力为:
$$\varphi\varphi_e k_p k_c N_D = 0.880\times0.883\times25\ 148 = 19\ 541(kN) > \gamma_0 N_s = 15\ 409kN$$

故拱肋面内整体稳定承载力满足要求。

### 五、主拱空间弹性稳定计算

《规范》第5.3.1条规定,钢管混凝土拱桥应进行空间稳定性计算,弹性稳定特征值应不小于4.0。计算时拱肋截面整体轴压设计刚度和抗弯设计刚度应按《规范》第4.3.4条的规定计算,具体见前文"拱肋截面参数和其他计算参数"。

按拱脚水平推力影响线(图5-4)布载,纵桥向全跨满载时,拱脚水平推力最大。用Midas软件进行屈曲分析,得到弹性一阶失稳(面外对称失稳)特征值为5.708>4,因此空间弹性稳定分析满足要求。屈曲模态如图5-5所示。

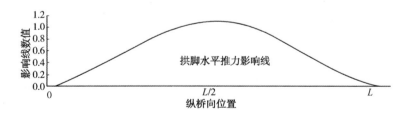

图5-4 示例五拱脚水平推力影响线

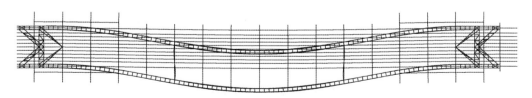

图5-5 示例五一阶弹性失稳模态

## 六、正常使用极限状态计算

### (一)桥面挠度

《规范》第6.0.4条规定,钢管混凝土拱桥按短期效应组合消除结构自重产生的长期挠度后,桥面在一个桥跨范围内的正负挠度绝对值之和最大值不应大于计算跨径的1/1 000。

本例的短期效应组合具体见5.2.3的组合Ⅳ、Ⅴ、Ⅵ(其中各荷载分项频遇值系数分别取为汽车0.7,人群1.0,温度变化1.0)消除结构自重产生的长期挠度后,桥面的正挠度组合最大值为0.007 15m,负挠度组合最小值为-0.077 77,如图5-6所示。可以得到一个桥跨范围内最大最小位移绝对值之和为0.085m<$L/1\ 000=0.140$m,满足规范要求。

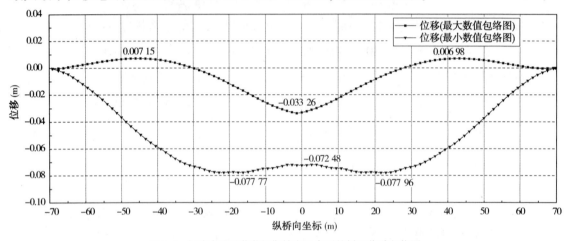

图5-6 扣除自重后荷载短期效应组合下的桥面位移包络图

### (二)持久状况下钢管应力验算

《规范》第6.0.5条规定,持久状况下钢管混凝土拱肋的钢管应力不宜大于$0.8f_y$($f_y$为钢材强度标准值)。钢管应力应包括各个施工阶段的累计应力、二期恒载引起的应力、温度应力以及汽车荷载、混凝土收缩、徐变等引起的应力,具体作用组合见前文"设计荷载及荷载组合"中的组合Ⅳ、Ⅴ、Ⅵ。

选择正常使用极限状况下整个拱肋上的最不利内力组合(最大轴力、最大弯矩)进行验算。由于本例拱脚段截面钢管的钢号与其他段不一样,因此应分为两部分验算。

由前文"内力计算结果",最大轴力为拱脚截面4号管,$N=4\ 504$kN,对应的$M=238$kN·m,最大弯矩组合为拱脚截面3号管,$M=386$kN·m,对应的$N=3\ 290$kN。

各肢拱脚截面钢管的截面面积和抗弯惯性矩及截面混凝土的截面面积及抗弯惯性矩为:

$$A_s = \frac{\pi}{4} \times (0.55^2 - 0.534^2) = 0.013\ 6\ (\text{m}^2)$$

$$I_s = \frac{\pi}{64} \times (0.55^4 - 0.534^4) = 5.003 \times 10^{-4}\ (\text{m}^4)$$

$$A_c = \frac{\pi}{4} \times 0.534^2 = 0.224 \, (\text{m}^2)$$

$$I_c = \frac{\pi}{64} \times 0.534^4 = 3.991 \times 10^{-3} \, (\text{m}^4)$$

钢管的抗压和抗弯刚度为：

$$E_s A_s = 2.06 \times 10^5 \times 0.013\,6 = 2\,801.6 \, (\text{MPa} \cdot \text{m}^2)$$

$$E_s I_s = 2.06 \times 10^5 \times 5.003 \times 10^{-4} = 103.062 \, (\text{MPa} \cdot \text{m}^4)$$

$$E_c A_c = 3.25 \times 10^4 \times 0.224 = 7\,280 \, (\text{MPa} \cdot \text{m}^2)$$

$$E_c I_c = 3.25 \times 10^4 \times 3.991 \times 10^{-3} = 129.708 \, (\text{MPa} \cdot \text{m}^4)$$

其中钢管和混凝土各自受到的轴力按照抗压刚度分配：

（1）计算钢管受到的轴力（最大轴力组合）

$$N_1 = \frac{4\,504}{7\,280 + 2\,801.6} \times 2\,801.6 = 1\,252 \, (\text{kN})$$

（2）计算钢管受到的轴力（最大弯矩组合）

$$N_2 = \frac{2\,950}{7\,280 + 2\,801.6} \times 2\,801.6 = 915 \, (\text{kN})$$

其中钢管和混凝土各自受到的弯矩按照抗弯刚度分配：

（1）计算钢管受到的弯矩（最大轴力组合）

$$M_1 = \frac{238}{103.062 + 129.708} \times 103.062 = 105 \, (\text{kN} \cdot \text{m})$$

（2）计算钢管受到的弯矩（最大弯矩组合）

$$M_2 = \frac{386}{103.062 + 129.708} \times 103.062 = 171 \, (\text{kN} \cdot \text{m})$$

计算钢管受到的最大应力（最大轴力组合）：

$$\sigma = \frac{1\,252}{0.013\,6} + \frac{105}{5.003 \times 10^{-4}} \times 0.275 = 150 \, (\text{MPa})$$

计算钢管受到的最大应力（最大弯矩组合）：

$$\sigma = \frac{915}{0.013\,6} + \frac{171}{5.003 \times 10^{-4}} \times 0.275 = 161 \, (\text{MPa})$$

按照《规定》第6.0.5条规定有$0.8 f_y = 0.8 \times 235 = 188 \, (\text{MPa}) > \sigma = 161 \, \text{MPa}$，故正常使用极限状态验算合格。

这里将拱脚段钢管的钢号采用较低标准的 A3 钢$f_y = 235 \, \text{MPa}$，可见在这种情况下验算通过，故其他部分的内力验算更容易通过（内力值更小），因此本例不予重新计算。

## 七、主拱施工阶段计算

### （一）《规范》验算要求

《规范》第4.1.7条规定，钢管混凝土拱桥设计时应对主要施工阶段进行计算。施工阶段的计算应包括下列内容：

(1)拱肋构件的运输、安装过程中的应力、变形和稳定计算;

(2)与拱肋形成有关的附属结构的计算;

(3)拱肋形成过程中自身的应力、变形和稳定计算;

(4)成桥过程中桥梁结构的应力、变形和稳定计算。

《规范》第4.1.8条规定,施工计算中,应计入施工中可能出现的实际荷载,包括架设机具和材料、施工人群、桥面堆载以及风力、温度变化影响力和其他施工临时荷载。施工阶段结构弹性稳定特征值不应小于4.0。

《规范》第4.1.5条规定,钢管混凝土拱桥中钢结构和钢构件之间的连接,包括施工阶段管内混凝土达到设计强度前的钢管拱结构,其承载力、变形和稳定性能均应按桥梁钢结构进行设计与计算,并应符合国家现行有关标准的规定。

### (二)施工阶段一

施工阶段一为浇筑拱座混凝土、吊装架设拱肋空钢管,并浇筑管内混凝土。其最不利状况为混凝土刚浇筑完毕,此时管内混凝土无承载能力,荷载由钢管承担。

使用 Midas 计算得到此施工阶段的钢管最不利截面为拱脚截面,其内力为:$N = 1\,133\,kN$,$M = 16\,kN \cdot m$。

1.应力验算

$$\frac{N}{A} + \frac{M}{W} = \left(\frac{1\,133}{0.013\,6} + \frac{16}{5.003\times 10^{-4}} \times 0.275\right) \times 10^{-3} = 92.10(MPa) < f = 275MPa(验算合格)$$

2.稳定验算

使用 Midas 计算得到此阶段的弹性失稳特征值为7.224>4.0(满足要求),一阶弹性失稳模态如图5-7所示。

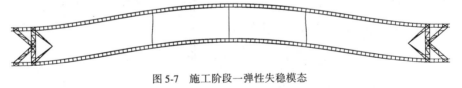

图5-7 施工阶段一弹性失稳模态

### (三)施工阶段二

施工阶段二为当混凝土硬化后,在拱肋上安装吊杆和立柱,并逐步施工横梁、纵梁、行车道板、人行道板及其他附属设施。

使用 Midas 计算得到此施工阶段的钢管最大内力处以拱脚处,最大内力为:$N = 2\,958\,kN$,$M = 99\,kN \cdot m$。

1.应力验算

钢管和混凝土所受的轴力按照抗压刚度分配,具体计算如下:

钢管所受轴力

$$N_1 = \frac{2\,958}{7\,280 + 2\,801.6} \times 2\,801.6 = 822(kN)$$

钢管和混凝土所受的弯矩按照抗弯刚度分配,具体计算如下:

钢管所受弯矩

$$M_1 = \frac{99}{103.062+129.708} \times 103.062 = 44 \text{（kN·m）}$$

$$\frac{N}{A}+\frac{M}{W} = \left(\frac{822}{0.013\ 6}+\frac{44}{5.003\times 10^{-4}}\times 0.275\right)\times 10^{-3} = 84.63 \text{（MPa）} < f = 275 \text{MPa（验算合格）}$$

**2. 稳定验算**

使用 Midas 计算得到此阶段的弹性失稳特征值为 5.708>4.0 满足要求。一阶弹性失稳模态如图 5-8 所示。

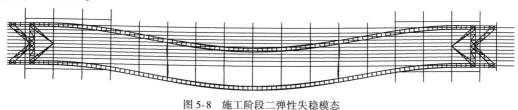

图 5-8 施工阶段二弹性失稳模态

## 八、吊杆计算

在吊杆计算中，上部结构恒载包括横梁、桥面板、人行道、行车道板、栏杆、桥面铺装等构件。桥面构件中除了横梁的自重按集中力分别作用在两侧吊杆处，其他自重都是按均布荷载分配到两侧吊杆。其横梁构造图如图 5-9 所示。

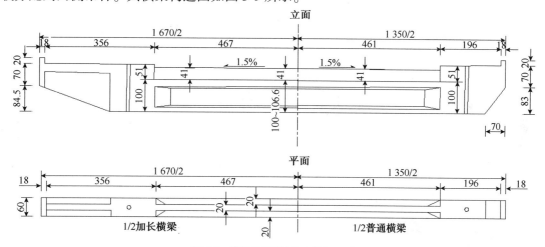

图 5-9 横梁构造图（尺寸单位：cm）

由施工图纸可得：

半边吊杆横梁的体积为：$V_1 = 4.282\ 284 \text{m}^3$，则吊杆横梁的自重在吊杆中产生的内力为：$N_1 = G_1 = 4.282\ 284 \times 25 = 107.057 \text{（kN）}$。

桥面铺装自重：$G_2 = 112\times 25 + 9.800\ 3\times 25 = 3\ 045.008 \text{（kN）（全桥）}$，半桥铺装线荷载 $q_2 = 0.5\times 3\ 045.007\ 5/145.72 = 10.448 \text{（kN/m）}$，则桥面铺装自重在吊杆上的轴力为：$N_2 = 10.448\times 8.1 = 84.629 \text{（kN）}$。

人行道板自重：$G_3 = (89.46+7.61)\times 25 = 2\ 426.75 \text{（kN）}$，则半边桥的线荷载为 $q_3 = 0.5\times 763.25/145.72 = 2.619 \text{（kN/m）}$，则人行道板自重在吊杆中产生的内力为：$N_3 = 8.327\times 8.1 = 67.449 \text{（kN）}$。

行车道板的横截面面积为 $0.154\,7\,\text{m}^2$,则行车道板自重在吊杆中产生的内力为 $N_4 = 0.154\,7 \times 25 \times 4.5 \times 8.1 = 140.970(\text{kN})$。

又由于吊杆为局部构件按照《公路桥涵设计通用规范》(JTG D60—2004)要求,局部构件应当使用汽车荷载验算。计算吊杆在活载作用下的内力时的,活载在顺桥向的布置如图 5-10 所示。

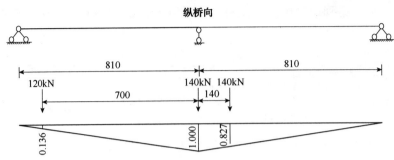

图 5-10 荷载纵向布置图(尺寸单位:cm)

由图 5-10 可得:
$$p_q = 140 \times 0.827 + 140 \times 1 + 120 \times 0.136 = 272.1(\text{kN})$$
$$p_r = 3 \times 0.5 \times 8.1 \times 2 \times 1 = 24.3(\text{kN/m})$$

横向加载如图 5-11 所示。

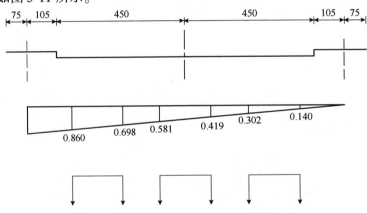

图 5-11 横断面汽车荷载布置图(尺寸单位:cm)

汽车横向分布系数计算如下。

布满 2 列车时
$$m_{cq} = \frac{1}{2}\sum \eta_q = \frac{1}{2} \times (0.860 + 0.698 + 0.581 + 0.419) = 1.279$$

布满 3 列车时
$$m_{cq} = \frac{1}{2}\sum \eta_q = \frac{1}{2} \times (0.860 + 0.698 + 0.581 + 0.419 + 0.302 + 0.140) = 1.5$$

考虑车道折减系数后可知布两列车时汽车横向分布系数较大,取 $m_{cq} = 1.279$。

人群荷载分布系数 $m_{cr} = 1.0$。

吊杆在车辆荷载作用下的轴力为:
$$N_5 = 1.3 \times 1.279 \times 272.1 = 452.421(\text{kN})$$

吊杆在人群荷载作用下的轴力为:

$$N_6 = 1 \times 24.3 = 24.30 \text{ (kN)}$$

综合以上,吊杆合力 $N = 452.421 + 24.3 + 107.057 + 84.629 + 67.449 + 140.970 = 876.826 \text{ (kN)}$

按《规范》第5.4.2条规定,吊索的应力应满足下式要求:

$$\sigma \leq 0.33 f_{tpk} \tag{5.4.2}$$

式中:$\sigma$——吊索的应力($N/mm^2$);

$f_{tpk}$——吊索的抗拉强度标准值($N/mm^2$)。

本桥吊索的强度为 $f_{tpk} = 1\,570 \text{MPa}$,则吊索应力容许值为 $0.33 f_{tpk} = 518.1 \text{MPa}$。

单根吊杆采用110根 $\phi 5\text{mm}$ 的高强钢丝,由前面计算得:$N = 876.826 \text{kN}$;则吊杆应力 $\sigma = \dfrac{876.826 \times 10^3}{110 \times \dfrac{\pi}{4} \times 5^2} = 406.17 \text{MPa} < 0.33 f_{tpk}$,故吊杆设计满足《规范》要求。

# 示例六　钢管混凝土中承式刚架系杆拱桥(飞鸟拱)

## 一、设计基本资料

### (一)工程概况

示例六为钢管混凝土中承式拱架系杆拱(也称飞鸟拱)。该桥由三跨组成,跨径布置为50m+280m+50m。中跨主拱计算跨径271.5m,计算矢高54.3m,计算矢跨比1/5,拱轴系数1.5。预拱度在拱顶取值0.45m。

主跨拱肋采用钢管混凝土空间桁架结构,肋间中距19.5m。主孔拱肋为等截面,拱肋全高为5.5m,全宽为2.5m,上下弦管为 φ1 000mm×16mm 的 Q345c 钢管混凝土,拱脚第一段钢管壁厚增至 φ1 000mm×18mm。弦管间横向缀板为12mm厚的Q345c钢板。弦管及缀板内均填C50微膨胀混凝土。腹管为 φ500mm×12mm 的 Q345 的空钢管。拱肋从拱脚至拱肋以上约2m为钢管混凝土实心结构,全截面用混凝土填实。

拱肋之间在拱顶处设一道平行风撑,拱顶两边共设12道K形风撑。

边拱为主拱的平衡孔,拱肋为半跨50m拱形结构,采用钢筋混凝土实心断面,端横梁位置断面尺寸为4.0m×3.19m(高×宽),其他位置为4.0mm×2.5m(高×宽)。边拱端部锚有强大的预应力钢绞线系杆,边跨为具有体外预应力索的梁式结构。

每半幅桥共有吊杆49对98根。主拱肋间横梁和双吊杆横梁之间,吊点中心间距为7.5m,为双吊杆结构;其余吊点中心间距均为5m,为单吊杆结构。每根吊杆为91φ7mm 镀锌高强度低松弛预应力钢丝。钢丝的标准强度$f_{tpk}$为1 670MPa,吊杆为PE双护层保护,上下端均采用可调式冷铸墩头锚。

每片拱肋系杆采用 16 束 31φ^j15.24钢绞线。钢绞线标准强度为$f_{tpk}$ = 1 860MPa,PE 保护。系杆钢束设置在拱肋内外两侧和拱肋中间穿过,两端锚固于边拱的端横梁上,采用可换式专用锚具。

桥面系由横梁、加劲纵梁和行车道板组成。纵梁为矩形截面,固结于横梁。

吊杆横梁和立柱横梁为预应力混凝土 A 类构件,箱形截面,梁长26.1m,宽0.8m,高为1.622~1.722m;主拱肋间横梁为钢结构,箱形截面,梁长26.1m,宽1.2m,高为1.5m。边拱间横梁与端横梁均为 C40 钢筋混凝土结构。

桥面行车道板在边拱端部四跨采用实心钢筋混凝土板;其余均采用钢筋混凝土形板,板高0.35~0.45m。

桥面后浇层采用10cm厚C40钢纤维混凝土浇筑,内设钢筋网。桥面铺装为5cm SMA改性沥青。

主拱承台为整体实心钢筋混凝土结构,拱座为分离式实心钢筋混凝土结构,中间用系梁相连。主桥墩基础为 24 根 φ1.8m 的钻孔灌注桩,桩长17.0~22.9m,为嵌岩桩。边墩为 φ1.8m双圆柱墩,由于地质情况不同,Z0 号墩基础为 φ1.2m 的钻孔灌注桩,而 Z3 号墩基础则为 φ1.5m 的钻孔灌注桩。示例六总体布置图见图 6-1。

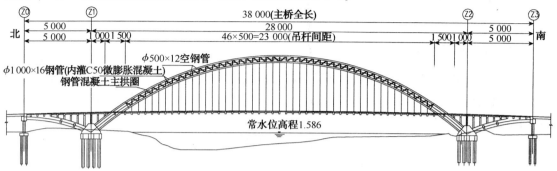

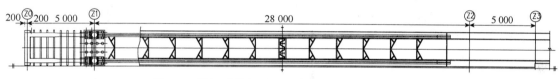

图 6-1 示例六总体布置图(尺寸单位:cm;高程单位:m)

**(二) 技术标准**

(1)设计荷载:汽车—超 20 级、挂车—120(本文验算取公路—Ⅰ级),人群荷载3.5 kN/m²。

(2)横桥向分为左右两幅,完全独立且对称,每幅桥宽24m。

(3)桥面纵坡:4%,竖曲线半径4 000m。

(4)桥面横坡:双向1.5%。

(5)温度影响力:升温 20℃,降温 20℃。

(6)通航标准:内河Ⅶ级航道,设计通航水位4.016m(黄海高程),通航净空 18×4.5m。

(7)基本风压强度:1 200Pa。

(8)地震基本烈度:6 度,按 7 度设防。

**(三) 主要材料**

(1)主拱肋钢材:上下弦管为 φ1 000mm×16mm 的 Q345c 钢管,$f_s=275$MPa;拱脚第一段钢管壁厚增至 φ1 000mm×18mm,$f_s=270$MPa;弦管间横向缀板为 12mm 厚的 Q345c 钢板,$f_s=275$MPa。钢材弹性模量 $E_s=2.06\times10^5$MPa,重度 $\rho_s=78.5$kN/m³。

(2)主拱肋混凝土:弦管及缀板内均填 C50 微膨胀混凝土;拱肋从拱脚至拱肋以上约 2m 为钢管混凝土实心结构,全截面用 C50 微膨胀混凝土填实。$f_{cd}=23.10$MPa,$f_{ck}=32.40$MPa,弹性模量 $E_c=3.45\times10^4$MPa,重度 $\rho_s=25$kN/m³。

(3)高强钢丝:每根吊杆为91φ7mm 镀锌高强度低松弛预应力钢丝,钢丝的标准强度 $f_{tpk}=1 670$MPa。

(4)钢绞线:每片拱肋系杆采用 16 束 $31\phi^j 15.24$ 钢绞线。钢绞线标准强度为 $f_{tpk}=1\,860\mathrm{MPa}$。

## 二、结构内力计算

### (一)有限元计算模型

结构采用 Midas 建立空间有限元模型进行计算,如图 6-2 所示。计算模型中,采用梁单元模拟拱肋、横撑、横梁、加劲纵梁、边拱立柱等,采用桁架单元模拟吊杆、系杆等。桩底固结,模型共有 2 389 个节点,3 715 个单元。

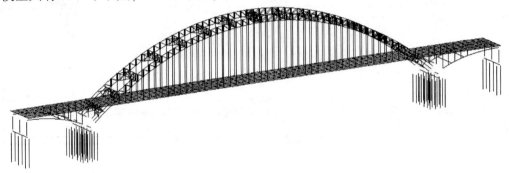

图 6-2 示例六的 MIDAS 模型

根据大桥的施工图纸进行简化,将该桥划分为 3 个施工阶段:

CS1——主拱以及边拱拱肋施工;

CS2——施工拱上立柱,吊杆,吊装横梁,铺设桥面系,第一次张拉系杆;

CS3——去除临时风撑,施加二期恒载,第二次张拉系杆。

### (二)拱肋截面参数及其他计算参数

主拱桁式拱肋截面如图 6-3 所示。

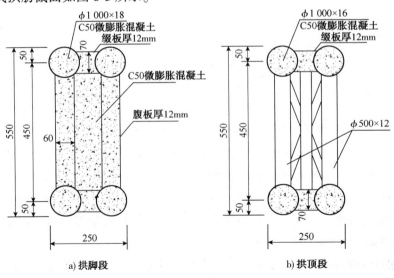

图 6-3 拱肋截面(尺寸单位:mm)

1.拱肋截面几何性质计算

(1)拱脚段拱肋截面钢管面积 $A_{s1}$ 和抗弯惯性矩 $I_{s1}$。

单圆钢管面积和惯性矩：

$$A_s = \frac{\pi}{4} \times (1^2 - 0.964^2) = 0.055\,53\,(\text{m}^2)$$

$$I_s = \frac{\pi}{64} \times (1^4 - 0.964^4) = 6.696 \times 10^{-3}\,(\text{m}^4)$$

拱肋截面的钢管面积和抗弯惯性矩：

$$A_{s1} = \frac{\pi}{4} \times (1^2 - 0.964^2) \times 4 = 0.222\,1\,(\text{m}^2)$$

$$I_{s1} = \left[\frac{\pi}{64} \times (1^4 - 0.964^4) + 0.055\,53 \times 2.25^2\right] \times 4 = 1.151\,3\,(\text{m}^4)$$

(2)拱脚段拱肋截面混凝土面积 $A_{c1}$ 和抗弯惯性矩 $I_{c1}$。

单管内混凝土面积和惯性矩：

$$A_c = \frac{\pi}{4} \times 0.964^2 = 0.729\,9\,(\text{m}^2)$$

$$I_c = \frac{\pi}{64} \times 0.964^4 = 0.042\,39\,(\text{m}^4)$$

拱肋截面混凝土面积和抗弯惯性矩：

$$A_{c1} = \frac{\pi}{4} \times 0.964^2 \times 4 = 2.919\,5\,(\text{m}^2)$$

$$I_{c1} = \left(\frac{\pi}{64} \times 0.964^4 + 0.729\,9 \times 2.25^2\right) \times 4 = 14.949\,4\,(\text{m}^4)$$

(3)拱肋其他截面钢管面积 $A_{s1}$ 和抗弯惯性矩 $I_{s1}$。

单圆钢管面积和惯性矩：

$$A_s = \frac{\pi}{4} \times (1^2 - 0.968^2) = 0.049\,46\,(\text{m}^2)$$

$$I_s = \frac{\pi}{64} \times (1^4 - 0.968^4) = 5.988 \times 10^{-3}\,(\text{m}^4)$$

拱肋截面的钢管面积和抗弯惯性矩：

$$A_{s1} = \frac{\pi}{4} \times (1^2 - 0.968^2) \times 4 = 0.197\,8\,(\text{m}^2)$$

$$I_{s1} = \left[\frac{\pi}{64} \times (1^4 - 0.968^4) + 0.049\,46 \times 2.25^2\right] \times 4 = 1.025\,5\,(\text{m}^4)$$

(4)拱肋其他截面混凝土面积 $A_{c1}$ 和抗弯惯性矩 $I_{c1}$。

单管内混凝土面积和惯性矩：

$$A_c = \frac{\pi}{4} \times 0.968^2 = 0.735\,9\,(\text{m}^2)$$

$$I_c = \frac{\pi}{64} \times 0.968^4 = 0.043\,10\,(\text{m}^4)$$

拱肋截面混凝土面积和抗弯惯性矩：

$$A_{c1} = \frac{\pi}{4} \times 0.968^2 \times 4 = 2.943\ 7\ (m^2)$$

$$I_{c1} = \left[\frac{\pi}{64} \times 0.968^4 + 0.735\ 9 \times 2.25^2\right] \times 4 = 15.075\ 1\ (m^4)$$

(5)钢管混凝土拱肋截面整体轴压设计刚度$(EA)_{sc}$与抗弯设计刚度$(EI)_{sc}$。
按《规范》4.3.3公式计算：

$$(EA)_{sc} = E_s A_{s1} + E_c A_{c1} \tag{4.3.3-1}$$

$$(EI)_{sc} = E_s I_{s1} + 0.6 E_c I_{c1} \tag{4.3.3-2}$$

① 拱脚截面。

$$\begin{aligned}(EA)_{sc1} &= E_s A_{s1} + E_c A_{c1}\\ &= 2.06 \times 10^5 \times 0.222\ 1 + 3.45 \times 10^4 \times 2.919\ 5\\ &= 146\ 479 \times 10^3\ (kN)\end{aligned}$$

$$\begin{aligned}(EI)_{sc1} &= E_s I_{s1} + 0.6 E_c I_{c1}\\ &= 2.06 \times 10^5 \times 1.151\ 3 + 0.6 \times 3.45 \times 10^4 \times 14.949\ 4\\ &= 546\ 616 \times 10^3\ (kN \cdot m^2)\end{aligned}$$

② 拱肋其他截面。

$$\begin{aligned}(EA)_{sc1} &= E_s A_{s1} + E_c A_{c1}\\ &= 2.06 \times 10^5 \times 0.197\ 8 + 3.45 \times 10^4 \times 2.943\ 7\\ &= 142\ 315 \times 10^3\ (kN)\end{aligned}$$

$$\begin{aligned}(EI)_{sc1} &= E_s I_{s1} + 0.6 E_c I_{c1}\\ &= 2.06 \times 10^5 \times 1.025\ 5 + 0.6 \times 3.45 \times 10^4 \times 15.075\ 1\\ &= 523\ 317 \times 10^3\ (kN \cdot m^2)\end{aligned}$$

(6)套箍系数设计值。
拱脚处

$$\xi_0 = \frac{A_s f_s}{A_c f_{cd}} = \frac{0.055\ 53 \times 270}{0.729\ 9 \times 23.1} = 0.889$$

其他截面处

$$\xi_0 = \frac{A_s f_s}{A_c f_{cd}} = \frac{0.049\ 46 \times 275}{0.735\ 9 \times 23.1} = 0.800$$

(7)钢管混凝土截面含钢率。
拱脚处

$$\rho_c = \frac{A_s}{A_c} = \frac{0.055\ 53}{0.729\ 9} = 0.076\ 1$$

其他截面处

$$\rho_c = \frac{A_s}{A_c} = \frac{0.049\ 46}{0.735\ 9} = 0.067\ 2$$

2. 拱肋冲击系数的计算

按照《规范》第4.2.2条规定，按下式计算：

$$\mu_0 = 0.057\ 36 f_0 + 0.074\ 8 \tag{4.2.2-1}$$

式中：$f_0$——钢管混凝土拱桥的一阶竖向频率。

由有限元计算可得结构一阶面内自振频率对应的模态如图6-4所示。

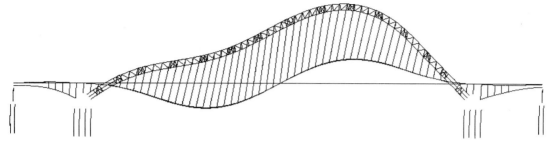

图6-4 示例六一阶竖向反对称振型

模型计算得到该桥的一阶竖向反对称振动频率$f_0 = 0.708$，故冲击系数为：

$$\mu_0 = 0.057\,36f_0 + 0.074\,8 = 0.057\,36 \times 0.708 + 0.074\,8 = 0.115$$

**3. 计算合龙温度**

按照《规范》第4.2.3条规定，按下式计算：

$$T = T_{28} + \frac{D - 0.85}{0.2} + T_0 \tag{4.2.3-2}$$

示例六于2 005年4月合龙，拱肋合龙季节为春季，则取管内混凝土水化热作用附加值为4℃，按设计基准温度取混凝土浇筑28d的平均气温20℃。则有合龙温度：

$$T = T_{28} + \frac{D - 0.85}{0.2} + T_0 = 20 + \frac{1 - 0.85}{0.2} + 4 = 24.75(℃)$$

当地年极端最高气温37.9℃，年极端最低气温-0.5℃，则升温值为37.9-24.75 = 13.15（℃），降温值为24.75+0.5 = 25.25（℃）。故计算时，不按原设计定的升温20℃，降温20℃计算，而按这里所得的升温13.15℃，降温25.25℃计算。

**4. 混凝土徐变系数的计算**

《规范》第6.0.3条规定：钢管混凝土结构或构件变形计算中，混凝土徐变系数在无可靠实测资料时可按现行行业标准《公路钢筋混凝土及预应力混凝土桥涵设计规范》（JTG D62—2004）的规定计算。

由于徐变系数为徐变变形$\varepsilon_{cr}$与弹性变形$\varepsilon_{el}$的比值，即$\varphi = \varepsilon_{cr}/\varepsilon_{el}$，因此由徐变系数可求得徐变变形，进而应用于预拱度等的计算中。

### （三）设计荷载及荷载组合

设计荷载包括自重、活载、温度荷载和混凝土的收缩徐变。自重为结构自重、二期恒载，系杆预应力。其中二期恒载考虑桥面沥青混凝土铺装、人行道护栏、防撞栏杆以及桥面其他附属设施。活载为：车辆荷载采用公路Ⅰ级，人群荷载根据《公路桥梁设计通用规范》（JTG D60—2004）的规定取值。对于温度荷载及混凝土的徐变、收缩的计算参数见前文"拱肋截面参数及其他计算参数"。

根据《公路桥梁设计通用规范》（JTG D60—2004）的规定，针对拱肋主要考虑以下几种荷载组合。

组合Ⅰ：1.2自重+1.4汽车荷载+0.8×1.4人群荷载；

组合Ⅱ：1.2自重+1.4汽车荷载（含汽车冲击力）+1.0收缩+1.0徐变 +0.7×1.4（均匀降温+

人群荷载);

组合Ⅲ:1.2自重+1.4汽车荷载(含汽车冲击力)+1.0收缩+1.0徐变+0.7×1.4(均匀升温+人群荷载);

组合Ⅳ:1.0自重+1.0汽车荷载+1.0人群荷载;

组合Ⅴ:1.0自重+1.0汽车荷载(不含汽车冲击力)+1.0收缩+1.0徐变+1.0均匀降温+1.0人群荷载;

组合Ⅵ:1.0自重+1.0汽车荷载(不含汽车冲击力)+1.0收缩+1.0徐变+1.0均匀升温+1.0人群荷载。

其中,验算结构在承载能力极限状态下的受力情况为组合Ⅰ、Ⅱ、Ⅲ,验算结构在正常使用极限状态下的应力为组合Ⅳ、Ⅴ、Ⅵ。组合Ⅳ、Ⅴ、Ⅵ按《公路桥涵设计通用规范》(JTG D60—2004)第4.1.8条考虑标准组合,各作用效应的分项系数及组合系数均取为1.0。

### (四)内力计算结果

通过计算得到拱肋各控制截面内力如表6-1~表6-5所示,表中的汽车荷载没有考虑冲击系数。表中轴力拉力为正,压力为负;弯矩顺时针为正,逆时针为负。轴力单位:kN,弯矩单位:kN·m。

拱脚截面内力  表6-1

| 内力汇总 | 上弦 | | 下弦 | |
|---|---|---|---|---|
| | $N$ | $M$ | $N$ | $M$ |
| 恒载 | −12 655.7 | 171.6 | −12 771.7 | 170.6 |
| 温度上升 | −581.3 | −65.8 | −490.4 | −65.4 |
| 温度下降 | 845.0 | 95.6 | 712.8 | 95.1 |
| 汽车荷载($N_{max}$) | −55.9 | 10.9 | −46.0 | 11.2 |
| 汽车荷载($M_{max}$) | 12.0 | −29.0 | 18.6 | −31.5 |
| 汽车荷载($N_{min}$) | −661.7 | −156.7 | −663.2 | −156.6 |
| 汽车荷载($M_{min}$) | −772.8 | −113.4 | −771.6 | −111.4 |
| 人群荷载($N_{max}$) | 8.0 | 4.1 | 7.8 | 4.1 |
| 人群荷载($M_{max}$) | 9.3 | 2.8 | 8.8 | 3.0 |
| 人群荷载($N_{min}$) | −118.7 | −31.2 | −119.7 | −31.2 |
| 人群荷载($M_{min}$) | −120.0 | −29.9 | −120.7 | −30.2 |
| 混凝土徐变 | −3 174.0 | −658.4 | −3 113.7 | −657.3 |
| 混凝土收缩 | −2 344.1 | −116.4 | −2 362.9 | −114.9 |

$L/8$ 截面内力  表6-2

| 内力汇总 | 上弦 | | 下弦 | |
|---|---|---|---|---|
| | $N$ | $M$ | $N$ | $M$ |
| 恒载 | −24 037.8 | −197.4 | −28 825.7 | −249.8 |
| 温度上升 | −1 185.4 | 52.0 | 1 024.9 | 3.9 |
| 温度下降 | 1 723.2 | −75.6 | −1 489.8 | −5.6 |
| 汽车荷载($N_{max}$) | 1 232.2 | −99.2 | 931.8 | 90.0 |

续上表

| 内力汇总 | 上 弦 | | 下 弦 | |
|---|---|---|---|---|
| | $N$ | $M$ | $N$ | $M$ |
| 汽车荷载($M_{max}$) | −2 021.4 | 119.0 | 722.2 | 102.0 |
| 汽车荷载($N_{min}$) | −2 343.1 | 69.6 | −3 781.6 | −113.5 |
| 汽车荷载($M_{min}$) | 1 027.2 | −108.7 | −3 503.3 | −122.4 |
| 人群荷载($N_{max}$) | 54.7 | −3.0 | 77.5 | 5.4 |
| 人群荷载($M_{max}$) | −158.7 | 6.1 | 63.3 | 6.0 |
| 人群荷载($N_{min}$) | −186.5 | 3.8 | −194.2 | −5.4 |
| 人群荷载($M_{min}$) | 26.9 | −5.3 | −180.0 | −6.0 |
| 混凝土徐变 | −201.8 | 13.8 | 272.6 | 1.8 |
| 混凝土收缩 | 2 252.3 | −55.8 | −1 900.0 | −85.2 |

$L/4$ 截面内力　　　　　　　　　　表 6-3

| 内力汇总 | 上 弦 | | 下 弦 | |
|---|---|---|---|---|
| | $N$ | $M$ | $N$ | $M$ |
| 恒载 | −22 849.0 | −253.0 | −26 267.7 | −275.0 |
| 温度上升 | −32.0 | 2.3 | −170.4 | 4.0 |
| 温度下降 | 46.5 | −3.3 | 247.7 | −5.9 |
| 汽车荷载($N_{max}$) | 1 072.4 | −74.0 | 2 166.9 | 144.9 |
| 汽车荷载($M_{max}$) | −2 908.4 | 153.7 | 2 082.2 | 147.7 |
| 汽车荷载($N_{min}$) | −3 535.0 | 109.2 | −3 521.6 | −93.1 |
| 汽车荷载($M_{min}$) | 418.8 | −94.6 | −3 382.5 | −96.8 |
| 人群荷载($N_{max}$) | 62.1 | −4.4 | 110.1 | 5.3 |
| 人群荷载($M_{max}$) | −130.7 | 5.5 | 104.6 | 5.5 |
| 人群荷载($N_{min}$) | −172.6 | 3.9 | −230.1 | −5.8 |
| 人群荷载($M_{min}$) | 20.3 | −5.9 | −224.6 | −6.0 |
| 混凝土徐变 | −82.6 | −10.9 | 78.0 | −9.4 |
| 混凝土收缩 | 280.3 | −22.3 | 78.2 | −27.3 |

$3L/8$ 截面内力　　　　　　　　　　表 6-4

| 内力汇总 | 上 弦 | | 下 弦 | |
|---|---|---|---|---|
| | $N$ | $M$ | $N$ | $M$ |
| 恒载 | −24 850.3 | −134.7 | −21 637.1 | −141.6 |
| 温度上升 | 606.9 | −23.9 | −858.9 | −24.0 |
| 温度下降 | −882.3 | 34.7 | 1 248.6 | 34.8 |
| 汽车荷载($N_{max}$) | 1 266.2 | −87.2 | 2 390.5 | 192.4 |
| 汽车荷载($M_{max}$) | −3 523.9 | 198.1 | 2 291.5 | 196.7 |
| 汽车荷载($N_{min}$) | −4 164.0 | 145.8 | −3 165.9 | −110.3 |
| 汽车荷载($M_{min}$) | 561.5 | −111.2 | −3 045.4 | −115.0 |

续上表

| 内力汇总 | 上 弦 | | 下 弦 | |
|---|---|---|---|---|
| | $N$ | $M$ | $N$ | $M$ |
| 人群荷载($N_{max}$) | 82.3 | -5.4 | 111.5 | 7.2 |
| 人群荷载($M_{max}$) | -146.7 | 7.3 | 104.3 | 7.5 |
| 人群荷载($N_{min}$) | -194.3 | 5.3 | -219.2 | -7.4 |
| 人群荷载($M_{min}$) | 34.7 | -7.4 | -212.0 | -7.7 |
| 混凝土徐变 | 18.5 | -6.5 | -26.7 | -4.1 |
| 混凝土收缩 | -803.9 | 13.0 | 1 246.3 | 13.4 |

拱顶截面内力  表6-5

| 内力汇总 | 上 弦 | | 下 弦 | |
|---|---|---|---|---|
| | $N$ | $M$ | $N$ | $M$ |
| 恒载 | -25 343.1 | 650.5 | -19 553.1 | 686.5 |
| 温度上升 | 805.1 | 16.3 | -1 068.6 | 18.6 |
| 温度下降 | -1 170.3 | -23.7 | 1 553.4 | -27.0 |
| 汽车荷载($N_{max}$) | 792.6 | -35.4 | 1 930.3 | 193.3 |
| 汽车荷载($M_{max}$) | -3 603.1 | 227.7 | 1 384.3 | 245.4 |
| 汽车荷载($N_{min}$) | -3 911.1 | 219.7 | -2 297.1 | -31.6 |
| 汽车荷载($M_{min}$) | 373.2 | -50.1 | -1 447.1 | -64.5 |
| 人群荷载($N_{max}$) | 67.2 | -3.1 | 73.2 | 6.9 |
| 人群荷载($M_{max}$) | -152.9 | 7.5 | 38.6 | 8.4 |
| 人群荷载($N_{min}$) | -178.1 | 6.7 | -175.3 | -3.2 |
| 人群荷载($M_{min}$) | 42.0 | -3.9 | -140.6 | -4.7 |
| 混凝土徐变 | 174.2 | 110.0 | 13.8 | 104.0 |
| 混凝土收缩 | -897.0 | 336.4 | 1 646.4 | 354.9 |

将计算得到各单项荷载进行荷载组合,并考虑汽车荷载的冲击系数后得到各截面极限承载力荷载组合结果如表6-6~表6-10所示。轴力单位:kN,弯矩单位:kN·m。

拱脚截面内力组合  表6-6

| 荷载组合 | 内力汇总 | 上 弦 | | 下 弦 | |
|---|---|---|---|---|---|
| | | $N$ | $M$ | $N$ | $M$ |
| 组合Ⅰ | 恒+汽($N_{max}$)+人($N_{max}$) | -12 734.0 | 193.2 | -12 834.7 | 192.7 |
| | 恒+汽($M_{max}$)+人($M_{max}$) | -12 626.6 | 129.4 | -12 732.9 | 124.8 |
| | 恒+汽($N_{min}$)+人($N_{min}$) | -13 822.0 | -108.0 | -13 941.4 | -109.0 |
| | 恒+汽($M_{min}$)+人($M_{min}$) | -13 996.8 | -38.9 | -14 111.8 | -37.1 |
| 组合Ⅱ | 恒+汽($N_{max}$)+人($N_{max}$)+温降+混凝土收缩+徐变 | -17 425.2 | -488.6 | -17 613.9 | -486.9 |
| | 恒+汽($M_{max}$)+人($M_{max}$)+温降+混凝土收缩+徐变 | -17 317.9 | -552.2 | -17 512.2 | -554.7 |
| | 恒+汽($N_{min}$)+人($N_{min}$)+温降+混凝土收缩+徐变 | -18 495.4 | -784.8 | -18 702.7 | -783.6 |
| | 恒+汽($M_{min}$)+人($M_{min}$)+温降+混凝土收缩+徐变 | -18 670.0 | -715.9 | -18 873.0 | -711.9 |

续上表

| 荷载组合 | 内力汇总 | 上弦 N | 上弦 M | 下弦 N | 下弦 M |
|---|---|---|---|---|---|
| 组合Ⅲ | 恒+汽($N_{max}$)+人($N_{max}$)+温升+混凝土收缩+徐变 | −18 822.9 | −646.7 | −18 793.0 | −644.2 |
| | 恒+汽($M_{max}$)+人($M_{max}$)+温升+混凝土收缩+徐变 | −18 715.7 | −710.3 | −18 691.3 | −711.9 |
| | 恒+汽($N_{min}$)+人($N_{min}$)+温升+混凝土收缩+徐变 | **−19 893.1** | **−942.9** | −19 881.8 | −940.9 |
| | 恒+汽($M_{min}$)+人($M_{min}$)+温升+混凝土收缩+徐变 | **−20 067.7** | **−874.0** | −20 052.1 | −869.1 |

注:1.表中恒为恒载,汽为汽车荷载,人为人群荷载,温升为温度上升,温降为温度下降。
2.表中加粗和加下划线的数值为控制设计的内力值。

$L/8$ 截面内力组合    表6-7

| 荷载组合 | 内力汇总 | 上弦 N | 上弦 M | 下弦 N | 下弦 M |
|---|---|---|---|---|---|
| 组合Ⅰ | 恒+汽($N_{max}$)+人($N_{max}$) | −22 052.3 | −355.6 | −27 283.8 | −103.1 |
| | 恒+汽($M_{max}$)+人($M_{max}$) | −27 372.1 | −4.8 | −27 627.0 | −83.7 |
| | 恒+汽($N_{min}$)+人($N_{min}$) | −27 905.6 | −84.5 | −34 948.5 | −433.0 |
| | 恒+汽($M_{min}$)+人($M_{min}$) | −22 403.6 | −373.0 | −34 498.1 | −447.7 |
| 组合Ⅱ | 恒+汽($N_{max}$)+人($N_{max}$)+温降+混凝土收缩+徐变 | −18 320.7 | −471.2 | −30 382.1 | −192.8 |
| | 恒+汽($M_{max}$)+人($M_{max}$)+温降+混凝土收缩+徐变 | −23 610.6 | −121.7 | −30 723.3 | −173.5 |
| | 恒+汽($N_{min}$)+人($N_{min}$)+温降+混凝土收缩+徐变 | −24 140.2 | −201.1 | **−38 008.7** | **−521.2** |
| | 恒+汽($M_{min}$)+人($M_{min}$)+温降+混凝土收缩+徐变 | −18 668.1 | −488.3 | **−37 560.3** | **−535.8** |
| 组合Ⅲ | 恒+汽($N_{max}$)+人($N_{max}$)+温升+混凝土收缩+徐变 | −21 171.2 | −346.2 | −27 917.7 | −183.6 |
| | 恒+汽($M_{max}$)+人($M_{max}$)+温升+混凝土收缩+徐变 | −26 461.1 | 3.3 | −28 258.9 | −164.3 |
| | 恒+汽($N_{min}$)+人($N_{min}$)+温升+混凝土收缩+徐变 | −26 990.7 | −76.0 | −35 544.3 | −511.9 |
| | 恒+汽($M_{min}$)+人($M_{min}$)+温升+混凝土收缩+徐变 | −21 518.6 | −363.2 | −35 095.9 | −526.5 |

注:同表6-6。

$L/4$ 截面内力组合    表6-8

| 荷载组合 | 内力汇总 | 上弦 N | 上弦 M | 下弦 N | 下弦 M |
|---|---|---|---|---|---|
| 组合Ⅰ | 恒+汽($N_{max}$)+人($N_{max}$) | −21 104.8 | −373.4 | −22 760.6 | −42.7 |
| | 恒+汽($M_{max}$)+人($M_{max}$) | −27 537.1 | −6.9 | −22 899.0 | −38.2 |
| | 恒+汽($N_{min}$)+人($N_{min}$) | −28 562.5 | −78.0 | **−32 024.6** | **−426.8** |
| | 恒+汽($M_{min}$)+人($M_{min}$) | −22 172.3 | −407.4 | −31 801.3 | −432.8 |
| 组合Ⅱ | 恒+汽($N_{max}$)+人($N_{max}$)+温降+混凝土收缩+徐变 | −20 870.2 | −409.2 | −22 377.1 | −85.9 |
| | 恒+汽($M_{max}$)+人($M_{max}$)+温降+混凝土收缩+徐变 | −27 275.5 | −44.1 | −22 514.7 | −81.3 |
| | 恒+汽($N_{min}$)+人($N_{min}$)+温降+混凝土收缩+徐变 | −28 295.1 | −115.0 | −31 593.5 | −468.3 |
| | 恒+汽($M_{min}$)+人($M_{min}$)+温降+混凝土收缩+徐变 | −21 931.8 | −443.0 | **−31 370.9** | **−474.3** |
| 组合Ⅲ | 恒+汽($N_{max}$)+人($N_{max}$)+温升+混凝土收缩+徐变 | −20 947.1 | −403.8 | −22 786.8 | −76.2 |
| | 恒+汽($M_{max}$)+人($M_{max}$)+温升+混凝土收缩+徐变 | −27 352.4 | −38.6 | −22 924.4 | −71.6 |
| | 恒+汽($N_{min}$)+人($N_{min}$)+温升+混凝土收缩+徐变 | −28 371.9 | −109.6 | −32 003.2 | −458.6 |
| | 恒+汽($M_{min}$)+人($M_{min}$)+温升+混凝土收缩+徐变 | −22 008.7 | −437.5 | −31 780.6 | −464.6 |

3L/8 截面内力组合　　　　　　　　　　　　　　　　　表 6-9

| 荷载组合 | 内力汇总 | 上弦 N | 上弦 M | 下弦 N | 下弦 M |
|---|---|---|---|---|---|
| 组合Ⅰ | 恒+汽($N_{max}$)+人($N_{max}$) | -22 780.9 | -276.9 | -17 779.3 | 166.9 |
|  | 恒+汽($M_{max}$)+人($M_{max}$) | -30 517.4 | 182.9 | -17 942.0 | 174.0 |
|  | 恒+汽($N_{min}$)+人($N_{min}$) | -31 570.3 | 98.9 | -26 826.4 | -322.1 |
|  | 恒+汽($M_{min}$)+人($M_{min}$) | -23 934.6 | -316.6 | -26 630.2 | -329.8 |
| 组合Ⅱ | 恒+汽($N_{max}$)+人($N_{max}$)+温降+混凝土收缩+徐变 | -24 442.4 | -235.6 | -15 351.7 | 209.4 |
|  | 恒+汽($M_{max}$)+人($M_{max}$)+温降+混凝土收缩+徐变 | -32 147.0 | 222.4 | -15 513.4 | 216.4 |
|  | 恒+汽($N_{min}$)+人($N_{min}$)+温降+混凝土收缩+徐变 | **-33 193.1** | **138.7** | -24 352.5 | -277.7 |
|  | 恒+汽($M_{min}$)+人($M_{min}$)+温降+混凝土收缩+徐变 | -25 589.6 | -275.0 | -24 157.3 | -285.3 |
| 组合Ⅲ | 恒+汽($N_{max}$)+人($N_{max}$)+温升+混凝土收缩+徐变 | -22 983.0 | -293.1 | -17 417.1 | 151.8 |
|  | 恒+汽($M_{max}$)+人($M_{max}$)+温升+混凝土收缩+徐变 | -30 687.5 | 164.9 | -17 578.8 | 158.8 |
|  | 恒+汽($N_{min}$)+人($N_{min}$)+温升+混凝土收缩+徐变 | -31 733.7 | 81.2 | -26 417.9 | -335.2 |
|  | 恒+汽($M_{min}$)+人($M_{min}$)+温升+混凝土收缩+徐变 | -24 130.1 | -332.5 | **-26 222.6** | **-342.9** |

注：同表 6-6。

拱顶截面内力组合　　　　　　　　　　　　　　　　　表 6-10

| 荷载组合 | 内力汇总 | 上弦 N | 上弦 M | 下弦 N | 下弦 M |
|---|---|---|---|---|---|
| 组合Ⅰ | 恒+汽($N_{max}$)+人($N_{max}$) | -24 030.2 | 591.8 | -16 456.7 | 996.1 |
|  | 恒+汽($M_{max}$)+人($M_{max}$) | -31 140.9 | 1 014.5 | -17 348.2 | 1 079.0 |
|  | 恒+汽($N_{min}$)+人($N_{min}$) | -31 650.0 | 1 001.0 | -23 336.6 | 633.5 |
|  | 恒+汽($M_{min}$)+人($M_{min}$) | -24 713.3 | 567.9 | -21 970.4 | 580.4 |
| 组合Ⅱ | 恒+汽($N_{max}$)+人($N_{max}$)+温降+混凝土收缩+徐变 | -25 909.3 | 1 015.3 | -13 284.4 | 1 427.5 |
|  | 恒+汽($M_{max}$)+人($M_{max}$)+温降+混凝土收缩+徐变 | -32 989.1 | 1 436.6 | -14 171.0 | 1 510.1 |
|  | 恒+汽($N_{min}$)+人($N_{min}$)+温降+混凝土收缩+徐变 | **-33 494.8** | **1 423.2** | -20 129.5 | 1 066.3 |
|  | 恒+汽($M_{min}$)+人($M_{min}$)+温降+混凝土收缩+徐变 | -26 588.8 | 991.6 | -18 768.1 | 1 013.4 |
| 组合Ⅲ | 恒+汽($N_{max}$)+人($N_{max}$)+温升+混凝土收缩+徐变 | -23 973.4 | 1 054.5 | -15 854.0 | 1 472.2 |
|  | 恒+汽($M_{max}$)+人($M_{max}$)+温升+混凝土收缩+徐变 | -31 053.2 | 1 475.8 | **-16 740.6** | **1 554.9** |
|  | 恒+汽($N_{min}$)+人($N_{min}$)+温升+混凝土收缩+徐变 | -31 558.9 | 1 462.4 | -22 699.1 | 1 111.0 |
|  | 恒+汽($M_{min}$)+人($M_{min}$)+温升+混凝土收缩+徐变 | -24 652.9 | 1 030.8 | -21 337.7 | 1 058.1 |

注：同表 6-6。

将计算得到各单项荷载进行荷载组合，并考虑汽车荷载的冲击系数后得到各截面正常使用极限状态荷载组合结果如表 6-11~表 6-15 所示。轴力单位：kN，弯矩单位：kN·m。

**拱脚截面内力组合**  表6-11

| 荷载组合 | 内力汇总 | 上弦 N | 上弦 M | 下弦 N | 下弦 M |
|---|---|---|---|---|---|
| 组合Ⅳ | 恒+汽($N_{max}$)+人($N_{max}$) | −12 703.6 | 186.6 | −12 809.8 | 185.9 |
| | 恒+汽($M_{max}$)+人($M_{max}$) | −12 634.5 | 145.4 | −12 744.4 | 142.1 |
| | 恒+汽($N_{min}$)+人($N_{min}$) | −13 436.2 | −16.2 | −13 554.6 | −17.2 |
| | 恒+汽($M_{min}$)+人($M_{min}$) | −13 548.4 | 28.3 | −13 664.0 | 29.1 |
| 组合Ⅴ | 恒+汽($N_{max}$)+人($N_{max}$)+温降+混凝土收缩+徐变 | −17 376.7 | −492.7 | −17 573.6 | −491.3 |
| | 恒+汽($M_{max}$)+人($M_{max}$)+温降+混凝土收缩+徐变 | −17 307.6 | −533.9 | −17 508.2 | −535.0 |
| | 恒+汽($N_{min}$)+人($N_{min}$)+温降+混凝土收缩+徐变 | **−18 109.3** | **−695.5** | −18 318.4 | −694.4 |
| | 恒+汽($M_{min}$)+人($M_{min}$)+温降+混凝土收缩+徐变 | −18 221.6 | −650.9 | **−18 427.8** | **−648.0** |
| 组合Ⅵ | 恒+汽($N_{max}$)+人($N_{max}$)+温升+混凝土收缩+徐变 | −17 376.7 | −492.7 | −17 573.6 | −491.3 |
| | 恒+汽($M_{max}$)+人($M_{max}$)+温升+混凝土收缩+徐变 | −17 307.6 | −533.9 | −17 508.2 | −535.0 |
| | 恒+汽($N_{min}$)+人($N_{min}$)+温升+混凝土收缩+徐变 | −18 109.3 | −695.5 | −18 318.4 | −694.4 |
| | 恒+汽($M_{min}$)+人($M_{min}$)+温升+混凝土收缩+徐变 | −18 221.6 | −650.9 | −18 427.8 | −648.0 |

注:同表6-6。

**$L/8$截面内力组合**  表6-12

| 荷载组合 | 内力汇总 | 上弦 N | 上弦 M | 下弦 N | 下弦 M |
|---|---|---|---|---|---|
| 组合Ⅳ | 恒+汽($N_{max}$)+人($N_{max}$) | −22 750.9 | −299.6 | −27 816.4 | −154.3 |
| | 恒+汽($M_{max}$)+人($M_{max}$) | −26 217.9 | −72.4 | −28 040.2 | −141.8 |
| | 恒+汽($N_{min}$)+人($N_{min}$) | −26 567.4 | −124.0 | −32 801.5 | −368.7 |
| | 恒+汽($M_{min}$)+人($M_{min}$) | −22 983.7 | −311.3 | −32 509.1 | −378.2 |
| 组合Ⅴ | 恒+汽($N_{max}$)+人($N_{max}$)+温降+混凝土收缩+徐变 | −18 977.2 | −417.1 | −30 933.6 | −243.4 |
| | 恒+汽($M_{max}$)+人($M_{max}$)+温降+混凝土收缩+徐变 | −22 444.2 | −189.9 | −31 157.4 | −230.8 |
| | 恒+汽($N_{min}$)+人($N_{min}$)+温降+混凝土收缩+徐变 | −22 793.7 | −241.6 | **−35 918.7** | **−457.7** |
| | 恒+汽($M_{min}$)+人($M_{min}$)+温降+混凝土收缩+徐变 | **−19 209.9** | **−428.9** | −35 626.3 | −467.3 |
| 组合Ⅵ | 恒+汽($N_{max}$)+人($N_{max}$)+温升+混凝土收缩+徐变 | −18 977.2 | −417.1 | −30 933.6 | −243.4 |
| | 恒+汽($M_{max}$)+人($M_{max}$)+温升+混凝土收缩+徐变 | −22 444.2 | −189.9 | −31 157.4 | −230.8 |
| | 恒+汽($N_{min}$)+人($N_{min}$)+温升+混凝土收缩+徐变 | −22 793.7 | −241.6 | −35 918.7 | −457.7 |
| | 恒+汽($M_{min}$)+人($M_{min}$)+温升+混凝土收缩+徐变 | −19 209.9 | −428.9 | −35 626.3 | −467.3 |

注:同表6-6。

**$L/4$截面内力组合**  表6-13

| 荷载组合 | 内力汇总 | 上弦 N | 上弦 M | 下弦 N | 下弦 M |
|---|---|---|---|---|---|
| 组合Ⅳ | 恒+汽($N_{max}$)+人($N_{max}$) | −21 714.5 | −331.3 | −23 990.7 | −124.8 |
| | 恒+汽($M_{max}$)+人($M_{max}$) | −25 888.2 | −93.8 | −24 080.9 | −121.8 |
| | 恒+汽($N_{min}$)+人($N_{min}$) | −26 556.6 | −139.8 | **−30 019.4** | **−373.8** |
| | 恒+汽($M_{min}$)+人($M_{min}$) | −22 409.9 | −353.5 | −29 874.8 | −377.7 |

续上表

| 荷载组合 | 内力汇总 | 上 弦 | | 下 弦 | |
|---|---|---|---|---|---|
| | | $N$ | $M$ | $N$ | $M$ |
| 组合Ⅴ | 恒+汽($N_{max}$)+人($N_{max}$)+温降+混凝土收缩+徐变 | −21 470.3 | −367.8 | −23 586.8 | −167.2 |
| | 恒+汽($M_{max}$)+人($M_{max}$)+温降+混凝土收缩+徐变 | −25 643.9 | −130.3 | −23 677.0 | −164.3 |
| | 恒+汽($N_{min}$)+人($N_{min}$)+温降+混凝土收缩+徐变 | −26 312.4 | −176.3 | −29 615.5 | −416.3 |
| | 恒+汽($M_{min}$)+人($M_{min}$)+温降+混凝土收缩+徐变 | −22 165.7 | −390.0 | −29 470.9 | −420.2 |
| 组合Ⅵ | 恒+汽($N_{max}$)+人($N_{max}$)+温升+混凝土收缩+徐变 | −21 470.3 | −367.8 | −23 586.8 | −167.2 |
| | 恒+汽($M_{max}$)+人($M_{max}$)+温升+混凝土收缩+徐变 | −25 643.9 | −130.3 | −23 677.0 | −164.3 |
| | 恒+汽($N_{min}$)+人($N_{min}$)+温升+混凝土收缩+徐变 | −26 312.4 | −176.3 | −29 615.5 | −416.3 |
| | 恒+汽($M_{min}$)+人($M_{min}$)+温升+混凝土收缩+徐变 | −22 165.7 | −390.0 | **−29 470.9** | **−420.2** |

注：同表 6-6。

**3L/8 截面内力组合**  表 6-14

| 荷载组合 | 内力汇总 | 上 弦 | | 下 弦 | |
|---|---|---|---|---|---|
| | | $N$ | $M$ | $N$ | $M$ |
| 组合Ⅳ | 恒+汽($N_{max}$)+人($N_{max}$) | −23 501.8 | −227.3 | −19 135.2 | 58.0 |
| | 恒+汽($M_{max}$)+人($M_{max}$) | −28 520.9 | 70.7 | −19 241.4 | 62.6 |
| | 恒+汽($N_{min}$)+人($N_{min}$) | −29 208.6 | 16.4 | −25 022.2 | −259.3 |
| | 恒+汽($M_{min}$)+人($M_{min}$) | −24 254.1 | −253.3 | **−24 894.5** | **−264.3** |
| 组合Ⅴ | 恒+汽($N_{max}$)+人($N_{max}$)+温降+混凝土收缩+徐变 | −25 169.5 | −186.1 | −16 667.0 | 102.1 |
| | 恒+汽($M_{max}$)+人($M_{max}$)+温降+混凝土收缩+徐变 | −30 188.6 | 112.0 | −16 773.2 | 106.8 |
| | 恒+汽($N_{min}$)+人($N_{min}$)+温降+混凝土收缩+徐变 | **−30 876.3** | **57.6** | −22 554.1 | −215.2 |
| | 恒+汽($M_{min}$)+人($M_{min}$)+温降+混凝土收缩+徐变 | −25 921.8 | −212.0 | −22 426.3 | −220.1 |
| 组合Ⅵ | 恒+汽($N_{max}$)+人($N_{max}$)+温升+混凝土收缩+徐变 | −25 169.5 | −186.1 | −16 667.0 | 102.1 |
| | 恒+汽($M_{max}$)+人($M_{max}$)+温升+混凝土收缩+徐变 | −30 188.6 | 112.0 | −16 773.2 | 106.8 |
| | 恒+汽($N_{min}$)+人($N_{min}$)+温升+混凝土收缩+徐变 | −30 876.3 | 57.6 | −22 554.1 | −215.2 |
| | 恒+汽($M_{min}$)+人($M_{min}$)+温升+混凝土收缩+徐变 | −25 921.8 | −212.0 | −22 426.3 | −220.1 |

注：同表 6-6。

**拱顶截面内力组合**  表 6-15

| 荷载组合 | 内力汇总 | 上 弦 | | 下 弦 | |
|---|---|---|---|---|---|
| | | $N$ | $M$ | $N$ | $M$ |
| 组合Ⅳ | 恒+汽($N_{max}$)+人($N_{max}$) | −24 483.3 | 612.0 | −17 549.6 | 886.7 |
| | 恒+汽($M_{max}$)+人($M_{max}$) | −29 099.1 | 885.7 | −18 130.3 | 940.2 |
| | 恒+汽($N_{min}$)+人($N_{min}$) | −29 432.3 | 876.9 | −22 025.6 | 651.6 |
| | 恒+汽($M_{min}$)+人($M_{min}$) | −24 927.9 | 596.5 | −21 140.8 | 617.2 |
| 组合Ⅴ | 恒+汽($N_{max}$)+人($N_{max}$)+温降+混凝土收缩+徐变 | −26 376.4 | 1 034.6 | −14 335.9 | 1 318.5 |
| | 恒+汽($M_{max}$)+人($M_{max}$)+温降+混凝土收缩+徐变 | −30 992.2 | 1 308.4 | −14 916.6 | 1 372.0 |
| | 恒+汽($N_{min}$)+人($N_{min}$)+温降+混凝土收缩+徐变 | **−31 325.4** | **1 299.5** | −18 811.9 | 1 083.4 |
| | 恒+汽($M_{min}$)+人($M_{min}$)+温降+混凝土收缩+徐变 | −26 821.0 | 1 019.1 | −17 927.2 | 1 049.0 |

续上表

| 荷载组合 | 内力汇总 | 上弦 N | 上弦 M | 下弦 N | 下弦 M |
|---|---|---|---|---|---|
| 组合Ⅵ | 恒+汽($N_{max}$)+人($N_{max}$)+温升+混凝土收缩+徐变 | −26 376.4 | 1 034.6 | −14 335.9 | 1 318.5 |
| | 恒+汽($M_{max}$)+人($M_{max}$)+温升+混凝土收缩+徐变 | −30 992.2 | 1 308.4 | **−14 916.6** | **1 372.0** |
| | 恒+汽($N_{min}$)+人($N_{min}$)+温升+混凝土收缩+徐变 | −31 325.4 | 1 299.5 | −18 811.9 | 1 083.4 |
| | 恒+汽($M_{min}$)+人($M_{min}$)+温升+混凝土收缩+徐变 | −26 821.0 | 1 019.1 | −17 927.2 | 1 049.0 |

注：同表6-6。

从内力计算结果可知，拱肋恒载作用下拱肋最大内力如下：

（1）拱脚截面：上弦管 $N=-12\ 655.7\text{kN}$，$M=171.6\text{kN}\cdot\text{m}$；下弦管 $N=-12\ 771.7\text{kN}$，$M=170.6\text{kN}\cdot\text{m}$。

（2）$L/8$ 截面：上弦管 $N=-24\ 037.8\text{kN}$，$M=-197.4\text{kN}\cdot\text{m}$；下弦管 $N=-28\ 825.7\text{kN}$，$M=-249.8\text{kN}\cdot\text{m}$。

（3）$L/4$ 截面：上弦管 $N=-22\ 849\text{kN}$，$M=-253\text{kN}\cdot\text{m}$；下弦管 $N=-26\ 267.7\text{kN}$，$M=-275\text{kN}\cdot\text{m}$。

（4）$3L/8$ 截面：上弦管 $N=-24\ 850.3\text{kN}$，$M=-134.7\text{kN}\cdot\text{m}$；下弦管 $N=-21\ 637.1\text{kN}$，$M=-141.6\text{kN}\cdot\text{m}$。

（5）拱顶截面：上弦管 $N=-25\ 343.1\text{kN}$，$M=650.5\text{kN}\cdot\text{m}$；下弦管 $N=-19\ 553.1\text{kN}$，$M=686.5\text{kN}\cdot\text{m}$。

拱肋承载能力极限状态构件验算采用的最不利内力组合为：

（1）拱脚截面：$M_{max}=-942.9\text{kN}\cdot\text{m}$，对应的轴力 $N=-19\ 893.1\text{kN}$；$N_{max}=-20\ 067.7\text{kN}$，对应的弯矩 $M=-874.0\text{kN}\cdot\text{m}$。

（2）$L/8$ 截面：$M_{max}=-535.8\text{kN}\cdot\text{m}$，对应的轴力 $N=-37\ 560.3\text{kN}$；$N_{max}=-38\ 008.7\text{kN}$，对应的弯矩 $M=-521.2\text{kN}\cdot\text{m}$。

（3）$L/4$ 截面：$M_{max}=-474.3\text{kN}\cdot\text{m}$，对应的轴力 $N=-31\ 370.9\text{kN}$；$N_{max}=-32\ 024.6\text{kN}$，对应的弯矩 $M=-426.8\text{kN}\cdot\text{m}$。

（4）$3L/8$ 截面：$M_{max}=-342.9\text{kN}\cdot\text{m}$，对应的轴力 $N=-26\ 222.6\text{kN}$；$N_{max}=-33\ 193.1\text{kN}$，对应的弯矩 $M=138.7\text{kN}\cdot\text{m}$。

（5）拱顶截面：$M_{max}=1\ 554.9\text{kN}\cdot\text{m}$，对应的轴力 $N=-16\ 740.6\text{kN}$；$N_{max}=-33\ 494.8\text{kN}$，对应的弯矩 $M=1\ 423.2\text{kN}\cdot\text{m}$。

拱肋正常使用极限状态构件验算采用的最不利内力组合为：

（1）拱脚截面：$M_{max}=-695.5\text{kN}\cdot\text{m}$，对应的轴力 $N=-18\ 109.3\text{kN}$；$N_{max}=-18\ 427.8\text{kN}$，对应的弯矩 $M=-648.0\text{kN}\cdot\text{m}$。

（2）$L/8$ 截面：$M_{max}=-428.9\text{kN}\cdot\text{m}$，对应的轴力 $N=-19\ 209.9\text{kN}$；$N_{max}=-35\ 918.7\text{kN}$，对应的弯矩 $M=-457.7\text{kN}\cdot\text{m}$。

（3）$L/4$ 截面：$M_{max}=-420.2\text{kN}\cdot\text{m}$，对应的轴力 $N=-29\ 470.9\text{kN}$；$N_{max}=-30\ 019.4\text{kN}$，对应的弯矩 $M=-373.8\text{kN}\cdot\text{m}$。

（4）$3L/8$ 截面：$M_{max}=-264.3\text{kN}\cdot\text{m}$，对应的轴力 $N=-24\ 894.5\text{kN}$；$N_{max}=-30\ 876.3\text{kN}$，对应的弯矩 $M=57.6\text{kN}\cdot\text{m}$。

（5）拱顶截面：$M_{max}=1\ 372.0\text{kN}\cdot\text{m}$，对应的轴力 $N=-14\ 916.6\text{kN}$；$N_{max}=-31\ 325.4\text{kN}$，

对应的弯矩 $M=1\,299.5\text{kN}\cdot\text{m}$。

承载能力极限状态拱肋整体验算采用的最不利内力组合如下。

将各肢内力换算成截面的内力：

$$N_{截面}=N_{上弦}+N_{下弦}$$
$$M_{截面}=M_{上弦}+M_{下弦}+(N_{上弦}-N_{下弦})h$$

其中 $N_{上弦}$、$N_{下弦}$ 为各肢轴力；$M_{上弦}$、$M_{下弦}$ 为各肢的弯矩；$h$ 为上下弦中心距的一半。

承载能力极限状态拱肋整体验算采用的最不利内力组合（$L/4$ 截面）如下。

(1) 最大弯矩组合计算结果如下：

$$M_{\max}=-437.5-464.6+(-22\,008.7+31\,780.6)\times2.25=21\,084.6(\text{kN}\cdot\text{m})$$

相应的

$$N=-22\,008.7-31\,780.6=-53\,789.3(\text{kN})$$

(2) 最大轴力组合计算结果如下：

$$N_{\max}=-28\,562.5-32\,024.6=-60\,587.2(\text{kN})$$

相应的

$$M=-78.0-426.8+(-28\,562.5+32\,024.6)=7\,285.0(\text{kN}\cdot\text{m})$$

## 三、拱肋强度计算

### (一)《规范》验算要求

**1. 组成构件强度验算要求**

《规范》第5.1.4条规定，钢管混凝土拱肋强度计算应为拱肋各组成构件，稳定计算应包括各组成构件与拱肋整体。对桁式拱肋的钢管混凝土弦管，当单肢一个节间的长细比 $\lambda_1 \leqslant 10$ 时，承载力计算可仅进行强度计算，并应符合本规范第5.2.2～5.2.5条的规定；当 $\lambda_1 > 10$ 时，承载力计算应进行稳定计算，并应符合本规范第5.3.3条的规定。$\lambda_1$ 的计算应符合本规范式(5.3.9-3)～式(5.3.9-5)的规定。

《规范》第5.1.4条条文说明，对于哑铃形与桁式拱肋，组成构件指钢管混凝土弦杆及其连接构件，整体结构是由这些构件组成的一个结构整体视为一根杆件。

**2. 整体截面强度验算要求**

《规范》第5.2.7条规定，钢管混凝土哑铃形构件和格构柱偏心抗压强度验算时，轴向压力组合设计值 $N_s$ 应取截面轴向力最大设计值和对应于截面弯矩最大设计值的轴力值，并应按下列公式计算：

$$\gamma_0 N_s \leqslant N_{D1} \tag{5.2.7-1}$$
$$N_{D1}=\varphi_e N_D \tag{5.2.7-2}$$

式中：$\varphi_e$——偏心率折减系数，格构柱按本规范第5.2.9条的规定计算。《规范》第5.2.9条规定，钢管混凝土格构柱的偏心率折减系数 $\varphi_e$ 应按下列公式计算：

当 $\dfrac{e_0}{h_1} \leqslant \varepsilon_b$ 时：

$$\varphi_e = \frac{1}{1+\dfrac{2e_0}{h_1}} \tag{5.2.9-1}$$

当 $\dfrac{e_0}{h_1} > \varepsilon_b$ 时：

$$\varphi_e = \dfrac{\xi_0}{(1+\sqrt{\xi_0}+\xi_0)\left(\dfrac{2e_0}{h_1}-1\right)} \qquad (5.2.9\text{-}2)$$

$$\varepsilon_b = 0.5 + \dfrac{\xi_0}{1+\sqrt{\xi_0}} \qquad (5.2.9\text{-}3)$$

$\varepsilon_b$——界限偏心率；
$h_1$——格构柱截面受弯面内两肢中心距离(mm)；
$e_0$——格构柱截面的偏心距(mm)；
$N_D$——钢管混凝土哑铃形和格构柱构件截面轴心受压承载力，应按《规范》5.2.6 条计算，具体如下：

$$N_D = \sum (N_0^i + N_f^i) \qquad (5.2.6\text{-}2)$$

$$N_f^i = A_{fs} f_s \qquad (5.2.6\text{-}3)$$

$N_0^i$——拱肋截面各肢钢管混凝土截面轴心受压承载力，按本规范公式(5.2.2-2)计算；
$N_f^i$——与钢管混凝土主肢共同承担荷载的连接钢板的极限承载力；
$A_{fs}$——连接钢板的截面面积。

### (二)弦管强度验算

1.拱脚截面

因为上述承载能力极限和正常使用极限状态组合的作用截面是横哑铃形(腹腔内不填充混凝土，钢管内填充混凝土)，则将组合后的力平均分配到四个钢管及其填充的混凝土中，而不考虑腹腔钢板承受力。

(1)对于拱脚截面弯矩最大组合($M_{\max}=-942.9\text{kN}\cdot\text{m}$，$N=-19\,893.1\text{kN}$)，分配到两肢上的弯矩分别为：

$$M_1 = M_2 = \dfrac{1}{2} \times 942.9 = 471.5(\text{kN}\cdot\text{m})$$

分配到两肢上的轴力分别为：

$$N_1 = N_2 = \dfrac{1}{2} \times 19\,893.1 = 9\,946.6(\text{kN})$$

对于弯矩最大组合的其中一肢($M=471.5\text{kN}\cdot\text{m}$，$N=9\,946.6\text{kN}$)：
钢管混凝土的约束效应设计值为

$$\xi_0 = \dfrac{A_s f_s}{A_c f_{cd}} = \dfrac{0.055\,5 \times 270}{0.729\,9 \times 23.1} = 0.889$$

$$\rho_c = \dfrac{A_s}{A_c} = \dfrac{0.055\,5}{0.729\,9} = 0.076\,0$$

$$\begin{aligned}
N_0 &= k_3(1.14+1.02\xi_0) \cdot (1+\rho_c) \cdot f_{cd} A_c \\
&= 0.96 \times (1.14+1.02\times 0.889) \times (1+0.076\,0) \times 23\,100 \times 0.729\,9 \\
&= 35\,647.6(\text{kN})
\end{aligned}$$

$$e_0 = \frac{M_{max}}{N} = \frac{471.5}{9\,946.6} = 0.047\,4$$

$$\frac{e_0}{r_c} = \frac{0.047\,4}{0.482} = 0.098\,3 \leqslant 1.55$$

$$\varphi_e = \frac{1}{1+1.85 \times \frac{e_0}{r_c}} = \frac{1}{1+1.85 \times 0.098\,3} = 0.846$$

$\lambda_1 = 4l_1/D = 4 \times 6.04/1.0 = 24.2 > 10$,所以需按式(5.3.3)计算稳定承载能力。

$$\lambda_n = \frac{\lambda}{\pi}\sqrt{\frac{f_y A_s + f_{ck}A_c + A_c\sqrt{\rho_c f_y f_{ck}}}{E_s A_s + E_c A_c}}$$

$$= \frac{24.2}{\pi} \times \sqrt{\frac{325 \times 0.055\,5 + 32.4 \times 0.729\,9 + 0.729\,9 \times \sqrt{0.076\,1 \times 325 \times 32.4}}{2.06 \times 10^5 \times 0.055\,5 + 3.45 \times 10^4 \times 0.729\,9}}$$

$$= 0.317 \leqslant 1.5$$

$$\varphi = 0.658^{\lambda_n^2} = 0.658^{0.317^2} = 0.959$$

$\varphi\varphi_e N_0 = 0.959 \times 0.846 \times 35\,647.6 = 29\,921.4(\text{kN}) \geqslant \gamma_0 N_s = 1.1 \times 9\,946.6 = 10\,941.3(\text{kN})$
验算通过。

(2)对于拱脚截面轴力最大组合($M = 874.0\text{kN}\cdot\text{m}, N_{max} = 20\,067.7\text{kN}$):
分配到两肢上的弯矩分别为

$$M_1 = M_2 = \frac{1}{2} \times 874.0 = 437.0(\text{kN}\cdot\text{m})$$

分配到两肢上的轴力分别为

$$N_1 = N_2 = \frac{1}{2} \times 20\,067.7 = 10\,033.9(\text{kN})$$

对于弯矩最大组合的其中一肢($M = 437.0\text{kN}\cdot\text{m}, N = 10\,033.9\text{kN}$):
轴向压力偏心距

$$e_0 = \frac{M}{N_{max}} = \frac{437.0}{10\,033.9} = 0.043\,6$$

$$\frac{e_0}{r_c} = \frac{0.043\,6}{0.482} = 0.090\,5 \leqslant 1.55$$

$$\varphi_e = \frac{1}{1+1.85 \times \frac{e_0}{r_c}} = \frac{1}{1+1.85 \times 0.090\,5} = 0.857$$

$\varphi\varphi_e N_0 = 0.959 \times 0.857 \times 35\,647.6 = 29\,297.5(\text{kN}) \geqslant \gamma_0 N_s = 1.1 \times 10\,033.9 = 11\,037.3(\text{kN})$
验算通过。

2.$L/8$ 截面
(1)对于 $L/8$ 截面弯矩最大组合($M_{max} = -535.8\text{kN}\cdot\text{m}, N = -37\,560.3\text{kN}$):
分配到两肢上的弯矩分别为

$$M_1 = M_2 = \frac{1}{2} \times 535.8 = 267.9(\text{kN}\cdot\text{m})$$

分配到两肢上的轴力分别为

$$N_1 = N_2 = \frac{1}{2} \times 37\,560.3 = 18\,780.2(\text{kN})$$

对于弯矩最大组合的一肢($M = 267.9\text{kN} \cdot \text{m}, N = 18\,780.2\text{kN}$)：
钢管混凝土的约束效应设计值为

$$\xi_0 = \frac{A_s f_s}{A_c f_{cd}} = \frac{0.049\,5 \times 275}{0.735\,9 \times 23.1} = 0.800$$

$$\rho_c = \frac{A_s}{A_c} = \frac{0.049\,5}{0.735\,9} = 0.067\,2$$

$$N_0 = k_3(1.14 + 1.02\xi_0) \cdot (1 + \rho_c) \cdot f_{cd} A_c$$
$$= 1.00 \times (1.14 + 1.02 \times 0.800) \times (1 + 0.067\,2) \times 23\,100 \times 0.735\,9$$
$$= 35\,489.0(\text{kN})$$

$$N'_0 = K_t N_0 = 0.975 \times 35\,489.0 = 34\,601.8(\text{kN})$$

$$e_0 = \frac{M_0}{N} = \frac{267.9}{18\,780.2} = 0.014\,3$$

$$\frac{e_0}{r_c} = \frac{0.014\,3}{0.340} = 0.042 \leqslant 1.55$$

$$\varphi_e = \frac{1}{1 + 1.85 \times \frac{e_0}{r_c}} = \frac{1}{1 + 1.85 \times 0.042} = 0.928$$

$\lambda_1 = 4l_1/D = 4 \times 5.99/1.0 = 24.0 > 10$，所以需按式(5.3.3)计算稳定承载能力。

$$\lambda_n = \frac{\lambda}{\pi} \sqrt{\frac{f_y A_s + f_{ck} A_c + A_c \sqrt{\rho_c f_y f_{ck}}}{E_s A_s + E_c A_c}}$$

$$= \frac{24.0}{\pi} \times \sqrt{\frac{345 \times 0.049\,5 + 32.4 \times 0.735\,9 + 0.735\,9 \times \sqrt{0.067\,2 \times 345 \times 32.4}}{2.06 \times 10^5 \times 0.049\,5 + 3.45 \times 10^4 \times 0.735\,9}}$$

$$= 0.316 \leqslant 1.5$$

$$\varphi = 0.658^{\lambda_n^2} = 0.658^{0.316^2} = 0.959$$

$\varphi \varphi_e N_0 = 0.959 \times 0.928 \times 34\,601.8 = 30\,793.9(\text{kN}) \geqslant \gamma_0 N_s = 1.1 \times 18\,780.2 = 20\,658.2(\text{kN})$

满足要求。

(2)对于 $L/8$ 截面轴力最大组合($M = 521.2\text{kN} \cdot \text{m}, N_{\max} = 38\,008.7\text{kN}$)：
分配到两肢上的弯矩分别为

$$M_1 = M_2 = \frac{1}{2} \times 521.2 = 260.6(\text{kN} \cdot \text{m})$$

分配到两肢上的轴力分别为

$$N_1 = N_2 = \frac{1}{2} \times 38\,008.7 = 19\,004.3(\text{kN})$$

对于弯矩最大组合的其中一肢($M = 260.6\text{kN} \cdot \text{m}, N = 19\,004.3\text{kN}$)：

轴向压力偏心距

$$e_0 = \frac{M}{N_{max}} = \frac{260.6}{19\,004.3} = 0.014$$

$$\frac{e_0}{r_c} = \frac{0.014}{0.484} = 0.029\,5 \leqslant 1.55$$

$$\varphi_e = \frac{1}{1+1.85 \times \frac{e_0}{r_c}} = \frac{1}{1+1.85 \times 0.029\,5} = 0.948$$

$\varphi\varphi_e N_0 = 0.959 \times 0.948 \times 34\,601.8 = 31\,457.6(kN) \geqslant \gamma_0 N_s = 1.1 \times 19\,004.3 = 20\,904.8(kN)$

验算通过。

3. $L/4$ 截面

(1) 对于 $L/4$ 截面弯矩最大组合($M_{max} = -474.3kN \cdot m, N = -31\,370.9kN$)：

分配到两肢上的弯矩分别为

$$M_1 = M_2 = \frac{1}{2} \times 474.3 = 237.2(kN \cdot m)$$

分配到两肢上的轴力分别为

$$N_1 = N_2 = \frac{1}{2} \times 31\,370.9 = 15\,685.5(kN)$$

对于弯矩最大组合的一肢($M = 237.2kN \cdot m, N = 15\,685.5kN$)：

钢管混凝土的约束效应设计值为

$$\xi_0 = \frac{A_s f_s}{A_c f_{cd}} = \frac{0.049\,5 \times 275}{0.735\,9 \times 23.1} = 0.800$$

$$\rho_c = \frac{A_s}{A_c} = \frac{0.049\,5}{0.735\,9} = 0.067\,2$$

$N_0 = k_3(1.14+1.02\xi_0) \cdot (1+\rho_c) \cdot f_{cd} A_c$

$\quad = 1.00 \times (1.14+1.02 \times 0.800) \times (1+0.067\,2) \times 23\,100 \times 0.735\,9$

$\quad = 35\,196.3(kN)$

$$N'_0 = K_t N_0 = 0.950 \times 35\,196.3 = 33\,436.5(kN)$$

$$e_0 = \frac{M_{max}}{N} = \frac{237.2}{15\,685.5} = 0.015\,1$$

$$\frac{e_0}{r_c} = \frac{0.015\,1}{0.484} = 0.031\,2 \leqslant 1.55$$

$$\varphi_e = \frac{1}{1+1.85 \times \frac{e_0}{r_c}} = \frac{1}{1+1.85 \times 0.031\,2} = 0.945$$

$\lambda_1 = 4l_1/1.0 = 4 \times 5.43/1.0 = 21.7 > 10$，所以需按式(5.3.3)计算稳定承载能力。

$$\lambda_n = \frac{\lambda}{\pi}\sqrt{\frac{f_y A_s + f_{ck} A_c + A_c \sqrt{\rho_c f_y f_{ck}}}{E_s A_s + E_c A_c}}$$

$$= \frac{21.7}{\pi} \times \sqrt{\frac{345 \times 0.049\ 5 + 32.4 \times 0.735\ 9 + 0.735\ 9 \times \sqrt{0.067\ 2 \times 345 \times 32.4}}{2.06 \times 10^5 \times 0.049\ 5 + 3.45 \times 10^4 \times 0.735\ 9}}$$

$$= 0.287 \leqslant 1.5$$

$$\varphi = 0.658^{\lambda_n^2} = 0.658^{0.287^2} = 0.966$$

$\varphi\varphi_e N_0 = 0.966 \times 0.945 \times 33\ 436.5 = 30\ 523.2(\text{kN}) \geqslant \gamma_0 N_s = 1.1 \times 15\ 685.5 = 17\ 254.0(\text{kN})$
验算通过。

(2) 对于 $L/4$ 截面轴力最大组合 ($M = -426.8\text{kN}\cdot\text{m}, N_{max} = -32\ 024.6\text{kN}$)：
分配到两肢上的弯矩分别为

$$M_1 = M_2 = \frac{1}{2} \times 426.8 = 213.4(\text{kN}\cdot\text{m})$$

分配到两肢上的轴力分别为

$$N_1 = N_2 = \frac{1}{2} \times 32\ 024.6 = 16\ 012.3(\text{kN})$$

对于弯矩最大组合的其中一肢 ($M = 213.4\text{kN}\cdot\text{m}, N = 16\ 012.3\text{kN}$)：
轴向压力偏心距

$$e_0 = \frac{M}{N_{max}} = \frac{213.4}{16\ 012.3} = 0.013$$

$$\frac{e_0}{r_c} = \frac{0.013}{0.484} = 0.027\ 5 \leqslant 1.55$$

$$\varphi_e = \frac{1}{1 + 1.85 \times \frac{e_0}{r_c}} = \frac{1}{1 + 1.85 \times 0.027\ 5} = 0.952$$

$\varphi\varphi_e N_0 = 0.966 \times 0.952 \times 33\ 436.5 = 30\ 749.3(\text{kN}) \geqslant \gamma_0 N_s = 1.1 \times 16\ 012.3 = 17\ 613.6(\text{kN})$
验算通过。

4.$3L/8$ 截面
(1) 对于 $3L/8$ 截面弯矩最大组合 ($M_{max} = -342.9\text{kN}\cdot\text{m}, N = -26\ 222.6\text{kN}$)：
分配到两肢上的弯矩分别为

$$M_1 = M_2 = \frac{1}{2} \times 342.9 = 171.4(\text{kN}\cdot\text{m})$$

分配到两肢上的轴力分别为

$$N_1 = N_2 = \frac{1}{2} \times 26\ 222.6 = 13\ 111.3(\text{kN})$$

对于弯矩最大组合的一肢 ($M = 171.4\text{kN}\cdot\text{m}, N = 13\ 111.3\text{kN}$)：
钢管混凝土的约束效应设计值为

$$\xi_0 = \frac{A_s f_s}{A_c f_{cd}} = \frac{0.049\ 5 \times 275}{0.735\ 9 \times 23.1} = 0.800$$

$$\rho_c = \frac{A_s}{A_c} = \frac{0.049\ 5}{0.735\ 9} = 0.067\ 2$$

$$N_0 = k_3(1.14 + 1.02\xi_0) \cdot (1+\rho_c) \cdot f_{cd}A_c$$
$$= 1.00 \times (1.14 + 1.02 \times 0.800) \times (1 + 0.067\ 2) \times 23\ 100 \times 0.735\ 9$$
$$= 35\ 196.3\ (\text{kN})$$

$$N'_0 = K_t N_0 = 0.925 \times 35\ 196.3 = 32\ 556.6\ (\text{kN})$$

$$e_0 = \frac{M_{max}}{N} = \frac{171.4}{13\ 111.3} = 0.013\ 1$$

$$\frac{e_0}{r_c} = \frac{0.013\ 1}{0.484} = 0.027 \leqslant 1.55$$

$$\varphi_e = \frac{1}{1 + 1.85 \times \frac{e_0}{r_c}} = \frac{1}{1 + 1.85 \times 0.027} = 0.952$$

$\lambda_1 = \frac{4l_1}{D} = \frac{4 \times 5.11}{1.0} = 20.4 > 10$，所以需按式(5.3.3)计算稳定承载能力。

$$\lambda_n = \frac{\lambda}{\pi}\sqrt{\frac{f_y A_s + f_{ck} A_c + A_c\sqrt{\rho_c f_y f_{ck}}}{E_s A_s + E_c A_c}}$$

$$= \frac{20.4}{\pi} \times \sqrt{\frac{345 \times 0.049\ 5 + 32.4 \times 0.735\ 9 + 0.735\ 9 \times \sqrt{0.067\ 2 \times 345 \times 32.4}}{2.06 \times 10^5 \times 0.049\ 5 + 3.45 \times 10^4 \times 0.735\ 9}}$$

$$= 0.270 \leqslant 1.5$$

$$\varphi = 0.658^{\lambda_n^2} = 0.658^{0.270^2} = 0.970$$

$\varphi \varphi_e N_0 = 0.970 \times 0.952 \times 32\ 556.6 = 30\ 064.1(\text{kN}) \geqslant \gamma_0 N_s = 1.1 \times 13\ 111.3 = 14\ 422.5(\text{kN})$
验算通过。

(2)对于 $3L/8$ 截面轴力最大组合 ($M = 138.7\text{kN}\cdot\text{m}, N_{max} = -33\ 193.1\text{kN}$)：

分配到两肢上的弯矩分别为

$$M_1 = M_2 = \frac{1}{2} \times 138.7 = 69.3\ (\text{kN}\cdot\text{m})$$

分配到两肢上的轴力分别为

$$N_1 = N_2 = \frac{1}{2} \times 33\ 193.1 = 16\ 596.6\ (\text{kN})$$

对于弯矩最大组合的其中一肢 ($M = 69.3\text{kN}\cdot\text{m}, N = 16\ 596.6\text{kN}$)：

轴向压力偏心距

$$e_0 = \frac{M}{N_{max}} = \frac{69.3}{16\ 596.6} = 0.004\ 2$$

$$\frac{e_0}{r_c} = \frac{0.004\ 2}{0.484} = 0.008\ 6 \leqslant 1.55$$

$$\varphi_e = \frac{1}{1 + 1.85 \times \frac{e_0}{r_c}} = \frac{1}{1 + 1.85 \times 0.008\ 6} = 0.984$$

$\varphi \varphi_e N_0 = 0.970 \times 0.984 \times 32\,556.6 = 31\,074.6(\text{kN}) \geqslant \gamma_0 N_s = 1.1 \times 16\,596.6 = 18\,256.2(\text{kN})$
验算通过。

5.拱顶截面

(1)对于拱顶截面弯矩最大组合($M_{\max} = 1\,554.9\,\text{kN}\cdot\text{m}, N = -16\,740.6\,\text{kN}$)：

分配到两肢上的弯矩分别为

$$M_1 = M_2 = \frac{1}{2} \times 1\,554.9 = 777.4(\text{kN}\cdot\text{m})$$

分配到两肢上的轴力分别为

$$N_1 = N_2 = \frac{1}{2} \times 16\,740.6 = 8\,370.3(\text{kN})$$

对于弯矩最大组合的一肢($M = 777.4\,\text{kN}\cdot\text{m}, N = 8\,370.3\,\text{kN}$)：

钢管混凝土的约束效应设计值为

$$\xi_0 = \frac{A_s f_s}{A_c f_{cd}} = \frac{0.049\,5 \times 275}{0.735\,9 \times 23.1} = 0.800$$

$$\rho_c = \frac{A_s}{A_c} = \frac{0.049\,5}{0.735\,9} = 0.067\,2$$

$$N_0 = k_3(1.14 + 1.02\xi_0) \cdot (1 + \rho_c) \cdot f_{cd} A_c$$
$$= 1.00 \times (1.14 + 1.02 \times 0.800) \times (1 + 0.067\,2) \times 23\,100 \times 0.735\,9$$
$$= 35\,196.3(\text{kN})$$

$$N'_0 = K_t N_0 = 0.9 \times 35\,196.3 = 31\,676.7(\text{kN})$$

$$e_0 = \frac{M_{\max}}{N} = \frac{777.4}{8\,370.3} = 0.092\,9$$

$$\frac{e_0}{r_c} = \frac{0.092\,9}{0.484} = 0.192 \leqslant 1.55$$

$$\varphi_e = \frac{1}{1 + 1.85 \times \frac{e_0}{r_c}} = \frac{1}{1 + 1.85 \times 0.192} = 0.738$$

$\lambda_1 = 4l_1/D = 4 \times 5.00/1.0 = 20 > 10$，所以需按式(5.3.3)计算稳定承载能力。

$$\lambda_n = \frac{\lambda}{\pi}\sqrt{\frac{f_y A_s + f_{ck} A_c + A_c\sqrt{\rho_c f_y f_{ck}}}{E_s A_s + E_c A_c}}$$

$$= \frac{20}{\pi} \times \sqrt{\frac{345 \times 0.049\,5 + 32.4 \times 0.735\,9 + 0.735\,9 \times \sqrt{0.067\,2 \times 345 \times 32.4}}{2.06 \times 10^5 \times 0.049\,5 + 3.45 \times 10^4 \times 0.735\,9}}$$

$$= 0.264 \leqslant 1.5$$

$$\varphi = 0.658^{\lambda_n^2} = 0.658^{0.264^2} = 0.971$$

$\varphi \varphi_e N_0 = 0.971 \times 0.738 \times 31\,676.7 = 22\,699.5(\text{kN}) \geqslant \gamma_0 N_s = 1.1 \times 8\,370.3 = 9\,207.3(\text{kN})$
验算通过。

(2)对于拱顶截面轴力最大组合($M = 1\,423.2\,\text{kN}\cdot\text{m}, N_{\max} = -33\,494.8\,\text{kN}$)：

分配到两肢上的弯矩分别为：

$$M_1 = M_2 = \frac{1}{2} \times 1\,423.2 = 711.6(\text{kN} \cdot \text{m})$$

分配到两肢上的轴力分别为

$$N_1 = N_2 = \frac{1}{2} \times 33\,494.8 = 16\,747.4(\text{kN})$$

对于弯矩最大组合的其中一肢($M = 711.6 \text{kN} \cdot \text{m}, N = 16\,747.4 \text{kN}$):
轴向压力偏心距

$$e_0 = \frac{M}{N_{\max}} = \frac{711.6}{16\,747.4} = 0.042$$

$$\frac{e_0}{r_c} = \frac{0.042}{0.484} = 0.087\,8 \leqslant 1.55$$

$$\varphi_e = \frac{1}{1 + 1.85 \times \frac{e_0}{r_c}} = \frac{1}{1 + 1.85 \times 0.087\,8} = 0.860$$

$$\varphi \varphi_e N_0 = 0.971 \times 0.860 \times 31\,676.7 = 26\,451.9(\text{kN}) \geqslant \gamma_0 N_s = 1.1 \times 16\,747.4 = 18\,422.1(\text{kN})$$

验算通过。

**(三)腹杆强度和稳定验算**

《规范》第5.2.10条规定钢管混凝土桁式拱肋腹杆所受轴力设计值 $V_1$ 应取实际轴力或按下式计算结果取较大值:

$$V_1 = \sum_{i=1}^{n} \frac{N_{0i}}{60} \tag{5.2.10}$$

式中:$V_1$——腹杆所受轴力设计值(N);
　　　$n$——桁式拱肋弦杆数;
　　　$N_{0i}$——桁式拱肋第 $i$ 根弦杆轴心抗压强度设计值(N),按本规范式(5.2.2-2)计算。

1.拱脚截面

$$\xi_0 = \frac{A_s f_s}{A_c f_{cd}} = \frac{0.055\,5 \times 270}{0.729\,9 \times 23.1} = 0.889$$

$$\rho_c = \frac{A_s}{A_c} = \frac{0.055\,5}{0.729\,9} = 0.076\,0$$

$$\begin{aligned}
N_0 &= k_3(1.14 + 1.02\xi_0) \cdot (1 + \rho_c) \cdot f_{cd} A_c \\
&= 0.96 \times (1.14 + 1.02 \times 0.889) \times (1 + 0.076\,0) \times 23\,100 \times 0.729\,9 \\
&= 35\,647.6(\text{kN})
\end{aligned}$$

《规范》第5.2.10条规定钢管混凝土桁式拱肋腹杆所受轴力设计值 $V_1$ 应取实际轴力或按下式计算结果取较大值。

(1)钢管混凝土桁式拱肋腹杆所受轴力按下式计算得:

$$V_1 = \sum_{i=1}^{4} \frac{N_{0i}}{60} = 4 \times \frac{35\,647.6}{60} = 2\,376.5(\text{kN})$$

因为拱脚截面有两根腹杆,因此单根腹杆所受轴力为 $2\,376.5/2 = 1\,188.3(\text{kN})$。

(2)根据有限元分析结果得钢管混凝土桁式拱肋拱脚截面受力最大的一根腹杆所受轴

力实际值为:$N=1\,482.1$ kN。

故可得钢管混凝土桁式拱肋腹杆所受轴力设计值 $V_1=1\,482.1$ kN。

根据此轴力值按现行钢结构设计规范计算其强度、刚度和稳定。

2.$L/8$ 截面

$$\xi_0 = \frac{A_s f_s}{A_c f_{cd}} = \frac{0.049\,5 \times 275}{0.735\,9 \times 23.1} = 0.800$$

$$\rho_c = \frac{A_s}{A_c} = \frac{0.049\,5}{0.735\,9} = 0.067\,2$$

$$\begin{aligned}N_0 &= k_3(1.14+1.02\xi_0) \cdot (1+\rho_c) \cdot f_{cd} A_c \\ &= 1.00 \times (1.14+1.02 \times 0.800) \times (1+0.067\,2) \times 23\,100 \times 0.735\,9 \\ &= 35\,489.0(\text{kN})\end{aligned}$$

《规范》第5.2.10条规定钢管混凝土桁式拱肋腹杆所受轴力设计值 $V_1$ 应取实际轴力或按下式计算结果取较大值。

(1)钢管混凝土桁式拱肋腹杆所受轴力按下式计算得:

$$V_1 = \sum_{i=1}^{4} \frac{N_{0i}}{60} = 4 \times \frac{35\,489.0}{60} = 2\,366.0(\text{kN})$$

因为 $L/8$ 截面有两根腹杆,因此单根腹杆所受轴力为 $2\,366.0/2=1\,183.0$(kN)。

(2)根据有限元分析结果得钢管混凝土桁式拱肋 $L/8$ 截面受力最大的一根腹杆所受轴力实际值为:$N=1\,007.6$ kN。

故可得钢管混凝土桁式拱肋腹杆所受轴力设计值 $V_1=1\,183.0$ kN。

根据此轴力值按现行钢结构设计规范计算其强度、刚度和稳定。

3.$L/4$ 截面

$$\xi_0 = \frac{A_s f_s}{A_c f_{cd}} = \frac{0.049\,5 \times 275}{0.735\,9 \times 23.1} = 0.800$$

$$\rho_c = \frac{A_s}{A_c} = \frac{0.049\,5}{0.735\,9} = 0.067\,2$$

$$\begin{aligned}N_0 &= k_3(1.14+1.02\xi_0) \cdot (1+\rho_c) \cdot f_{cd} A_c \\ &= 1.00 \times (1.14+1.02 \times 0.800) \times (1+0.067\,2) \times 23\,100 \times 0.735\,9 \\ &= 35\,196.3(\text{kN})\end{aligned}$$

《规范》第5.2.10条规定钢管混凝土桁式拱肋腹杆所受轴力设计值 $V_1$ 应取实际轴力或按下式计算结果取较大值。

(1)钢管混凝土桁式拱肋腹杆所受轴力按下式计算得:

$$V_1 = \sum_{i=1}^{4} \frac{N_{0i}}{60} = 4 \times \frac{35\,196.3}{60} = 2\,346.4(\text{kN})$$

因为 $L/4$ 截面有两根腹杆,因此单根腹杆所受轴力为 $2\,346.4/2=1\,173.2$(kN)。

(2)根据有限元分析结果得钢管混凝土桁式拱肋 $L/4$ 截面受力最大的一根腹杆所受轴力实际值为:$N=833.7$ kN。

故可得钢管混凝土桁式拱肋腹杆所受轴力设计值 $V_1=1\,173.2$ kN。

根据此轴力值按现行钢结构设计规范计算其强度、刚度和稳定。

4.3L/8 截面

$$\xi_0 = \frac{A_s f_s}{A_c f_{cd}} = \frac{0.049\ 5 \times 275}{0.735\ 9 \times 23.1} = 0.800$$

$$\rho_c = \frac{A_s}{A_c} = \frac{0.049\ 5}{0.735\ 9} = 0.067\ 2$$

$$\begin{aligned}N_0 &= k_3(1.14+1.02\xi_0) \cdot (1+\rho_c) \cdot f_{cd}A_c \\ &= 1.00 \times (1.14+1.02\times 0.800) \times (1+0.067\ 2) \times 23\ 100 \times 0.735\ 9 \\ &= 35\ 196.3(\text{kN})\end{aligned}$$

《规范》第5.2.10条规定钢管混凝土桁式拱肋腹杆所受轴力设计值 $V_1$ 应取实际轴力或按下式计算结果取较大值：

(1)钢管混凝土桁式拱肋腹杆所受轴力按下式计算得：

$$V_1 = \sum_{i=1}^{4}\frac{N_{0i}}{60} = 4 \times \frac{35\ 196.3}{60} = 2\ 346.4(\text{kN})$$

因为3L/8截面有两根腹杆,因此单根腹杆所受轴力为2 346.4/2 = 1 173.2(kN)。

(2)根据有限元分析结果得钢管混凝土桁式拱肋 3L/8 截面受力最大的一根腹杆所受轴力实际值为:$N=644.2$kN。

故可得钢管混凝土桁式拱肋腹杆所受轴力设计值 $V_1=1\ 173.2$kN。

根据此轴力值按现行钢结构设计规范计算其强度、刚度和稳定。

5.拱顶截面

$$\xi_0 = \frac{A_s f_s}{A_c f_{cd}} = \frac{0.049\ 5 \times 275}{0.735\ 9 \times 23.1} = 0.800$$

$$\rho_c = \frac{A_s}{A_c} = \frac{0.049\ 5}{0.735\ 9} = 0.067\ 2$$

$$\begin{aligned}N_0 &= k_3(1.14+1.02\xi_0) \cdot (1+\rho_c) \cdot f_{cd}A_c \\ &= 1.00 \times (1.14+1.02\times 0.800) \times (1+0.067\ 2) \times 23\ 100 \times 0.735\ 9 \\ &= 35\ 196.3(\text{kN})\end{aligned}$$

《规范》第5.2.10条规定钢管混凝土桁式拱肋腹杆所受轴力设计值 $V_1$ 应取实际轴力或按下式计算结果取较大值。

(1)钢管混凝土桁式拱肋腹杆所受轴力按下式计算得：

$$V_1 = \sum_{i=1}^{4}\frac{N_{0i}}{60} = 4 \times \frac{35\ 196.3}{60} = 2\ 346.4(\text{kN})$$

因为拱顶截面有两根腹杆,因此单根腹杆所受轴力为2 346.4/2 = 1 173.2(kN)。

(2)根据有限元分析结果得钢管混凝土桁式拱肋拱顶截面受力最大的一根腹杆所受轴力实际值为:$N=275.1$kN。

故可得钢管混凝土桁式拱肋腹杆所受轴力设计值 $V_1=1\ 173.2$kN。

根据此轴力值按现行钢结构设计规范计算其强度、刚度和稳定。

(四)整体截面强度验算

1.拱脚截面

$$N_f^j = 0.037\ 2 \times 275\ 000 = 10\ 230(\text{kN})$$

$$N_D = \sum (N_0^i + N_f^j) = 35\,653.8 \times 4 + 10\,230 = 152\,845.2(\text{kN})$$

(1)钢管混凝土格构柱的偏心率折减系数

拱脚截面弯矩最大组合 $M_{max} = 1\,909.3\text{kN}\cdot\text{m}, N = 39\,774.9\text{kN}$。

则格构柱截面偏心距：

$$e_0 = \frac{M_0}{N} = \frac{1\,909.3}{39\,774.9} = 0.048\,0$$

$$\varepsilon_b = 0.5 + \frac{\xi_0}{1+\sqrt{\xi_0}} = 0.5 + \frac{0.889}{1+\sqrt{0.889}} = 0.958$$

因为 $e_0/h_1 = 0.048/4.5 = 0.010\,7 < \varepsilon_b$，则偏心率折减系数：

$$\varphi_e = \frac{1}{1+\frac{2e_0}{h_1}} = \frac{1}{1+2\times 0.010\,7} = 0.979$$

$$\varphi_e N_D = 0.979 \times 152\,845.2 = 149\,635.5(\text{kN}) > \gamma_0 N_s = 1.1 \times 39\,774.9 = 43\,752.4(\text{kN})$$

所以，钢管混凝土格构柱偏心受压承载力满足要求。

(2)对于拱脚截面轴力最大组合（$M = -1\,778.4\text{kN}\cdot\text{m}, N_{max} = -40\,119.8\text{kN}$）

则格构柱截面偏心距：

$$e_0 = \frac{M}{N_{max}} = \frac{1\,778.4}{40\,119.8} = 0.044\,3$$

$$\varepsilon_b = 0.5 + \frac{\xi_0}{1+\sqrt{\xi_0}} = 0.5 + \frac{0.889}{1+\sqrt{0.889}} = 0.958$$

因为 $e_0/h_1 = 0.044\,3/4.5 = 0.009\,8 < \varepsilon_b$，则偏心率折减系数：

$$\varphi_e = \frac{1}{1+\frac{2e_0}{h_1}} = \frac{1}{1+2\times 0.009\,8} = 0.981$$

$$\varphi_e N_D = 0.981 \times 152\,845.2 = 149\,941.1(\text{kN}) > \gamma_0 N_s = 1.1 \times 40\,119.8 = 44\,131.8(\text{kN})$$

所以，钢管混凝土格构柱偏心受压承载力满足要求。

2.$L/8$ 截面

$$N_f^j = 0.037\,2 \times 275\,000 = 10\,223.4(\text{kN})$$

$$N_D = \sum (N_0^i + N_f^j) = 34\,601.8 \times 4 + 10\,223.4 = 148\,630.6(\text{kN})$$

(1)钢管混凝土格构柱的偏心率折减系数

$L/8$ 截面弯矩最大组合 $M_{max} = 41\,483.4\text{kN}\cdot\text{m}, N = -56\,228.4\text{kN}$。

则格构柱截面偏心距：

$$e_0 = \frac{M_{max}}{N} = \frac{41\,483.4}{56\,228.4} = 0.738$$

$$\varepsilon_b = 0.5 + \frac{\xi_0}{1+\sqrt{\xi_0}} = 0.5 + \frac{0.800}{1+\sqrt{0.800}} = 0.922$$

因为 $e_0/h_1 = 0.738/4.5 = 0.164 < \varepsilon_b$，则偏心率折减系数：

$$\varphi_e = \cfrac{1}{1+\cfrac{2e_0}{h_1}} = \cfrac{1}{1+2\times0.164} = 0.753$$

$\varphi_e N_D = 0.753\times148\,630.6 = 111\,918.8(\mathrm{kN}) > \gamma_0 N_s = 1.1\times56\,228.4 = 61\,851.2(\mathrm{kN})$

所以,钢管混凝土格构柱偏心受压承载力满足要求。

(2)对于拱脚截面轴力最大组合($M=15\,328.9\mathrm{kN\cdot m}, N_{max}=-62\,854.1\mathrm{kN}$)

则格构柱截面偏心距:

$$e_0 = \frac{M}{N_{max}} = \frac{15\,328.9}{62\,854.1} = 0.244$$

$$\varepsilon_b = 0.5 + \frac{\xi_0}{1+\sqrt{\xi_0}} = 0.5 + \frac{0.800}{1+\sqrt{0.800}} = 0.922$$

因为 $e_0/h_1 = 0.244/4.5 = 0.054 < \varepsilon_b$,则偏心率折减系数:

$$\varphi_e = \cfrac{1}{1+\cfrac{2e_0}{h_1}} = \cfrac{1}{1+2\times0.054} = 0.902$$

$\varphi_e N_D = 0.902\times148\,630.6 = 134\,064.8(\mathrm{kN}) > \gamma_0 N_s = 1.1\times62\,854.1 = 69\,139.5(\mathrm{kN})$

所以,钢管混凝土格构柱偏心受压承载力满足要求。

3. $L/4$ 截面

$$N_f^j = 0.037\,2\times275\,000 = 10\,223.4(\mathrm{kN})$$
$$N_D = \sum(N_0^i + N_f^j) = 33\,436.5\times4 + 10\,223.4 = 143\,969.4(\mathrm{kN})$$

(1)钢管混凝土格构柱的偏心率折减系数

$L/4$ 截面弯矩最大组合 $M_{max} = 21\,084.6\mathrm{kN\cdot m}, N = -53\,789.3\mathrm{kN}$。

则格构柱截面偏心距:

$$e_0 = \frac{M_{max}}{N} = \frac{21\,084.6}{53\,789.3} = 0.392$$

$$\varepsilon_b = 0.5 + \frac{\xi_0}{1+\sqrt{\xi_0}} = 0.5 + \frac{0.800}{1+\sqrt{0.800}} = 0.922$$

因为 $e_0/h_1 = 0.392/4.5 = 0.087 < \varepsilon_b$,则偏心率折减系数:

$$\varphi_e = \cfrac{1}{1+\cfrac{2e_0}{h_1}} = \cfrac{1}{1+2\times0.087} = 0.852$$

$\varphi_e N_D = 0.852\times143\,969.4 = 122\,661.9(\mathrm{kN}) > \gamma_0 N_s = 1.1\times53\,789.3 = 59\,168.3(\mathrm{kN})$

所以,钢管混凝土格构柱偏心受压承载力满足要求。

(2)对于 $L/4$ 截面轴力最大组合($M=7\,285.0\mathrm{kN\cdot m}, N_{max}=-60\,587.2\mathrm{kN}$)

则格构柱截面偏心距:

$$e_0 = \frac{M}{N_{max}} = \frac{7\,285.0}{60\,587.2} = 0.120$$

$$\varepsilon_b = 0.5 + \frac{\xi_0}{1+\sqrt{\xi_0}} = 0.5 + \frac{0.800}{1+\sqrt{0.800}} = 0.922$$

因为 $e_0/h_1 = 0.120/4.5 = 0.027 < \varepsilon_b$，则偏心率折减系数：

$$\varphi_e = \frac{1}{1+\frac{2e_0}{h_1}} = \frac{1}{1+2\times0.027} = 0.949$$

$$\varphi_e N_D = 0.949 \times 143\,969.4 = 136\,627.0(kN) > \gamma_0 N_s = 1.1 \times 60\,587.2 = 66\,645.9(kN)$$

所以，钢管混凝土格构柱偏心受压承载力满足要求。

4.3 $L/8$ 截面

$$N_f^j = 0.037\,2 \times 275\,000 = 10\,223.4(kN)$$

$$N_D = \sum(N_0^i + N_f^j) = 32\,556.6 \times 4 + 10\,223.4 = 140\,449.8(kN)$$

(1) 钢管混凝土格构柱的偏心率折减系数

3$L/8$ 截面弯矩最大组合 $M_{max} = -36\,986.7 kN \cdot m$，$N = -47\,660.4 kN$。

则格构柱截面偏心距：

$$e_0 = \frac{M_{max}}{N} = \frac{36\,986.7}{47\,660.4} = 0.776$$

$$\varepsilon_b = 0.5 + \frac{\xi_0}{1+\sqrt{\xi_0}} = 0.5 + \frac{0.800}{1+\sqrt{0.800}} = 0.922$$

因为 $e_0/h_1 = 0.776/4.5 = 0.172 < \varepsilon_b$，则偏心率折减系数：

$$\varphi_e = \frac{1}{1+\frac{2e_0}{h_1}} = \frac{1}{1+2\times0.172} = 0.744$$

$$\varphi_e N_D = 0.744 \times 140\,449.8 = 104\,494.7(kN) > \gamma_0 N_s = 1.1 \times 47\,660.4 = 52\,426.4(kN)$$

所以，钢管混凝土格构柱偏心受压承载力满足要求。

(2) 对于 3$L/8$ 截面轴力最大组合（$M = -10\,869.9 kN \cdot m$，$N_{max} = -58\,396.7 kN$）

则格构柱截面偏心距：

$$e_0 = \frac{M}{N_{max}} = \frac{10\,869.9}{58\,396.7} = 0.187$$

$$\varepsilon_b = 0.5 + \frac{\xi_0}{1+\sqrt{\xi_0}} = 0.5 + \frac{0.800}{1+\sqrt{0.800}} = 0.922$$

因为 $e_0/h_1 = 0.187/4.5 = 0.041 < \varepsilon_b$，则偏心率折减系数：

$$\varphi_e = \frac{1}{1+\frac{2e_0}{h_1}} = \frac{1}{1+2\times0.041} = 0.923$$

$$\varphi_e N_D = 0.923 \times 140\,449.8 = 129\,635.2(kN) > \gamma_0 N_s = 1.1 \times 58\,396.7 = 64\,236.4(kN)$$

所以,钢管混凝土格构柱偏心受压承载力满足要求。

**5. 拱顶截面**

$$N_f^j = 0.037\,2 \times 275\,000 = 10\,223.4(kN)$$

$$N'_0 = K_t N_0 = 0.9 \times 35\,196.3 = 31\,676.7(kN)$$

$$N_D = \sum(N_0^j + N_f^j) = 31\,676.7 \times 4 + 10\,223.4 = 136\,930.2(kN)$$

(1)钢管混凝土格构柱的偏心率折减系数

拱顶截面弯矩最大组合 $M_{max} = -39\,394.0 kN \cdot m, N = -47\,160.2 kN$。

则格构柱截面偏心距:

$$e_0 = \frac{M_{max}}{N} = \frac{39\,394.0}{47\,160.2} = 0.835$$

$$\varepsilon_b = 0.5 + \frac{\xi_0}{1+\sqrt{\xi_0}} = 0.5 + \frac{0.800}{1+\sqrt{0.800}} = 0.922$$

因为 $e_0/h_1 = 0.835/4.5 = 0.186 < \varepsilon_b$,则偏心率折减系数:

$$\varphi_e = \frac{1}{1+\frac{2e_0}{h_1}} = \frac{1}{1+2 \times 0.186} = 0.729$$

$$\varphi_e N_D = 0.729 \times 136\,930.2 = 99\,822.1(kN) > \gamma_0 N_s = 1.1 \times 47\,160.2 = 51\,876.2(kN)$$

所以,钢管混凝土格构柱偏心受压承载力满足要求。

(2)对于拱顶截面轴力最大组合($M = -17\,070.6 kN \cdot m, N_{max} = -54\,986.7 kN$)

则格构柱截面偏心距:

$$e_0 = \frac{M}{N_{max}} = \frac{17\,070.6}{54\,986.7} = 0.310$$

$$\varepsilon_b = 0.5 + \frac{\xi_0}{1+\sqrt{\xi_0}} = 0.5 + \frac{0.800}{1+\sqrt{0.800}} = 0.922$$

因为 $e_0/h_1 = 0.310/4.5 = 0.069 < \varepsilon_b$,则偏心率折减系数:

$$\varphi_e = \frac{1}{1+\frac{2e_0}{h_1}} = \frac{1}{1+2 \times 0.069} = 0.879$$

$$\varphi_e N_D = 0.879 \times 136\,930.2 = 120\,361.6(kN) > \gamma_0 N_s = 1.1 \times 54\,986.7 = 60\,485.3(kN)$$

所以,钢管混凝土格构柱偏心受压承载力满足要求。

## 四、拱肋面内稳定承载力计算

### (一)《规范》验算要求

根据《规范》第5.3.2条规定,钢管混凝土拱肋的面内整体稳定极限承载力可将其等效成梁柱进行验算,等效梁柱的计算长度采用无铰拱的0.36S,等效梁柱的两端作用力为拱的$L/4$（或$3L/4$）截面处的弯矩与轴力。

根据《规范》第5.3.4条,钢管混凝土哑铃形构件和格构柱偏心受压稳定承载力设计值$N_{D2}$应按下列公式计算：

$$\gamma_0 N_s \leqslant N_{D2} \quad (5.3.4\text{-}1)$$

$$N_{D2} = \varphi \varphi_e N_D \quad (5.3.4\text{-}2)$$

式中：$N_{D2}$——钢管混凝土哑铃形构件和格构柱偏心受压稳定承载力设计值(N)；

$\varphi_e$——偏心率折减系数,哑铃形构件按本规范第5.2.8条的规定计算,格构柱按本规范第5.2.9条的规定计算,见前文"《规范》验算要求"；

$\varphi$——稳定系数（见后文"稳定系数"）。

本例由于结构对称性,$L/4$截面与$3L/4$截面的最不利内力相等,因此结构整体验算时只需验算$L/4$截面的最不利内力。对于$L/4$截面,最大弯矩组合($M_{max}=21\,084.6\text{kN}\cdot\text{m}$,相对应的轴力$N=53\,789.3\text{kN}$),最大轴力组合($N_{max}=60\,587.2\text{kN}$,相对应的弯矩$M=7\,285.0\text{kN}\cdot\text{m}$)。

**（二）稳定系数**

根据《规范》第5.3.5条,稳定系数$\varphi$应按下列公式计算：

$\lambda_n \leqslant 1.5$时

$$\varphi = 0.658^{\lambda_n^2} \quad (5.3.5\text{-}1)$$

$\lambda_n > 1.5$时

$$\varphi = \frac{0.877}{\lambda_n^2} \quad (5.3.5\text{-}2)$$

式中：$\lambda_n$——相对长细比,按《规范》式(5.3.6)计算,格构柱时具体公式计算如下：

$$\lambda_n = \frac{\lambda^*}{\pi}\sqrt{\frac{f_y A_s + f_{ck}A_c + A_c\sqrt{\rho_c f_y f_{ck}}}{E_s A_s + E_c A_c}} \quad (5.3.6\text{-}2)$$

其中,$\lambda^*$为格构柱的换算长细比,按本规范第5.3.10条计算,具体如下：

$$\lambda^* = K'\lambda_y \quad \text{或} \quad \lambda^* = K'\lambda_x \quad (5.3.10\text{-}1)$$

$$K' = \begin{cases} 1.1K & (K\lambda \leqslant 40) \\ K\sqrt{1+\dfrac{300}{(K\lambda)^2}} & (K\lambda > 40) \end{cases} \quad (5.3.10\text{-}2)$$

$$K = \sqrt{1+\mu} \quad (5.3.10\text{-}3)$$

$$\mu = \begin{cases} \dfrac{E_s I_s + E_c I_c}{l_0^2 \cdot (E_s A_d)}\left(2.83 + \dfrac{A_d}{A_b}\right) & (\mu \leqslant 0.5) \\ 0.5 & (\mu > 0.5) \end{cases} \quad (5.3.10\text{-}4)$$

$K'$——换算长细比修正系数；

$K$——换算长细比系数；

$\mu$——柔度系数；

$A_s$、$A_c$——分别为柱肢钢管横截面总面积和管内混凝土横截面总面积；

$A_d$——一个节间内各斜腹杆面积之和；

$A_b$——一个节间内各平腹杆面积之和；

$\lambda$——钢管混凝土格构柱的名义长细比($\lambda_x$或$\lambda_y$),按本规范公式(5.3.9-1)和式(5.3.9-2)计算;

$l_0$——拱肋等效计算长度。

钢管混凝土格构柱对$x$轴名义长细比$\lambda_x$按式(5.3.9-1)计算:

$$\lambda_x = \frac{l_{0x}}{\sqrt{\dfrac{\sum(I_{sc}+b^2 A_{sc})}{\sum A_{sc}}}} \tag{5.3.9-1}$$

钢管混凝土格构柱的稳定系数计算如下:

$\lambda_1 = l_1/\sqrt{I_{sc}/A_{sc}} = 5.43/\sqrt{0.049/0.785} = 21.7 > 10$,所以按公式(5.3.4)计算稳定承载能力。

$$\lambda_x = \frac{l_{0x}}{\sqrt{\dfrac{\sum(I_{sc}+b_i^2 A_{sc})}{\sum A_{sc}}}} = \frac{108.86}{\sqrt{\dfrac{(0.049\ 1+2.25^2\times 0.785\ 4)}{0.785\ 4}}} = 48.09$$

由图纸可得$A_d = 0.036\ 8\text{m}^2$,$A_b = 0.036\ 8\text{m}^2$。

$$\mu = \frac{E_s I_s + E_c I_c}{l_0^2 \cdot (E_s A_d)}\left(2.83 + \frac{A_d}{A_b}\right) = \frac{20.6\times 1.025\ 5 + 3.45\times 15.075\ 1}{108.86^2 \times (20.6\times 0.036\ 8)} \times \left(2.83 + \frac{0.036\ 8}{0.036\ 8}\right) = 0.031$$

$$K = \sqrt{1+\mu} = \sqrt{1+0.031} = 1.015$$

$$K\lambda_x = 1.015 \times 48.09 = 48.8 > 40$$

$$K' = K\sqrt{1+\frac{300}{(K\lambda_x)^2}} = 1.015 \times \sqrt{1+\frac{300}{48.8^2}} = 1.078$$

$$\lambda^* = K'\lambda_x = 1.078 \times 48.09 = 51.79$$

$$\lambda_n = \frac{\lambda}{\pi}\sqrt{\frac{f_y A_s + f_{ck} A_c + A_c\sqrt{\rho_c f_y f_{ck}}}{E_s A_s + E_c A_c}}$$

$$= \frac{51.79}{\pi} \times \sqrt{\frac{345\times 0.049\ 5 + 32.4\times 0.735\ 9 + 0.735\ 9\times \sqrt{0.067\ 2\times 345\times 32.4}}{2.06\times 10^5\times 0.049\ 5 + 3.45\times 10^4\times 0.735\ 9}}$$

$$= 0.683 \leqslant 1.5$$

由于$\lambda_n < 1.5$,得到稳定系数$\varphi = 0.658^{\lambda_n^2} = 0.658^{0.683^2} = 0.823$。

### (三)偏心折减系数

按照《规范》第5.2.9条规定,钢管混凝土格构柱的偏心率折减系数$\varphi_e$应按式(5.2.9-1)和式(5.2.9-2)计算,具体见前文"《规范》验算要求"。

由"整体截面强度验算"中"$L/4$截面"一节可得:

最大弯矩组合下偏心折减系数

$$\varphi_e = \frac{1}{1+1.85\times \dfrac{e_0}{r_c}} = \frac{1}{1+1.85\times 0.031\ 2} = 0.945$$

最大轴力组合下偏心折减系数

$$\varphi_\mathrm{e}=\frac{1}{1+1.85\times\dfrac{e_0}{r_\mathrm{c}}}=\frac{1}{1+1.85\times 0.027\,5}=0.952$$

**(四)混凝土徐变折减系数**

《规范》第5.3.11条规定:对于钢管混凝土轴压构件和偏心率$\rho\leqslant 0.3$的偏压构件,其承受永久荷载引起的轴压力占全部轴压力的30%及以上时,在计算稳定极限承载力时截面轴心受压承载力设计值$N_0$应乘以混凝土徐变折减系数$K_\mathrm{C}$。

对于钢管混凝土格构柱截面:

$$E_\mathrm{sc}I_\mathrm{sc}=E_\mathrm{s}I_\mathrm{s}+E_\mathrm{c}I_\mathrm{c}=2.06\times 10^8\times 1.025\,5+3.45\times 10^7\times 15.075\,1=7.314\times 10^8(\mathrm{kN\cdot m^2})$$

$$E_\mathrm{sc}A_\mathrm{sc}=E_\mathrm{s}A_\mathrm{s}+E_\mathrm{c}A_\mathrm{c}=2.06\times 10^8\times 0.197\,8+3.45\times 10^7\times 2.943\,7=1.423\times 10^8(\mathrm{kN})$$

截面回转半径

$$i=\sqrt{\frac{E_\mathrm{sc}I_\mathrm{sc}}{E_\mathrm{sc}A_\mathrm{sc}}}=\sqrt{\frac{7.314\times 10^8}{1.423\times 10^8}}=2.266\,9(\mathrm{m})$$

截面计算半径

$$r=2i=2\times 2.266\,9=4.533\,9(\mathrm{m})$$

对最大弯矩组合($M_\mathrm{max}=21\,084.6\,\mathrm{kN\cdot m}$,$N=53\,789.4\,\mathrm{kN}$)

$$e_0=\frac{M}{N}=\frac{21\,084.6}{53\,789.4}=0.392$$

$$\rho=\frac{e_0}{r}=\frac{0.392}{4.533\,9}=0.086\,5<0.3$$

永久荷载引起的轴压力占全部轴压力的比例为:

$$\frac{N_{永久}}{N}=\frac{49\,116.8}{53\,789.3}=91\%$$

$\lambda=61.39$,查《规范》中表5.3.11可得,混凝土徐变折减系数$K_\mathrm{C}=0.8$。

对最大轴力组合($N_\mathrm{max}=60\,587.2\,\mathrm{kN}$,$M=7\,285.0\,\mathrm{kN\cdot m}$)

$$e_0=\frac{M}{N}=\frac{7\,285.0}{60\,587.2}=0.120$$

$$\rho=\frac{e_0}{r}=\frac{0.120}{4.533\,9}=0.026\,5<0.3$$

永久荷载引起的轴压力占全部轴压力的比例为:

$$\frac{N_{永久}}{N}=\frac{49\,116.8}{60\,578.2}=81\%$$

$\lambda=61.39$,查《规范》中表5.3.11可得,混凝土徐变折减系数$K_\mathrm{C}=0.8$。

### (五)初应力度影响系数

《规范》第5.3.12条规定,钢管混凝土拱肋稳定极限承载力计算中,考虑初应力影响时,按式(5.2.2-2)计算的截面轴心受压承载力设计值$N_0$应乘以初应力度影响系数$K_p$,初应力度影响系数$K_p$按下列公式计算:

$$K_p = 1 - 0.24 \cdot a \cdot m \cdot \beta \tag{5.3.12-1}$$

$$a = \frac{\lambda}{80} \tag{5.3.12-2}$$

$$\beta = \frac{\sigma_0}{f_y} \tag{5.3.12-3}$$

$$m = 0.2\rho + 0.98 \tag{5.3.12-4}$$

式中:$K_p$——初应力度对钢管混凝土承载力的折减系数;

　　$a$——考虑长细比影响的系数;

　　$m$——考虑偏心率影响的系数;

　　$\beta$——钢管初应力度;

　　$\lambda$——构件的长细比,按本规范第5.3.7~5.3.10条的规定计算;

　　$\sigma_0$——钢管初应力,在截面上不均匀时,取截面平均应力;

　　$f_y$——钢管强度标准值,取值应符合本规范表3.1.3的规定;

　　$\rho$——构件偏心率,按本规范公式(5.3.11-1)计算。

对于架设拱肋并浇筑混凝土施工阶段得到$L/4$截面的内力为:$N_0 = 7\,084.4$kN。

钢管初应力:

$$\sigma_0 = \frac{N_0}{A} = \frac{7\,084.4}{0.049\,5} = 143.1(\text{MPa})$$

钢管混凝土构件的初应力度:

$$\beta = \frac{\sigma_0}{f_y} = \frac{143.1}{345} = 0.414\,8$$

$$a = \frac{\lambda}{80} = \frac{61.39}{80} = 0.767\,4$$

(1)$L/4$截面最大弯矩组合($M_{max} = 21\,084.6$kN·m,$N = 53\,789.4$kN)。

$$e_0 = \frac{M}{N} = 0.392$$

$$\rho = \frac{e_0}{r} = \frac{0.392}{4.533\,9} = 0.086\,5$$

$$m = 0.2\rho + 0.98 = 0.2 \times 0.086\,5 + 0.98 = 0.997\,3$$

$$K_p = 1 - 0.24 \cdot a \cdot m \cdot \beta = 1 - 0.24 \times 0.767\,4 \times 0.997\,3 \times 0.414\,8 = 0.924$$

(2)$L/4$截面最大轴力组合($N_{max} = 60\,587.2$kN,$M = 7\,285.0$kN·m)。

$$e_0 = \frac{M}{N} = 0.120$$

$$\rho = \frac{e_0}{r} = \frac{0.120}{4.533\,9} = 0.026\,5$$

$$m = 0.2\rho + 0.98 = 0.2 \times 0.026\ 5 + 0.98 = 0.985\ 3$$
$$K_p = 1 - 0.24 \cdot a \cdot m \cdot \beta = 1 - 0.24 \times 0.767\ 4 \times 0.985\ 3 \times 0.414\ 8 = 0.925$$

### (六)稳定承载力

由前文"《规范》验算要求",钢管混凝土哑铃形偏心受压构件稳定承载力设计值 $N_{D2}$ 按下式计算:

$\gamma_0 N_s \leqslant N_{D2}$,其中 $N_{D2} = \varphi \varphi_e N_D$。

则对于本例的四肢钢管的钢管混凝土格构柱有:

$$N_D = \sum(N_0^i + N_f^i) = 143\ 969.4(\text{kN})$$

考虑混凝土徐变折减系数及初应力度影响系数后,

(1) $L/4$ 截面最大弯矩组合($M_{max} = 21\ 084.6\text{kN} \cdot \text{m}, N = 53\ 789.4\text{kN}$):

$$\varphi \varphi_e K_c K_p N_D = 0.823 \times 0.945 \times 0.8 \times 0.924 \times 143\ 969.4$$
$$= 82\ 768.3(\text{kN}) > \gamma_0 N_s = 59\ 168.3\text{kN}$$

故稳定承载力满足要求。

(2) $L/4$ 截面最大轴力组合($N_{max} = 60\ 587.2\text{kN}, M = 7\ 285.0\text{kN} \cdot \text{m}$):

$$\varphi \varphi_e K_c K_p N_D = 0.823 \times 0.952 \times 0.8 \times 0.925 \times 139\ 687.3$$
$$= 83\ 471.6(\text{kN}) > \gamma_0 N_s = 66\ 645.9\text{kN}$$

故稳定承载力满足要求。

## 五、主拱空间弹性稳定计算

《规范》第5.3.1条规定,钢管混凝土拱桥应进行空间稳定性计算,弹性稳定特征值应不小于4.0。计算时拱肋截面整体轴压设计刚度和抗弯设计刚度应按《规范》第4.3.3条的规定计算。

按拱脚水平推力影响线(图6-5)布载,用Midas软件进行屈曲分析,得到弹性失稳特征值为12.281>4,屈曲模态如图6-6所示,因此空间弹性稳定分析满足要求。

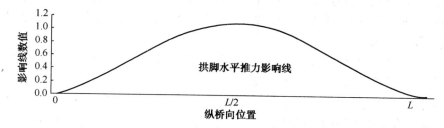

图6-5 示例六拱脚水平推力影响线

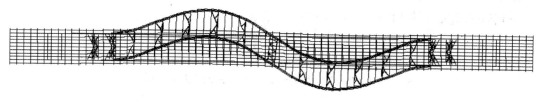

图6-6 示例六一阶弹性失稳模态图

## 六、正常使用极限状态计算

### (一) 桥面挠度

《规范》第6.0.4条规定,钢管混凝土拱桥按短期效应组合消除结构自重产生的长期挠度后,桥面在一个桥跨范围内的正负挠度绝对值之和最大值不应大于计算跨径的1/1 000。

本例的短期效应组合具体见前文的"设计荷载及荷载组合"中的组合Ⅳ、Ⅴ、Ⅵ消除结构自重产生的长期挠度后,桥面的正挠度组合最大值为0.018 88 m,负挠度组合最小值为-0.029 08,如图6-7所示。所以桥面在一个桥跨范围内的正负挠度绝对值之和为:

$$f = 0.018\ 88 + 0.029\ 08 = 0.047\ 96(\mathrm{m}) < \frac{L}{1\ 000} = 0.280\mathrm{m}$$

所以,桥面挠度满足规范要求。

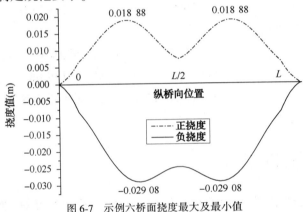

图6-7 示例六桥面挠度最大及最小值

### (二) 持久状况下钢管应力验算

《规范》第6.0.5条规定,持久状况下钢管混凝土拱肋的钢管应力不宜大于$0.8f_y$($f_y$为钢材强度标准值)。钢管应力应包括各个施工阶段的累计应力、二期恒载引起的应力、温度应力以及车辆荷载、混凝土收缩、徐变等引起的应力,具体作用组合见前文"设计荷载及荷载组合"中的组合Ⅳ、Ⅴ、Ⅵ。

选择正常使用极限状况下整个拱肋上的最不利内力组合(最大轴力与最大弯矩)进行验算。由前文"内力计算结果"中的结果可知:

最大轴力组合为拱顶截面上弦管$N_{max} = -31\ 325.4$kN,对应的弯矩$M = 1\ 299.5$kN·m;
最大弯矩组合为拱顶截面下弦管$M_{max} = 1\ 372.0$kN·m,对应的轴力$N = -14\ 916.6$kN。
各肢截面钢管的截面面积和抗弯惯性矩及截面混凝土的截面面积和抗弯惯性矩为:
$A_s = 0.049\ 46\mathrm{m}^2$,$I_s = 0.005\ 988\mathrm{m}^4$,$A_c = 0.735\ 9\mathrm{m}^2$,$I_c = 0.043\ 10\mathrm{m}^4$。
则钢管和混凝土的截面的抗压和抗弯刚度为:

$$E_s A_s = 2.06 \times 10^5 \times 0.049\ 46 = 10\ 188.8(\mathrm{MPa \cdot m^2})$$
$$E_s I_s = 2.06 \times 10^5 \times 0.005\ 988 = 1\ 233.5(\mathrm{MPa \cdot m^4})$$
$$E_c A_c = 3.45 \times 10^4 \times 0.735\ 9 = 25\ 388.6(\mathrm{MPa \cdot m^2})$$
$$E_c I_c = 3.45 \times 10^4 \times 0.04\ 310 = 1\ 487.0(\mathrm{MPa \cdot m^4})$$

其中钢管和混凝土各自受到的轴力按照抗压刚度分配。
计算钢管受到的轴力(最大轴力组合):

$$N_1 = \frac{\frac{31\ 325.4}{2}}{10\ 188.8+25\ 388.6} \times 10\ 188.8 = 4\ 485.5(\text{kN})$$

计算钢管受到的轴力(最大弯矩组合):

$$N_2 = \frac{\frac{14\ 916.6}{2}}{10\ 188.8+25\ 388.6} \times 10\ 188.8 = 2\ 135.9(\text{kN})$$

其中钢管和混凝土各自受到的弯矩按照抗压刚度分配。
计算钢管受到的弯矩(最大轴力组合):

$$M_1 = \frac{\frac{1\ 299.5}{2}}{1\ 233.5+1\ 487.0} \times 1\ 233.5 = 295.6(\text{kN})$$

计算钢管受到的弯矩(最大弯矩组合):

$$M_2 = \frac{\frac{1\ 372.0}{2}}{1\ 233.5+1\ 487.0} \times 1\ 233.5 = 312.1(\text{kN})$$

计算钢管受到的最大应力(最大轴力组合):

$$\sigma = \left(\frac{4\ 485.5}{0.049\ 46} + \frac{295.6}{0.005\ 988} \times 0.5\right) \times 10^{-3} = 115.37(\text{MPa})$$

计算钢管受到的最大应力(最大轴力组合):

$$\sigma = \left(\frac{2\ 135.9}{0.049\ 46} + \frac{312.1}{0.005\ 988} \times 0.5\right) \times 10^{-3} = 69.24(\text{MPa})$$

按《规范》第6.0.5条规定有$0.8f_y = 0.8 \times 345 = 276(\text{MPa}) > \sigma_{\max} = 115.37\text{MPa}$,故正常使用极限状态验算合格。

## 七、主拱施工阶段计算

### (一)《规范》验算要求

《规范》第4.1.7条规定,钢管混凝土拱桥设计时应对主要施工阶段进行计算。施工阶段的计算应包括下列内容:
(1)拱肋构件的运输、安装过程中的应力、变形和稳定计算;
(2)与拱肋形成有关的附属结构的计算;
(3)拱肋形成过程中自身的应力、变形和稳定计算;
(4)成桥过程中桥梁结构的应力、变形和稳定计算。

《规范》第4.1.8条规定,施工计算中,应计入施工中可能出现的实际荷载,包括架设机具和材料、施工人群、桥面堆载以及风力、温度变化影响力和其他施工临时荷载。施工阶段结构弹性稳定特征值不应小于4.0。

《规范》第4.1.5条规定,钢管混凝土拱桥中钢结构和钢构件之间的连接,包括施工阶段管内混凝土达到设计强度前的钢管拱结构,其承载力、变形和稳定性能均应按桥梁钢结构进行设计与计算,并应符合国家现行有关标准的规定。

### (二)施工阶段一

施工阶段一为架设空钢管,并浇筑管内混凝土,其最不利状况为混凝土刚浇筑完毕,此时钢管内混凝土无承载能力,荷载由钢管承担。

1.应力验算

使用 Midas 计算得到此施工阶段的拱脚(除去实腹段,拱的最低点)钢管最大内力(轴力最大):$N = -8\ 580.7/2 = -4\ 290.4\text{kN}$,$M = -145.6/2 = -72.8\text{kN} \cdot \text{m}$。

拱脚处为 Q345 钢取 $f = 310\text{MPa}$,则:

$$\sigma_0 = \frac{M}{W} + \frac{N}{A} = \frac{72.8 \times 10^6}{0.005\ 988 \times 10^{12}} \times 0.5 \times 10^3 + \frac{4\ 290.4 \times 10^3}{0.049\ 46 \times 10^6} = 92.8(\text{MPa}) < f = 310\text{MPa}$$

验算合格。

2.稳定验算

使用 Midas 计算得到该施工阶段下其特征值为20.915>4.0,验算通过。一阶屈曲模态如图 6-8 所示。

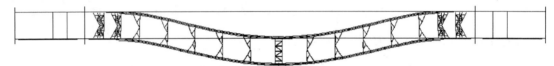

图 6-8 施工阶段一一阶屈曲模态

### (三)施工阶段二

施工阶段二为混凝土硬化后,在拱上添加吊杆、横梁、纵梁、行车道板以及其他附属设施。

1.应力验算

使用 Midas 计算得到此施工阶段的钢管最大内力处于拱脚处,最大钢管内力:$N = -13\ 753.8/2 = 6\ 876.9(\text{kN})$,$M = 715/2 = 357.5(\text{kN} \cdot \text{m})$。

拱脚处为 Q345 钢取 $f = 310\text{MPa}$,则:

$$\sigma_0 = \frac{M}{W} + \frac{N}{A} = \frac{357.5 \times 10^6}{0.005\ 988 \times 10^{12}} \times 0.5 \times 10^3 + \frac{6\ 876.9 \times 10^3}{0.049\ 46 \times 10^6} = 168.9(\text{MPa}) < f = 310\text{MPa}$$

验算合格。

2.稳定验算

使用 Midas 计算得到该施工阶段下其特征值为11.80>4.0,验算通过。一阶屈曲模态如图 6-9 所示。

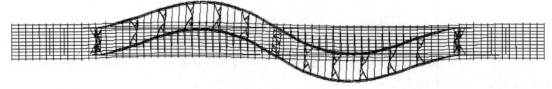

图 6-9 施工阶段二一阶屈曲模态

## 八、其他计算

### (一)吊杆

吊杆为局部构件按照《公路桥涵设计通用规范》(JTG D60—2004)要求,局部构件应当使用车辆荷载验算。

计算吊杆在活载作用下的内力时,活载在顺桥向的布置如图6-10所示。

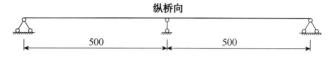

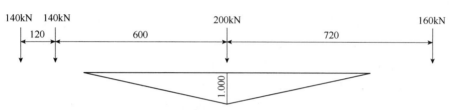

图6-10 荷载纵向布置图(单位尺寸:cm)

由图可得

$$P_q = 200 \times 1.0 = 200 (\text{kN})$$
$$P_r = 0.5 \times 3 \times 5 \times 2 \times 1.0 = 15 (\text{kN/m})$$

横向加载如图6-11所示。

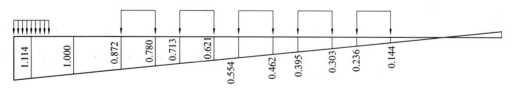

图6-11 横断面汽车荷载布置图(单位尺寸:cm)

汽车横向分布系数计算。

布满2列车时

$$m_{cq} = \frac{1}{2}\sum \eta_q = \frac{1}{2} \times (0.872+0.780+0.713+0.621) 2.986 = 1.493$$

布满3列车时

$$m_{cq} = \frac{1}{2}\sum \eta_q = \frac{1}{2} \times 0.78 \times (0.872+0.780+0.713+0.621+0.554+0.462) = 1.561$$

布满 4 列车时：

$$m_{cq} = \frac{1}{2}\sum \eta_q = \frac{1}{2} \times 0.67 \times (0.872+0.780+0.713+0.621+0.554+0.462+0.395+0.303)$$
$$= 1.575$$

布满 5 列车时：

$$m_{cq} = \frac{1}{2}\sum \eta_q = \frac{1}{2} \times 0.60 \times (0.872+0.780+0.713+0.621+0.554+0.462+0.395+0.303+0.236+0.144)$$
$$= 1.524$$

考虑车道折减系数后可知布 4 列车时汽车横向分布系数较大，取 $m_{cq} = 1.575$。

人群荷载分布系数 $m_{cr} = 1.114$。

故可得到吊杆在车辆荷载作用下的轴力为：$N_1 = 1.575 \times 200 = 315(kN)$。

根据《公路桥涵设计通用规范》(JTG D60—2004)第4.3.2条6款规定，取汽车荷载冲击系数1.3，所以 $N_1' = 1.3 \times 315 = 409.5(kN)$。

吊杆在人群荷载作用下的轴力为：$N_2 = 1.114 \times 15 = 16.7(kN)$。

恒载引起的吊杆力根据施工图纸中的材料表进行计算如下。

吊杆横梁的自重在吊杆中产生的内力为：$N_3 = 254.3 kN$。

行车道板重引起的单根吊杆轴力：$N_4 = 141.1 kN$。

人行道板引起的单根吊杆中产生的内力：$N_5 = 49.5 kN$。

桥面后浇结构层及车行道板间湿接缝引起的单根吊杆轴力为：$N_6 = 672.6 kN$。

防撞护栏引起的单根吊杆轴力：$N_7 = 53.1 kN$。

栏杆引起的单根吊杆轴力：$N_8 = 2.7 kN$。

单根吊杆承担的力为：

$$N = 409.5+16.7+254.3+141.1+49.5+672.6+53.1+2.7$$
$$= 1599.5(kN)$$

按《规范》第5.4.2条规定，吊索的应力应满足下式要求：

$$\sigma \leq 0.33 f_{tpk} \tag{5.4.2}$$

式中：$\sigma$——吊索的应力($N/mm^2$)；

$f_{tpk}$——吊索的抗拉强度标准值($N/mm^2$)。

该桥采用 $\phi 7mm$ 镀锌高强度低松弛预应力钢丝，$f_{tpk} = 1670 MPa$，$0.33 f_{tpk} = 551 MPa$。所需钢丝面积为 $A = \frac{1599.5}{0.333 \times 1670} \times 10^3 = 2876.22 mm^2$，实际采用 91 根预应力钢丝，钢丝截面面积：

$$A_1 = 91 \times \frac{\pi}{4} \times 7^2 = 3502.09(mm^2) > A = 2876.22 mm^2$$

验算合格。

**(二) 系杆**

大桥的系杆采用钢绞线，每片拱肋系杆采用 16 束 $31\phi^j 15.24$ 钢绞线。钢绞线的抗拉强度标准值 $f_{tpk}$ 为 1860 MPa，每束系杆钢束公称截面面积 5654.86 $mm^2$。

按《规范》第5.4.2条规定,系杆索的应力应满足下式要求:
$$\sigma \leqslant 0.33 f_{tpk} \tag{5.4.2}$$
式中:$\sigma$——系杆索的应力($N/mm^2$);

$f_{tpk}$——系杆索的抗拉强度标准值($N/mm^2$)。

则吊索应力容许值为$0.5f_{tpk}=930MPa$。根据模型计算结果,恒载作用下系杆力为63 140.3kN。根据《公路桥涵设计通用规范》(JTG D60—2004)第4.3.2条6款规定,取汽车荷载冲击系数1.3,考虑冲击系数的汽车荷载作用下系杆力为169.4kN,人群荷载系杆力为8.4kN。因此系杆运营阶段最大张力为63 140.3+169.4+8.4=63 318.1(kN)。此时系杆最大应力为:
$$\sigma = \frac{63\ 318.1 \times 10^3}{16 \times 5\ 654.86} = 699.8(MPa) \leqslant 930MPa$$

系杆索应力验算合格。

# 示例七 钢管混凝土桁肋下承式刚架系杆拱桥

## 一、设计基本资料

### (一)工程概述

示例七为钢管混凝土桁肋下承式刚架系杆拱,跨径150m,矢跨比1/4.5,拱轴线采用悬链拱轴线,$m=1.167$。两拱肋中心距离18.5m,由两道K撑和4道一字形横撑联系两拱肋,形成空间结构。每片拱肋设16根预应力钢绞线,每根钢束由12根7$\phi$5mm钢绞线组成。系杆锚具为OVM15-12型。该桥的总体布置图见图7-1。

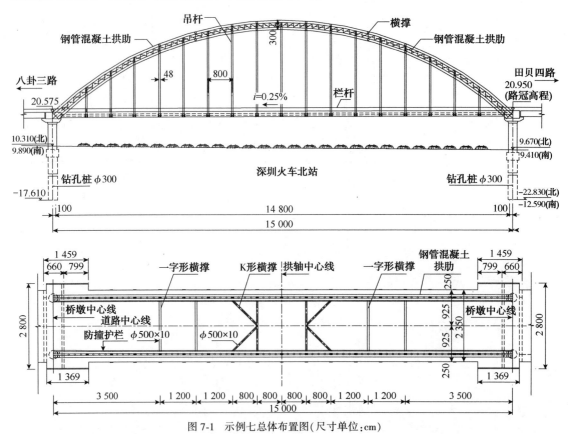

图7-1 示例七总体布置图(尺寸单位:cm)

拱肋两片,每片由4根上下弦杆 $\phi$750mm×12mm 钢管和上下平联 $\phi$400mm×10mm 钢管和腹杆 $\phi$245mm×10mm 钢管组成四肢桁式断面,断面高3.0m,宽2.0m,见图7-2。上下弦钢管内浇筑C50微膨胀混凝土。拱脚段用钢板代替上下平联与腹杆。

桥面系采用悬浮体系,端部简支在桥墩帽梁牛腿上,不与拱肋端横梁固接。横梁为预应力钢—高托座混凝土组合梁。横梁通过吊杆和拱肋连接。桥面系构造见图 7-3。

桥面板为部分预应力空心板,横梁为钢箱梁。全桥共有横梁 17 片。横梁均为箱形截面,宽 0.98m,吊装重约 15t。中横梁有两种规格,靠拱脚处横梁 2 片,梁长 28.0m;其余横梁共 15 片,梁长 23.8m。每片横梁内设置 2 束 7φ5mm 钢绞线,锚具为 OVM15-7 型。箱梁顶板上设有剪力栓钉,现浇混凝土形成预应力钢—混凝土组合梁,并与桥面空心板联成整体。桥面整体化层采用 3cm 厚水密性 C50 防水混凝土,内设钢筋网。桥面铺装为 5cm 厚的沥青混凝土。

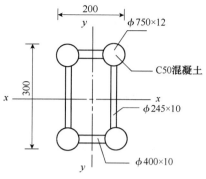

图 7-2 拱肋断面(尺寸单位:mm)

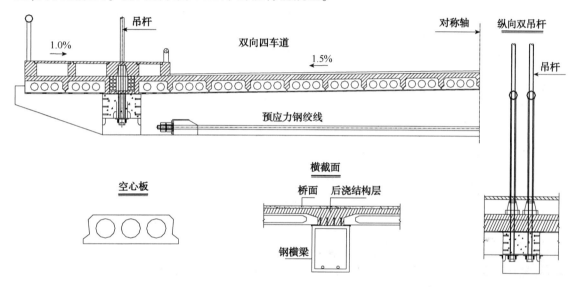

图 7-3 桥面系构造图

为加强桥面系的整体性和刚度,中横梁间在吊杆处设箱形加劲纵梁。箱形纵梁与横梁焊接在一起,以保证其整体性。全桥有箱形加劲钢纵梁 36 片。其中标准加劲钢纵梁 32 片,长×宽×高为 7 016mm×1 000mm×600mm,壁厚 10mm,吊装质量 1.738t;端纵梁 4 片,长×宽×高为 7 858mm×3 000mm×600mm,壁厚 10mm,吊装平均质量 6.0t。

桥梁墩帽为钢筋混凝土结构。桥墩为两根 φ2.8m 的钢管混凝土圆形柱。桥位处无不良地质,基础采用柱下 φ3.0m 的钻孔灌注桩,桩底嵌入岩层,桩长最短 19.21m,最长 29.45m。

**(二)技术标准**

(1)设计荷载:汽车—超 20 级,挂车—120(有限元计算中按公路—Ⅰ级),人群荷载 3.5kN/m²;
(2)计算跨径:148m;
(3)计算矢高:32.888 9m;

(4)矢跨比:1/4.5;

(5)桥下净空:轨顶以上不小于7m;

(6)桥面宽度:2×7.75m 机动车道+0.5m 分隔带+2×(0.5+1.25 吊杆区+1.75m 人行道+0.25m)=23.5m。

(三)主要材料

(1)拱肋及横撑:拱肋两片,每片由4根上下弦杆 $\phi$750mm×12mm 钢管和上下平联 $\phi$400mm×10mm 钢管和腹杆 $\phi$245mm×10mm 钢管组成四肢桁式断面,断面高3.0m,宽2.0m,弦杆、腹杆和平联所用钢管均采用 Q345(16Mn)钢($f_s$=275MPa),上下弦钢管内浇筑 C50 微膨胀混凝土。拱脚段用钢板代替上下平联与腹杆。横撑与 k 撑的弦杆采用 $\phi$500mm×10mm,腹杆采用 $\phi$300mm×18mm。

(2)吊杆:采用 61$\phi$7 高强钢丝,$R_y^b$=1 670MPa。

(3)系杆:每片拱肋系杆采用16根预应力钢绞线,每根钢束由12根7$\phi$5mm 钢绞线组成。系杆锚具为 OVM15-12 型。

(4)桥面系:采用钢横梁、钢纵梁和混凝土桥面板。

## 二、结构内力计算

### (一)有限元计算模型

有限元分析采用 Midas Civil 2010,如图7-4所示。计算模型以设计图纸为依据,主要采用空间梁单元建模,采用梁单元模拟拱肋、纵梁结构,桁架单元模拟吊杆和系杆,柱底固结。模型共有1 881个节点,4 963个单元。

图7-4 示例七的 MIDAS 模型

### (二)拱肋截面参数和其他计算参数

1.拱肋截面的几何性质计算

(1)钢管的截面面积 $A_s$、惯性矩 $I_s$。

单管的钢管面积和抗弯惯性矩:

$$A_s = \frac{\pi}{4} \times (0.75^2 - 0.726^2) = 0.027\ 81(\text{m}^2)$$

$$I_s = \frac{\pi}{64} \times (0.9^4 - 0.856^4) = 0.001\ 89(\text{m}^4)$$

桁式拱肋截面的钢管面积和抗弯惯性矩:

$$A_{s1} = \left[\frac{\pi}{4} \times (0.75^2 - 0.726^2)\right] \times 4 = 0.111\ 2(\text{m}^2)$$

$$I_{s1} = \left[\frac{\pi}{64} \times (0.75^4 - 0.726^4) + 0.027\ 81 \times 1.125^2\right] \times 4 = 0.148\ 35(\text{m}^4)$$

(2)混凝土的截面面积 $A_c$ 和惯性矩 $I_c$。

单管的混凝土面积和抗弯惯性矩:

$$A_c = \frac{\pi}{4} \times 0.726^2 = 0.413\,8\,(\text{m}^2)$$

$$I_c = \frac{\pi}{64} \times 0.726^4 = 0.013\,63\,(\text{m}^4)$$

桁式拱肋截面的混凝土面积和抗弯惯性矩：

$$A_{c1} = \frac{\pi}{4} \times 0.726^2 \times 4 = 1.655\,(\text{m}^2)$$

$$I_{c1} = \left(\frac{\pi}{64} \times 0.726^4 + 0.413\,8 \times 1.125^2\right) \times 4 = 2.149\,2\,(\text{m}^4)$$

(3) 单根柱肢的组合截面面积和组合截面惯性矩。

$$A_{sc} = A_s + A_c = 0.027\,81 + 0.413\,8 = 0.441\,6\,(\text{m}^2)$$

$$I_{sc} = \frac{\pi D^4}{64} = \frac{\pi \times 0.75^4}{64} = 0.015\,53\,(\text{m}^4)$$

(4) 钢管混凝土的组合轴压刚度和抗弯刚度。

按《规范》表 4.3.3 计算拱肋截面整体轴压设计刚度和抗弯设计刚度。

$$(EA)_{sc} = E_s A_{s1} + E_c A_{c1}$$
$$= 2.06 \times 10^5 \times 0.111\,2 + 3.45 \times 10^4 \times 1.655$$
$$= 80\,005\,(\text{MPa} \cdot \text{m}^2)$$

$$(EI)_{sc} = E_s I_{s1} + 0.6 E_c I_{c1}$$
$$= 2.06 \times 10^5 \times 0.148\,35 + 0.6 \times 3.45 \times 10^4 \times 2.149\,15$$
$$= 75\,048\,(\text{MPa} \cdot \text{m}^2)$$

2.拱肋冲击系数的计算

按照《规范》第 4.2.2 条规定，按下式计算：

$$\mu_0 = 0.057\,36 f_0 + 0.074\,8 \tag{4.2.2-1}$$

式中：$f_0$——钢管混凝土拱桥的一阶竖向频率。

根据模型计算得到一阶竖向反对称振动频率 $f_0 = 0.742\text{Hz}$，故冲击系数为 $\mu_0 = 0.057\,36 \times 0.742 + 0.074\,8 = 0.117$。

3.计算合龙温度

按照《规范》第 4.2.3 条规定，按下式计算：

$$T = T_{28} + \frac{D - 0.85}{0.2} + T_0 \tag{4.2.3-2}$$

取混凝土浇筑 28d 的平均气温为 22.0℃，考虑管内混凝土水化热作用的附加升温值为 4℃，则合龙温度为 $T = T_{28} + (D - 0.85)/0.2 + T_0 = 22 + (0.75 - 0.85)/0.2 + 4 = 25.5\,(\text{℃})$。最高与最低有效温度可取当地最高与最低气温，最低有效温度取 -1℃，最高有效温度取 38.7℃。

由上，示例七的计算合龙温度为 25.5℃，升温温差 $(37.8 - 25.5) = 12.3\,(\text{℃})$，降温温差 26.5℃。

4.混凝土徐变系数的计算

《规范》第 6.0.3 条规定：钢管混凝土结构或构件变形计算中，混凝土徐变系数在无可靠实测资料时可按现行行业标准《公路钢筋混凝土及预应力混凝土桥涵设计规范》(JTG D62—2004)的规定计算。

由于徐变系数为徐变变形 $\varepsilon_{cr}$ 与弹性变形 $\varepsilon_{el}$ 的比值，即 $\varphi = \varepsilon_{cr}/\varepsilon_{el}$，因此由徐变系数可求得徐变变形，进而应用于预拱度等的计算中。

### (三) 设计荷载及荷载组合

设计荷载包括自重、活载、温度荷载和混凝土的收缩徐变等。自重为结构自重、二期恒载。其中二期恒载考虑桥面铺装、人行道、防撞栏杆以及桥面其他附属设施。活载为公路—Ⅰ级，双向四车道，人群荷载 $3kN/m^2$。对于温度荷载及混凝土的徐变、收缩的计算参数见前文"拱肋截面参数和其他计算参数"。

根据《公路桥梁设计通用规范》(JTG D60—2004)的规定，针对拱肋主要考虑以下几种荷载组合。

组合Ⅰ：1.2 自重+1.4 汽车荷载+0.8×1.4 人群荷载；

组合Ⅱ：1.2 自重+1.4 汽车荷载(含汽车冲击力)+1.0 收缩+1.0 徐变+0.7×1.4(均匀降温+人群荷载)；

组合Ⅲ：1.2 自重+1.4 汽车荷载(含汽车冲击力)+1.0 收缩+1.0 徐变+0.7×1.4(均匀升温+人群荷载)；

组合Ⅳ：1.0 自重+1.0 汽车荷载+1.0 人群荷载；

组合Ⅴ：1.0 自重+1.0 汽车荷载(不含汽车冲击力)+1.0 收缩+1.0 徐变+1.0 均匀降温+1.0 人群荷载。

组合Ⅵ：1.0 自重+1.0 汽车荷载(不含汽车冲击力)+1.0 收缩+1.0 徐变+1.0 均匀升温+1.0 人群荷载。

其中，验算结构在承载能力极限状态下的受力情况为组合Ⅰ、Ⅱ、Ⅲ，验算结构在正常使用极限状态下的应力为组合Ⅳ、Ⅴ、Ⅵ。组合Ⅳ、Ⅴ、Ⅵ按《公路桥涵设计通用规范》(JTG D60—2004) 第4.1.8条考虑标准组合，各作用效应的分项系数及组合系数均取为 1.0。

### (四) 内力计算结果

内力计算结果见表 7-1~表 7-9，表中的轴力拉为正，压为负，弯矩顺时针为正，逆时针为负，轴力和剪力单位：kN，弯矩单位：kN·m。1 号管为上弦管外侧，2 号管为上弦管内侧，3 号管下弦管外侧，4 号管为下弦管内侧。

**单项荷载拱脚截面内力**(汽车荷载不计冲击系数)  表 7-1

| 内力汇总 | 1号管 | | | 2号管 | | | 3号管 | | | 4号管 | | |
|---|---|---|---|---|---|---|---|---|---|---|---|---|
| | N | Q | M | N | Q | M | N | Q | M | N | Q | M |
| 恒载 | -2 901 | 42 | 100 | -3 107 | 46 | 110 | -5 382 | 99 | 162 | -5 596 | 214 | 173 |
| 汽车荷载($N_{max}$) | 656 | -65 | -294 | 832 | -67 | -302 | 557 | 44 | 237 | 359 | 50 | 248 |
| 汽车荷载($M_{max}$) | -938 | 75 | 305 | -1 013 | 75 | 303 | 279 | 63 | 298 | 182 | 63 | 64 |
| 汽车荷载($N_{min}$) | -967 | 74 | 300 | -1 141 | 71 | 289 | -1 534 | -16 | -197 | -1 285 | -29 | -234 |
| 汽车荷载($M_{min}$) | 505 | -83 | -357 | 695 | -82 | -351 | -1 187 | -58 | -341 | -1 000 | -58 | -335 |
| 温度下降 | -827 | -2 | 38 | -864 | -2 | 39 | 729 | 19 | 109 | 690 | 19 | 111 |
| 温度上升 | 827 | 2 | -38 | 864 | 2 | -39 | -729 | -19 | -109 | -690 | -19 | -111 |
| 混凝土收缩 | -687 | 19 | 103 | -710 | 19 | 104 | 900 | 1 | 86 | 874 | 1 | 88 |

续上表

| 内力汇总 | 1号管 | | | 2号管 | | | 3号管 | | | 4号管 | | |
|---|---|---|---|---|---|---|---|---|---|---|---|---|
| | $N$ | $Q$ | $M$ | $N$ | $Q$ | $M$ | $N$ | $Q$ | $M$ | $N$ | $Q$ | $M$ |
| 混凝土徐变 | 637 | -22 | -106 | 614 | -22 | -104 | -167 | -18 | -104 | -192 | -17 | -102 |
| 人群荷载($N_{max}$) | 56 | -5 | -25 | 85 | -4 | -20 | 81 | 3 | 19 | 33 | 4 | 22 |
| 人群荷载($M_{max}$) | -96 | 7 | 30 | -87 | 7 | 30 | 1 | 6 | 30 | 10 | 6 | 30 |
| 人群荷载($N_{min}$) | -96 | 7 | 30 | -130 | 6 | 24 | -158 | 0 | -14 | -114 | -1 | -17 |
| 人群荷载($M_{min}$) | 55 | -5 | -25 | 42 | -5 | -26 | -79 | -4 | -24 | -92 | -4 | -24 |

单项荷载 $L/4$ 截面内力(汽车荷载不计冲击系数)　　　　表 7-2

| 内力汇总 | 1号管 | | | 2号管 | | | 3号管 | | | 4号管 | | |
|---|---|---|---|---|---|---|---|---|---|---|---|---|
| | $N$ | $Q$ | $M$ | $N$ | $Q$ | $M$ | $N$ | $Q$ | $M$ | $N$ | $Q$ | $M$ |
| 恒载 | -3 824 | -25 | -56 | -3 823 | -23 | -56 | -3 810 | 1 | -15 | -3 813 | 1 | -15 |
| 汽车荷载($N_{max}$) | 922 | 3 | -52 | 950 | 3 | -52 | 1 396 | 10 | 84 | 1 378 | 10 | 84 |
| 汽车荷载($M_{max}$) | -1 741 | 1 | 62 | -1 766 | 1 | 62 | 1 371 | 11 | 85 | 1 353 | 11 | 85 |
| 汽车荷载($N_{min}$) | -1 805 | -6 | 53 | -1 822 | -1 | 59 | -1 631 | 1 | -55 | -1 608 | 2 | -54 |
| 汽车荷载($M_{min}$) | 847 | 2 | -54 | 871 | 2 | -56 | -1 584 | 0 | -56 | -1 562 | 0 | -56 |
| 温度下降 | -159 | 1 | 4 | -146 | 1 | 4 | 82 | 3 | 11 | 94 | 3 | 11 |
| 温度上升 | 159 | -1 | -4 | 146 | -1 | -4 | -82 | -3 | -11 | -94 | -3 | -11 |
| 混凝土收缩 | -73 | 1 | 0 | -80 | 1 | 0 | 13 | 3 | 7 | 5 | 3 | 7 |
| 混凝土徐变 | 29 | -1 | 6 | 54 | -2 | 6 | -20 | -4 | -2 | 4 | -4 | -2 |
| 人群荷载($N_{max}$) | 90 | 0 | -5 | 90 | 0 | -5 | 104 | 0 | 6 | 105 | 0 | 5 |
| 人群荷载($M_{max}$) | -134 | 0 | 4 | -135 | 0 | 4 | 100 | 1 | 6 | 100 | 0 | 6 |
| 人群荷载($N_{min}$) | -145 | 0 | 4 | -144 | 0 | 4 | -161 | 0 | -6 | -161 | 0 | -6 |
| 人群荷载($M_{min}$) | 79 | 0 | -6 | 82 | 0 | -5 | -157 | 0 | -6 | -156 | 0 | -6 |

单项荷载拱顶截面内力(汽车荷载不计冲击系数)　　　　表 7-3

| 内力汇总 | 1号管 | | | 2号管 | | | 3号管 | | | 4号管 | | |
|---|---|---|---|---|---|---|---|---|---|---|---|---|
| | $N$ | $Q$ | $M$ | $N$ | $Q$ | $M$ | $N$ | $Q$ | $M$ | $N$ | $Q$ | $M$ |
| 恒载 | -4 255 | 39 | 190 | -4 311 | 39 | 190 | -2 622 | -3 | 164 | -2 687 | -3 | 163 |
| 汽车荷载($N_{max}$) | 407 | -3 | -24 | 409 | -3 | -24 | 807 | -6 | 109 | 806 | -6 | 108 |
| 汽车荷载($M_{max}$) | -1 433 | 20 | 116 | -1 430 | 20 | 116 | 760 | -5 | 115 | 767 | -5 | 114 |
| 汽车荷载($N_{min}$) | -1 468 | 20 | 114 | -1 465 | 19 | 113 | -901 | 5 | -24 | -881 | 3 | -25 |
| 汽车荷载($M_{min}$) | 359 | -1 | -27 | 365 | -1 | -27 | -728 | -4 | -31 | -726 | -3 | -31 |
| 温度下降 | 147 | 0 | -15 | 147 | 0 | -15 | -237 | -4 | -15 | -237 | -4 | -15 |
| 温度上升 | -147 | 0 | 15 | -147 | 0 | 15 | 237 | 4 | 15 | 237 | 4 | 15 |
| 混凝土收缩 | 272 | -4 | 15 | 266 | -4 | 15 | -338 | 14 | 17 | -342 | 14 | 16 |
| 混凝土徐变 | -100 | -1 | 8 | -72 | -2 | 8 | 118 | 8 | 17 | 146 | 9 | 17 |
| 人群荷载($N_{max}$) | 41 | 0 | -2 | 40 | 0 | -2 | 53 | 0 | 6 | 52 | 0 | 6 |
| 人群荷载($M_{max}$) | -102 | 1 | 6 | -102 | 1 | 6 | 47 | 0 | 6 | 46 | 0 | 6 |

续上表

| 内力汇总 | 1号管 | | | 2号管 | | | 3号管 | | | 4号管 | | |
|---|---|---|---|---|---|---|---|---|---|---|---|---|
| | $N$ | $Q$ | $M$ | $N$ | $Q$ | $M$ | $N$ | $Q$ | $M$ | $N$ | $Q$ | $M$ |
| 人群荷载($N_{min}$) | -106 | 1 | 6 | -106 | 1 | 6 | -89 | 0 | -3 | -88 | 0 | -3 |
| 人群荷载($M_{min}$) | 36 | 0 | -3 | 36 | 0 | -3 | -83 | 0 | -3 | -82 | 0 | -3 |

将计算得到的各单项荷载进行荷载组合,并考虑汽车荷载的冲击系数后得到各截面极限承载力荷载组合结果,如表7-4~表7-6所示。

**承载能力极限状态拱脚截面内力组合**　　　　　　　　　　　表7-4

| 荷载组合 | 内力汇总 | 1号管 | | 2号管 | | 3号管 | | 4号管 | |
|---|---|---|---|---|---|---|---|---|---|
| | | $N$ | $M$ | $N$ | $M$ | $N$ | $M$ | $N$ | $M$ |
| 组合Ⅰ | 恒+汽($N_{max}$)+人($N_{max}$) | -2 393 | -368 | -2 332 | -363 | -5 497 | 586 | -6 117 | 620 |
| | 恒+汽($M_{max}$)+人($M_{max}$) | -5 056 | 631 | -5 410 | 639 | -6 021 | 694 | -6 419 | 341 |
| | 恒+汽($N_{min}$)+人($N_{min}$) | -5 101 | 623 | -5 658 | 611 | **-9 034** | **-129** | -8 852 | -177 |
| | 恒+汽($M_{min}$)+人($M_{min}$) | -2 630 | -466 | -2 595 | -446 | -8 403 | -366 | -8 382 | -343 |
| 组合Ⅱ | 恒+汽($N_{max}$)+人($N_{max}$)+温降+混凝土收缩+徐变 | -3 261 | -330 | -3 287 | -322 | -4 061 | 672 | -4 763 | 712 |
| | 恒+汽($M_{max}$)+人($M_{max}$)+温降+混凝土收缩+徐变 | -5 903 | 661 | -6 341 | 673 | **-4 574** | **779** | -5 063 | 432 |
| | 恒+汽($N_{min}$)+人($N_{min}$)+温降+混凝土收缩+徐变 | -5 948 | 653 | -6 583 | 646 | -7 565 | -39 | -7 478 | -80 |
| | 恒+汽($M_{min}$)+人($M_{min}$)+温降+混凝土收缩+徐变 | -3 498 | -429 | -3 543 | -404 | -6 945 | -274 | -7 011 | -245 |
| 组合Ⅲ | 恒+汽($N_{max}$)+人($N_{max}$)+温升+混凝土收缩+徐变 | -1 640 | -404 | -1 593 | -398 | -5 489 | 459 | -6 116 | 494 |
| | 恒+汽($M_{max}$)+人($M_{max}$)+温升+混凝土收缩+徐变 | -4 282 | 586 | -4 647 | 597 | -6 003 | 565 | -6 415 | 214 |
| | 恒+汽($N_{min}$)+人($N_{min}$)+温升+混凝土收缩+徐变 | -4 327 | 578 | -4 889 | 569 | -8 994 | -252 | -8 831 | -298 |
| | 恒+汽($M_{min}$)+人($M_{min}$)+温升+混凝土收缩+徐变 | -1 877 | -503 | -1 850 | -481 | -8 373 | -487 | -8 363 | -463 |

注:1. 表中恒为恒载,汽为汽车荷载,人为人群荷载,温升为温度上升,温降为温度下降。
　　2. 表中加粗和加下划线的数值为控制设计的内力值。

**承载能力极限状态 $L/4$ 截面内力组合**　　　　　　　　　　表7-5

| 荷载组合 | 内力汇总 | 1号管 | | 2号管 | | 3号管 | | 4号管 | |
|---|---|---|---|---|---|---|---|---|---|
| | | $N$ | $M$ | $N$ | $M$ | $N$ | $M$ | $N$ | $M$ |
| 组合Ⅰ | 恒+汽($N_{max}$)+人($N_{max}$) | -3 046 | -154 | -3 001 | -154 | -2 272 | 120 | -2 303 | 119 |
| | 恒+汽($M_{max}$)+人($M_{max}$) | -7 461 | 34 | -7 500 | 34 | -2 316 | 122 | -2 348 | 122 |
| | 恒+汽($N_{min}$)+人($N_{min}$) | -7 574 | 20 | -7 598 | 30 | -7 303 | -111 | -7 271 | -109 |
| | 恒+汽($M_{min}$)+人($M_{min}$) | -3 176 | -158 | **-3 134** | **-160** | -7 225 | -112 | -7 193 | -112 |

续上表

| 荷载组合 | 内力汇总 | 1号管 N | 1号管 M | 2号管 N | 2号管 M | 3号管 N | 3号管 M | 4号管 N | 4号管 M |
|---|---|---|---|---|---|---|---|---|---|
| 组合Ⅱ | 恒+汽($N_{max}$)+人($N_{max}$)+温降+混凝土收缩+徐变 | −3 259 | −143 | −3 183 | −143 | −2 214 | 135 | −2 217 | 134 |
| | 恒+汽($M_{max}$)+人($M_{max}$)+温降+混凝土收缩+徐变 | −7 643 | 44 | −7 651 | 44 | −2 257 | 137 | −2 261 | 137 |
| | 恒+汽($N_{min}$)+人($N_{min}$)+温降+混凝土收缩+徐变 | **−7 753** | **30** | −7 747 | 39 | −7 207 | −94 | −7 147 | −93 |
| | 恒+汽($M_{min}$)+人($M_{min}$)+温降+混凝土收缩+徐变 | −3 387 | −148 | −3 314 | −150 | −7 130 | −96 | −7 070 | −96 |
| 组合Ⅲ | 恒+汽($N_{max}$)+人($N_{max}$)+温升+混凝土收缩+徐变 | −2 947 | −151 | −2 897 | −151 | −2 374 | 113 | −2 401 | 112 |
| | 恒+汽($M_{max}$)+人($M_{max}$)+温升+混凝土收缩+徐变 | −7 331 | 36 | −7 364 | 36 | −2 417 | 115 | −2 445 | 115 |
| | 恒+汽($N_{min}$)+人($N_{min}$)+温升+混凝土收缩+徐变 | −7 442 | 22 | −7 461 | 31 | −7 368 | −116 | −7 331 | −114 |
| | 恒+汽($M_{min}$)+人($M_{min}$)+温升+混凝土收缩+徐变 | −3 075 | −155 | −3 028 | −158 | −7 290 | −117 | −7 254 | −117 |

注：同表7-4。

**承载能力极限状态拱顶截面内力组合**  表7-6

| 荷载组合 | 内力汇总 | 1号管 N | 1号管 M | 2号管 N | 2号管 M | 3号管 N | 3号管 M | 4号管 N | 4号管 M |
|---|---|---|---|---|---|---|---|---|---|
| 组合Ⅰ | 恒+汽($N_{max}$)+人($N_{max}$) | −4 424 | 188 | −4 489 | 188 | −1 825 | 374 | −1 906 | 371 |
| | 恒+汽($M_{max}$)+人($M_{max}$) | −7 461 | 416 | −7 524 | 416 | −1 905 | 383 | −1 973 | 381 |
| | 恒+汽($N_{min}$)+人($N_{min}$) | −7 520 | 413 | **−7 583** | **411** | −4 655 | 156 | −4 701 | 153 |
| | 恒+汽($M_{min}$)+人($M_{min}$) | −4 504 | 182 | −4 562 | 182 | −4 378 | 145 | −4 452 | 144 |
| 组合Ⅱ | 恒+汽($N_{max}$)+人($N_{max}$)+温降+混凝土收缩+徐变 | −4 113 | 197 | −4 156 | 197 | −2 285 | 392 | −2 341 | 389 |
| | 恒+汽($M_{max}$)+人($M_{max}$)+温降+混凝土收缩+徐变 | −7 131 | 424 | −7 171 | 424 | −2 364 | 402 | −2 408 | 398 |
| | 恒+汽($N_{min}$)+人($N_{min}$)+温降+混凝土收缩+徐变 | −7 189 | 420 | −7 230 | 419 | −5 095 | 176 | −5 117 | 172 |
| | 恒+汽($M_{min}$)+人($M_{min}$)+温降+混凝土收缩+徐变 | −4 193 | 191 | −4 229 | 191 | −4 818 | 165 | −4 868 | 162 |
| 组合Ⅲ | 恒+汽($N_{max}$)+人($N_{max}$)+温升+混凝土收缩+徐变 | −4 401 | 226 | −4 444 | 226 | −1 820 | 422 | −1 877 | 418 |
| | 恒+汽($M_{max}$)+人($M_{max}$)+温升+混凝土收缩+徐变 | −7 419 | 453 | **−7 459** | **453** | −1 900 | 431 | −1 944 | 427 |
| | 恒+汽($N_{min}$)+人($N_{min}$)+温升+混凝土收缩+徐变 | −7 478 | 450 | −7 518 | 448 | −4 630 | 205 | −4 652 | 201 |
| | 恒+汽($M_{min}$)+人($M_{min}$)+温升+混凝土收缩+徐变 | −4 481 | 221 | −4 517 | 221 | −4 354 | 194 | −4 404 | 192 |

注：同表7-4。

将计算得到的各单项荷载进行荷载组合,并且不考虑汽车荷载的冲击系数后得到的各截面正常使用极限状况组合结果,如表 7-7~表 7-9 所示。

正常使用极限状态拱脚截面内力组合　　　　　　　　　　　　表 7-7

| 荷载组合 | 内力汇总 | 1号管 N | 1号管 M | 2号管 N | 2号管 M | 3号管 N | 3号管 M | 4号管 N | 4号管 M |
|---|---|---|---|---|---|---|---|---|---|
| 组合Ⅳ | 恒+汽($N_{max}$)+人($N_{max}$) | -2 189 | -219 | -2 190 | -212 | -4 744 | 418 | -5 204 | 443 |
| | 恒+汽($M_{max}$)+人($M_{max}$) | -3 935 | 435 | -4 207 | 443 | -5 102 | 490 | -5 404 | 267 |
| | 恒+汽($N_{min}$)+人($N_{min}$) | -3 964 | 430 | -4 378 | 423 | -7 074 | -49 | -6 995 | -78 |
| | 恒+汽($M_{min}$)+人($M_{min}$) | -2 341 | -282 | -2 370 | -267 | -6 648 | -203 | -6 688 | -186 |
| 组合Ⅴ | 恒+汽($N_{max}$)+人($N_{max}$)+温降+混凝土收缩+徐变 | -3 066 | -184 | -3 150 | -173 | -3 282 | 509 | -3 832 | 540 |
| | 恒+汽($M_{max}$)+人($M_{max}$)+温降+混凝土收缩+徐变 | -5 903 | 661 | -6 341 | 673 | **-4 574** | **779** | -5 063 | 432 |
| | 恒+汽($N_{min}$)+人($N_{min}$)+温降+混凝土收缩+徐变 | -5 948 | 653 | -6 583 | 646 | **-7 565** | **-39** | -7 478 | -80 |
| | 恒+汽($M_{min}$)+人($M_{min}$)+温降+混凝土收缩+徐变 | -3 218 | -247 | -3 330 | -228 | -5 186 | -112 | -5 316 | -89 |
| 组合Ⅵ | 恒+汽($N_{max}$)+人($N_{max}$)+温升+混凝土收缩+徐变 | -1 412 | -260 | -1 422 | -251 | -4 740 | 291 | -5 212 | 318 |
| | 恒+汽($M_{max}$)+人($M_{max}$)+温升+混凝土收缩+徐变 | -3 158 | 394 | -3 439 | 404 | -5 098 | 363 | -5 412 | 142 |
| | 恒+汽($N_{min}$)+人($N_{min}$)+温升+混凝土收缩+徐变 | -3 187 | 389 | -3 610 | 384 | -7 070 | -176 | -7 003 | -203 |
| | 恒+汽($M_{min}$)+人($M_{min}$)+温升+混凝土收缩+徐变 | -1 564 | -323 | -1 602 | -306 | -6 644 | -330 | -6 696 | -311 |

注:同表 7-4。

正常使用极限状态 L/4 截面内力组合　　　　　　　　　　　　表 7-8

| 荷载组合 | 内力汇总 | 1号管 N | 1号管 M | 2号管 N | 2号管 M | 3号管 N | 3号管 M | 4号管 N | 4号管 M |
|---|---|---|---|---|---|---|---|---|---|
| 组合Ⅳ | 恒+汽($N_{max}$)+人($N_{max}$) | -2 812 | -113 | -2 783 | -113 | -2 310 | 75 | -2 330 | 74 |
| | 恒+汽($M_{max}$)+人($M_{max}$) | -5 699 | 10 | -5 724 | 10 | -2 339 | 76 | -2 360 | 76 |
| | 恒+汽($N_{min}$)+人($N_{min}$) | -5 774 | 1 | -5 789 | 7 | -5 602 | -76 | -5 582 | -75 |
| | 恒+汽($M_{min}$)+人($M_{min}$) | -2 898 | -116 | **-2 870** | **-117** | -5 551 | -77 | -5 531 | -77 |
| 组合Ⅴ | 恒+汽($N_{max}$)+人($N_{max}$)+温降+混凝土收缩+徐变 | -3 015 | -103 | -2 955 | -103 | -2 235 | 91 | -2 227 | 90 |
| | 恒+汽($M_{max}$)+人($M_{max}$)+温降+混凝土收缩+徐变 | -5 902 | 20 | -5 896 | 20 | -2 264 | 92 | -2 257 | 92 |
| | 恒+汽($N_{min}$)+人($N_{min}$)+温降+混凝土收缩+徐变 | **-5 977** | **11** | -5 961 | 17 | -5 527 | -60 | -5 479 | -93 |
| | 恒+汽($M_{min}$)+人($M_{min}$)+温降+混凝土收缩+徐变 | -3 101 | -106 | -3 042 | -107 | -5 476 | -61 | -5 428 | -61 |

续上表

| 荷载组合 | 内力汇总 | 1号管 N | 1号管 M | 2号管 N | 2号管 M | 3号管 N | 3号管 M | 4号管 N | 4号管 M |
|---|---|---|---|---|---|---|---|---|---|
| 组合Ⅵ | 恒+汽($N_{max}$)+人($N_{max}$)+温升+混凝土收缩+徐变 | -2 697 | -111 | -2 663 | -111 | -2 399 | 69 | -2 415 | 68 |
| | 恒+汽($M_{max}$)+人($M_{max}$)+温升+混凝土收缩+徐变 | -5 584 | 12 | -5 604 | 12 | -2 428 | 70 | -2 445 | 70 |
| | 恒+汽($N_{min}$)+人($N_{min}$)+温升+混凝土收缩+徐变 | -5 659 | 3 | -5 669 | 9 | -5 691 | -82 | -5 667 | -81 |
| | 恒+汽($M_{min}$)+人($M_{min}$)+温升+混凝土收缩+徐变 | -2 783 | -114 | -2 750 | -115 | -5 640 | -83 | -5 616 | -83 |

注:同表7-4。

**正常使用极限状态拱顶截面内力组合** 表7-9

| 荷载组合 | 内力汇总 | 1号管 N | 1号管 M | 2号管 N | 2号管 M | 3号管 N | 3号管 M | 4号管 N | 4号管 M |
|---|---|---|---|---|---|---|---|---|---|
| 组合Ⅳ | 恒+汽($N_{max}$)+人($N_{max}$) | -3 807 | 164 | -3 862 | 164 | -1 762 | 279 | -1 829 | 277 |
| | 恒+汽($M_{max}$)+人($M_{max}$) | -5 790 | 312 | -5 843 | 312 | -1 815 | 285 | -1 874 | 283 |
| | 恒+汽($N_{min}$)+人($N_{min}$) | -5 829 | 310 | **-5 882** | **309** | -3 612 | 137 | -3 656 | 135 |
| | 恒+汽($M_{min}$)+人($M_{min}$) | -3 860 | 160 | -3 910 | 160 | -3 433 | 130 | -3 495 | 129 |
| 组合Ⅴ | 恒+汽($N_{max}$)+人($N_{max}$)+温降+混凝土收缩+徐变 | -3 488 | 172 | -3 521 | 172 | -2 219 | 298 | -2 262 | 295 |
| | 恒+汽($M_{max}$)+人($M_{max}$)+温降+混凝土收缩+徐变 | -5 471 | 320 | -5 502 | 320 | -2 272 | 304 | -2 307 | 301 |
| | 恒+汽($N_{min}$)+人($N_{min}$)+温降+混凝土收缩+徐变 | -5 510 | 318 | -5 541 | 317 | -4 069 | 156 | -4 089 | 153 |
| | 恒+汽($M_{min}$)+人($M_{min}$)+温降+混凝土收缩+徐变 | -3 541 | 168 | -3 569 | 168 | -3 890 | 149 | -3 928 | 147 |
| 组合Ⅵ | 恒+汽($N_{max}$)+人($N_{max}$)+温升+混凝土收缩+徐变 | -3 782 | 202 | -3 815 | 202 | -1 745 | 328 | -1 788 | 325 |
| | 恒+汽($M_{max}$)+人($M_{max}$)+温升+混凝土收缩+徐变 | -5 765 | 350 | **-5 796** | **350** | -1 798 | 334 | -1 833 | 331 |
| | 恒+汽($N_{min}$)+人($N_{min}$)+温升+混凝土收缩+徐变 | -5 804 | 348 | -5 835 | 347 | -3 595 | 186 | -3 615 | 183 |
| | 恒+汽($M_{min}$)+人($M_{min}$)+温升+混凝土收缩+徐变 | -3 835 | 198 | -3 863 | 198 | -3 416 | 179 | -3 454 | 177 |

注:同表7-4。

计算可得,恒载作用下拱肋内力为:

(1)拱脚截面:1号管 $N=-2\,901$ kN,$M=57$ kN·m;2号管 $N=-3\,107$ kN,$M=110$ kN·m;3号管 $N=-5\,382$ kN,$M=162$ kN·m;4号管 $N=-5\,596$ kN,$M=173$ kN·m。

(2)$L/4$ 截面:1号管 $N=-3\,824$ kN,$M=-56$ kN·m;2号管 $N=-3\,823$ kN,$M=-56$ kN·m;3号管 $N=-3\,810$ kN,$M=-15$ kN·m;4号管 $N=-3\,813$ kN,$M=-15$ kN·m。

(3)拱顶截面:1号管 $N=-4\,255\text{kN}$, $M=190\text{kN}\cdot\text{m}$;2号管 $N=-4\,311\text{kN}$, $M=190\text{kN}\cdot\text{m}$;3号管 $N=-2\,622\text{kN}$, $M=164\text{kN}\cdot\text{m}$;4号管 $N=-2\,687\text{kN}$, $M=163\text{kN}\cdot\text{m}$。

承载能力极限状态构件验算采用的最不利内力组合为:

(1)拱脚截面:3号管,$M_{max}=779\text{kN}\cdot\text{m}$,对应的轴力 $N=-4\,574\text{kN}$;3号管,$N_{max}=-9\,034\text{kN}$,对应的弯矩 $M=-129\text{kN}\cdot\text{m}$。

(2)$L/4$ 截面:2号管,$M_{max}=-160\text{kN}\cdot\text{m}$,对应的轴力 $N=-3\,134\text{kN}$;1号管,$N_{max}=-7\,753\text{kN}$,对应的弯矩 $M=30\text{kN}\cdot\text{m}$。

(3)拱顶截面:2号管,$M_{max}=453\text{kN}\cdot\text{m}$,对应的轴力 $N=-7\,459\text{kN}$;2号管,$N_{max}=-7\,583\text{kN}$,对应的弯矩 $M=411\text{kN}\cdot\text{m}$。

计算承载能力极限状态拱肋整体验算采用的最不利内力组合时,须将各肢内力换算成截面的内力:

$$N_{截面}=N_1+N_2+N_3+N_4$$
$$M_{截面}=M_1+M_2+M_3+M_4+(N_1+N_2-N_3-N_4)h$$

其中,$N_1$、$N_2$、$N_3$、$N_4$ 为各肢轴力;$M_1$、$M_2$、$M_3$、$M_4$ 为各肢的弯矩。

则,计算得到承载能力极限状态拱肋整体验算采用的最不利内力组合为:

(1)拱脚截面:最大弯矩组合,$M_{max}=12\,701\text{kN}\cdot\text{m}$,相应的 $N=-20\,463\text{kN}$;最大轴力组合,$N_{max}=-28\,645\text{kN}$,相应的 $M=8\,946\text{kN}\cdot\text{m}$。

(2)$L/4$ 截面:最大弯矩组合,$M_{max}=-11\,761\text{kN}\cdot\text{m}$,相应的 $N=-19\,812\text{kN}$;最大轴力组合,$N_{max}=-29\,854\text{kN}$,相应的 $M=-1\,407\text{kN}\cdot\text{m}$。

(3)拱顶截面:最大弯矩组合,$M_{max}=-10\,899\text{kN}\cdot\text{m}$,相应的 $N=-18\,863\text{kN}$;最大轴力组合,$N_{max}=-24\,631\text{kN}$,相应的 $M=-3\,546\text{kN}\cdot\text{m}$。

正常使用极限状态最不利内力组合为:

(1)拱脚截面:3号管,$M_{max}=779\text{kN}\cdot\text{m}$,对应的轴力 $N=-4\,574\text{kN}$;3号管,$N_{max}=-7\,565\text{kN}$,对应的弯矩 $M=-39\text{kN}\cdot\text{m}$。

(2)$L/4$ 截面:4号管,$M_{max}=-117\text{kN}\cdot\text{m}$,对应的轴力 $N=-2\,870\text{kN}$;1号管,$N_{max}=-5\,977\text{kN}$,对应的弯矩 $M=11\text{kN}\cdot\text{m}$。

(3)拱顶截面:1号管,$M_{max}=350\text{kN}\cdot\text{m}$,对应的轴力 $N=-5\,796\text{kN}$;2号管,$N_{max}=-5\,882\text{kN}$,对应的弯矩 $M=309\text{kN}\cdot\text{m}$。

### 三、拱肋强度计算

#### (一)《规范》验算要求

1.组成构件强度验算要求

《规范》第5.1.4条规定,钢管混凝土拱肋强度计算应为拱肋各组成构件,稳定计算应包括各组成构件与拱肋整体。对桁式拱肋的钢管混凝土弦管,当单肢一个节间的长细比 $\lambda_1 \leqslant 10$ 时,承载力计算可仅进行强度计算,并应符合本规范第5.2.2~5.2.5条的规定;当 $\lambda_1 > 10$ 时,承载力计算应进行稳定计算,并应符合本规范第5.3.3条的规定。$\lambda_1$ 的计算应符合本规范式(5.3.9-3)~式(5.3.9-5)的规定。

《规范》第5.1.4条条文说明,对于哑铃形与桁式拱肋,组成构件指钢管混凝土弦杆及其连接构件,整体结构是由这些构件组成的一个结构整体,视为一根杆件。

2.整体截面强度验算要求

《规范》第5.2.7条规定,钢管混凝土哑铃形构件和格构柱偏心抗压强度验算时,轴向压力组合设计值 $N_s$ 应取截面轴向力最大设计值和对应于截面弯矩最大设计值的轴力值,并应按下列公式计算:

$$\gamma_0 N_s \leqslant N_{D1} \tag{5.2.7-1}$$

$$N_{D1} = \varphi_e N_D \tag{5.2.7-2}$$

式中:$\varphi_e$——偏心率折减系数,格构柱按本规范第5.2.9条的规定计算。

《规范》第5.2.9条规定,钢管混凝土格构柱的偏心率折减系数 $\varphi_e$ 应按下列公式计算:

当 $e_0/h_1 \leqslant \varepsilon_b$ 时

$$\varphi_e = \frac{1}{1 + \dfrac{2e_0}{h_1}} \tag{5.2.9-1}$$

当 $e_0/h_1 > \varepsilon_b$ 时

$$\varphi_e = \frac{\xi_0}{(1 + \sqrt{\xi_0} + \xi_0)\left(\dfrac{2e_0}{h_1} - 1\right)} \tag{5.2.9-2}$$

$$\varepsilon_b = 0.5 + \frac{\xi_0}{H\sqrt{\xi_0}} \tag{5.2.9-3}$$

$\varepsilon_b$——界限偏心率;

$h_1$——格构柱截面受弯面内两肢中心距离(mm);

$e_0$——格构柱截面的偏心距(mm)。

$N_D$——钢管混凝土哑铃形和格构柱构件截面轴心受压承载力,应按《规范》5.2.6条计算,具体如下:

$$N_D = \sum (N_0^i + N_f^i) \tag{5.2.6-2}$$

$$N_f^i = A_{fs} f_s \tag{5.2.6-3}$$

$N_0^i$——拱肋截面各肢钢管混凝土截面轴心受压承载力,按本规范式(5.2.2-2)计算(见前文"《规范》验算要求");

$N_f^i$——与钢管混凝土主肢共同承担荷载的连接钢板的极限承载力;

$A_{fs}$——连接钢板的截面面积。

### (二)弦管强度验算

1.拱脚截面

对于拱脚截面3号管最大弯矩组合($M_{max} = 779 \text{kN} \cdot \text{m}, N = 4\,574 \text{kN}$):

$$\xi_0 = \frac{A_s f_s}{A_c f_{cd}} = \frac{0.027\,81 \times 275}{0.413\,8 \times 23.1} = 0.800$$

$$\rho_c = \frac{A_s}{A_c} = \frac{0.027\,81}{0.413\,8} = 0.067\,2$$

$$N_0 = (1.14+1.02\xi_0)(1+\rho_c)f_{cd}A_c$$
$$= (1+1.02\times0.800)\times(1+0.067\ 2)\times23.1\times0.413\ 8\times10^3 = 18\ 525\ (\text{kN})$$
$$N'_0 = K_tN_0 = 1.0\times18\ 525 = 18\ 525\ (\text{kN})$$
$$\frac{e_0}{r_c} = \frac{779}{4\ 574\times0.363} = 0.469 < 1.55$$
$$\varphi_e = \frac{1}{1+1.85\dfrac{e_0}{r_c}} = \frac{1}{1+1.85\times0.469} = 0.535$$
$$\lambda_1 = \frac{l_1}{\sqrt{\dfrac{I_{sc}}{A_{sc}}}} = \frac{2.583}{\sqrt{\dfrac{0.015\ 53}{0.441\ 6}}} = 13.77 > 10$$
$$\rho_c = \frac{A_s}{A_c} = \frac{0.027\ 81}{0.413\ 8} = 0.067\ 2$$
$$\lambda_n = \frac{\lambda_1}{\pi}\sqrt{\frac{f_yA_s+f_{ck}A_c+A_c\sqrt{\rho_cf_yf_{ck}}}{E_sA_s+E_cA_c}}$$
$$= \frac{13.77}{\pi}\times\sqrt{\frac{345\times0.027\ 81+32.4\times0.413\ 8+0.413\ 8\times\sqrt{0.067\ 2\times345\times32.4}}{2.06\times10^5\times0.027\ 81+3.45\times10^4\times0.413\ 8}} = 0.182$$
$$\varphi = 0.658^{\lambda_n^2} = 0.658^{0.182^2} = 0.986$$
$$\varphi\varphi_eN'_0 = 0.986\times0.535\times18\ 525 = 9\ 772\ (\text{kN}) > \gamma_0N_s = 4\ 574\text{kN}$$

对于拱脚截面3号管最大轴力组合($N_{max} = 9\ 034\text{kN}, M = 129\text{kN}\cdot\text{m}$)：
$$\frac{e_0}{r_c} = \frac{129}{9\ 034\times0.363} = 0.039 < 1.55$$
$$\varphi_e = \frac{1}{1+1.85\dfrac{e_0}{r_c}} = \frac{1}{1+1.85\times0.039} = 0.933$$
$$\varphi\varphi_eN'_0 = 0.986\times0.933\times18\ 525 = 17\ 042\ (\text{kN}) > \gamma_0N_s = 9\ 034\text{kN}$$

因此，拱脚截面构件强度承载力满足要求。

2. $L/4$ 截面

对 $L/4$ 截面2号管最大弯矩组合（$M_{max} = 160\text{kN}\cdot\text{m}, N = 3\ 134\text{kN}$)：
$$\xi_0 = \frac{A_sf_s}{A_cf_{cd}} = \frac{0.027\ 81\times275}{0.413\ 8\times23.1} = 0.800$$
$$\rho_c = \frac{A_s}{A_c} = \frac{0.027\ 81}{0.413\ 8} = 0.067\ 2$$
$$N_0 = (1.14+1.02\xi_0)(1+\rho_c)f_{cd}A_c$$
$$= (1+1.02\times0.800)\times(1+0.067\ 2)\times23.1\times0.413\ 8\times10^3 = 18\ 525\ (\text{kN})$$
$$N'_0 = K_tN_0 = 0.95\times18\ 525 = 17\ 599\ (\text{kN})$$
$$\frac{e_0}{r_c} = \frac{160}{3\ 134\times0.363} = 0.141 < 1.55$$

$$\varphi_e = \frac{1}{1+1.85\dfrac{e_0}{r_c}} = \frac{1}{1+1.85\times 0.141} = 0.793$$

$$\lambda_1 = \frac{l_1}{\sqrt{\dfrac{I_{sc}}{A_{sc}}}} = \frac{2.176}{\sqrt{\dfrac{0.015\,53}{0.441\,6}}} = 11.60 > 10$$

$$\lambda_n = \frac{\lambda_1}{\pi}\sqrt{\frac{f_y A_s + f_{ck} A_c + A_c\sqrt{\rho_c f_y f_{ck}}}{E_s A_s + E_c A_c}}$$

$$= \frac{11.60}{\pi}\times\sqrt{\frac{345\times 0.027\,81 + 32.4\times 0.413\,8 + 0.413\,8\times\sqrt{0.067\,2\times 345\times 32.4}}{2.06\times 10^5\times 0.027\,81 + 3.45\times 10^4\times 0.413\,8}} = 0.153$$

$$\varphi = 0.658^{\lambda_n^2} = 0.658^{0.153^2} = 0.990$$

$$\varphi\varphi_e N'_0 = 0.990\times 0.793\times 17\,599 = 13\,816(\text{kN}) > \gamma_0 N_s = 3\,134\text{kN}$$

对 $L/4$ 截面 1 号管最大轴力组合($N_{\max} = 7\,753\text{kN}, M = 30\text{kN}\cdot\text{m}$):

$$\frac{e_0}{r_c} = \frac{30}{7\,753\times 0.363} = 0.010\,7 < 1.55$$

$$\varphi_e = \frac{1}{1+1.85\dfrac{e_0}{r_c}} = \frac{1}{1+1.85\times 0.010\,7} = 0.981$$

$$\varphi\varphi_e N'_0 = 0.990\times 0.981\times 17\,599 = 17\,092(\text{kN}) > \gamma_0 N_s = 7\,753\text{kN}$$

因此,$L/4$ 截面构件强度承载力满足要求。

3.拱顶截面

对于拱顶截面 2 号管最大弯矩组合($M_{\max} = 453\text{kN}\cdot\text{m}$,相应 $N = 7\,459\text{kN}$):

$$\xi_0 = \frac{A_s f_s}{A_c f_{cd}} = \frac{0.027\,81\times 275}{0.413\,8\times 23.1} = 0.800$$

$$\rho_c = \frac{A_s}{A_c} = \frac{0.027\,81}{0.413\,8} = 0.067\,2$$

$$N_0 = (1.14 + 1.02\xi_0)(1+\rho_c) f_{cd} A_c$$
$$= (1 + 1.02\times 0.800)\times(1+0.067\,2)\times 23.1\times 0.413\,8\times 10^3 = 18\,525(\text{kN})$$

$$N'_0 = K_t N_0 = 0.9\times 18\,525 = 16\,673(\text{kN})$$

$$\frac{e_0}{r_c} = \frac{453}{7\,459\times 0.363} = 0.167 < 1.55$$

$$\varphi_e = \frac{1}{1+1.85\dfrac{e_0}{r_c}} = \frac{1}{1+1.85\times 0.167} = 0.764$$

$$\lambda_1 = \frac{l_1}{\sqrt{\dfrac{I_{sc}}{A_{sc}}}} = \frac{2.000}{\sqrt{\dfrac{0.015\,53}{0.441\,6}}} = 10.66 > 10$$

$$\lambda_n = \frac{\lambda_1}{\pi}\sqrt{\frac{f_y A_s + f_{ck} A_c + A_c\sqrt{\rho_c f_y f_{ck}}}{E_s A_s + E_c A_c}}$$

$$= \frac{10.66}{\pi} \times \sqrt{\frac{345 \times 0.027\ 81 + 32.4 \times 0.413\ 8 + 0.413\ 8 \times \sqrt{0.067\ 2 \times 345 \times 32.4}}{2.06 \times 10^5 \times 0.027\ 81 + 3.45 \times 10^4 \times 0.413\ 8}} = 0.141$$

$$\varphi = 0.658^{\lambda_n^2} = 0.658^{0.141^2} = 0.992$$

$$\varphi \varphi_e N'_0 = 0.992 \times 0.764 \times 16\ 673 = 12\ 636 (\text{kN}) > \gamma_0 N_s = 7\ 459 \text{kN}$$

对于拱顶截面 2 号管最大轴力组合($N_{max} = 7\ 583 \text{kN}$,相应 $M = 411 \text{kN} \cdot \text{m}$):

$$\frac{e_0}{r_c} = \frac{411}{7\ 583 \times 0.363} = 0.149 < 1.55$$

$$\varphi_e = \frac{1}{1 + 1.85 \frac{e_0}{r_c}} = \frac{1}{1 + 1.85 \times 0.149} = 0.784$$

$$\varphi \varphi_e N'_0 = 0.992 \times 0.784 \times 16\ 673 = 12\ 967(\text{kN}) > \gamma_0 N_s = 7\ 583 \text{kN}$$

因此,拱顶截面构件强度承载力满足要求。

**(三) 腹杆强度和稳定验算**

《规范》第 5.2.10 条规定钢管混凝土桁式拱肋腹杆所受轴力设计值 $V_1$ 应取实际轴力或按下式计算结果取较大值:

$$V_1 = \sum_{i=1}^{n} \frac{N_{0i}}{60} \tag{5.2.10}$$

式中:$V_1$——腹杆所受轴力设计值(N);

$n$——桁式拱肋弦杆数;

$N_{0i}$——桁式拱肋第 $i$ 根弦杆轴心抗压强度设计值(N),按本规范式(5.2.2-2)计算。

1. 拱脚截面

$$\xi_0 = \frac{A_s f_s}{A_c f_{cd}} = \frac{0.027\ 81 \times 275}{0.413\ 8 \times 23.1} = 0.800$$

$$\rho_c = \frac{A_s}{A_c} = \frac{0.027\ 81}{0.413\ 8} = 0.067\ 2$$

$$N_0 = (1.14 + 1.02 \xi_0)(1 + \rho_c) f_{cd} A_c$$
$$= (1 + 1.02 \times 0.800) \times (1 + 0.067\ 2) \times 23.1 \times 0.413\ 8 \times 10^3 = 18\ 525(\text{kN})$$

$$N'_0 = K_t N_0 = 1.0 \times 18\ 525 = 18\ 525(\text{kN})$$

《规范》第 5.2.10 条规定钢管混凝土桁式拱肋腹杆所受轴力设计值 $V_1$ 应取实际轴力或按下式计算结果取较大值。

(1) 钢管混凝土桁式拱肋腹杆所受轴力按下式计算得:

$$V_1 = \sum_{i=1}^{4} \frac{N_{0i}}{60} = 4 \times \frac{18\ 525}{60} = 1\ 235(\text{kN})$$

因为拱脚截面有两根腹杆,因此单根腹杆所受轴力为 $1\ 235/2 = 617.5(\text{kN})$。

(2) 根据有限元分析结果得钢管混凝土桁式拱肋拱脚截面受力最大的一根腹杆所受轴力实际值为:$N = 279 \text{kN}$。

故可得钢管混凝土桁式拱肋腹杆所受轴力设计值 $V_1 = 617.5 \text{kN}$。

根据此轴力值按现行钢结构设计规范进行其强度、刚度和稳定性计算。

2.$L/4$ 截面

$$\xi_0 = \frac{A_s f_s}{A_c f_{cd}} = \frac{0.027\,81 \times 275}{0.413\,8 \times 23.1} = 0.800$$

$$\rho_c = \frac{A_s}{A_c} = \frac{0.027\,81}{0.413\,8} = 0.067\,2$$

$$N_0 = (1.14 + 1.02\xi_0)(1+\rho_c)f_{cd}A_c$$
$$= (1+1.02 \times 0.800) \times (1+0.067\,2) \times 23.1 \times 0.413\,8 \times 10^3 = 18\,525(\text{kN})$$

$$N'_0 = K_t N_0 = 0.95 \times 18\,525 = 17\,599(\text{kN})$$

《规范》第5.2.10条规定钢管混凝土桁式拱肋腹杆所受轴力设计值$V_1$应取实际轴力或按下式计算结果取较大值：

（1）钢管混凝土桁式拱肋腹杆所受轴力按下式计算得：

$$V_1 = \sum_{i=1}^{4} \frac{N_{0i}}{60} = 4 \times \frac{17\,599}{60} = 1\,173(\text{kN})$$

因为$L/4$截面有两根腹杆，因此单根腹杆所受轴力为$1\,173/2 = 586.5(\text{kN})$。

（2）根据有限元分析结果得钢管混凝土桁式拱肋$L/4$截面受力最大的一根腹杆所受轴力实际值为：$N = 257\text{kN}$。

故可得钢管混凝土桁式拱肋腹杆所受轴力设计值$V_1 = 586.5\text{kN}$。

根据此轴力值按现行钢结构设计规范进行其强度、刚度和稳定性计算。

3.拱顶截面

$$\xi_0 = \frac{A_s f_s}{A_c f_{cd}} = \frac{0.027\,81 \times 275}{0.413\,8 \times 23.1} = 0.800$$

$$\rho_c = \frac{A_s}{A_c} = \frac{0.027\,81}{0.413\,8} = 0.067\,2$$

$$N_0 = (1.14 + 1.02\xi_0)(1+\rho_c)f_{cd}A_c$$
$$= (1+1.02 \times 0.800) \times (1+0.067\,2) \times 23.1 \times 0.413\,8 \times 10^3 = 18\,525(\text{kN})$$

$$N'_0 = K_t N_0 = 0.90 \times 18\,525 = 16\,673(\text{kN})$$

《规范》第5.2.10条规定钢管混凝土桁式拱肋腹杆所受轴力设计值$V_1$应取实际轴力或按下式计算结果取较大值：

（1）钢管混凝土桁式拱肋腹杆所受轴力按下式计算得：

$$V_1 = \sum_{i=1}^{4} \frac{N_{0i}}{60} = 4 \times \frac{16\,673}{60} = 1\,112(\text{kN})$$

因为拱顶截面有两根腹杆，因此单根腹杆所受轴力为$1\,112/2 = 556(\text{kN})$。

（2）根据有限元分析结果得钢管混凝土桁式拱肋拱顶截面受力最大的一根腹杆所受轴力实际值为：$N = 247\text{kN}$。

故可得钢管混凝土桁式拱肋腹杆所受轴力设计值$V_1 = 556\text{kN}$。

根据此轴力值按现行钢结构设计规范进行其强度、刚度和稳定性计算。

**（四）整体截面强度验算**

1.拱脚截面

对于拱脚截面，按照弯矩最大组合（$M_{\max} = 12\,701\text{kN} \cdot \text{m}$，$N = 20\,463\text{kN}$）和轴力最大组合

($N_{max}=28\ 645\text{kN}, M=8\ 946\text{kN}\cdot\text{m}$)两种工况进行验算。

$$\xi_0 = \frac{A_s f_s}{A_c f_{cd}} = \frac{0.027\ 81 \times 275}{0.413\ 8 \times 23.1} = 0.800$$

$$\rho_c = \frac{A_s}{A_c} = \frac{0.027\ 81}{0.413\ 8} = 0.067\ 2$$

$$N_0 = (1.14 + 1.02\xi_0)(1+\rho_c)f_{cd}A_c$$
$$= (1 + 1.02 \times 0.800) \times (1 + 0.067\ 2) \times 23.1 \times 0.413\ 8 \times 10^3 = 18\ 525(\text{kN})$$

$$N'_0 = K_t N_0 = 1.0 \times 18\ 525 = 18\ 525(\text{kN})$$

全截面四肢钢管的轴压短柱承载力为

$$N_D = \sum(N_0^i + N_f^i) = 4 \times 18\ 525 = 74\ 100(\text{kN})$$

按照《规范》第5.2.9条规定,钢管混凝土格构柱的偏心率折减系数 $\varphi_e$ 计算如下。

界限偏心率:

$$\varepsilon_b = 0.5 + \frac{\xi_0}{1+\sqrt{\xi_0}} = 0.5 + \frac{0.800}{1+\sqrt{0.800}} = 0.922$$

对于最大弯矩组合 $\dfrac{e_0}{h} = \dfrac{12\ 701}{20\ 463 \times 2.25} = 0.276 < 0.850$,有:

$$\varphi_e = \frac{1}{1+2\dfrac{e_0}{h}} = \frac{1}{1+2\times 0.276} = 0.644$$

对于最大轴力组合 $\dfrac{e_0}{h} = \dfrac{8\ 946}{28\ 645 \times 2.25} = 0.139 < 0.850$,有:

$$\varphi_e = \frac{1}{1+2\dfrac{e_0}{h}} = \frac{1}{1+2\times 0.139} = 0.782$$

对最大弯矩组合($M_{max} = 12\ 701\text{kN}\cdot\text{m}, N = 20\ 463\text{kN}$)

$$\varphi_e N_D = 0.644 \times 74\ 100 = 47\ 720(\text{kN}) > \gamma_0 N_s = 20\ 463\text{kN}$$

对最大轴力组合($N_{max} = 28\ 645\text{kN}, M = 8\ 946\text{kN}\cdot\text{m}$)

$$\varphi_e N_D = 0.782 \times 74\ 100 = 57\ 946(\text{kN}) > \gamma_0 N_s = 28\ 645\text{kN}$$

故拱脚截面的强度承载力满足要求。

2.$L/4$截面

对于 $L/4$ 截面,按照弯矩最大组合($M_{max} = 11\ 761\text{kN}\cdot\text{m}, N = 19\ 812\text{kN}$)和轴力最大组合($N_{max} = 29\ 854\text{kN}, M = 1\ 407\text{kN}\cdot\text{m}$)两种工况进行验算。

$$\xi_0 = \frac{A_s f_s}{A_c f_{cd}} = \frac{0.027\ 81 \times 275}{0.413\ 8 \times 23.1} = 0.800$$

$$\rho_c = \frac{A_s}{A_c} = \frac{0.027\ 81}{0.413\ 8} = 0.067\ 2$$

$$N_0 = (1.14 + 1.02\xi_0)(1+\rho_c)f_{cd}A_c$$
$$= (1 + 1.02 \times 0.800) \times (1 + 0.067\ 2) \times 23.1 \times 0.413\ 8 \times 10^3 = 18\ 525(\text{kN})$$

$$N'_0 = K_t N_0 = 0.95 \times 18\ 525 = 17\ 599(\text{kN})$$

全截面四肢钢管的轴压短柱承载力为
$$N_D = \sum (N_0^i + N_f^i) = 4 \times 17\,599 = 70\,396 (\text{kN})$$

按照《规范》第5.2.9条规定,钢管混凝土格构柱的偏心率折减系数 $\varphi_e$ 计算如下。

界限偏心率:
$$\varepsilon_b = 0.5 + \frac{\xi_0}{1+\sqrt{\xi_0}} = 0.5 + \frac{0.800}{1+\sqrt{0.800}} = 0.922$$

对于最大弯矩组合 $\dfrac{e_0}{h} = \dfrac{11\,761}{19\,812 \times 2.25} = 0.264 < 0.850$,则:

$$\varphi_e = \frac{1}{1 + 2\dfrac{e_0}{h}} = \frac{1}{1 + 2 \times 0.264} = 0.654$$

对于最大轴力组合 $\dfrac{e_0}{h} = \dfrac{1\,407}{29\,854 \times 2.25} = 0.021 < 0.850$,则:

$$\varphi_e = \frac{1}{1 + 2\dfrac{e_0}{h}} = \frac{1}{1 + 2 \times 0.021} = 0.960$$

对最大弯矩组合($M_{max} = 11\,761 \text{kN} \cdot \text{m}, N = 19\,812 \text{kN}$)
$$\varphi_e N_D = 0.654 \times 70\,396 = 46\,039 (\text{kN}) > \gamma_0 N_s = 19\,812 \text{kN}$$

对最大轴力组合($N_{max} = 29\,746 \text{kN}, M = 1\,516 \text{kN} \cdot \text{m}$)
$$\varphi_e N_D = 0.960 \times 70\,396 = 67\,580 (\text{kN}) > \gamma_0 N_s = 29\,746 \text{kN}$$

故 $L/4$ 截面的强度承载力满足要求。

3. 拱顶截面

对于拱顶截面,按照弯矩最大组合($M_{max} = 10\,899 \text{kN} \cdot \text{m}, N = 18\,863 \text{kN}$)和轴力最大组合($N_{max} = 24\,631 \text{kN}, M = 3\,546 \text{kN} \cdot \text{m}$)两种工况进行验算。

$$\xi_0 = \frac{A_s f_s}{A_c f_{cd}} = \frac{0.027\,81 \times 275}{0.413\,8 \times 23.1} = 0.800$$

$$\rho_c = \frac{A_s}{A_c} = \frac{0.027\,81}{0.413\,8} = 0.067\,2$$

$$N_0 = (1.14 + 1.02\xi_0)(1+\rho_c) f_{cd} A_c$$
$$= (1 + 1.02 \times 0.800) \times (1 + 0.067\,2) \times 23.1 \times 0.413\,8 \times 10^3 = 18\,525 (\text{kN})$$

$$N'_0 = K_t N_0 = 0.9 \times 18\,525 = 16\,673 (\text{kN})$$

全截面四肢钢管的轴压短柱承载力为
$$N_D = \sum (N_0^i + N_f^i) = 4 \times 16\,673 = 66\,692 (\text{kN})$$

按照《规范》第5.2.9条规定,钢管混凝土格构柱的偏心率折减系数 $\varphi_e$ 计算如下。

界限偏心率:
$$\varepsilon_b = 0.5 + \frac{\xi_0}{1+\sqrt{\xi_0}} = 0.5 + \frac{0.800}{1+\sqrt{0.800}} = 0.922$$

对于最大弯矩组合 $\dfrac{e_0}{h} = \dfrac{10\,899}{18\,863 \times 2.25} = 0.257 < 0.850$,有:

$$\varphi_e = \frac{1}{1+2\dfrac{e_0}{h}} = \frac{1}{1+2\times 0.257} = 0.661$$

对于最大轴力组合 $\dfrac{e_0}{h} = \dfrac{3\,546}{24\,631\times 2.25} = 0.064 < 0.850$，有：

$$\varphi_e = \frac{1}{1+2\dfrac{e_0}{h}} = \frac{1}{1+2\times 0.064} = 0.887$$

对最大弯矩组合（$M_{max} = 10\,899$ kN·m，$N = 18\,863$ kN）

$\varphi_e N_D = 0.661\times 66\,692 = 44\,083$ (kN) $> \gamma_0 N_s = 18\,863$ kN

对最大轴力组合（$N_{max} = 24\,631$ kN，$M = 3\,546$ kN·m）

$\varphi_e N_D = 0.887\times 66\,692 = 59\,156$ (kN) $> \gamma_0 N_s = 24\,631$ kN

故拱顶截面的强度承载力满足要求。

## 四、拱肋面内稳定承载力计算

### （一）《规范》验算要求

根据《规范》第5.3.2条规定，钢管混凝土拱肋的面内整体稳定极限承载力可将其等效成梁柱进行验算，等效梁柱的计算长度采用无铰拱的0.36S，等效梁柱的两端作用力为拱的 $L/4$（或 $3L/4$）截面处的弯矩与轴力。

根据《规范》第5.3.4条，钢管混凝土哑铃形构件和格构柱偏心受压稳定承载力设计值 $N_{D2}$ 应按下列公式计算：

$$\gamma_0 N_s \leqslant N_{D2} \tag{5.3.4-1}$$
$$N_{D2} = \varphi \varphi_e N_D \tag{5.3.4-2}$$

式中：$N_{D2}$——钢管混凝土哑铃形构件和格构柱偏心受压稳定承载力设计值（N）；

$\varphi_e$——偏心率折减系数，哑铃形构件按本规范第5.2.8条的规定计算，格构柱按本规范第5.2.9条的规定计算。

由于结构对称性，$L/4$ 截面与 $3L/4$ 截面的最不利内力相等，因此结构整体性验算时只需验算 $L/4$ 截面的最不利内力。对于 $L/4$ 截面，弯矩最大组合（$M_{max} = 11\,761$ kN·m，相对应的轴力 $N = 19\,812$ kN），轴力最大组合（$N_{max} = 29\,854$ kN，相对应的弯矩 $M = 1\,407$ kN·m）。

### （二）稳定系数

根据《规范》第5.3.5条，稳定系数 $\varphi$ 应按下列公式计算：

$\lambda_n \leqslant 1.5$ 时

$$\varphi = 0.658^{\lambda_n^2} \tag{5.3.5-1}$$

$\lambda_n > 1.5$ 时

$$\varphi = \frac{0.877}{\lambda_n^2} \tag{5.3.5-2}$$

式中：$\lambda_n$——相对长细比，按《规范》式（5.3.6）计算，格构柱时具体公式计算如下：

$$\lambda_n = \frac{\lambda^*}{\pi}\sqrt{\frac{f_y A_s + f_{ck} A_c + A_c\sqrt{\rho_c f_y f_{ck}}}{E_s A_s + E_c A_c}} \quad (5.3.6\text{-}2)$$

其中,$\lambda^*$为格构柱的换算长细比,按《规范》第5.3.10条计算,具体如下:

$$\lambda^* = K'\lambda_y \quad 或 \quad \lambda^* = K'\lambda_x \quad (5.3.10\text{-}1)$$

$$K' = \begin{cases} 1.1K & (K\lambda \leq 40) \\ K\sqrt{1+\dfrac{300}{(K\lambda)^2}} & (K\lambda > 40) \end{cases} \quad (5.3.10\text{-}2)$$

$$K = \sqrt{1+\mu} \quad (5.3.10\text{-}3)$$

$$\mu = \begin{cases} \dfrac{E_s I_s + E_c I_c}{l_0^2 \cdot (E_s A_d)}\left(2.83 + \dfrac{A_d}{A_b}\right) & (\mu \leq 0.5) \\ 0.5 & (\mu > 0.5) \end{cases} \quad (5.3.10\text{-}4)$$

$K'$——换算长细比修正系数;

$K$——换算长细比系数;

$\mu$——柔度系数;

$A_s$、$A_c$——柱肢钢管横截面总面积和管内混凝土横截面总面积;

$A_d$——一个节间内各斜腹杆面积之和;

$A_b$——一个节间内各平腹杆面积之和;

$\lambda$——钢管混凝土格构柱的名义长细比($\lambda_x$ 或 $\lambda_y$),按本规范中式(5.3.9-1)和式(5.3.9-2)计算;

$l_0$——格构柱柱肢节间距离。

钢管混凝土格构柱对 $x$ 轴长细比 $\lambda_x$ 按式(5.3.9-1)计算:

$$\lambda_x = \frac{l_{0x}}{\sqrt{\dfrac{\sum(I_{sc} + b^2 A_{sc})}{\sum A_{sc}}}}$$

求得

$$\lambda_x = \frac{l_{0x}}{\sqrt{\dfrac{\sum(I_{sc} + b_i^2 A_{sc})}{\sum A_{sc}}}} = \frac{59.688}{\sqrt{\dfrac{4\times(0.015\,5 + 1.125^2 \times 0.441\,6)}{4\times 0.441\,6}}} = 52.3$$

考虑格构柱缀肢剪切变形对刚度削弱影响后长细比的 $\lambda^* = K'\lambda_x$。

其中,换算长细比修正系数 $K'$ 按下式计算。

$$K' = \begin{cases} 1.1K & (K\lambda \leq 40) \\ K\sqrt{1+\dfrac{300}{(K\lambda)^2}} & (K\lambda > 40) \end{cases} \quad (5.3.7\text{-}5)$$

式中:$K$——换算长细比系数,$K = \sqrt{1+\mu}$;

$\mu$——柔度系数,按下式计算;

$$\mu = \begin{cases} \dfrac{E_s I_s + E_c I_c}{l_0^2 \cdot (E_s A_d)}\left(2.83 + \dfrac{A_d}{A_b}\right) & (\mu \leq 0.5) \\ 0.5 & (\mu > 0.5) \end{cases}$$

$A_d$——一个节间内各斜腹杆面积之和；

$A_b$——一个节间内各平腹杆面积之和；

$\lambda$——钢管混凝土格构柱的长细比（$\lambda_x$ 或 $\lambda_y$），按《规范》中式(5.3.9)计算。

柔度系数：

$$\mu = \frac{E_s I_s + E_c I_c}{l_0^2 \cdot (E_s A_d)}\left(2.83 + \frac{A_d}{A_b}\right) = \frac{(2.06\times10^5\times0.148\,35 + 3.45\times10^4\times2.149\,2)}{59.688^2\times(2.06\times10^6\times0.014\,77)}\times\left(2.83 + \frac{0.014\,77}{0.014\,77}\right) = 0.004$$

$$\mu \leqslant 0.5, 取 \mu = 0.004$$

换算长细比系数：

$$K = \sqrt{1+\mu} = \sqrt{1+0.004} = 1.002$$

$$K\lambda = 1.002\times52.3 = 52.4$$

换算长细比修正系数：

$$K' = K\sqrt{1+\frac{300}{(K\lambda)^2}} = 1.002\times\sqrt{1+\frac{300}{(52.4)^2}} = 1.055$$

换算长细比：

$$\lambda^* = K'\lambda_x = 1.055\times52.3 = 55.2$$

相对长细比：

$$\lambda_n = \frac{\lambda^*}{\pi}\sqrt{\frac{f_y A_s + f_{ck} A_c + A_c\sqrt{\rho_c f_y f_{ck}}}{E_s A_s + E_c A_c}}$$

$$= \frac{55.2}{\pi}\sqrt{\frac{345\times0.111\,2 + 32.4\times1.655 + 1.655\times\sqrt{0.067\,2\times345\times32.4}}{2.06\times10^5\times0.111\,2 + 3.45\times10^4\times1.655}}$$

$$= 0.728$$

由于 $\lambda_n < 1.5$，得到稳定系数 $\phi = 0.658^{0.728^2} = 0.801$。

### (三) 偏心率折减系数

按照《规范》第5.2.9条规定，钢管混凝土格构柱的偏心率折减系数 $\varphi_e$ 应按式(5.2.9-1)和式(5.2.9-2)计算，具体见前文"《规范》验算要求"一节。

界限偏心率：

$$\varepsilon_b = 0.5 + \frac{\xi_0}{1+\sqrt{\xi_0}} = 0.5 + \frac{0.800}{1+\sqrt{0.800}} = 0.922$$

对于最大弯矩组合 $\dfrac{e_0}{h} = \dfrac{11\,761}{19\,812\times2.25} = 0.264 < 0.850$，则：

$$\varphi_e = \frac{1}{1+2\dfrac{e_0}{h}} = \frac{1}{1+2\times0.264} = 0.654$$

对于最大轴力组合 $\dfrac{e_0}{h} = \dfrac{1\,407}{29\,854\times2.25} = 0.021 < 0.850$，则：

$$\varphi_e = \frac{1}{1+2\dfrac{e_0}{h}} = \frac{1}{1+2\times0.021} = 0.960$$

### (四)混凝土徐变折减系数

《规范》第5.3.11条规定,对于钢管混凝土轴压构件和偏心率 $\rho \leq 0.3$ 的偏压构件,其承受永久荷载引起的轴压力占全部轴压力的 30% 及以上时,在计算稳定极限承载力时截面轴心受压承载力 $N_0$ 值应乘以混凝土徐变折减系数 $K_C$。

拱肋整体截面的计算参数计算如下:

$$(EA)_{sc1} = E_s A_{s1} + E_c A_{c1}$$
$$= 2.06 \times 10^5 \times 0.111\,2 + 3.45 \times 10^4 \times 1.655$$
$$= 80\,005 (\text{MPa} \cdot \text{m}^2)$$

$$(EI)_{sc1} = E_s I_{s1} + E_c I_{c1}$$
$$= 2.06 \times 10^5 \times 0.148\,35 + 3.45 \times 10^4 \times 2.149\,15$$
$$= 104\,706 (\text{MPa} \cdot \text{m}^2)$$

截面回转半径

$$i = \sqrt{\frac{(EI)_{sc1}}{(EA)_{sc1}}} = \sqrt{\frac{104\,706}{80\,005}} = 1.144$$

截面计算半径

$$r = 2i = 2 \times 1.144 = 2.288$$

对最大弯矩组合 ($M_{max} = 11\,761 \text{kN} \cdot \text{m}, N = 19\,812 \text{kN}$)

$$e_0 = \frac{M}{N} = \frac{11\,761}{19\,812} = 0.594$$

$$\rho = \frac{e_0}{r} = \frac{0.594}{2.288} = 0.260 < 0.3$$

永久荷载引起的轴压力占全部轴压力的比例为:

$$\frac{N_{永久}}{N} = \frac{15\,270}{19\,812} = 0.771$$

钢管混凝土格构柱对 $x$ 轴长细比 $\lambda_x$ 按式(5.3.9-1)计算:

$$\lambda_x = \frac{l_{ox}}{\sqrt{\dfrac{\sum(I_{sc} + b^2 A_{sc})}{\sum A_{sc}}}} \tag{5.3.9-1}$$

求得

$$\lambda_x = \frac{l_{ox}}{\sqrt{\dfrac{\sum(I_{sc} + b_i^2 A_{sc})}{\sum A_{sc}}}} = \frac{59.688}{\sqrt{\dfrac{4 \times (0.015\,5 + 1.125^2 \times 0.441\,6)}{4 \times 0.441\,6}}} = 52.3$$

查《规范》表5.3.11,混凝土徐变折减系数 $K_C$ 为0.8。

对最大轴力组合 ($N_{max} = 29\,854 \text{kN}, M = 1\,407 \text{kN} \cdot \text{m}$):

$$e_0 = \frac{M}{N} = \frac{1\,407}{29\,854} = 0.047$$

$$\rho = \frac{e_0}{r} = \frac{0.047}{2.288} = 0.021 < 0.3$$

永久荷载引起的轴压力占全部轴压力的比例为:

$$\frac{N_{\text{永久}}}{N} = \frac{15\,270}{19\,812} = 0.771$$

$$\lambda_x = \frac{l_{ox}}{\sqrt{\frac{\sum(I_{sc} + b_1^2 A_{sc})}{\sum A_{sc}}}} = \frac{59.688}{\sqrt{\frac{4\times(0.015\,5 + 1.125^2\times 0.441\,6)}{4\times 0.441\,6}}} = 52.3$$

查《规范》表5.3.11,混凝土徐变折减系数 $K_C$ 为0.8。

### (五) 初应力度影响系数

《规范》第5.3.12条规定:钢管混凝土拱肋稳定极限承载力计算中,考虑初应力影响时,按式(5.2.2-2)计算的截面轴心受压承载力设计值 $N_0$ 应乘以初应力度影响系数,初应力度影响系数按下列公式计算:

$$K_p = 1 - 0.24 am\beta \tag{5.3.12-1}$$

$$a = \frac{\lambda}{80} \tag{5.3.12-2}$$

$$\beta = \frac{\sigma_0}{f_y} \tag{5.3.12-3}$$

$$m = 0.2\rho + 0.98 \tag{5.3.12-4}$$

式中:$K_p$——考虑初应力度对钢管混凝土承载力的折减系数;
　　　$a$——考虑长细比影响的系数;
　　　$m$——考虑偏心率影响的系数;
　　　$\beta$——钢管初应力度;
　　　$\lambda$——构件的长细比,按《规范》第5.3.7~5.3.10条的规定计算;
　　　$\sigma_0$——钢管初应力,在截面上不均匀时,取截面平均应力;
　　　$f_y$——钢管强度标准值,取值应符合《规范》表3.1.3的规定;
　　　$\rho$——构件偏心率;按《规范》中式(5.3.11-1)计算。

对于架设拱肋并浇筑混凝土施工阶段得到 $L/4$ 截面的内力为:$N_0 = 1\,115$kN,$M_0 = 23.4$N·m。

$$\sigma_0 = \frac{N_0}{A} = \frac{1\,115}{0.027\,8}\times 10^{-3} = 40.1\,(\text{MPa})$$

$$\beta = \frac{\sigma_0}{f_y} = \frac{40.1}{345} = 0.116$$

对最大弯矩组合($M_{\max} = 11\,761$kN·m,$N = 19\,812$kN):

$$a = \frac{\lambda}{80} = \frac{52.3}{80} = 0.654$$

$$e_0 = \frac{M}{N} = \frac{11\,761}{19\,812} = 0.594$$

$$\rho = \frac{e_0}{r} = \frac{0.594}{2.288} = 0.260$$

$$m = 0.2\rho + 0.98 = 0.2\times 0.260 + 0.98 = 1.032$$

$$K_p = 1 - 0.24 am\beta = 1 - 0.24\times 0.654\times 1.032\times 0.116 = 0.981$$

对最大轴力组合($N_{\max} = 29\,854$kN,$M = 1\,407$kN·m):

$$a = \frac{\lambda}{80} = \frac{52.3}{80} = 0.654$$

$$e_0 = \frac{M}{N} = 1\,407/29\,854 = 0.047$$

$$\rho = \frac{e_0}{r} = \frac{0.047}{2.288} = 0.021$$

$$m = 0.2\rho + 0.98 = 0.2 \times 0.021 + 0.98 = 0.984$$

$$K_p = 1 - 0.24am\beta = 1 - 0.24 \times 0.654 \times 0.984 \times 0.116 = 0.982$$

**(六) 稳定承载力**

由前文"《规范》验算要求"一节,钢管混凝土哑铃形构件和格构柱偏心受压稳定承载力设计值 $N_{D2}$ 应按下列公式计算: $\gamma_0 N_s \leq N_{D2}$,其中 $N_{D2} = \varphi \varphi_e N_D$。

则对于本例的四肢钢管的钢管混凝土格构柱有:

$$N_D = \sum (N_0^i + N_f^i) = 4 \times 18\,525 = 74\,100 \text{ (kN)}$$

考虑混凝土徐变折减系数及初应力度影响系数后:

对最大弯矩组合 ($M_{max} = 11\,761 \text{kN} \cdot \text{m}, N = 19\,812 \text{kN}$)

$$\varphi \varphi_e k_p k_c N_D = 0.801 \times 0.654 \times 0.981 \times 0.8 \times 74\,100 = 30\,465 \text{ (kN)} > \gamma_0 N_s = 19\,812 \text{kN}$$

对最大轴力组合 ($N_{max} = 29\,854 \text{kN}, M = 1\,407 \text{kN} \cdot \text{m}$)

$$\varphi \varphi_e k_p k_c N_D = 0.801 \times 0.960 \times 0.982 \times 0.8 \times 74\,100 = 44\,763 \text{ (kN)} > \gamma_0 N_s = 29\,854 \text{kN}$$

故拱肋面内整体稳定承载力满足要求。

## 五、主拱空间弹性稳定计算

《规范》第5.3.1条规定,钢管混凝土拱桥应进行空间稳定性计算,弹性稳定特征值应不小于4.0。计算时拱肋截面整体轴压设计刚度和抗弯设计刚度应按《规范》第4.3.4条的规定计算,具体见前文"拱肋截面参数和其他计算参数"一节。

按系杆力影响线(图 7-5)布载,纵桥向全跨满载时,系杆拉力最大,主拱所受的轴力最大。用 Midas 软件进行屈曲分析,得到弹性失稳特征值为6.35>4,因此空间弹性稳定分析满足要求。主拱一阶屈曲模态如图 7-6 所示。

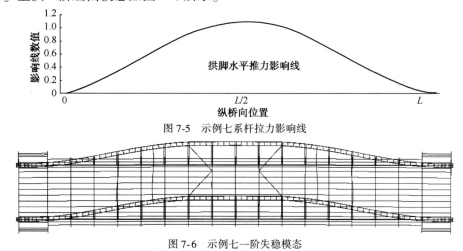

图 7-5 示例七系杆拉力影响线

图 7-6 示例七一阶失稳模态

## 六、正常使用极限状态计算

### (一) 桥面挠度

《规范》第6.0.4条规定,钢管混凝土拱桥按短期效应组合消除结构自重产生的长期挠度后,桥面在一个桥跨范围内的正负挠度绝对值之和最大值不应大于计算跨径的1/1 000。

本例的短期效应组合具体见前文"设计荷载及荷载组合"一节的组合Ⅳ、Ⅴ、Ⅵ(其中各荷载分项频遇值系数分别取为汽车0.7,人群1.0,温度变化1.0)消除结构自重产生的长期挠度后,桥面的正挠度组合最大值为0.050 83 m,负挠度组合最小值为-0.062 62,如图7-7所示。可以得到一个桥跨范围内最大最小位移绝对值之和为0.114 m<$L$/1 000=0.150 m,满足规范要求。

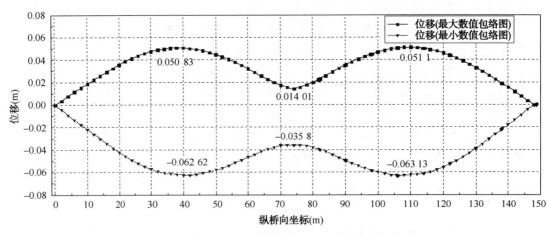

图7-7　扣除自重后荷载短期效应组合下的桥面位移包络图

### (二) 持久状况下钢管应力验算

《规范》第6.0.5条规定,持久状况下钢管混凝土拱肋的钢管应力不宜大于$0.8f_y$($f_y$为钢材强度标准值)。钢管应力应包括各个施工阶段的累计应力、二期恒载引起的应力、温度应力以及车辆荷载、混凝土收缩、徐变等引起的应力,选择正常使用极限状况下整个拱肋上的最大轴力与最大弯矩进行验算。

由前文"内力计算结果"一节,最大轴力为拱脚截面3号管,$N=7\ 565$ kN,对应的$M=39$ kN·m,最大弯矩组合为拱脚截面3号管,$M=779$ kN·m,对应的$N=4\ 574$ kN。

各肢拱脚截面钢管的截面面积和抗弯惯性矩及截面混凝土的截面面积及抗弯惯性矩为:

$$A_s = \frac{\pi}{4} \times (0.75^2 - 0.726^2) = 0.027\ 8\ (m^2)$$

$$I_s = \frac{\pi}{64} \times (0.75^4 - 0.726^4) = 0.001\ 894\ (m^4)$$

$$A_c = \frac{\pi}{4} \times 0.726^2 = 0.413\ 8\ (m^2)$$

$$I_c = \frac{\pi}{64} \times 0.726^4 = 0.013\,63\,(\text{m}^4)$$

钢管的抗压和抗弯刚度为：

$$E_s A_s = 2.06 \times 10^5 \times 0.027\,8 = 5\,726.8\,(\text{MPa} \cdot \text{m}^2)$$
$$E_c A_c = 3.45 \times 10^4 \times 0.413\,8 = 14\,276\,(\text{MPa} \cdot \text{m}^2)$$
$$E_s I_s = 2.06 \times 10^5 \times 0.001\,894 = 390\,(\text{MPa} \cdot \text{m}^4)$$
$$E_c I_c = 3.45 \times 10^4 \times 0.013\,63 = 470\,(\text{MPa} \cdot \text{m}^4)$$

其中钢管和混凝土各自受到的轴力按照抗压刚度分配如下。

计算钢管受到的轴力（最大弯矩组合）：

$$N_1 = \frac{5\,726.8}{5\,726.8 + 14\,276} \times 4\,574 = 1\,309\,(\text{kN})$$

计算钢管受到的轴力（最大轴力组合）：

$$N_1 = \frac{5\,726.8}{5\,726.8 + 14\,276} \times 7\,565 = 2\,166\,(\text{kN})$$

其中钢管和混凝土各自受到的弯矩按照抗弯刚度分配如下。

计算钢管受到的弯矩（最大弯矩组合）：

$$M_1 = \frac{390}{390 + 470} \times 779 = 353\,(\text{kN} \cdot \text{m})$$

计算钢管受到的弯矩（最大轴力组合）：

$$M_1 = \frac{390}{390 + 470} \times 39 = 18\,(\text{kN} \cdot \text{m})$$

计算钢管受到的最大应力（最大弯矩组合）：

$$\sigma = \frac{1\,309}{0.027\,8} + \frac{353}{0.001\,894} \times 0.375 = 117\,(\text{MPa})$$

计算钢管受到的最大应力（最大轴力组合）：

$$\sigma = \frac{2\,166}{0.027\,8} + \frac{18}{0.001\,894} \times 0.375 = 81.5\,(\text{MPa})$$

按照《规范》第6.0.7规定，$0.8f_y = 0.8 \times 345 = 276\,(\text{MPa}) > \sigma = 117\,\text{MPa}$ 故正常使用极限状态验算合格。

## 七、主拱施工阶段计算

### (一)《规范》验算要求

《规范》第4.1.7条规定，钢管混凝土拱桥设计时应对主要施工阶段进行计算。施工阶段的计算应包括下列内容：

(1)拱肋构件的运输、安装过程中的应力、变形和稳定计算；
(2)与拱肋形成有关的附属结构的计算；
(3)拱肋形成过程中自身的应力、变形和稳定计算；
(4)成桥过程中桥梁结构的应力、变形和稳定计算。

《规范》第4.1.8条规定,施工计算中,应计入施工中可能出现的实际荷载,包括架设机具和材料、施工人群、桥面堆载以及风力、温度变化影响力和其他施工临时荷载。施工阶段结构弹性稳定特征值不应小于4.0。

《规范》第4.1.5条规定,钢管混凝土拱桥中钢结构和钢构件之间的连接,包括施工阶段管内混凝土达到设计强度前的钢管拱结构,其承载力、变形和稳定性能均应按桥梁钢结构进行设计与计算,并应符合国家现行有关标准的规定。

### (二)施工阶段一

施工阶段一为架设空钢管,并浇筑管内混凝土。其最不利状况为混凝土刚浇筑完毕,此时管内混凝土无承载能力,荷载由钢管承担。

使用 Midas 计算得到此施工阶段的钢管最大内力为拱脚处,最大内力为:$N=-4\,222.5\text{kN}$, $M=-347.9\text{kN}\cdot\text{m}$。

1. 应力验算

拱脚处为 Q345 钢,取 $f=310\text{MPa}$。

$$\frac{N}{A_n}+\frac{M}{W_{nx}}=\left(\frac{4\,222.5}{0.027\,8}+\frac{347.9}{0.001\,894}\times 0.375\right)\times 10^{-3}=220.8(\text{MPa})<f=310\text{MPa}(\text{验算合格})$$

2. 稳定验算

使用 Midas 计算得到此阶段的弹性失稳特征值为10.4>4.0(满足要求),一阶弹性失稳模态如图 7-8 所示。

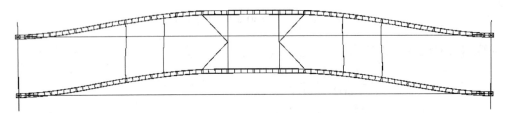

图 7-8 示例七施工阶段一一阶弹性失稳模态

### (三)施工阶段二

1. 应力验算

施工阶段二为当混凝土硬化后,在拱肋上添加吊杆和立柱添加完吊杆立柱后,添加横梁、纵梁、行车道板、人行道板及其他附属设施。

使用 Midas 计算得到此施工阶段的钢管最大内力处于拱脚处,最大内力为:$N=5\,622\text{kN}$, $M=175\text{kN}\cdot\text{m}$。

其中钢管和混凝土各自受到的轴力按照抗压刚度分配如下。

计算钢管受到的轴力:

$$N_1=\frac{5\,726.8}{5\,726.8+1\,344.5}\times 5\,622=4\,553(\text{kN})$$

其中钢管和混凝土各自受到的弯矩按照抗弯刚度分配如下。

计算钢管受到的弯矩:

$$M_1=\frac{390}{390+443}\times 175=81.9(\text{kN}\cdot\text{m})$$

计算钢管受到的最大应力：

拱脚处为 Q345 钢，取 $f=310\text{MPa}$。

$$\frac{N}{A_n}+\frac{M}{W_{nx}}=\left(\frac{4\,553}{0.027\,8}+\frac{81.9}{0.001\,894}\times 0.375\right)\times 10^{-3}=180(\text{MPa})<f=310\text{MPa}(\text{验算合格})$$

2.稳定验算

使用 Midas 计算得到此阶段的弹性失稳特征值为6.2>4.0满足要求。一阶弹性失稳模态如图7-9所示。

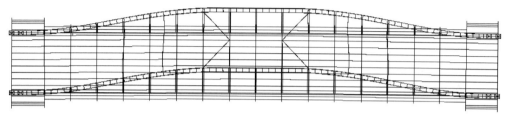

图7-9 示例七施工阶段二一阶弹性失稳模态

## 八、其他计算

### (一)吊杆

吊杆为局部构件，按照《公路桥涵设计通用规范》（JTG D60—2 004）要求，局部构件应当使用车辆荷载验算。

计算吊杆在活载作用下的内力时的，活载在顺桥向的布置如图7-10所示。

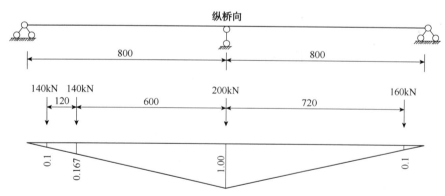

图7-10 荷载纵向布置图(尺寸单位:cm)

由图7-10可得：

$$P_q=140\times 0.1+140\times 0.167+200\times 1.0+160\times 0.1=253.4(\text{kN})$$
$$P_r=0.5\times 3\times 8\times 2\times 1.0=24(\text{kN/m})$$

横向加载如图7-11所示。

汽车横向分布系数计算如下。

布满2列车时

$$m_{cq}=\frac{1}{2}\sum\eta_q=\frac{1}{2}\times(0.891\,9+0.794\,6+0.724\,3+0.627\,0)=1.518\,9$$

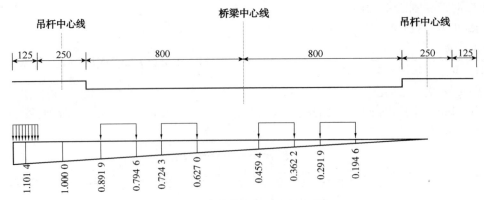

图 7-11 横断面汽车荷载布置图(尺寸单位:cm)

布满 3 列车时

$$m_{cq} = \frac{1}{2}\sum\eta_q = \frac{1}{2}\times 0.78\times(0.891\ 9+0.794\ 6+0.724\ 3+0.627\ 0+0.459\ 4+0.362\ 2) = 1.505\ 2$$

布满 4 列车时:

$$m_{cq} = \frac{1}{2}\sum\eta_q = \frac{1}{2}\times 0.67\times(0.891\ 9+0.794\ 6+0.724\ 3+0.627\ 0+$$
$$0.459\ 4+0.362\ 2+0.291\ 9+0.194\ 6) = 1.455\ 8$$

考虑车道折减系数后可知布两列车时汽车横向分布系数较大,取 $m_{cq} = 1.518\ 9$。

人群荷载分布系数 $m_{cr} = 1.101\ 4$。

故可得到吊杆在车辆荷载作用下的轴力为:

$$N_1 = 1.518\ 9\times 253.4 = 384.9\text{kN}$$

吊杆在人群荷载作用下的轴力为:

$$N_2 = 1.101\ 4\times 24 = 26.4\text{kN}$$

根据施工图纸中求得半边吊杆横梁的自重在吊杆中产生的内力为:

$$N_3 = G_1 = 99.5\text{kN}$$

加劲钢纵梁在一边的吊杆中产生的内力:

$$N_4 = G_2 = 23.1\text{kN}$$

桥面铺装(包括防水层和桥面后浇层)自重:

$$G_3 = 100\times 25+133\times 25+836\times 25+1\ 729.7 = 28\ 454.7(\text{kN})(全桥)$$

半桥铺装线荷载

$$q_2 = 0.5\times\frac{28\ 454.7}{150} = 94.8(\text{kN/m})$$

桥面铺装自重在吊杆上的轴力为:

$$N_5 = 94.8\times 8 = 758.4(\text{kN})$$

人行道板自重

$$G_4 = 1\ 702\text{kN}(全桥)$$

半边桥的线荷载为

$$q_3 = 0.5\times\frac{1\ 702}{150} = 5.7(\text{kN/m})$$

人行道板自重在吊杆中产生的内力为：
$$N_6 = 5.7 \times 8 = 45.6 (\text{kN})$$

部分预应力空心板自重
$$G_5 = 12\ 740 \text{kN}(\text{全桥})$$

半桥铺装线荷载
$$q_4 = 0.5 \times \frac{12\ 740}{150} = 42.5 (\text{kN/m})$$

车行道板自重在吊杆上的轴力为：
$$N_7 = 42.5 \times 8 = 340 (\text{kN})$$

防撞护栏自重
$$G_6 = 96.1 \text{kN}(\text{全桥})$$

半桥铺装线荷载
$$q_5 = 0.5 \times \frac{96.1}{150} = 0.32 (\text{kN/m})$$

系杆箱自重在吊杆上的轴力为：
$$N_8 = 0.32 \times 8 = 2.6 (\text{kN})$$

吊杆合力
$$N = 1.3 \times 384.9 + 26.4 + 99.5 + 23.1 + 758.4 + 45.6 + 340 + 2.6 = 1\ 796 (\text{kN})$$

单根吊杆承担的力为898kN。

按《规范》第5.4.2条规定，吊索的应力应满足下式要求：
$$\sigma \leq 0.33 f_{\text{tpk}} \tag{5.4.2}$$

式中：$\sigma$——吊索的应力（N/mm²）；

$f_{\text{tpk}}$——吊索的抗拉强度标准值（N/mm²）。

该桥吊索采用φ7mm高强钢丝，吊索标准强度$f_{\text{tpk}} = 1\ 670 \text{MPa}$，$0.33 f_{\text{tpk}} = 551 \text{MPa}$。

所需钢丝面积为：
$$A = \frac{898}{0.333 \times 1\ 670} \times 10^3 = 1\ 615 (\text{mm}^2)$$

实际采用61根钢丝，钢丝截面面积：
$$A_1 = 61 \times \frac{\pi}{4} \times 7^2 = 2\ 346.37 (\text{mm}^2) > A = 1\ 615 \text{mm}^2$$

故吊杆验算满足《规范》要求。

**(二) 系杆**

该桥的系杆采用环氧喷涂钢绞线可更换式成品系杆。每一拱肋设14束，单束系杆由12根直径15.24mm的环氧喷涂钢绞线外套PE层构成索体，钢绞线的抗拉强度标准值$f_{\text{tpk}}$为1 860MPa，每束系杆钢束公称截面面积21.88cm²。

计算得恒载下，系杆力为14 003kN。汽车荷载下系杆力为2 323.5kN，人群荷载系杆力为263.5kN，温升15℃系杆力为6 384.5kN。因此系杆运营阶段最大张力为14 003+1.3×2 323.5+263.5 = 17 287(kN)。若考虑温升，系杆张力为17 287+6 384.5 = 23 671.5(kN)。

按《规范》第5.4.3条规定，系杆索的应力应满足下式要求：

$$\sigma \leqslant 0.5 f_{tpk} \tag{5.4.3}$$

式中：$\sigma$——系杆索的应力（N/mm²）；

$f_{tpk}$——系杆索的抗拉强度标准值（N/mm²）。

系杆最大应力为：

$$\sigma = \frac{23\,671\,500}{14 \times 2\,188} = 773(\text{MPa}) < \frac{1\,860}{2} = 830(\text{MPa})$$

故系杆验算满足《规范》要求。

# 示例八 钢管混凝土桁肋上承式拱桥

## 一、设计基本资料

### (一)工程概述

示例八为钢管混凝土桁肋上承式拱桥。大桥计算跨径360m,矢高69m,矢跨比1/5.217,拱轴线采用悬链线,拱轴系数 $m=1.3$。拱圈钢管有 $\phi 1\,200\text{mm} \times 35\text{mm}$、$\phi 1\,200\text{mm} \times 30\text{mm}$ 和 $\phi 1\,200\text{mm} \times 26\text{mm}$ 三种。大桥总体布置图见图8-1和图8-2。

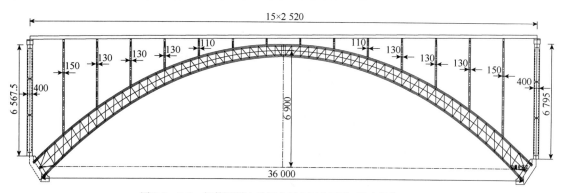

图 8-1 360m钢管混凝土拱桥主桥立面布置图(尺寸单位:cm)

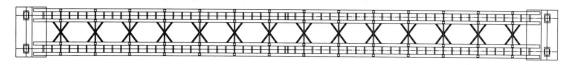

图 8-2 360m钢管混凝土拱桥主桥平面布置图

桥面宽24.5m,桥梁横断面见图8-3(图中 $t$ 代表弦杆的壁厚,分别为35mm、30mm 和 26mm 三种)。

桥面系主梁采用工字型钢连续梁,跨径布置15×25.2m,每隔6.3m设置工字形钢横梁,桥面钢纵梁钢横梁截面见图8-4。钢梁与预制桥面板通过剪力钉连接,立柱和桥面板之间设置球形单向滑动支座形成连续梁体系,拱圈和立柱采用焊接和螺栓连接固结形式形成整体结构。拱上立柱采用排架式空心矩形薄壁截面钢箱结构,柱截面尺寸分别采用1 500mm×800mm、1 300mm×800mm 和1 100mm×800mm 三种,壁厚均为16mm。

主拱桁式拱肋截面如图8-5所示。

### (二)技术标准

(1)结构形式:上承式无铰拱,计算跨径为360m,计算矢高为69m,矢跨比为1/5.217,拱

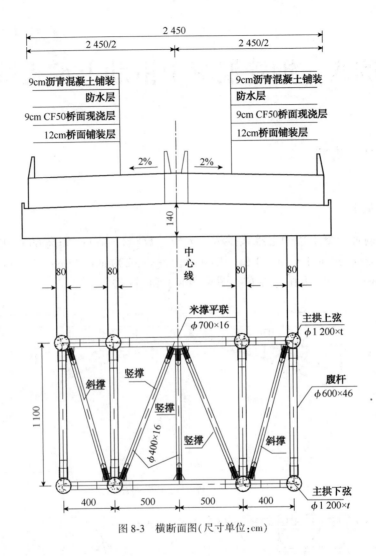

图 8-3 横断面图(尺寸单位:cm)

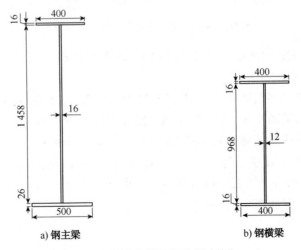

a) 钢主梁    b) 钢横梁

图 8-4 桥面钢纵梁、钢横梁截面(尺寸单位:mm)

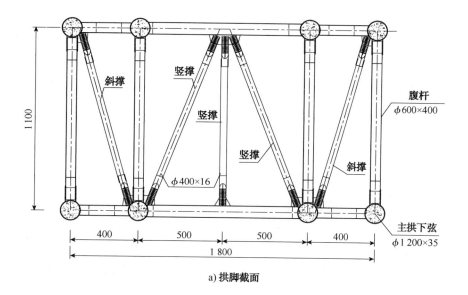

a) 拱脚截面

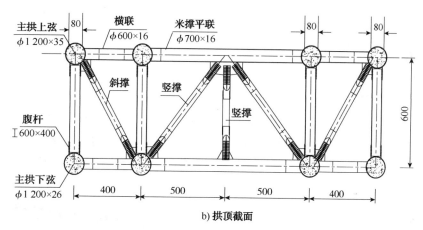

b) 拱顶截面

图 8-5　主拱圈横截面构造(尺寸单位：mm)

轴线系数 $m=1.3$。

（2）桥宽：整体式路基24.5m 宽，桥梁与路基同宽。

（3）荷载等级：公路—Ⅰ级。

（4）设计安全等级：一级。

（5）地震烈度：设计基本地震加速度为0.05g，峰值频谱周期为0.35s，桥梁抗震设防类别为 A 类，抗震设防烈度为 7 度。

（6）洪水频率：该桥位于峡谷地带，洪水频率不控制设计。

（7）环境类别：Ⅰ类。

（8）设计使用年限：100 年。

(三) 主要材料

（1）拱肋为钢管混凝土。拱圈钢管由 $\phi 1\,200\text{mm} \times 35\text{mm}$、$\phi 1\,200\text{mm} \times 30\text{mm}$ 和 $\phi 1\,200\text{mm} \times 26\text{mm}$ 三种钢管组成的四肢桁架拱，$f_s=260\text{MPa}$，$f_y=325\text{MPa}$，弹性模量 $E_s=2.06\times 10^5\text{MPa}$，重度 $\rho_s=78.5\text{kN/m}^3$。钢管内灌 C55 混凝土，$f_{cd}=25.3\text{MPa}$，$f_{ck}=35.3\text{MPa}$，弹性模量 $E_c=3.55\times$

$10^4$ MPa,重度 $\rho_c = 25$ kN/m³。

拱肋平联采用 $\phi$700mm×16mm 或 $\phi$500mm×16mm 钢管,竖撑采用 $\phi$400mm×16mm 钢管。上下弦钢管横联采用 $\phi$600mm×16mm 钢管,斜撑采用 $\phi$400mm×16mm 钢管。

(2)拱上立柱同样采用Q345d钢,采用排架式空心矩形薄壁截面钢箱结构,横桥向各柱肢分别固定于钢管拱肋上,柱间采用横撑连接。立柱高度相差较大,从54.163m到1.928m,根据立柱高度,柱截面尺寸分别采用1 500mm×800mm、1 300mm×800mm 和1 100mm×800mm 三种,壁厚均为16mm。立柱盖梁采用空心矩形薄壁变截面钢箱结构,截面尺寸由盖梁跨中1 100mm×1 400mm 变至边缘1 100mm×1 180.6mm,壁厚16mm。

(3)桥面系采用钢—混凝土组合梁,主梁采用了 Q345d 工字形钢连续梁,跨径布置 15×25.2m,并且每隔6.3m 设置工字形钢横梁,主桥预制桥面板采用 C50 混凝土$f_{cd} = 23.1$ MPa,弹性模量 $E_c = 3.45×10^4$ MPa,重度 $\rho_c = 25$ kN/m³,主桥钢混组合梁桥面现浇层及伸缩缝预留槽采用 CF50 钢纤维混凝土。

(4)交界墩墩身、帽梁混凝土采用 C40 混凝土,$f_{cd} = 19.1$ MPa,弹性模量 $E_c = 3.25×10^4$ MPa,重度 $\rho_c = 25$ kN/m³。

## 二、结构内力计算

### (一)有限元计算模型

采用 Midas 建立三维杆系计算模型,如图 8-6 所示。全桥除腹杆、平联、立柱处拱肋间的米字撑采用桁架单元外,其余均采用梁单元建模,钢管混凝土拱肋采用组合截面进行模拟。全桥共有2 524个节点,4 572个单元;边界条件为拱脚、交界墩下端固结,桥面端部与盖梁用弹性连接来模拟多个支座。

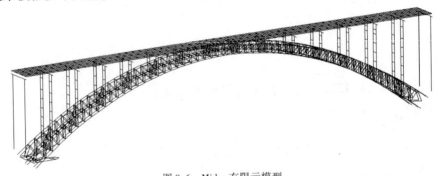

图 8-6 Midas 有限元模型

该 Midas 模型的施工阶段分为两部分:

CS1——架设空钢管,并浇筑管内混凝土,其最不利状况为混凝土刚浇筑完毕,此时钢管内混凝土无承载能力,荷载由钢管承担。

CS2——架设拱上立柱及桥面系、二期铺装等。

### (二)拱肋截面参数和其他计算参数

1.拱肋截面的几何性质计算

(1)钢管的截面面积 $A_s$、惯性矩 $I_s$。

拱肋有 $\phi 1\,200\text{mm}\times 35\text{mm}$、$\phi 1\,200\text{mm}\times 30\text{mm}$ 和 $\phi 1\,200\text{mm}\times 26\text{mm}$ 三种圆管。

$\phi 1\,200\text{mm}\times 35\text{mm}$ 单管的钢管面积和抗弯惯性矩为：

$$A_s = \frac{\pi}{4}\times(1.2^2-1.13^2) = 0.128(\text{m}^2)$$

$$I_s = \frac{\pi}{64}\times(1.2^4-1.13^4) = 0.021\,8(\text{m}^4)$$

$\phi 1\,200\text{mm}\times 30\text{mm}$ 单管的钢管面积和抗弯惯性矩为：

$$A_s = \frac{\pi}{4}\times(1.2^2-1.14^2) = 0.110(\text{m}^2)$$

$$I_s = \frac{\pi}{64}\times(1.2^4-1.14^4) = 0.018\,9(\text{m}^4)$$

$\phi 1\,200\text{mm}\times 26\text{mm}$ 单管的钢管面积和抗弯惯性矩为：

$$A_s = \frac{\pi}{4}\times(1.2^2-1.148^2) = 0.095\,9(\text{m}^2)$$

$$I_s = \frac{\pi}{64}\times(1.2^4-1.148^4) = 0.016\,5(\text{m}^4)$$

拱脚处采用 $4\phi 1\,200\text{mm}\times 35\text{mm}$，所以拱脚处桁式拱肋截面的钢管面积和抗弯惯性矩为：

$$A_{s1} = \frac{\pi}{4}\times(1.2^2-1.13^2)\times 4 = 0.512(\text{m}^2)$$

$$I_{s1} = \frac{\pi}{64}\times(1.2^4-1.13^4)\times 4 + 0.128\times 5.5^2\times 4 = 15.580(\text{m}^4)$$

1/8 处上弦杆采用 $\phi 1\,200\text{mm}\times 26\text{mm}$，下弦杆采用 $\phi 1\,200\text{mm}\times 35\text{mm}$，所以，1/8 处桁式拱肋截面的钢管面积和抗弯惯性矩为：

$$A_{s1} = 2\times\left[\frac{\pi}{4}\times(1.2^2-1.13^2)+\frac{\pi}{4}\times(1.2^2-1.148^2)\right] = 0.448(\text{m}^2)$$

$$I_{s1} = 2\times\left[\frac{\pi}{64}\times(1.2^4-1.13^4)+0.128\times 5.5^2+\frac{\pi}{64}\times(1.2^4-1.148^4)+0.095\,9\times 5.5^2\right] = 13.62(\text{m}^4)$$

1/4 处采用 $4\phi 1\,200\text{mm}\times 30\text{mm}$，所以，1/4 处桁式拱肋截面的钢管面积和抗弯惯性矩为：

$$A_{s1} = \frac{\pi}{4}\times(1.2^2-1.14^2)\times 4 = 0.440(\text{m}^2)$$

$$I_{s1} = \frac{\pi}{64}\times(1.2^4-1.14^4)\times 4 + 0.11\times 4.415^2\times 4 = 8.652(\text{m}^4)$$

3/8 处上弦杆采用 $\phi 1\,200\text{mm}\times 35\text{mm}$，下弦杆采用 $\phi 1\,200\text{mm}\times 26\text{mm}$，所以，3/8 处桁式拱肋截面的钢管面积和抗弯惯性矩为：

$$A_{s1} = 2\times\left[\frac{\pi}{4}\times(1.2^2-1.13^2)+\frac{\pi}{4}\times(1.2^2-1.148^2)\right] = 0.448(\text{m}^2)$$

$$I_{s1} = 2\times\left[\frac{\pi}{64}\times(1.2^4-1.13^4)+0.128\times 3.6^2+\frac{\pi}{64}\times(1.2^4-1.148^4)+0.095\,9\times 3.6^2\right] = 5.88(\text{m}^4)$$

拱顶上弦杆采用 $\phi 1\,200\text{mm}\times 35\text{mm}$，下弦杆采用 $\phi 1\,200\text{mm}\times 26\text{mm}$，所以，拱顶处桁式拱肋截面的钢管面积和抗弯惯性矩为：

$$A_{s1} = 2 \times \left[ \frac{\pi}{4} \times (1.2^2 - 1.13^2) + \frac{\pi}{4} \times (1.2^2 - 1.148^2) \right] = 0.448 (\text{m}^2)$$

$$I_{s1} = 2 \times \left[ \frac{\pi}{64} \times (1.2^4 - 1.13^4) + 0.128 \times 3^2 + \frac{\pi}{64} \times (1.2^4 - 1.148^4) + 0.095\ 9 \times 3^2 \right] = 4.11 (\text{m}^4)$$

(2)混凝土的截面面积 $A_c$ 和惯性矩 $I_c$。

$\phi 1\ 200\text{mm} \times 35\text{mm}$ 单管混凝土面积和抗弯惯性矩为：

$$A_c = \frac{\pi}{4} \times 1.13^2 = 1.003 (\text{m}^2)$$

$$I_c = \frac{\pi}{64} \times 1.13^4 = 0.08 (\text{m}^4)$$

$\phi 1\ 200\text{mm} \times 30\text{mm}$ 单管混凝土面积和抗弯惯性矩为：

$$A_c = \frac{\pi}{4} \times 1.13^2 = 1.021 (\text{m}^2)$$

$$I_c = \frac{\pi}{64} \times 1.13^4 = 0.082\ 9 (\text{m}^4)$$

$\phi 1\ 200\text{mm} \times 26\text{mm}$ 单管混凝土面积和抗弯惯性矩为：

$$A_c = \frac{\pi}{4} \times 1.148^2 = 1.021 (\text{m}^2)$$

$$I_c = \frac{\pi}{64} \times 1.148^4 = 0.085\ 3 (\text{m}^4)$$

拱脚处桁式拱肋截面的混凝土面积和抗弯惯性矩为：

$$A_{c1} = \frac{\pi}{4} \times 1.13^2 \times 4 = 4.012 (\text{m}^2)$$

$$I_{c1} = \frac{\pi}{64} \times 1.14^4 \times 4 + 1.003 \times 5.5^2 \times 4 = 121.69 (\text{m}^4)$$

1/8 处桁式拱肋截面的混凝土面积和抗弯惯性矩为：

$$A_{c1} = 2 \left( \frac{\pi}{4} \times 1.13^2 + \frac{\pi}{4} \times 1.148^2 \right) = 4.048 (\text{m}^2)$$

$$I_{c1} = 2 \left( \frac{\pi}{64} \times 1.13^4 + 1.003 \times 5.5^2 + \frac{\pi}{64} \times 1.148^4 + 1.021 \times 5.5^2 \right) = 122.78 (\text{m}^4)$$

1/4 处桁式拱肋截面的混凝土管面积和抗弯惯性矩为：

$$A_{c1} = \frac{\pi}{4} \times 1.14^2 \times 4 = 4.084 (\text{m}^2)$$

$$I_{c1} = \frac{\pi}{64} \times 1.14^4 \times 4 + 1.021 \times 4.415^2 \times 4 = 79.94 (\text{m}^4)$$

3/8 处桁式拱肋截面的混凝土管面积和抗弯惯性矩为：

$$A_{c1} = 2 \left( \frac{\pi}{4} \times 1.13^2 + \frac{\pi}{4} \times 1.148^2 \right) = 4.048 (\text{m}^2)$$

$$I_{c1} = 2 \left( \frac{\pi}{64} \times 1.13^4 + 1.003 \times 3.6^2 + \frac{\pi}{64} \times 1.148^4 + 1.021 \times 3.6^2 \right) = 52.79 (\text{m}^4)$$

拱顶处桁式拱肋截面的混凝土管面积和抗弯惯性矩为：

$$A_{c1} = 2\left(\frac{\pi}{4} \times 1.13^2 + \frac{\pi}{4} \times 1.148^2\right) = 4.048(\text{m}^2)$$

$$I_{c1} = 2\left(\frac{\pi}{64} \times 1.13^4 + 1.003 \times 3^2 + \frac{\pi}{64} \times 1.148^4 + 1.021 \times 3^2\right) = 36.76(\text{m}^4)$$

（3）钢管混凝土的组合轴压刚度和抗弯刚度。

《规范》第4.3.4条规定，钢管混凝土拱肋截面整体轴压设计刚度$(EA)_{sc}$与抗弯设计刚度$(EI)_{sc}$按下列公式计算：

$$(EA)_{sc} = E_s A_{s1} + E_c A_{c1} \tag{4.3.4-1}$$
$$(EI)_{sc} = E_s I_{s1} + 0.6 E_c I_{c1} \tag{4.3.4-2}$$

拱脚桁式截面

$$(EA)_{sc} = E_s A_{s1} + E_c A_{c1} = 206\,000 \times 0.512 + 34\,500 \times 4.012$$
$$= 2.46 \times 10^8 (\text{kN})$$
$$(EI)_{sc} = E_s I_{s1} + 0.6 E_c I_{c1} = 206\,000 \times 15.58 + 0.6 \times 34\,500 \times 121.69$$
$$= 5.73 \times 10^9 (\text{kN} \cdot \text{m}^2)$$

1/8桁式截面

$$(EA)_{sc} = E_s A_{s1} + E_c A_{c1} = 206\,000 \times 0.448 + 34\,500 \times 4.048$$
$$= 2.32 \times 10^8 (\text{kN})$$
$$(EI)_{sc} = E_s I_{s1} + 0.6 E_c I_{c1} = 206\,000 \times 13.62 + 0.6 \times 34\,500 \times 122.78$$
$$= 5.35 \times 10^9 (\text{kN} \cdot \text{m}^2)$$

1/4桁式截面

$$(EA)_{sc} = E_s A_{s1} + E_c A_{c1} = 206\,000 \times 0.095\,9 + 34\,500 \times 1.035$$
$$= 20\,112.475(\text{kN})$$
$$(EI)_{sc} = E_s I_{s1} + 0.6 E_c I_{c1} = 206\,000 \times 0.016\,5 + 0.6 \times 34\,500 \times 0.085\,3$$
$$= 5\,164.71(\text{kN} \cdot \text{m}^2)$$

3/8桁式截面

$$(EA)_{sc} = E_s A_{s1} + E_c A_{c1} = 206\,000 \times 0.095\,9 + 34\,500 \times 1.035$$
$$= 2.32 \times 10^8 (\text{kN})$$
$$(EI)_{sc} = E_s I_{s1} + 0.6 E_c I_{c1} = 206\,000 \times 0.016\,5 + 0.6 \times 34\,500 \times 0.085\,3$$
$$= 2.30 \times 10^9 (\text{kN} \cdot \text{m}^2)$$

拱顶桁式截面

$$(EA)_{sc} = E_s A_{s1} + E_c A_{c1} = 206\,000 \times 0.095\,9 + 34\,500 \times 1.035$$
$$= 2.32 \times 10^8 (\text{kN})$$
$$(EI)_{sc} = E_s I_{s1} + 0.6 E_c I_{c1} = 206\,000 \times 0.016\,5 + 0.6 \times 34\,500 \times 0.085\,3$$
$$= 1.61 \times 10^9 (\text{kN} \cdot \text{m}^2)$$

（4）套箍系数设计值

$\phi 1\,200\text{mm} \times 35\text{mm}$

$$\xi_0 = \frac{A_s f_s}{A_c f_{cd}} = \frac{0.128 \times 260}{1.003 \times 25.3} = 1.313$$

$\phi1\ 200\text{mm}\times30\text{mm}$

$$\xi_0=\frac{A_s f_s}{A_c f_{cd}}=\frac{0.11\times260}{1.021\times25.3}=1.11$$

$\phi1\ 200\text{mm}\times26\text{mm}$

$$\xi_0=\frac{A_s f_s}{A_c f_{cd}}=\frac{0.959\times260}{1.035\times25.3}=0.952$$

**2. 拱肋冲击系数的计算**

按照《规范》第4.2.2条规定,拱肋冲击系数应按下式计算:

$$\mu_0=0.057\ 36 f_0+0.074\ 8 \tag{4.2.2-1}$$

式中:$f_0$——钢管混凝土拱桥的一阶竖向频率(Hz)。

根据有限元模型计算得到该桥的一阶竖向反对称振动频率$f_0=0.690\ 203\text{Hz}$,故冲击系数为:$\mu_0=0.057\ 36\times0.690\ 203+0.074\ 8=0.114\ 39$。

**3. 计算合龙温度**

按照《规范》第4.2.3条规定,拱肋计算合龙温度$T$可按下式计算:

$$T=T_{28}+\frac{D-0.85}{0.2}+T_0 \tag{4.2.3-2}$$

式中:$T_{28}$——钢管内混凝土浇注后28d内的平均气温(℃);

　　$D$——钢管外径(m),当$D<0.85$时,取0.85;

　　$T_0$——考虑管内混凝土水化热作用的附加升温值,为3.0~5.0℃,冬季取小值,夏季取大值,混凝土强度等级低于C40时,在此基础上减去1.0℃。

示例八的设计图纸给出计算合龙温度:15℃±5℃(建模时使用15℃);体系升温:20℃;体系降温-25℃。

**4. 混凝土徐变系数的计算**

《规范》第6.0.3条规定:钢管混凝土结构或构件变形计算中,混凝土徐变系数在无可靠实测资料时可按现行行业标准《公路钢筋混凝土及预应力混凝土桥涵设计规范》(JTG D62—2004)的规定计算。

由于徐变系数为徐变变形$\varepsilon_{cr}$与弹性变形$\varepsilon_{el}$的比值,即$\varphi=\varepsilon_{cr}/\varepsilon_{el}$,因此由徐变系数可求得徐变变形,进而应用于预拱度等的计算中。

### (三)设计荷载及荷载组合

设计荷载包括自重、活载、温度荷载和混凝土的收缩徐变。自重为结构自重、二期恒载。其中二期恒载考虑桥面铺装、防撞栏杆以及桥面其他附属设施。活载为公路—Ⅰ级。对于温度荷载,计算合龙温度为15℃,混凝土结构升温20℃,混凝土结构降温25℃。

对于温度荷载及混凝土的徐变、收缩的计算参数见前文"拱肋截面参数和其他计算参数"一节。

根据《公路桥梁设计通用规范》(JTG D60—2004)的规定,针对拱肋主要考虑以下几种荷载组合。

组合Ⅰ:1.1×(1.2自重+1.4汽车荷载+0.8×1.4人群荷载);

组合Ⅱ:1.1×[1.2自重+1.4汽车荷载(含汽车冲击力)+1.0收缩+1.0徐变+0.7×1.4(均匀降温+人群荷载)];

组合Ⅲ：1.1×[1.2自重+1.4汽车荷载(含汽车冲击力)+1.0收缩+1.0徐变+0.7×1.4(均匀升温+人群荷载)]；

组合Ⅳ：1.0自重+1.0汽车荷载+1.0人群荷载；

组合Ⅴ：1.0自重+1.0汽车荷载(不含汽车冲击力)+1.0收缩+1.0徐变+1.0均匀降温+1.0人群荷载；

组合Ⅵ：1.0自重+1.0汽车荷载(不含汽车冲击力)+1.0收缩+1.0徐变+1.0均匀升温+1.0人群荷载。

其中，验算结构在承载能力极限状态下的受力情况为组合Ⅰ、Ⅱ、Ⅲ，结构的重要性系数为1.1，验算结构在正常使用极限状态下的应力为组合Ⅳ、Ⅴ、Ⅵ。组合Ⅳ、Ⅴ、Ⅵ按《公路桥涵设计通用规范》(JTG D60—2004)第4.1.8条考虑标准组合，各作用效应的分项系数及组合系数均取为1.0。由于该桥没有设置人行道，故不计人群荷载。

### (四)内力计算结果

内力计算结果见表8-1~表8-3，表中的轴力拉为正，压为负，弯矩顺时针为正，逆时针为负，轴力和剪力单位：kN，弯矩单位：kN·m。表中1号、2号、3号、4号分别表示上弦内侧、上弦外侧、下弦内侧、下弦外侧钢管。

**单项荷载截面内力(汽车荷载计冲击系数)** 表8-1

| 荷载 | | | 拱脚 | | $L/8$ | | $L/4$ | | $3L/8$ | | 拱顶 | |
|---|---|---|---|---|---|---|---|---|---|---|---|---|
| | | | $N$ | $M$ | $N$ | $M$ | $N$ | $M$ | $N$ | $M$ | $N$ | $M$ |
| 永久作用 | 结构自重 | 1号 | -8 820.2 | -61.4 | -15 767.0 | -365.1 | -17 109.7 | 280.3 | -18 557.4 | 22.8 | -19 076.8 | 606.2 |
| | | 2号 | -9 440.0 | -31.3 | -15 735.6 | -487.2 | -17 578.7 | 418.2 | -18 988.5 | -663.5 | -18 193.4 | 514.3 |
| | | 3号 | -24 037.8 | -1 039.8 | -21 404.4 | -122.2 | -17 275.9 | 139.4 | -13 924.7 | -116.7 | -13 051.5 | -62.9 |
| | | 4号 | -22 825.6 | -907.1 | -21 301.8 | 157.3 | -17 570.1 | 82.4 | -14 106.4 | -306.2 | -13 087.3 | -242.1 |
| | 收缩 | 1号 | 686.4 | -22.7 | 451.2 | -1.5 | 131.0 | 8.1 | -215.6 | 11.0 | -378.4 | 81.2 |
| | | 2号 | 648.3 | -19.9 | 486.0 | -9.7 | 114.8 | 12.8 | -239.7 | -1.6 | -285.3 | 83.8 |
| | | 3号 | -1 327.4 | -12.2 | -317.2 | -13.1 | 90.5 | -1.1 | 448.9 | 12.0 | 556.6 | 80.2 |
| | | 4号 | -1 188.8 | 2.0 | -292.1 | -3.9 | 74.6 | -0.6 | 458.8 | 13.7 | 629.1 | 85.5 |
| | 徐变 | 1号 | 1 826.4 | -84.8 | 318.2 | 54.88 | -78.85 | 27.06 | -504.5 | 10.19 | -712.25 | 157.46 |
| | | 2号 | 1 902.0 | -74.9 | 420.3 | 79.1 | -115.6 | -0.7 | -631.1 | 44.1 | -477.0 | 197.8 |
| | | 3号 | -162.0 | -234.5 | -200.5 | -33.0 | 441.8 | -9.5 | 920.6 | 26.5 | 960.3 | 157.5 |
| | | 4号 | -116.0 | -195.1 | -107.7 | -71.3 | 403.8 | 4.1 | 980.6 | 77.5 | 1 298.7 | 222.1 |
| 可变作用 | 整体降温 | 1号 | 5 911.1 | -208.3 | 2 369.4 | -13.1 | 466.1 | -4.5 | -1 370.5 | 83.8 | -2 117.5 | 134.3 |
| | | 2号 | 5 621.5 | -192.5 | 2 444.0 | -61.6 | 543.5 | 6.3 | -1 325.2 | 76.8 | -2 058.2 | 155.0 |
| | | 3号 | -4 537.5 | 467.3 | -1 555.2 | -73.7 | 253.9 | -0.4 | 2 108.5 | 67.9 | 3 092.0 | 177.3 |
| | | 4号 | -3 916.4 | 541.9 | -1 585.4 | -25.7 | 286.7 | -1.7 | 2 226.1 | 78.6 | 3 194.8 | 202.5 |
| | 整体升温 | 1号 | -4 728.9 | 166.6 | -1 895.5 | 10.5 | -372.9 | 3.6 | 1 096.4 | -67.1 | 1 694.0 | -107.5 |
| | | 2号 | -4 497.2 | 154.0 | -1 955.2 | 49.3 | -434.8 | -5.1 | 1 060.2 | -61.4 | 1 646.6 | -124.0 |
| | | 3号 | 3 630.0 | -373.8 | 1 244.2 | 58.9 | -203.1 | 0.3 | -1 686.8 | -54.5 | -2 473.6 | -141.8 |
| | | 4号 | 3 133.1 | -433.5 | 1 268.3 | 20.5 | -229.4 | 1.3 | -1 780.9 | -62.9 | -2 555.9 | -162.0 |

续上表

| 荷载 | | | 拱脚 | | L/8 | | L/4 | | 3L/8 | | 拱顶 | |
|---|---|---|---|---|---|---|---|---|---|---|---|---|
| | | | N | M | N | M | N | M | N | M | N | M |
| 可变作用 | 汽车 $N_{max}$ | 1号 | 2 033.5 | −66.0 | 340.5 | −7.3 | 655.9 | −64.0 | 699.3 | −60.8 | 441.9 | −50.4 |
| | | 2号 | 1 827.0 | −52.8 | 334.1 | 20.2 | 639.2 | −72.5 | 779.9 | −59.5 | 508.5 | −55.5 |
| | | 3号 | 1 975.3 | 189.1 | 670.8 | 71.3 | 1 285.1 | 110.9 | 1 244.0 | 85.2 | 945.0 | 101.1 |
| | | 4号 | 1 592.8 | 138.2 | 675.2 | 159.8 | 1 315.7 | 94.7 | 1 358.6 | 35.9 | 1 043.3 | 71.6 |
| | 汽车 $N_{min}$ | 1号 | −2 673.5 | 59.4 | −1 441.2 | −18.3 | −2 355.3 | 137.7 | −2 619.1 | 131.9 | −2 390.7 | 116.5 |
| | | 2号 | −2 681.5 | 49.8 | −1 764.8 | −80.5 | −2 798.0 | 246.6 | −3 362.8 | −94.8 | −2 843.2 | 121.3 |
| | | 3号 | −3 750.5 | −231.7 | −2 288.3 | −35.7 | −2 484.0 | −69.7 | −2 074.9 | −70.3 | −1 544.5 | −90.3 |
| | | 4号 | −3 666.3 | −190.6 | −2 826.8 | −50.7 | −2 912.4 | −64.8 | −2 459.4 | −70.0 | −2 024.5 | −117.1 |

**承载能力极限状态截面内力组合**  表8-2

| 荷载组合 | | | 拱脚 | | L/8 | | L/4 | | 3L/8 | | 拱顶 | |
|---|---|---|---|---|---|---|---|---|---|---|---|---|
| | | | N | M | N | M | N | M | N | M | N | M |
| 组合Ⅰ | $N_{max}$ | 1号 | −7 737.3 | −166.1 | −18 443.7 | −448.3 | −19 613.4 | 246.8 | −21 289.9 | −57.8 | −22 273.5 | 656.9 |
| | | 2号 | −8 770.1 | −111.4 | −18 415.0 | −556.3 | −20 199.6 | 400.4 | −21 694.3 | −879.6 | −21 120.1 | 539.5 |
| | | 3号 | −26 079.8 | −983.0 | −24 746.2 | −46.8 | −18 931.9 | 322.5 | −14 968.0 | −20.8 | −14 338.7 | 66.1 |
| | | 4号 | −25 160.8 | −895.0 | −24 616.9 | 412.5 | −19 242.1 | 231.5 | −15 025.7 | −317.2 | −14 244.1 | −190.3 |
| | $N_{min}$ | 1号 | −14 327.1 | 9.5 | −20 938.1 | −463.7 | −23 829.0 | 529.1 | −25 935.7 | 212.0 | −26 239.1 | 890.5 |
| | | 2号 | −15 082.1 | 32.1 | **−21 353.5** | **−697.4** | −25 011.6 | 847.1 | −27 494.0 | −929.0 | −25 812.5 | 787.0 |
| | | 3号 | −34 096.0 | −1 572.1 | −28 888.9 | −196.6 | −24 208.7 | 69.8 | −19 614.4 | −238.5 | −17 824.0 | −201.9 |
| | | 4号 | −32 523.5 | −1 355.4 | −29 519.6 | 117.8 | −25 161.5 | 8.1 | −20 370.8 | −465.4 | −18 539.0 | −454.5 |
| 组合Ⅱ | $N_{max}$ | 1号 | 568.4 | −477.7 | −15 352.3 | −407.8 | −19 104.4 | 277.5 | −23 353.1 | 45.6 | −25 439.3 | 1 027.1 |
| | | 2号 | −710.7 | −394.9 | −15 113.5 | −547.3 | −19 667.7 | 418.7 | −23 863.8 | −761.8 | −23 899.4 | 972.9 |
| | | 3号 | −32 015.9 | −771.8 | −26 788.0 | −165.2 | −18 150.8 | 311.5 | −11 532.2 | 84.3 | −9 791.7 | 477.5 |
| | | 4号 | −30 303.7 | −557.2 | −26 570.4 | 312.2 | −18 482.8 | 233.3 | −11 404.8 | −149.0 | −9 185.4 | 315.8 |
| | $N_{min}$ | 1号 | −6 021.4 | −302.1 | −17 846.7 | −423.2 | −23 320.1 | 559.8 | −27 998.8 | 315.4 | **−29 404.9** | **1 260.8** |
| | | 2号 | −7 022.6 | −251.3 | −18 052.0 | −688.4 | **−24 479.7** | **865.4** | −29 663.5 | **−811.2** | −28 591.8 | 1 220.4 |
| | | 3号 | **−40 032.1** | **−1 360.9** | −30 930.6 | −314.9 | −23 427.5 | 58.8 | −16 178.6 | −133.4 | −13 277.0 | 209.5 |
| | | 4号 | −37 666.4 | −1 017.5 | **−31 473.1** | **17.4** | −24 402.1 | 9.9 | −16 749.8 | −297.2 | −13 480.3 | 51.6 |
| 组合Ⅲ | $N_{max}$ | 1号 | −3 848.7 | −52.4 | −16 872.1 | −168.1 | −17 994.7 | 441.4 | −20 401.7 | 39.2 | −22 089.2 | 1 016.9 |
| | | 2号 | −10 627.0 | −55.3 | −19 424.8 | −438.7 | −20 626.5 | 407.6 | −21 526.1 | −897.2 | −20 268.7 | 699.5 |
| | | 3号 | **−24 011.8** | **−1 596.1** | −24 044.6 | −35.2 | −18 598.6 | 312.2 | −15 251.5 | −35.5 | −15 246.0 | 164.8 |
| | | 4号 | −23 395.1 | −1 513.0 | −23 773.8 | 357.5 | −18 988.6 | 236.3 | −15 331.7 | −287.7 | −14 821.0 | −41.4 |
| | $N_{min}$ | 1号 | −9 821.5 | −162.7 | −19 835.0 | −417.5 | −23 134.1 | 501.5 | −25 970.5 | 173.6 | −26 896.7 | 1 079.8 |
| | | 2号 | −16 938.9 | 88.3 | −22 363.3 | −579.7 | **−25 438.5** | **854.3** | **−27 325.8** | **−946.6** | −24 961.1 | 947.0 |
| | | 3号 | −32 027.9 | −2 185.2 | −28 187.3 | −185.0 | −23 875.4 | 59.5 | −19 897.9 | −253.2 | −18 731.3 | −103.2 |
| | | 4号 | −30 757.8 | −1 973.3 | −28 676.5 | 62.7 | −24 907.9 | 12.9 | −20 676.7 | −435.9 | −19 115.9 | −305.6 |

注：表中加粗和加下划线的数值为控制设计的内力值。

正常使用极限状态截面内力组合  表 8-3

| 荷载组合 | | | 拱脚 | | L/8 | | L/4 | | 3L/8 | | 拱顶 | |
|---|---|---|---|---|---|---|---|---|---|---|---|---|
| | | | N | M | N | M | N | M | N | M | N | M |
| 组合Ⅳ | $N_{max}$ | 1号 | 1 428.5 | -436.4 | -12 322.7 | -331.4 | -16 002.9 | 253.5 | -20 020.5 | 73.3 | -21 888.4 | 933.9 |
| | | 2号 | 371.4 | -365.9 | -12 085.4 | -461.3 | -16 462.4 | 371.6 | -20 484.6 | -597.7 | -20 557.5 | 901.0 |
| | | 3号 | -28 292.0 | -649.5 | -22 875.3 | -178.0 | -15 336.5 | 227.9 | -9 330.4 | 66.2 | -7 594.6 | 442.8 |
| | | 4号 | -26 663.5 | -473.8 | -22 773.8 | 238.2 | -15 586.4 | 155.6 | -9 281.8 | -155.2 | -7 366.9 | 267.6 |
| | $N_{min}$ | 1号 | -2 795.3 | -323.9 | -13 921.5 | -341.2 | -18 704.9 | 434.5 | -22 998.3 | 246.2 | **-24 430.2** | **1 083.6** |
| | | 2号 | -3 674.4 | -273.9 | -13 968.9 | -551.7 | **-19 546.7** | **657.9** | **-24 202.0** | **-629.3** | -23 565.2 | 1 059.7 |
| | | 3号 | **-33 430.1** | **-1 027.1** | -25 530.6 | -274.0 | -18 718.7 | 65.9 | -12 308.6 | -73.4 | -9 828.5 | 271.0 |
| | | 4号 | -31 382.7 | -768.8 | **-25 916.3** | **49.2** | -19 380.5 | 12.4 | -12 707.8 | -250.2 | -10 119.8 | 98.3 |
| 组合Ⅴ | $N_{max}$ | 1号 | -6 995.4 | -120.6 | -15 461.4 | -371.6 | -16 521.1 | 222.9 | -17 929.9 | -31.8 | -18 680.3 | 561.0 |
| | | 2号 | -7 800.5 | -78.7 | -15 435.8 | -469.1 | -17 005.1 | 353.2 | -18 288.6 | -716.9 | -17 737.0 | 464.5 |
| | | 3号 | -22 265.2 | -870.1 | -20 802.5 | -58.2 | -16 122.7 | 238.9 | -12 808.3 | -40.3 | -12 203.4 | 27.8 |
| | | 4号 | -21 396.3 | -783.1 | -20 695.9 | 300.7 | -16 389.5 | 167.4 | -12 887.3 | -274.0 | -12 151.1 | -177.8 |
| | $N_{min}$ | 1号 | -11 219.2 | -8.1 | -17 060.2 | -381.5 | -19 223.2 | 403.9 | -20 907.7 | 141.1 | -21 222.1 | 710.7 |
| | | 2号 | -11 846.2 | 13.4 | **-17 319.3** | **-559.5** | -20 089.5 | 639.5 | -22 006.1 | -748.6 | -20 744.7 | 623.2 |
| | | 3号 | -1 977.9 | -62.0 | -1 686.4 | 28.2 | -1 330.8 | 29.8 | -958.5 | 6.1 | -696.4 | 0.4 |
| | | 4号 | -26 115.5 | -1 078.1 | -23 838.4 | 111.8 | -20 183.5 | 24.2 | -16 313.3 | -369.0 | -14 903.9 | -347.2 |
| 组合Ⅵ | $N_{max}$ | 1号 | -9 211.5 | -61.6 | -16 587.6 | -307.8 | -16 841.9 | 261.6 | -17 553.7 | -77.6 | -18 076.9 | 692.1 |
| | | 2号 | -9 747.3 | -19.4 | -16 484.7 | -350.5 | -17 440.7 | 360.2 | -18 099.2 | -735.9 | -16 852.7 | 622.0 |
| | | 3号 | -20 124.5 | -1 490.6 | -20 076.0 | -45.4 | -15 793.5 | 228.6 | -13 125.6 | -56.1 | -13 160.2 | 123.7 |
| | | 4号 | -19 567.9 | -1 409.7 | -19 827.4 | 246.1 | -16 140.5 | 172.2 | -13 228.9 | -245.8 | -12 779.1 | -32.2 |
| | $N_{min}$ | 1号 | -13 435.3 | 51.0 | -18 186.4 | -317.6 | -19 544.0 | 442.6 | -20 531.4 | 95.3 | -20 618.7 | 841.9 |
| | | 2号 | -13 793.0 | 72.6 | -18 368.2 | -440.9 | **-20 525.1** | **646.6** | **-21 816.6** | **-767.5** | -19 860.4 | 780.7 |
| | | 3号 | **-25 262.6** | **-1 868.2** | -22 731.3 | -141.4 | -19 175.7 | 66.6 | -16 103.8 | -195.6 | -15 394.1 | -48.1 |
| | | 4号 | -24 287.2 | -1 704.8 | -22 969.9 | 57.2 | -19 934.6 | 29.0 | -16 654.9 | -340.8 | -15 532.0 | -201.5 |

注:同表 8-3。

由表 8-1~表 8-3 可得,恒载作用下拱肋内力如下:

(1) 拱脚截面:1号,$N=-8\,820.2$kN,$M=-61.4$kN·m;2号,$N=-9\,440.0$kN,$M=-31.3$kN·m;3号,$N=-24\,037.8$kN,$M=-1\,039.8$kN·m;4号,$N=-22\,825.6$kN,$M=-907.1$kN·m。

(2) $L/8$ 截面:1号,$N=-15\,767$kN,$M=-365.1$kN·m;2号,$N=-15\,735.6$kN,$M=-487.2$kN·m;3号,$N=-21\,404.4$kN,$M=-122.2$kN·m;4号,$N=-21\,301.8$kN,$M=157.3$kN·m。

(3) $L/4$ 截面:1号,$N=-17\,109.7$kN,$M=280.3$kN·m;2号,$N=-17\,578.7$kN,$M=418.2$kN·m;3号,$N=-24\,037.8$kN,$M=-1\,039.8$kN·m;4号,$N=-22\,825.6$kN,$M=-907.1$kN·m。

(4) $3L/8$ 截面:1号,$N=-18\,557.4$kN,$M=22.8$kN·m;2号,$N=-18\,988.5$kN,$M=-663.5$kN·m;3号,$N=-13\,924.7$kN,$M=-116.7$kN·m;4号,$N=-14\,106.4$kN,$M=-306.2$kN·m。

(5) 拱顶截面:1号,$N=-19\,076.8$kN,$M=606.2$kN·m;2号,$N=-18\,193.4$kN,$M=514.3$kN·m;3号,$N=-13\,051.5$kN,$M=-62.9$kN·m;4号,$N=-13\,087.3$kN,$M=-242.1$kN·m。

承载能力极限状态构件验算采用的最不利内力组合为:
(1)拱脚截面:$M_{max}=-1\ 596.1\text{kN}\cdot\text{m}$,对应的轴力 $N=-24\ 011.8\text{kN}(3\ \text{号})$;$N_{max}=-40\ 032.1\text{kN}$,对应的弯矩 $M=-1\ 360.9\text{kN}\cdot\text{m}(3\ \text{号})$。
(2)$L/8$ 截面:$M_{max}=-697.4\text{kN}\cdot\text{m}$,对应的轴力 $N=-21\ 353.5\text{kN}(2\ \text{号})$;$N_{max}=-31\ 473.1\text{kN}$,对应的弯矩 $M=17.4\text{kN}\cdot\text{m}(4\ \text{号})$。
(3)$L/4$ 截面:$M_{max}=865.4\text{kN}\cdot\text{m}$,对应的轴力 $N=-24\ 479.7\text{kN}(2\ \text{号})$;$N_{max}=-25\ 438.5\text{kN}$,对应的弯矩 $M=854.3\text{kN}\cdot\text{m}(2\ \text{号})$。
(4)$3L/8$ 截面:$M_{max}=-946.6\text{kN}\cdot\text{m}$,对应的轴力 $N=-27\ 325.8\text{kN}(2\ \text{号})$;$N_{max}=-29\ 663.5\text{kN}$,对应的弯矩 $M=-811.2\text{kN}\cdot\text{m}(2\ \text{号})$。
(5)拱顶截面:$M_{max}=1\ 260.8\text{kN}\cdot\text{m}$,对应的轴力 $N=-29\ 404.9\text{kN}(1\ \text{号})$;$N_{max}=-29\ 404.9\text{kN}$,对应的弯矩 $M=1\ 260.8\text{kN}\cdot\text{m}(1\ \text{号})$。

正常使用极限状态构件验算采用的最不利内力组合为:
(1)拱脚截面:$M_{max}=-1\ 868.2\text{kN}\cdot\text{m}$,对应的轴力 $N=-25\ 262.6\text{kN}(3\ \text{号})$;$N_{max}=-33\ 430.1\text{kN}$,对应的弯矩 $M=-1\ 027.1\text{kN}\cdot\text{m}(3\ \text{号})$。
(2)$L/8$ 截面:$M_{max}=-559.5\text{kN}\cdot\text{m}$,对应的轴力 $N=-17\ 319.3\text{kN}(2\ \text{号})$;$N_{max}=-25\ 916.3\text{kN}$,对应的弯矩 $M=49.2\text{kN}\cdot\text{m}(4\ \text{号})$。
(3)$L/4$ 截面:$M_{max}=657.9\text{kN}\cdot\text{m}$,对应的轴力 $N=-19\ 546.7\text{kN}(2\ \text{号})$;$N_{max}=-20\ 525.1\text{kN}$,对应的弯矩 $M=646.6\text{kN}\cdot\text{m}(2\ \text{号})$。
(4)$3L/8$ 截面:$M_{max}=-767.5\text{kN}\cdot\text{m}$,对应的轴力 $N=-21\ 816.1\text{kN}(2\ \text{号})$;$N_{max}=-24\ 202\text{kN}$,对应的弯矩 $M=-629.3\text{kN}\cdot\text{m}(2\ \text{号})$。
(5)拱顶截面:$M_{max}=1\ 083.6\text{kN}\cdot\text{m}$,对应的轴力 $N=-24\ 430.2\text{kN}(1\ \text{号})$;$N_{max}=-24\ 430.2\text{kN}$,对应的弯矩 $M_{max}=1\ 083.6\text{kN}\cdot\text{m}(1\ \text{号})$。

承载能力极限状态拱肋整体验算采用的最不利内力组合如下。
将各肢内力换算成截面的内力:
$$N_{\text{截面}}=N_1+N_2+N_3+N_4$$
$$M_{\text{截面}}=M_1+M_2+M_3+M_4+(N_1+N_2-N_3-N_4)h$$
其中,$N_1$、$N_2$、$N_3$、$N_4$ 为各肢轴力;$M_1$、$M_2$、$M_3$、$M_4$ 为各肢的弯矩。

## 三、拱肋强度计算

### (一)《规范》验算要求

**1.组成构件强度验算要求**

《规范》第5.1.4条规定,钢管混凝土拱肋强度计算应为拱肋各组成构件,稳定计算应包括各组成构件与拱肋整体。对桁式拱肋的钢管混凝土弦管,当单肢一个节间的长细比 $\lambda_1 \leqslant 10$ 时,承载力计算可仅进行强度计算,并应符合本规范第5.2.2~5.2.5条的规定;当 $\lambda_1 > 10$ 时,承载力计算应进行稳定计算,并应符合本规范第5.3.3条的规定。$\lambda_1$ 的计算应符合本规范式(5.3.9-3)~式(5.3.9-5)的规定。

《规范》第5.1.4条条文说明,对于哑铃形与桁式拱肋,组成构件指钢管混凝土弦杆及其连接构件,整体结构是由这些构件组成的一个结构整体视为一根杆件。

2.整体截面强度验算要求

《规范》第5.2.7条规定,钢管混凝土哑铃形构件和格构柱偏心抗压强度验算时,轴向压力组合设计值 $N_s$ 应取截面轴向力最大设计值和对应于截面弯矩最大设计值的轴力值,并应按下列公式计算:

$$\gamma_0 N_s \leqslant N_{D1} \quad (5.2.7\text{-}1)$$

$$N_{D1} = \varphi_e N_D \quad (5.2.7\text{-}2)$$

式中:$\varphi_e$——偏心率折减系数,格构柱按本规范第5.2.9的规定计算。《规范》第5.2.9条规定,钢管混凝土格构柱的偏心率折减系数 $\varphi_e$ 应按下列公式计算:

当 $\dfrac{e_0}{h_1} \leqslant \varepsilon_b$ 时

$$\varphi_e = \dfrac{1}{1 + \dfrac{2e_0}{h_1}} \quad (5.2.9\text{-}1)$$

当 $\dfrac{e_0}{h_1} > \varepsilon_b$ 时

$$\varphi_e = \dfrac{\xi_0}{(1 + \sqrt{\xi_0} + \xi_0)\left(\dfrac{2e_0}{h_1} - 1\right)} \quad (5.2.9\text{-}2)$$

$$\varepsilon_b = 0.5 + \dfrac{\xi_0}{1 + \sqrt{\xi_0}} \quad (5.2.9\text{-}3)$$

$\varepsilon_b$——界限偏心率;

$h_1$——格构柱截面受弯面内两肢中心距离(mm);

$e_0$——格构柱截面的偏心距(mm);

$N_D$——钢管混凝土哑铃形和格构柱构件截面轴心受压承载力,应按《规范》第5.2.6条计算,具体如下:

$$N_D = \sum (N_0^i + N_f^i) \quad (5.2.6\text{-}2)$$

$$N_f^i = A_{fs} f_s \quad (5.2.6\text{-}3)$$

$N_0^i$——拱肋截面各肢钢管混凝土截面轴心受压承载力,按本规范公式(5.2.2-2)计算;

$N_f^i$——与钢管混凝土主肢共同承担荷载的连接钢板的极限承载力;

$A_{fs}$——连接钢板的截面面积。

(二)弦管强度验算

1.拱脚截面

(1)对于拱脚截面弯矩最大组合($M_{max} = -1\,596.1$ kN·m,$N = -24\,011.8$ kN),该处截面为 $\phi1\,200$mm×35mm,钢管混凝土的约束效应设计值为:

$$\xi_0 = \dfrac{A_s f_s}{A_c f_{cd}} = \dfrac{0.128 \times 260}{1.003 \times 25.3} = 1.313$$

$$\rho_c = \dfrac{A_s}{A_c} = \dfrac{0.128}{1.003} = 0.127\,6$$

$$N_0 = k_3(1.14+1.02\xi_0) \cdot (1+\rho_c) \cdot f_{cd}A_c$$
$$= 0.96 \times (1.14+1.02 \times 1.313) \times (1+0.127\,6) \times 25\,300 \times 1.003$$
$$= 68\,103.6(\text{kN})$$

$$e_0 = \frac{M_{\max}}{N} = \frac{1\,596.1}{240\,118} = 0.066\,5$$

$$\frac{e_0}{r_c} = \frac{0.066\,5}{0.565} = 0.117\,6 \leqslant 1.55$$

$$\varphi_e = \frac{1}{1+1.85 \times \frac{e_0}{r_c}} = \frac{1}{1+1.85 \times 0.117\,6} = 0.821$$

$\lambda_1 = 4l_1/D = 4 \times 8.3/1.2 = 27.665 > 10$，所以需按式(5.3.3)计算稳定承载能力。

$$\lambda_n = \frac{\lambda}{\pi}\sqrt{\frac{f_y A_s + f_{ck}A_c + A_c\sqrt{\rho_c f_y f_{ck}}}{E_s A_s + E_c A_c}}$$

$$= \frac{27.665}{\pi} \times \sqrt{\frac{325 \times 0.128 + 35.3 \times 1.003 + 1.066 \times \sqrt{0.128 \times 325 \times 35.3}}{2.06 \times 10^5 \times 0.128 + 3.55 \times 10^4 \times 1.000\,3}}$$

$$= 0.38 \leqslant 1.5$$

$$\varphi = 0.658^{\lambda_n^2} = 0.658^{0.38^2} = 0.941$$

$\varphi\varphi_e N_0 = 0.941 \times 0.821 \times 68\,103.6 = 52\,614.2(\text{kN}) \geqslant \gamma_0 N_s = 1.1 \times 20\,411.8 = 22\,453.0(\text{kN})$
故满足要求。

(2)对于拱脚截面轴力最大组合($M=-1\,360.9\text{kN}\cdot\text{m}$，$N_{\max}=-40\,032.1\text{kN}$)，轴向压力偏心距：

$$e_0 = \frac{M}{N_{\max}} = \frac{1\,360.9}{40\,032.1} = 0.034$$

$$\frac{e_0}{r_c} = \frac{0.034}{0.565} = 0.060\,2 \leqslant 1.55$$

$$\varphi_e = \frac{1}{1+1.85 \times \frac{e_0}{r_c}} = \frac{1}{1+1.85 \times 0.060\,2} = 0.900$$

$\varphi\varphi_e N_0 = 0.941 \times 0.900 \times 68\,103.6 = 57\,676.9(\text{kN}) \geqslant \gamma_0 N_s = 1.1 \times 40\,032.1 = 44\,035.3(\text{kN})$
故满足要求。

2. $L/8$ 截面

(1)对于 $L/8$ 截面弯矩最大组合($M_{\max}=-694.4\text{kN}\cdot\text{m}$，$N=-21\,353.5\text{kN}$)，该处截面为 $\phi1\,200\text{mm} \times 26\text{mm}$，钢管混凝土的约束效应设计值为：

$$\xi_0 = \frac{A_s f_s}{A_c f_{cd}} = \frac{0.095\,9 \times 260}{1.035 \times 25.3} = 0.952$$

$$\rho_c = \frac{A_s}{A_c} = \frac{0.095\,9}{1.035} = 0.092\,66$$

$$N_0 = k_3(1.14+1.02\xi_0) \cdot (1+\rho_c) \cdot f_{cd}A_c$$
$$= 0.96 \times (1.14+1.02 \times 0.952) \times (1+0.092\,66) \times 25\,300 \times 1.035$$
$$= 57\,185.0(\text{kN})$$

$L/8$ 截面钢管混凝土脱黏系数 $K_t = 0.975$，所以 $N'_0 = K_t N_0 = 0.975 \times 57\,185.0 = 55\,755.4$ (kN)。

$$e_0 = \frac{M_{max}}{N} = \frac{694.4}{21\,353.5} = 0.032\,5$$

$$\frac{e_0}{r_c} = \frac{0.032\,5}{0.57} = 0.057\,1 \leqslant 1.55$$

$$\varphi_e = \frac{1}{1+1.85 \times \frac{e_0}{r_c}} = \frac{1}{1+1.85 \times 0.057\,1} = 0.905$$

$\lambda_1 = 4l_1/D = 4 \times 7.2/1.2 = 24 > 10$，所以需按式(5.3.3)计算稳定承载能力。

$$\lambda_n = \frac{\lambda}{\pi}\sqrt{\frac{f_y A_s + f_{ck} A_c + A_c\sqrt{\rho_c f_y f_{ck}}}{E_s A_s + E_c A_c}}$$

$$= \frac{24.0}{\pi} \times \sqrt{\frac{325 \times 0.095\,9 + 35.3 \times 1.035 + 1.035 \times \sqrt{0.092\,66 \times 325 \times 35.3}}{2.06 \times 10^5 \times 0.095\,9 + 3.55 \times 10^4 \times 1.035}}$$

$$= 0.324 \leqslant 1.5$$

$$\varphi = 0.658^{\lambda_n^2} = 0.658^{0.324^2} = 0.957$$

$\varphi\varphi_e N_0 = 0.957 \times 0.905 \times 55\,755.4 = 48\,288.9(\text{kN}) \geqslant \gamma_0 N_s = 1.1 \times 21\,353.5 = 23\,488.9(\text{kN})$
故满足要求。

（2）对于 $L/8$ 截面轴力最大组合（$M = 17.4\text{kN} \cdot \text{m}$，$N_{max} = -31\,473.1\text{kN}$），该处截面为 $\phi 1\,200\text{mm} \times 35\text{mm}$。钢管混凝土的约束效应设计值为：

$$\xi_0 = \frac{A_s f_s}{A_c f_{cd}} = \frac{0.128 \times 260}{1.003 \times 25.3} = 1.313$$

$$\rho_c = \frac{A_s}{A_c} = \frac{0.128}{1.003} = 0.127\,6$$

$$N_0 = k_3(1.14 + 1.02\xi_0)(1+\rho_c)f_{cd}A_c$$
$$= 0.96 \times (1.14 + 1.02 \times 1.313) \times (1 + 0.127\,6) \times 25\,300 \times 1.003$$
$$= 68\,103.6(\text{kN})$$

$L/8$ 截面钢管混凝土脱黏系数 $K_t = 0.975$，所以 $N'_0 = K_t N_0 = 0.975 \times 68\,103.6 = 66\,401.0$ (kN)。

轴向压力偏心距

$$e_0 = \frac{M}{N_{max}} = \frac{17.4}{31\,473.1} = 0.000\,553$$

$$\frac{e_0}{r_c} = \frac{0.005\,53}{0.574} = 0.000\,963 \leqslant 1.55$$

$$\varphi_e = \frac{1}{1+1.85 \times \frac{e_0}{r_c}} = \frac{1}{1+1.85 \times 0.009\,63} = 0.999\,8$$

$\lambda_1 = 4l_1/D = 4 \times 7.2/1.2 = 24 > 10$，所以需按公式(5.3.3)计算稳定承载能力。

$$\lambda_n = \frac{\lambda}{\pi}\sqrt{\frac{f_y A_s + f_{ck} A_c + A_c \sqrt{\rho_c f_y f_{ck}}}{E_s A_s + E_c A_c}}$$

$$= \frac{24}{\pi} \times \sqrt{\frac{325 \times 0.128 + 35.3 \times 1.003 + 1.066 \times \sqrt{0.128 \times 325 \times 35.3}}{2.06 \times 10^5 \times 0.128 + 3.55 \times 10^4 \times 1.003}}$$

$$= 0.33 \leqslant 1.5$$

$$\varphi = 0.658^{\lambda_n^2} = 0.658^{0.33^2} = 0.956$$

$\varphi \varphi_e N_0 = 0.956 \times 0.999\ 8 \times 66\ 401.0 = 63\ 466.7 (\mathrm{kN}) \geqslant \gamma_0 N_s = 1.1 \times 31\ 473.1 = 34\ 602.4 (\mathrm{kN})$

故满足要求。

3.$L/4$ 截面

钢管混凝土单圆管偏心受压构件承载力验算：(钢管均为 $\phi 1\ 200\mathrm{mm} \times 30\mathrm{mm}$)

(1)对于 $L/4$ 截面弯矩最大组合($M_{\max} = 865.4\mathrm{kN} \cdot \mathrm{m}, N = -24\ 479.7\mathrm{kN}$)，钢管混凝土的约束效应设计值为：

$$\xi_0 = \frac{A_s f_s}{A_c f_{cd}} = \frac{0.11 \times 260}{1.021 \times 25.3} = 1.11$$

$$\rho_c = \frac{A_s}{A_c} = \frac{0.11}{1.021} = 0.108$$

$$N_0 = k_3 (1.14 + 1.02 \xi_0)(1 + \rho_c) f_{cd} A_c$$
$$= 0.96 \times (1.14 + 1.02 \times 1.11) \times (1 + 0.108) \times 25\ 300 \times 1.021$$
$$= 62\ 431.5 (\mathrm{kN})$$

$L/4$ 截面钢管混凝土脱黏系数 $K_t = 0.95$，所以 $N'_0 = K_t N_0 = 0.95 \times 62\ 431.5 = 59\ 309.9 (\mathrm{kN})$。

$$e_{\max} = \frac{M_{\max}}{N} = \frac{865.4}{24\ 479.7} = 0.035\ 35$$

$$\frac{e_{\max}}{r_c} = \frac{0.035\ 35}{0.57} = 0.062 \leqslant 1.55$$

$$\varphi_e = \frac{1}{1 + 1.85 \times \frac{e_{\max}}{r_c}} = \frac{1}{1 + 1.85 \times 0.062} = 0.897\ 1$$

$\lambda_1 = \dfrac{4 l_1}{D} = \dfrac{4 \times 6.79}{1.2} = 22.61 > 10$，所以需按式(5.3.3)计算稳定承载能力。

$$\lambda_n = \frac{\lambda^*}{\pi} \sqrt{\frac{f_y A_s + f_{ck} A_c + A_c \sqrt{\rho_c f_y f_{ck}}}{E_s A_s + E_c A_c}}$$

$$= \frac{22.61}{\pi} \times \sqrt{\frac{325 \times 0.110\ 3 + 35.3 \times 1.020\ 7 + 1.020\ 7 \times \sqrt{0.108 \times 325 \times 35.3}}{2.06 \times 10^5 \times 0.110\ 3 + 3.55 \times 10^4 \times 1.020\ 7}}$$

$$= 0.308 \leqslant 1.5$$

由于 $\lambda_n < 1.5$，得到稳定系数 $\varphi = 0.658^{\lambda_n^2} = 0.658^{0.308^2} = 0.961$。

$\varphi \varphi_e N_0 = 0.961 \times 0.897 \times 59\ 309.9 = 51\ 130.5 (\mathrm{kN}) \geqslant \gamma_0 N_s = 1.1 \times 24\ 479.7 = 26\ 927.7 (\mathrm{kN})$

故满足要求。

(2)对于 $L/4$ 截面轴力最大组合($M = 854.3\mathrm{kN} \cdot \mathrm{m}, N_{\max} = -25\ 438.5\mathrm{kN}$)，轴向压力偏

心距：

$$e_0 = \frac{M}{N_{max}} = \frac{854.3}{25\,438.5} = 0.033\,6$$

$$\frac{e_0}{r_c} = \frac{0.033\,6}{0.57} = 0.058\,9 \leqslant 1.55$$

$$\varphi_e = \frac{1}{1+1.85 \times \frac{e_0}{r_c}} = \frac{1}{1+1.85 \times 0.058\,9} = 0.902$$

$\varphi\varphi_e N_0 = 0.961 \times 0.902 \times 59\,309.9 = 51\,394.9(\text{kN}) \geqslant \gamma_0 N_s = 1.1 \times 25\,438.5 = 27\,982.4(\text{kN})$
故满足要求。

4.$3L/8$ 截面

(1) 对于 $3L/8$ 截面弯矩最大组合 ($M_{max} = -946.6 \text{kN} \cdot \text{m}, N = -27\,325.8\text{kN}$)，该处截面为 $\phi 1\,200\text{mm} \times 35\text{mm}$，钢管混凝土的约束效应设计值为：

$$\xi_0 = \frac{A_s f_s}{A_c f_{cd}} = \frac{0.128 \times 260}{1.003 \times 25.3} = 1.313$$

$$\rho_c = \frac{A_s}{A_c} = \frac{0.128}{1.003} = 0.127\,6$$

$$\begin{aligned}N_0 &= k_3(1.14+1.02\xi_0)(1+\rho_c)f_{cd}A_c\\&= 0.96 \times (1.14+1.02 \times 1.313) \times (1+0.127\,6) \times 25\,300 \times 1.003\\&= 68\,103.6(\text{kN})\end{aligned}$$

$3L/8$ 截面钢管混凝土脱黏系数 $K_t = 0.925$，所以 $N'_0 = K_t N_0 = 0.925 \times 68\,103.6 = 62\,995.8$ (kN)。

$$e_{max} = \frac{M_{max}}{N} = \frac{946.6}{27\,325.8} = 0.034\,64$$

$$\frac{e_{max}}{r_c} = \frac{0.034\,64}{0.565} = 0.061\,3 \leqslant 1.55$$

$$\varphi_e = \frac{1}{1+1.85 \times \frac{e_{max}}{r_c}} = \frac{1}{1+1.85 \times 0.061\,3} = 0.899\,8$$

$\lambda_1 = \frac{4l_1}{D} = \frac{4 \times 6.4}{1.2} = 21.31 > 10$，所以需按式（5.3.3）计算稳定承载能力。

$$\begin{aligned}\lambda_n &= \frac{\lambda}{\pi}\sqrt{\frac{f_y A_s + f_{ck} A_c + A_c\sqrt{\rho_c f_y f_{ck}}}{E_s A_s + E_c A_c}}\\&= \frac{21.31}{\pi} \times \sqrt{\frac{325 \times 0.128 + 35.3 \times 1.003 + 1.003 \times \sqrt{0.127\,6 \times 325 \times 35.3}}{2.06 \times 10^5 \times 0.128 + 3.55 \times 10^4 \times 1.003}}\\&= 0.293 \leqslant 1.5\end{aligned}$$

$$\varphi = 0.658^{\lambda_n^2} = 0.658^{0.293^2} = 0.965$$

$\varphi\varphi_e N_0 = 0.965 \times 0.899\,8 \times 62\,995.8 = 54\,699.7(\text{kN}) \geqslant \gamma_0 N_s = 1.1 \times 27\,325.8 = 30\,058.4(\text{kN})$
故满足要求。

(2) 对于 $3L/8$ 截面轴力最大组合($M=-811.2\text{kN}\cdot\text{m}, N_{\max}=-29\,663.5\text{kN}$),该处截面为 $\phi 1\,200\text{mm}\times 35\text{mm}$,钢管混凝土的约束效应设计值为:

轴向压力偏心距

$$e_0 = \frac{M}{N_{\max}} = \frac{811.2}{29\,663.5} = 0.027\,35$$

$$\frac{e_0}{r_c} = \frac{0.027\,35}{0.565} = 0.048\,4 \leqslant 1.55$$

$$\varphi_e = \frac{1}{1+1.85\times\dfrac{e_0}{r_c}} = \frac{1}{1+1.85\times 0.048\,4} = 0.918$$

$\varphi\varphi_e N_0 = 0.965\times 0.918\times 62\,995.8 = 55\,806.1(\text{kN}) \geqslant \gamma_0 N_s = 1.1\times 29\,663.5 = 32\,629.6(\text{kN})$

故满足要求。

5. 拱顶截面

对于拱顶截面弯矩最大组合同轴力最大组合($M_{\max}=1\,260.8\text{kN}\cdot\text{m}, N=-29\,404.9\text{kN}$),该处截面为 $\phi 1\,200\text{mm}\times 35\text{mm}$ 圆管,钢管混凝土的约束效应设计值为:

$$\xi_0 = \frac{A_s f_s}{A_c f_{cd}} = \frac{0.128\times 260}{1.003\times 25.3} = 1.313$$

$$\rho_c = \frac{A_s}{A_c} = \frac{0.128}{1.003} = 0.127\,6$$

$$\begin{aligned}N_0 &= k_3(1.14+1.02\xi_0)(1+\rho_c)f_{cd}A_c\\&= 0.96\times(1.14+1.02\times 1.313)\times(1+0.127\,6)\times 25\,300\times 1.003\\&= 68\,103.6(\text{kN})\end{aligned}$$

拱顶截面钢管混凝土脱黏系数 $K_t=0.9$,所以 $N'_0 = K_t N_0 = 0.9\times 68\,103.6 = 61\,293.2(\text{kN})$。

$$e_{\max} = \frac{M_{\max}}{N} = \frac{1\,260.8}{29\,404.9} = 0.042\,9$$

$$\frac{e_{\max}}{r_c} = \frac{0.042\,9}{0.565} = 0.075\,9 \leqslant 1.55$$

$$\varphi_e = \frac{1}{1+1.85\times\dfrac{e_{\max}}{r_c}} = \frac{1}{1+1.85\times 0.075\,9} = 0.877$$

$\lambda_1 = \dfrac{4l_1}{D} = \dfrac{4\times 3.2}{1.2} = 10.651 > 10$,所以需按式(5.3.3)计算稳定承载能力。

$$\lambda_n = \frac{\lambda}{\pi}\sqrt{\frac{f_y A_s + f_{ck}A_c + A_c\sqrt{\rho_c f_y f_{ck}}}{E_s A_s + E_c A_c}}$$

$$= \frac{10.651}{\pi}\times\sqrt{\frac{325\times 0.128+35.3\times 1.003+1.066\times\sqrt{0.128\times 325\times 35.3}}{2.06\times 10^5\times 0.128+3.55\times 10^4\times 1.000\,3}}$$

$$= 0.193 \leqslant 1.5$$

$$\varphi = 0.658^{\lambda_n^2} = 0.658^{0.193^2} = 0.984\,5$$

$\varphi\varphi_e N_0 = 0.984\,5\times 0.877\times 61\,293.2 = 52\,920.9(\text{kN}) \geqslant \gamma_0 N_s = 1.1\times 29\,404.9 = 32\,345.4(\text{kN})$

故满足要求。

### (三)腹杆强度和稳定验算

《规范》第5.2.10条规定钢管混凝土桁式拱肋腹杆所受轴力设计值 $V_1$ 应取实际轴力或按下式计算结果取较大值：

$$V_1 = \sum_{i=1}^{n} \frac{N_{0i}}{60} \tag{5.2.10}$$

式中：$V_1$——腹杆所受轴力设计值(N)；

$n$——桁式拱肋弦杆数；

$N_{0i}$——桁式拱肋第 $i$ 根弦杆轴心抗压强度设计值(N)，按本规范式(5.2.2-2)计算。

1. 拱脚截面

$$N_D = \sum (N_0^i + N_f^j) = 68\ 103.6 \times 4 = 272\ 414.4 (\text{kN})$$

《规范》第5.2.10条规定钢管混凝土桁式拱肋腹杆所受轴力设计值 $V_1$ 应取实际轴力或按下式计算结果取较大值。

(1) 钢管混凝土桁式拱肋腹杆所受轴力按下式计算得：

$$V_1 = \sum_{i=1}^{4} \frac{N_{0i}}{60} = \frac{272\ 414.4}{60} = 4\ 540.2 (\text{kN})$$

因为拱脚截面有两根腹杆，因此单根腹杆所受轴力为 $4\ 540.2/2 = 2\ 270.1 (\text{kN})$。

(2) 根据有限元分析结果得钢管混凝土桁式拱肋拱脚截面受力最大的一根腹杆所受轴力实际值为：$N = 4\ 291.4 \text{kN}$。

故可得钢管混凝土桁式拱肋腹杆所受轴力设计值 $V_1 = 4\ 291.4 \text{kN}$。

根据此轴力值按现行钢结构设计规范计算其强度、刚度和稳定性。

2. $L/8$ 截面

$$N_D = \sum (N_0^i + N_f^j) = 66\ 401 \times 2 + 55\ 755.4 \times 2 = 244\ 312.8 (\text{kN})$$

《规范》第5.2.10条规定钢管混凝土桁式拱肋腹杆所受轴力设计值 $V_1$ 应取实际轴力或按下式计算结果取较大值。

(1) 钢管混凝土桁式拱肋腹杆所受轴力按下式计算得：

$$V_1 = \sum_{i=1}^{4} \frac{N_{0i}}{60} = \frac{244\ 312.8}{60} = 4\ 071.9 (\text{kN})$$

因为 $L/4$ 截面有两根腹杆，因此单根腹杆所受轴力为 $4\ 071.9/2 = 2\ 035.9 (\text{kN})$。

(2) 根据有限元分析结果得钢管混凝土桁式拱肋 $L/4$ 截面受力最大的一根腹杆所受轴力实际值为：$N = 2\ 456.6 \text{kN}$。

故可得钢管混凝土桁式拱肋腹杆所受轴力设计值 $V_1 = 2\ 456.6 \text{kN}$。

根据此轴力值按现行钢结构设计规范计算其强度、刚度和稳定性。

3. $L/4$ 截面

$$N_D = \sum (N_0^i + N_f^j) = 59\ 309.9 \times 4 = 237\ 239.6 (\text{kN})$$

《规范》第5.2.10条规定钢管混凝土桁式拱肋腹杆所受轴力设计值 $V_1$ 应取实际轴力或按下式计算结果取较大值。

(1) 钢管混凝土桁式拱肋腹杆所受轴力按下式计算得：

$$V_1 = \sum_{i=1}^{4} \frac{N_{0i}}{60} = \frac{237\ 239.6}{60} = 3\ 954.0(\text{kN})$$

因为 $L/4$ 截面有两根腹杆，因此单根腹杆所受轴力为 $3\ 954.0/2 = 1\ 977.0(\text{kN})$。

(2)根据有限元分析结果得钢管混凝土桁式拱肋 $L/4$ 截面受力最大的一根腹杆所受轴力实际值为：$N = 2\ 856.9\text{kN}$。

故可得钢管混凝土桁式拱肋腹杆所受轴力设计值 $V_1 = 2\ 856.9\text{kN}$。

根据此轴力值按现行钢结构设计规范计算其强度、刚度和稳定性。

4.$3L/8$ 截面

$$N_D = \sum(N_0^i + N_f^j) = 62\ 995.8 \times 2 + 52\ 896.1 \times 2 = 231\ 783.8(\text{kN})$$

《规范》第5.2.10条规定钢管混凝土桁式拱肋腹杆所受轴力设计值 $V_1$ 应取实际轴力或按下式计算结果取较大值。

(1)钢管混凝土桁式拱肋腹杆所受轴力按下式计算得：

$$V_1 = \sum_{i=1}^{4} \frac{N_{0i}}{60} = \frac{231\ 783.8}{60} = 3\ 863.1(\text{kN})$$

因为 $L/4$ 截面有两根腹杆，因此单根腹杆所受轴力为 $3\ 863.1/2 = 1\ 931.6(\text{kN})$。

(2)根据有限元分析结果得钢管混凝土桁式拱肋 $L/4$ 截面受力最大的一根腹杆所受轴力实际值为：$N = 1\ 831.3\text{kN}$。

故可得钢管混凝土桁式拱肋腹杆所受轴力设计值 $V_1 = 1\ 931.6\text{kN}$。

根据此轴力值按现行钢结构设计规范计算其强度、刚度和稳定性。

5.拱顶截面

$$N_D = \sum(N_0^i + N_f^j) = 61\ 293.2 \times 2 + 51\ 466.5 \times 2 = 225\ 519.4(\text{kN})$$

《规范》第5.2.10条规定钢管混凝土桁式拱肋腹杆所受轴力设计值 $V_1$ 应取实际轴力或按下式计算结果取较大值。

(1)钢管混凝土桁式拱肋腹杆所受轴力按下式计算得：

$$V_1 = \sum_{i=1}^{4} \frac{N_{0i}}{60} = \frac{225\ 519.4}{60} = 3\ 758.7(\text{kN})$$

因为拱顶截面有两根腹杆，因此单根腹杆所受轴力为 $3\ 758.7/2 = 1\ 879.4(\text{kN})$。

(2)根据有限元分析结果得钢管混凝土桁式拱肋拱顶截面受力最大的一根腹杆所受轴力实际值为：$N = 428.3\text{kN}$。

故可得钢管混凝土桁式拱肋腹杆所受轴力设计值 $V_1 = 1\ 879.4\text{kN}$。

根据此轴力值按现行钢结构设计规范计算其强度、刚度和稳定性。

**（四）整体截面强度验算**

1.拱脚截面

$$N_D = \sum(N_0^i + N_f^j) = 68\ 103.6 \times 4 = 272\ 414.4(\text{kN})$$

(1)对于拱脚截面弯矩最大组合 $M_{max} = 352\ 668.0\text{kN}\cdot\text{m}$，$N = -90\ 742.5\text{kN}$，则格构柱截面偏心距：

$$e_0 = \frac{M_0}{N} = \frac{352\ 668.0}{90\ 742.5} = 3.887$$

$$\varepsilon_b = 0.5 + \frac{\xi_0}{1+\sqrt{\xi_0}} = 0.5 + \frac{1.313}{1+\sqrt{1.313}} = 1.112$$

因为 $e_0/h_1 = 3.887/11 = 0.353 < \varepsilon_b$，则偏心率折减系数：

$$\varphi_e = \frac{1}{1+\frac{2e_0}{h_1}} = \frac{1}{1+2\times 0.353} = 0.586$$

$\varphi_e N_D = 0.586 \times 272\,414.4 = 159\,634.8(\text{kN}) > \gamma_0 N_s = 1.1 \times 90\,742.5 = 99\,816.8(\text{kN})$

所以，钢管混凝土格构柱偏心受压承载力满足要求。

（2）对于拱脚截面轴力最大组合（$M = 201\,770.75\text{kN}\cdot\text{m}$，$N_{\max} = -96\,028.7\text{kN}$），则格构柱截面偏心距：

$$e_0 = \frac{M}{N_{\max}} = \frac{201\,770.8}{96\,028.7} = 2.101$$

因为 $e_0/h_1 = 2.101/11 = 0.191 < \varepsilon_b$，则偏心率折减系数：

$$\varphi_e = \frac{1}{1+\frac{2e_0}{h_1}} = \frac{1}{1+2\times 0.191} = 0.724$$

$\varphi_e N_D = 0.724 \times 272\,414.4 = 197\,228.0(\text{kN}) > \gamma_0 N_s = 1.1 \times 96\,028.7 = 105\,631.6(\text{kN})$

所以，钢管混凝土格构柱偏心受压承载力满足要求。

2. $L/8$ 截面

$$N_D = \sum(N_0^i + N_f^j) = 66\,401 \times 2 + 55\,755.4 \times 2 = 244\,312.8(\text{kN})$$

（1）对于 $L/8$ 截面弯矩最大组合 $M_{\max} = 1\,44\,368.4\text{kN}\cdot\text{m}$，$N = -98\,302.4\text{kN}$，则格构柱截面偏心距：

$$e_0 = \frac{M_0}{N} = \frac{144\,368.4}{98\,302.4} = 1.469$$

$$\varepsilon_b = 0.5 + \frac{\xi_0}{1+\sqrt{\xi_0}} = 0.5 + \frac{0.952}{1+\sqrt{0.952}} = 0.982$$

因为 $e_0/h_1 = 1.469/11 = 0.134 < \varepsilon_b$，则偏心率折减系数：

$$\varphi_e = \frac{1}{1+\frac{2e_0}{h_1}} = \frac{1}{1+2\times 0.134} = 0.789$$

$\varphi_e N_D = 0.789 \times 244\,312.8 = 192\,762.8(\text{kN}) > \gamma_0 N_s = 1.1 \times 98\,302.4 = 108\,132.6(\text{kN})$

所以，钢管混凝土格构柱偏心受压承载力满足要求。

（2）对于 $L/8$ 截面轴力最大组合（$M = 87\,403.1\text{kN}\cdot\text{m}$，$N_{\max} = -100\,700.1\text{kN}$），则格构柱截面偏心距：

$$e_0 = \frac{M}{N_{\max}} = \frac{87\,403.1}{100\,700.1} = 0.868$$

因为 $e_0/h_1 = 0.868/11 = 0.078\,9 < \varepsilon_b$，则偏心率折减系数：

$$\varphi_e = \frac{1}{1+\frac{2e_0}{h_1}} = \frac{1}{1+2\times 0.078\,9} = 0.864$$

$\varphi_e N_D = 0.864 \times 244\ 312.8 = 211\ 086.3(kN) > \gamma_0 N_s = 1.1 \times 100\ 700.1 = 110\ 770.1(kN)$

所以,钢管混凝土格构柱偏心受压承载力满足要求。

3.$L/4$ 截面

$$N_D = \sum(N_0^i + N_f^j) = 59\ 309.9 \times 4 = 237\ 239.6(kN)$$

(1)对于 $L/4$ 截面弯矩最大组合 $M_{max} = -8\ 200.5 kN \cdot m$,$N = -75\ 405.7 kN$,则格构柱截面偏心距:

$$e_0 = \frac{M_{max}}{N} = \frac{8\ 200.5}{75\ 405.7} = 0.109$$

$$\varepsilon_b = 0.5 + \frac{\xi_0}{1+\sqrt{\xi_0}} = 0.5 + \frac{1.112}{1+\sqrt{1.112}} = 1.041$$

因为 $e_0/h_1 = 0.109/8.83 = 0.012\ 3 < \varepsilon_b$,则偏心率折减系数:

$$\varphi_e = \frac{1}{1+\frac{2e_0}{h_1}} = \frac{1}{1+2\times 0.012\ 3} = 0.976$$

$\varphi_e N_D = 0.976 \times 237\ 239.6 = 231\ 545.8(kN) > \gamma_0 N_s = 1.1 \times 75\ 405.7 = 82\ 946.3(kN)$

所以,钢管混凝土格构柱偏心受压承载力满足要求。

(2)对于 $L/4$ 截面轴力最大组合($M = 3\ 792.3 kN \cdot m$,$N_{max} = -98\ 210.8 kN$),则格构柱截面偏心距:

$$e_0 = \frac{M}{N_{max}} = \frac{3\ 792.3}{98\ 210.8} = 0.038\ 6$$

因为 $e_0/h_1 = 0.038\ 6/8.83 = 0.004\ 37 < \varepsilon_b$,则偏心率折减系数:

$$\varphi_e = \frac{1}{1+\frac{2e_0}{h_1}} = \frac{1}{1+2\times 0.004\ 37} = 0.991$$

$\varphi_e N_D = 0.991 \times 237\ 239.6 = 235\ 104.4(kN) > \gamma_0 N_s = 1.1 \times 98\ 210.8 = 108\ 031.9(kN)$

所以,钢管混凝土格构柱偏心受压承载力满足要求。

4.$3L/8$ 截面

$$N_D = \sum(N_0^i + N_f^j) = 62\ 995.8 \times 2 + 52\ 896.1 \times 2 = 231\ 783.8(kN)$$

(1)对于 $3L/8$ 截面弯矩最大组合 $M_{max} = -89\ 968.4 kN \cdot m$,$N = -90\ 590.7 kN$,则格构柱截面偏心距:

$$e_0 = \frac{M_0}{N} = \frac{89\ 968.4}{90\ 590.7} = 0.993$$

$$\varepsilon_b = 0.5 + \frac{\xi_0}{1+\sqrt{\xi_0}} = 0.5 + \frac{0.952}{1+\sqrt{0.952}} = 0.982$$

因为 $e_0/h_1 = 0.993/7.2 = 0.138 < \varepsilon_b$,则偏心率折减系数:

$$\varphi_e = \frac{1}{1+\frac{2e_0}{h_1}} = \frac{1}{1+2\times 0.138} = 0.784$$

$\varphi_e N_D = 0.784 \times 231\ 783.8 = 181\ 718.5(kN) > \gamma_0 N_s = 1.1 \times 90\ 590.7 = 99\ 649.8(kN)$

所以,钢管混凝土格构柱偏心受压承载力满足要求。

(2)对于3L/8截面轴力最大组合($M=-47\,260.2\text{kN}\cdot\text{m}$,$N_{\max}=-93\,870.9\text{kN}$),则格构柱截面偏心距:

$$e_0=\frac{M}{N_{\max}}=\frac{47\,260.2}{93\,870.9}=0.503$$

因为$e_0/h_1=0.503/7.2=0.069\,9<\varepsilon_b$,则偏心率折减系数:

$$\varphi_e=\frac{1}{1+\frac{2e_0}{h_1}}=\frac{1}{1+2\times0.069\,9}=0.877$$

$\varphi_e N_D=0.877\times231\,783.8=203\,274.4(\text{kN})>\gamma_0 N_s=1.1\times93\,870.9=103\,258.0(\text{kN})$

所以,钢管混凝土格构柱偏心受压承载力满足要求。

5.拱顶截面

$$N_D=\sum(N_0^i+N_f^i)=61\,293.2\times2+51\,466.5\times2=225\,519.4(\text{kN})$$

(1)对于拱顶截面弯矩最大组合$M_{\max}=-90\,975.9\text{kN}\cdot\text{m}$,$N=-84\,754\text{kN}$,则格构柱截面偏心距:

$$e_0=\frac{M_0}{N}=\frac{90\,975.9}{84\,754}=1.073$$

$$\varepsilon_b=0.5+\frac{\xi_0}{1+\sqrt{\xi_0}}=0.5+\frac{0.952}{1+\sqrt{0.952}}=0.982$$

因为$e_0/h_1=1.073/6=0.179<\varepsilon_b$,则偏心率折减系数:

$$\varphi_e=\frac{1}{1+\frac{2e_0}{h_1}}=\frac{1}{1+2\times0.179}=0.737$$

$\varphi_e N_D=0.737\times225\,519.4=166\,207.8(\text{kN})>\gamma_0 N_s=1.1\times84\,754=93\,229.4(\text{kN})$

所以,钢管混凝土格构柱偏心受压承载力满足要求。

(2)对于拱顶截面轴力最大组合($M=-40\,413.8\text{kN}\cdot\text{m}$,$N_{\max}=-89\,705\text{kN}$),则格构柱截面偏心距:

$$e_0=\frac{M}{N_{\max}}=\frac{40\,413.8}{89\,705}=0.451$$

因为$e_0/h_1=0.451/6=0.075\,1<\varepsilon_b$,则偏心率折减系数:

$$\varphi_e=\frac{1}{1+\frac{2e_0}{h_1}}=\frac{1}{1+2\times0.075\,1}=0.869$$

$\varphi_e N_D=0.869\times225\,519.4=195\,976.4(\text{kN})>\gamma_0 N_s=1.1\times89\,705=98\,675.5(\text{kN})$

所以,钢管混凝土格构柱偏心受压承载力满足要求。

## 四、拱肋面内稳定承载力计算

### (一)《规范》验算要求

根据《规范》第5.3.2条规定,钢管混凝土拱肋的面内整体稳定极限承载力可将其等效成梁柱进行验算,等效梁柱的计算长度采用无铰拱的0.36S,等效梁柱的两端作用力为拱的$L/4$(或$3L/4$)截面处的弯矩与轴力。

根据《规范》第5.3.4条,钢管混凝土哑铃形构件和格构柱偏心受压稳定承载力设计值$N_{D2}$应按下列公式计算:

$$\gamma_0 N_s \leq N_{D2} \tag{5.3.4-1}$$

$$N_{D2} = \varphi \varphi_e N_D \tag{5.3.4-2}$$

式中:$N_{D2}$——钢管混凝土哑铃形构件和格构柱偏心受压稳定承载力设计值(N);

$\varphi_e$——偏心率折减系数,哑铃形构件按本规范第5.2.8条的规定计算,格构柱按本规范第5.2.9条的规定计算,见前文"拱肋强度计算"中的"《规范》验算要求"。

该由于结构对称性,$L/4$截面与$3L/4$截面的最不利内力相等,因此结构整体验算时只需验算$L/4$截面的最不利内力。对于$L/4$截面,考虑弯矩最大组合($M_{max} = -8\,200.5\text{kN}\cdot\text{m}$,$N = -75\,405.7\text{kN}$)和轴力最大组合($M = 3\,792.3\text{kN}\cdot\text{m}$,$N_{max} = -98\,210.8\text{kN}$)。

### (二)稳定系数

《规范》第5.3.5条:稳定系数$\varphi$应按下列公式计算:

$\lambda_n \leq 1.5$时

$$\varphi = 0.658^{\lambda_n^2} \tag{5.3.5-1}$$

$\lambda_n > 1.5$时

$$\varphi = \frac{0.877}{\lambda_n^2} \tag{5.3.5-2}$$

式中:$\lambda_n$——相对长细比,按《规范》中式(5.3.6)计算,格构柱时具体公式计算如下:

$$\lambda_n = \frac{\lambda^*}{\pi} \sqrt{\frac{f_y A_s + f_{ck} A_c + A_c \sqrt{\rho_c f_y f_{ck}}}{E_s A_s + E_c A_c}} \tag{5.3.6-2}$$

其中,$\lambda^*$为格构柱的换算长细比,按本规范第5.3.10条计算,具体如下:

$$\lambda^* = K'\lambda_y \quad \text{或} \quad \lambda^* = K'\lambda_x \tag{5.3.10-1}$$

$$K' = \begin{cases} 1.1K & (K\lambda \leq 40) \\ K\sqrt{1+\dfrac{300}{(K\lambda)^2}} & (K\lambda > 40) \end{cases} \tag{5.3.10-2}$$

$$K = \sqrt{1+\mu} \tag{5.3.10-3}$$

$$\mu = \begin{cases} \dfrac{(E_s I_s + E_c I_c)}{l_0^2 \cdot (E_s A_d)}\left(2.83+\dfrac{A_d}{A_b}\right) & (\mu \leq 0.5) \\ 0.5 & (\mu > 0.5) \end{cases} \tag{5.3.10-4}$$

$K'$——换算长细比修正系数;

$K$——换算长细比系数;

$\mu$——柔度系数;

$A_s$、$A_c$——分别为柱肢钢管横截面总面积和管内混凝土横截面总面积;

$A_d$——一个节间内各斜腹杆面积之和;

$A_b$——一个节间内各平腹杆面积之和;

$\lambda$——钢管混凝土格构柱的名义长细比($\lambda_x$或$\lambda_y$),按本规范公式(5.3.9-1)和式

(5.3.9-2)计算；

$l_0$——拱肋等效计算长度。

钢管混凝土格构柱对 $x$ 轴名义长细比 $\lambda_x$ 按式(5.3.9-1)计算：

$$\lambda_x = \frac{l_{0x}}{\sqrt{\dfrac{\sum(I_{sc}+b^2 A_{sc})}{\sum A_{sc}}}} \tag{5.3.9-1}$$

将示例八 $L/4$ 截面和拱肋的相关数据代入,求得：

$\lambda_1 = l_1/\sqrt{I_{sc}/A_{sc}} = 6.79/\sqrt{0.108\,7/1.169} = 22.61 > 10$,所以需按式(5.3.4)计算稳定承载能力。

$$\lambda_x = \frac{l_{0x}}{\sqrt{\dfrac{\sum(I_{sc}+b_i^2 A_{sc})}{\sum A_{sc}}}}$$

$$= \frac{139.7}{\sqrt{\dfrac{(0.102+4.42^2\times 1.131)}{1.131}}} = 31.56$$

由图纸可得 $A_d = 0.033\,2\,\text{m}^2$, $A_b = 0.033\,2\,\text{m}^2$。

$$\mu = \frac{E_s I_s + E_c I_c}{l_0^2 \cdot (E_s A_d)}\left(2.83 + \frac{A_d}{A_b}\right)$$

$$= \frac{20.6\times 8.652 + 3.55\times 79.94}{139.7^2\times(20.6\times 0.033\,2)}\times\left(2.83 + \frac{0.033\,2}{0.033\,2}\right)$$

$$= 0.133$$

$$K = \sqrt{1+\mu} = \sqrt{1+0.133} = 1.064$$
$$K\lambda = 1.064\times 31.56 = 33.59 < 40$$
$$K' = 1.1K = 1.1\times 1.064 = 1.170$$
$$\lambda^* = K'\lambda_x = 1.170\times 31.56 = 36.94$$

$$\lambda_n = \frac{\lambda^*}{\pi}\sqrt{\frac{f_y A_s + f_{ck} A_c + A_c\sqrt{\rho_c f_y f_{ck}}}{E_s A_s + E_c A_c}}$$

$$= \frac{36.94}{\pi}\times\sqrt{\frac{325\times 0.110\,3 + 35.3\times 1.020\,7 + 1.020\,7\times\sqrt{0.108\times 325\times 35.3}}{2.06\times 10^5\times 0.110\,3 + 3.55\times 10^4\times 1.020\,7}}$$

$$= 0.503$$

由于 $\lambda_n < 1.5$,得到稳定系数 $\varphi = 0.658^{\lambda_n^2} = 0.658^{0.503^2} = 0.900$。

### (三)偏心率折减系数

按照《规范》第5.2.9条规定,钢管混凝土格构柱的偏心率折减系数 $\varphi_e$ 应按式(5.2.9-1)和式(5.2.9-2)计算,具体见前文"拱肋强度计算"中的"《规范》验算要求"。

由前文"$L/4$ 截面"一节内容可得：

弯矩最大组合 $M_{max} = -8\,200.5\,\text{kN}\cdot\text{m}$, $N = -75\,405.7\,\text{kN}$。

$$\varphi_e = \frac{1}{1+\dfrac{2e_0}{h_1}} = \frac{1}{1+2\times 0.012\,3} = 0.976$$

轴力最大组合($M=3\,792.3\text{kN}\cdot\text{m}$,$N_{\max}=-98\,210.8\text{kN}$)。

$$\varphi_e = \frac{1}{1+\dfrac{2e_0}{h_1}} = \frac{1}{1+2\times 0.004\,37} = 0.991$$

### (四)混凝土徐变折减系数

《规范》第5.3.11条规定,对于钢管混凝土轴压构件和偏心率 $\rho \leqslant 0.3$ 的偏压构件,其承受永久荷载引起的轴压力占全部轴压力的30%及以上时,在计算稳定极限承载力时截面轴心受压承载力 $N_0$ 值应乘以混凝土徐变折减系数 $K_C$,徐变折减系数 $K_C$ 按《规范》表5.3.11的规定取值。

设恒载下整个产生的轴力为 $N'$:

$$N' = N_1+N_2+N_3+N_4 = 17\,109.7+17\,578.7+17\,275.9+17\,570.1 = 69\,534.4(\text{kN})$$

弯矩最大组合 $M_{\max}=-8\,200.5\text{kN}\cdot\text{m}$,$N=-75\,405.7\text{kN}$。

$$\frac{N'}{N} = \frac{69\,534.4}{75\,405.7} = 0.922$$

$$\lambda = 42.52$$

$$K_C = 0.8$$

轴力最大组合($M=3\,792.3\text{kN}\cdot\text{m}$,$N_{\max}=-98\,210.8\text{kN}$)。

$$\frac{N'}{N} = \frac{69\,534.4}{98\,210.8} = 0.708$$

$$K_C = 0.8$$

### (五)初应力度影响系数

《规范》第5.3.12条规定:钢管混凝土拱肋稳定极限承载力计算中,考虑初应力影响时,按式(5.2.2-2)计算的截面轴心受压承载力 $N_0$ 应乘以按式(5.3.12)计算得出的初应力度影响系数 $K_p$:

$$K_p = 1-0.24\cdot a\cdot m\cdot \beta \tag{5.3.12-1}$$

$$\alpha = \frac{\lambda}{80} \tag{5.3.12-2}$$

$$\beta = \frac{\sigma_0}{f_y} \tag{5.3.12-3}$$

$$m = 0.2\rho+0.98 \tag{5.3.12-4}$$

式中:$K_p$——考虑初应力度对钢管混凝土承载力的折减系数;

$a$——考虑长细比影响的系数;

$m$——考虑偏心率影响的系数;

$\beta$——钢管初应力度;

$\lambda$——构件的名义长细比,按本规范第5.3.7~5.3.10条的规定计算;

$\sigma_0$——钢管初应力,在截面上不均匀时,取截面平均应力;

$f_y$——钢管强度标准值,取值应符合本规范表3.1.3的规定;
$\rho$——构件偏心率,按本规范公式(5.3.11-1)计算。

$L/4$ 整体截面的回转半径:

$$i = \sqrt{\frac{(EI)_{sc1}}{(EA)_{sc1}}} = \sqrt{\frac{206\,000 \times 8.652 + 3.45 \times 10^4 \times 79.94}{206\,000 \times 0.44 + 3.45 \times 10^4 \times 4.084}} = 4.43(\text{m})$$

$$r = 2i = 2 \times 4.43 = 8.86(\text{m})$$

取 $L/4$ 处受力最大的钢管来计算初应力和初应力度($N = 14\,614.89\text{kN}, M = -941.9\text{kN} \cdot \text{m}$):

$$\sigma_0 = \frac{M}{W} + \frac{N}{A} = \left(\frac{941.9}{\frac{0.018\,9}{0.6}} + \frac{14\,614.89}{0.11}\right) \times 10^{-3} = 162.76(\text{MPa})$$

$$\beta = \frac{\sigma_0}{f_y} = \frac{162.76}{325} = 0.501$$

对于弯矩最大组合($M_{max} = -8\,200.5\text{kN} \cdot \text{m}, N = -75\,405.7\text{kN}$):

$$a = \frac{\lambda}{80} = \frac{42.525}{80} = 0.532$$

$$e_0 = \frac{M}{N} = \frac{8\,200.5}{75\,405.7} = 0.109$$

$$\rho = \frac{e_0}{r} = \frac{0.109}{8.86} = 0.012\,3$$

$$m = 0.2\rho + 0.98 = 0.2 \times 0.012\,3 + 0.98 = 0.982$$

$$K_p = 1 - 0.24 \cdot a \cdot m \cdot \beta = 1 - 0.24 \times 0.532 \times 0.982 \times 0.501 = 0.937$$

对于轴力最大组合($M = 3\,792.3\text{kN} \cdot \text{m}, N_{max} = -98\,210.8\text{kN}$):

$$e_0 = \frac{M}{N} = \frac{3\,792.3}{98\,210.8} = 0.038\,6$$

$$\rho = \frac{e_0}{r} = \frac{0.038\,6}{8.86} = 0.004\,36$$

$$m = 0.2\rho + 0.98 = 0.2 \times 0.004\,36 + 0.98 = 0.981$$

$$K_p = 1 - 0.24 \cdot a \cdot m \cdot \beta = 1 - 0.24 \times 0.532 \times 0.981 \times 0.501 = 0.937$$

#### (六)稳定承载力

由前文"《规范》验算要求"一节,钢管混凝土哑铃形偏心受压构件稳定承载力设计值 $N_{D2}$ 按下式计算:$\gamma_0 N_s \leq N_{D2}$,其中 $N_{D2} = \varphi \varphi_e N_D$。

由前述计算可知,

$$N_D = \sum(N_0^i + N_f^i) = 59\,309.9 \times 4 = 237\,239.6(\text{kN})$$

(1)弯矩最大组合($M_{max} = -8\,200.5\text{kN} \cdot \text{m}, N = -75\,405.7\text{kN}$)

$$\varphi \varphi_e K_c K_p N_D = 0.900 \times 0.976 \times 0.8 \times 0.937 \times 237\,239.6$$
$$= 156\,126.3(\text{kN}) > \gamma_0 N_s = 82\,946.3\text{kN}$$

(2)轴力最大组合($M = 3\,792.3\text{kN} \cdot \text{m}, N_{max} = -98\,210.8\text{kN}$)

$$\varphi \varphi_e K_c K_p N_D = 0.900 \times 0.991 \times 0.8 \times 0.937 \times 237\,239.6$$
$$= 158\,525.8(\text{kN}) > \gamma_0 N_s = 108\,031.9\text{kN}$$

故验算通过。

## 五、主拱空间弹性稳定计算

《规范》第5.3.1条规定,钢管混凝土拱桥应进行空间稳定性计算,弹性稳定特征值应不小于4.0。计算时拱肋截面整体轴压设计刚度和抗弯设计刚度应按《规范》第4.3.4条的规定计算,具体见前文"拱肋截面参数和其他计算参数"一节。

根据拱脚水平推力影响线(图8-7)所示布载,纵桥向影响线值为正值布载时拱脚水平推力最大。

图8-7 拱脚水平推力影响线

用Midas软件进行屈曲分析,得到第一阶失稳特征值为4.77>4,因此空间弹性稳定分析满足要求。屈曲模态如图8-8所示。

图8-8 弹性一阶失稳图

## 六、正常使用极限状态计算

### (一)桥面挠度

《规范》第6.0.4条规定,钢管混凝土拱桥按短期效应组合消除结构自重产生的长期挠度后,桥面在一个桥跨范围内的正负挠度绝对值之和最大值不应大于计算跨径的1/1 000。

本例的短期效应组合具体见前文"设计荷载及荷载组合"一节的组合Ⅳ、Ⅴ、Ⅵ。消除结构自重产生的长期挠度后,桥面的正挠度组合最大值为0.120 6m,负挠度组合最小值为-0.218 4m,如图8-9所示。所以桥面在一个桥跨范围内的正负挠度绝对值之和为:

$$f = 0.120\ 6 + 0.218\ 4 = 0.339\ 0(\text{m}) < \frac{L}{1\ 000} = 0.360\text{m}$$

所以,桥面挠度满足规范要求。

### (二)持久状况下钢管应力验算

《规范》第6.0.5条规定,持久状况下钢管混凝土拱肋的钢管应力不宜大于$0.8f_y$($f_y$为钢材强度标准值)。钢管应力应包括各个施工阶段的累计应力、二期恒载引起的应力、温度应力以及车辆荷载、混凝土收缩、徐变等引起的应力。

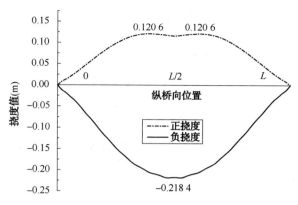

图 8-9 示例八桥面挠度最大及最小值

选择正常使用极限状况下整个拱肋上的最大轴力与最大弯矩进行验算。由前述计算可知,最大轴力为拱脚 3 号管,$N_{max} = -33\,430.1\text{kN}$,对应的弯矩 $M = -1\,027.1\text{kN·m}$,最大弯矩组合为拱脚 3 号管,$M_{max} = -1\,868.2\text{kN·m}$,对应的轴力 $N = -25\,262.6\text{kN}$。

该截面钢管的截面面积和抗弯惯性矩及截面混凝土的截面面积和抗弯惯性矩为:

$$A_s = \frac{\pi}{4} \times (1.2^2 - 1.13^2) = 0.128\,(\text{m}^2)$$

$$I_s = \frac{\pi}{64} \times (1.2^4 - 1.13^4) = 0.021\,8\,(\text{m}^4)$$

$$A_c = \frac{\pi}{4} \times 1.13^2 = 1.003\,(\text{m}^2)$$

$$I_c = \frac{\pi}{64} \times 1.13^4 = 0.08\,(\text{m}^4)$$

则钢管和混凝土的截面的抗压和抗弯刚度为:

$$E_s A_s = 206\,000 \times 0.128 = 26\,368\,(\text{MPa·m}^2)$$
$$E_s I_s = 206\,000 \times 0.021\,8 = 4\,490.8\,(\text{MPa·m}^4)$$
$$E_c A_c = 34\,500 \times 1.003 = 34\,603.5\,(\text{MPa·m}^2)$$
$$E_c I_c = 34\,500 \times 0.08 = 2\,760\,(\text{MPa·m}^4)$$

其中钢管和混凝土各自受到的轴力按照抗压刚度分配。

计算钢管受到的轴力(最大轴力组合):

$$N_1 = \frac{E_s A_s}{E_c A_c + E_s A_s} \cdot N = \frac{26\,368}{26\,368 + 34\,603.5} \times 33\,430.1 = 14\,457.3\,(\text{kN})$$

计算钢管受到的轴力(最大弯矩组合):

$$N_2 = \frac{E_s A_s}{E_c A_c + E_s A_s} \cdot N = \frac{26\,368}{26\,368 + 34\,603.5} \times 25\,262.6 = 15\,646.5\,(\text{kN})$$

其中钢管和混凝土各自受到的弯矩按照抗压刚度分配。

计算钢管受到的弯矩(最大轴力组合):

$$M_1 = \frac{E_s I_s}{E_c I_c + E_s I_s} \cdot M = \frac{4\,490.8}{4\,490.8 + 2\,760} \times 1\,027.1 = 636.2\,(\text{kN·m})$$

221

计算钢管受到的弯矩(最大弯矩组合):

$$M_2 = \frac{E_s I_s}{E_c I_c + E_s I_s} \cdot M = \frac{4\,490.8}{4\,490.8 + 2\,760} \times 1\,868.2 = 1\,157.2(\text{kN} \cdot \text{m})$$

计算钢管受到的最大应力(最大轴力组合):

$$\sigma = \frac{N_1}{A_s} + \frac{M_1}{I_s} \cdot \frac{1}{2} D = \left(\frac{14\,457.3}{0.128} + \frac{636.2}{0.021\,8} \times 0.6\right) \times 10^{-3} = 130.5(\text{MPa})$$

计算钢管受到的最大应力(最大弯矩组合):

$$\sigma = \frac{N_2}{A_s} + \frac{M_2}{I_s} \cdot \frac{1}{2} D = \left(\frac{15\,646.5}{0.128} + \frac{1\,157.2}{0.021\,8} \times 0.6\right) \times 10^{-3} = 154.1(\text{MPa})$$

按照《规范》第6.0.5条规定有$0.8 f_y = 0.8 \times 325 = 260(\text{MPa}) > \sigma_{\max} = 154.1 \text{MPa}$,故正常使用极限状态验算合格。

## 七、主拱施工阶段计算

### (一)《规范》验算要求

《规范》第4.1.7条规定,钢管混凝土拱桥设计时应对主要施工阶段进行计算。施工阶段的计算应包括下列内容:

(1)拱肋构件的运输、安装过程中的应力、变形和稳定计算;

(2)与拱肋形成有关的附属结构的计算;

(3)拱肋形成过程中自身的应力、变形和稳定计算;

(4)成桥过程中桥梁结构的应力、变形和稳定计算。

《规范》第4.1.8条规定,施工计算中,应计入施工中可能出现的实际荷载,包括架设机具和材料、施工人群、桥面堆载以及风力、温度变化影响力和其他施工临时荷载。施工阶段结构弹性稳定特征值不应小于4.0。

《规范》第4.1.5条规定,钢管混凝土拱桥中钢结构和钢构件之间的连接,包括施工阶段管内混凝土达到设计强度前的钢管拱结构,其承载力、变形和稳定性能均应按桥梁钢结构进行设计与计算,并应符合国家现行有关标准的规定。

### (二)施工阶段一

施工阶段一为架设空钢管,并浇筑管内混凝土,其最不利状况为混凝土刚浇筑完毕,此时钢管内混凝土无承载能力,荷载由钢管承担。

使用 Midas 计算得到此施工阶段的钢管最大内力处于拱脚处,最大钢管内力:$N = 14\,614.89 \text{kN}$,$M = -941.9 \text{kN} \cdot \text{m}$。

1. 应力验算

拱脚处为 Q345 钢,取 $f_s = 260 \text{MPa}$ 则:

$$\sigma_0 = \frac{M}{W} + \frac{N}{A} = \frac{941.9 \times 10^6}{0.021\,8 \times 10^{12}} \times 0.6 \times 10^3 + \frac{14\,614.89 \times 10^3}{0.128 \times 10^6}$$

$$= 140.1(\text{MPa}) < f_s = 260 \text{MPa}$$

故验算合格。

## 2.稳定验算

《规范》第11.1.2条规定,施工方案设计中应验算吊装过程拱肋构件、安装过程中拱肋及其临时辅助设施组成的结构在各种工况下的强度、变形和稳定性。拱肋架设过程的受力计算可采用弹性理论。稳定计算时,弹性稳定特征值不应小于4.0。该施工阶段下其特征值为6.32>4.0,一阶屈曲模态为面外对称,如图8-10所示。

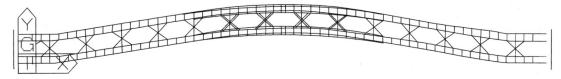

图8-10 施工阶段一一阶屈曲模态

### (三)施工阶段二

施工阶段二为混凝土硬化后,在拱上添加立柱,并添加横梁、纵梁、行车道板以及其他附属设施。

#### 1.应力验算

使用Midas计算得到此施工阶段的钢管最大内力处于拱脚处,最大钢管内力:$N=-17\,901.8\text{kN}$,$M=-1\,080.69\text{kN}\cdot\text{m}$。

拱脚处为Q345钢,取$f_s=260\text{MPa}$则:

$$\sigma_0=\frac{M}{W}+\frac{N}{A}=\frac{1\,080.69\times10^6}{0.021\,8\times10^{12}}\times0.6\times10^3+\frac{17\,901.8\times10^3}{0.128\times10^6}$$
$$=169.6(\text{MPa})<f_s=260\text{MPa}$$

故验算合格。

#### 2.稳定验算

施工方案设计中应验算吊装过程拱肋构件、安装过程中拱肋及其临时辅助设施组成的结构在各种工况下的强度、变形和稳定性。拱肋架设过程的受力计算可采用弹性理论。稳定计算时,弹性稳定特征值不应小于4.0。该施工阶段下其特征值为4.615>4.0,但面外刚度较柔,一阶屈曲模态为面外对称,如图8-11所示。

图8-11 施工阶段二一阶屈曲模态

# 参 考 文 献

[1] 陈宝春.钢管混凝土拱桥[M].3版.北京:人民交通出版社,2015.
[2] 陈宝春,韦建刚,吴庆雄.钢管混凝土拱桥设计计算方法与应用[M].北京:中国建筑工业出版社,2014.
[3] 陈宝春,韦建刚,吴庆雄.钢管混凝土拱桥技术规程与设计应用[M].北京:人民交通出版社,2011.
[4] 陈宝春.钢管混凝土拱桥实例集(一)[M].北京:人民交通出版社,2002.
[5] 陈宝春.钢管混凝土拱桥实例集(二)[M].北京:人民交通出版社,2008.